全国导游资格考试统编教材
QUANGUO DAOYOU ZIGE KAOSHI TONGBIAN JIAOCAI

全国导游基础知识

QUANGUO DAOYOU JICHU ZHISHI

（第四版）

全国导游资格考试统编教材专家编写组 编

中国旅游出版社

第四版说明

全国统一的导游资格考试制度自2016年开始施行以来，至今已是第四年。2019年，文化和旅游部再次组织相关专家对2018版考试大纲进行了修订并于6月公布。

作为文化和旅游部直属的唯一旅游专业出版机构，中国旅游出版社组织业内权威专家编写出版的这套全国导游资格考试统编教材，在过去的三年里，成为国内首屈一指的导游类专业教材，在业界获得了良好的口碑。

为适应新考试大纲要求，满足广大考生应考的需要，中国旅游出版社及时组织业内权威专家认真学习与研讨了2019年考试大纲及其变化，对2019年全国统考版《政策与法律法规》《导游业务》《全国导游基础知识》《地方导游基础知识》四本教材进行了修订。此次统考教材的修订，是以文化和旅游部相关文件精神和最新考试大纲要求为指引，特别注重强化文旅融合的内容，既吸取了前几版全国导游资格考试统编教材内容和编写风格的精华，又体现出了以下特点：其一，教材完全遵从新大纲要求，内容覆盖全部考点，且重点突出，有全国示范意义，经得起业界实践检验；其二，在强调理论与实践相结合、内容与时俱进的基础上，更加注重实用性和业务可操作性；其三，编写风格在保持简洁、通俗的基础上，更强调易学、易记，便于考生学习和掌握，方便应考。

同时，我们还修订了与这四本教材相配套的《全国导游资格统一考试模拟习题集（2019版）》，完全遵循新考纲关于题型和分值比例的新变化，为考生开阔思维、掌握难点、突出重点、练习备考提供服务。此外，我们还新上线了“中国旅游出版社导游考试官方在线题库”，方便考生利用碎片化的时间，随时随地练习，检验复习效果。

我们衷心希望这套重新改版的统编教材，不仅能够切实满足广大考生应考的需求，同时还能够为我国导游人员业务和能力等综合素质的提升、为我国旅游业的发展尽一份绵薄之力。

中国旅游出版社

2019年7月

中国旅游出版社
导游考试官方在线题库

目录

第一章 中国共产党发展简史与中华人民共和国成立70周年辉煌成就

本章导读

【本章概述】本章简要介绍了中国共产党产生的历史背景及伟大历史贡献，简述了中国共产党发展史上的重要会议和重大历史事件，总结了中国共产党不断发展壮大的成功经验，梳理了中华人民共和国成立70周年以来的辉煌成就。

【学习要求】熟悉中国共产党的发展历程、重要会议和重大事件；中华人民共和国成立70周年取得的辉煌成就。掌握两弹一星、北斗导航、登月工程、FAST大型天文望远镜、大飞机工程等科技成就；成昆铁路、青藏铁路、高速铁路、三峡水利工程、南水北调工程、港珠澳大桥等建筑成就。

第一节 中国共产党的发展历程

五四运动之后，1921年，在中华民族内忧外患、社会危机空前深重的背景下，在马克思主义同中国工人运动相结合的进程中，中国共产党诞生了。这是开天辟地的大事件，它深刻改变了近代以后中华民族发展的方向和进程，深刻改变了中国人民的前途和命运，深刻改变了世界发展的趋势和格局。

在波澜壮阔的历史进程中，中国共产党紧紧依靠人民，跨过一道又一道沟坎，取得一个又一个胜利，为中华民族做出了伟大的历史贡献。

这个伟大历史贡献，就是中国共产党团结带领中国人民进行了 28 年浴血奋战，打败日本帝国主义，推翻国民党反动统治，完成新民主主义革命，建立了中华人民共和国。这一伟大历史贡献的意义在于，彻底结束了旧中国半殖民地半封建社会的历史和一盘散沙的局面，彻底废除了列强强加给中国的不平等条约和帝国主义在中国的一切特权，实现了中国从几千年封建专制政治向人民民主的伟大飞跃。

这个伟大历史贡献，就是中国共产党团结带领中国人民完成社会主义革命，确立社会主义基本制度，消灭一切剥削制度，推进了社会主义建设。这一伟大历史贡献的意义在于，完成了中华民族有史以来最为广泛而深刻的社会变革，为当代中国一切发展进步奠定了根本政治前提和制度基础，为中国发展富强、中国人民生活富裕奠定了坚实基础，实现了中华民族由不断衰落到根本扭转命运、持续走向繁荣富强的伟大飞跃。

这个伟大历史贡献，就是中国共产党团结带领中国人民进行改革开放新的伟大革命，极大激发广大人民群众的创造性，极大解放和发展社会生产力，极大增强社会发展活力，人民生活显著改善，综合国力显著增强，国际地位显著提高。这一伟大历史贡献的意义在于，开辟了中国特色社会主义道路，形成了中国特色社会主义理论体系，确立了中国特色社会主义制度，使中国赶上了时代，实现了中国人民从站起来到富起来、强起来的伟大飞跃。

中国共产党领导中国人民取得的伟大胜利，使具有 5000 多年文明历史的中华民族全面迈向现代化，让中华文明在现代化进程中焕发出新的蓬勃生机；使具有 500 年历史的社会主义主张在世界上人口最多的国家成功开辟出具有高度现实性和可行性的正确道路，让科学社会主义在 21 世纪焕发出新的蓬勃生机；使具有 60 多年历史的新中国建设取得举世瞩目的成就，中国这个世界上最大的发展中国家在短短 30 多年里摆脱贫困并跃升为世界第二大经济体，彻底摆脱被开除球籍的危险，创造了人类社会发展史上惊天动地的发展奇迹，使中华民族焕发出新的蓬勃生机。①

① 习近平. 在庆祝中国共产党成立 95 周年大会上的讲话. 2016-7-1.

第二节　中国共产党历史上的重要会议和重大事件

一、中国共产党成立

1921年7月23日，中国共产党第一次全国代表大会在上海法租界望志路106号（今兴业路76号）召开。国内各地的党组织和旅日的党组织派出13名代表，代表全国50多名党员。7月30日晚，因法租界巡捕搜查会议地点，最后一天会议改在浙江嘉兴南湖的游船上举行。大会确定党的名称为“中国共产党”，党纲是“以无产阶级革命军队推翻资产阶级”；“采用无产阶级专政，以达到阶级斗争的目的——消灭阶级”；“废除资本家私有制”以及联合第三国际。大会选举陈独秀为中央局书记。一大宣告中国共产党正式成立，这是中国历史上开天辟地的大事，中国革命面目从此焕然一新。

二、二大制定党的最低纲领和最高纲领

1922年7月，中国共产党第二次全国代表大会在上海举行。二大阐明了中国革命的性质、对象和动力，制定了党的最低纲领和最高纲领。最低纲领为：“清除内乱，打倒军阀，建设国内和平；推翻国际帝国主义的压迫，达到中华民族完全独立；统一中国为真正的民主共和国。”最高纲领为：“组织无产阶级，用阶级斗争的手段，建立劳农专政的政治，铲除私有财产制度，渐次达到一个共产主义社会。”

三、党的三大

1923年6月12~20日，在广州召开中国共产党第三次全国代表大会，对国共合作的方针和办法做出了正式的决定，共产党员以个人身份加入国民党，在共产党员加入国民党时，党必须在政治上、思想上、组织上保持自己的独立性。三大确定的建立国共合作革命统一战线的策略，促进了第一次国共合作的实现，使共产党活动的政治舞台迅速扩大，加速了中国革命的步伐，为波澜壮阔的第一次大革命做了准备。

四、北伐战争

1926年7月9日，国民革命军在广州誓师北伐，直接目标是受帝国主义支持的北洋军阀。在北伐进军过程中，共产党人在军队组织工作和发动工农群众方面做出了巨大贡献，党直接领导的叶挺独立团作为北伐军的先遣部队，连克汀泗桥和贺胜桥，建立重大功勋。1927年3月，长江以南地区完全为北伐军占领。国民党蒋介石集团和汪精卫集团相继叛变革命，一段时间后达成妥协，宁、汉两个“国民政府”合流。1928年4月，国民党军队继续北伐。西北的冯玉祥和山西的阎锡山加入，6月占领北京，12月张学良东北易帜。至此，国民党在全国范围内建立了自己的统治，中国实现了形式上的统一。

五、南昌起义

1927年7月中旬，中共中央政治局临时常委会决定发动南昌起义，召集中央紧急会议讨论和决定大革命失败后的新方针。8月1日，在以周恩来为书记的中共中央前敌委员会（简称前委）领导下，贺龙、叶挺、朱德、刘伯承等人，率领中共所掌握和影响下的军队2万多人，在南昌打响武装反抗国民党反动派的第一枪。南昌起义在全党和全国人民面前树立起一面革命武装斗争的旗帜，标志着中国共产党独立领导革命战争、创建人民军队和武装夺取政权的开始。

六、“八七”会议

1927年8月7日，中共中央在汉口召开紧急会议（即“八七”会议）。会议着重批判了大革命后期以陈独秀为首的中央所犯的右倾机会主义错误，确定了土地革命和武装起义的方针，提出整顿队伍、纠正错误，“找到新的道路”的任务，选出以瞿秋白为首的新的中共中央临时政治局。在中国革命处于严重危机的情况下，“八七”会议及时制定出继续进行革命的新方针，使党在政治上大进了一步，中国革命从此开始由大革命失败到土地革命兴起的历史性转变。

七、秋收起义

“八七”会议后，中共中央临时政治局决定让毛泽东以中央特派员身份到湖南传达“八七”会议精神，改组省委，领导秋收起义。1927年9月9日，湘赣边界秋收起义爆发。9月19日，毛泽东在文家市召开前委会议，否定“取浏阳直攻长沙”的主张，决定部队转移到敌人力量薄弱的农村，寻找落脚点。从进攻大城市转向进攻农村，这是中国人民革命发展史上具有决定意义的新起点。9月29日，毛泽东在三湾村对部队进行改编，建立党的各级组织和党代表制度，支部建在连上，班、排有小组。三湾改编从组织上确立了党对军队的领导，这是建设无产阶级领导的新型人民军队的重要开端。10月上旬，毛泽东率领起义军到达井冈山地区，开始了创建井冈山革命根据地的斗争。

八、创建井冈山革命根据地

大革命失败后，在全党寻找中国革命新道路而进行的艰苦探索中，1927年10月，毛泽东率领秋收起义部队上湘赣两省交界的井冈山，进行创建革命根据地、开展工农武装割据的斗争，代表了中国革命发展的正确方向。1928年2月，井冈山革命根据地初步形成。农村包围城市、武装夺取政权思想的提出，标志着中国化的马克思主义即毛泽东思想的初步形成。这是马克思主义在中国的创造性地运用和发展，毛泽东是马克思主义中国化的伟大开拓者。

九、古田会议

1929年12月28~29日，红四军党的第九次代表大会在福建省上杭县古田召开，即古田会议。会议传达了中共中央指示，通过了八个决议案，选举产生了新的中共红四军前敌委员会，毛泽东当选为书记。古田会议决议案的中心思想是用无产阶级思想进行军队和党的建设。在军队建设方面，决议规定中国的红军是一个执行革命的政治任务的武装集团，党指挥枪而不是枪指挥党等；在党的建设方面，决议强调了加强党的思想建设的重要性等。古田会议决议是中国共产党和红军建设的纲领性文献，是党和人民军队建设史上的里程碑，具有十分重要的意义。

十、红军长征

由于"左"倾教条主义的错误，中央苏区第五次反"围剿"失败。1934年10月至1936年10月，红军第一、第二、第四方面军和第二十五军，在党的领导下，血战湘江，四渡赤水，巧渡金沙江，强渡大渡河，飞夺泸定桥，鏖战独树镇，勇克包座，转战乌蒙山，击退上百万穷凶极恶的追兵阻敌，征服空气稀薄的冰山雪岭，穿越渺无人烟的沼泽草地，纵横十余省，长驱二万五千里，以非凡的智慧和大无畏的英雄气概，战胜千难万险，付出巨大牺牲，胜利完成震撼世界、彪炳史册的长征。

十一、遵义会议

1935年1月15~17日，中共中央在遵义召开政治局扩大会议，集中全力解决当时具有决定意义的军事和组织问题，增补毛泽东为中央政治局常委。会后决定由张闻天代替博古负中央总的责任。3月中旬，成立毛泽东、周恩来、王稼祥组成的新的"三人团"，以周恩来为首，负责全军的军事行动。遵义会议是中共历史上一个生死攸关的转折点，开始确立了以毛泽东同志为主要代表的马克思主义正确路线在党中央的领导地位，开始形成以毛泽东同志为核心的党的第一代中央领导集体，这是党和革命事业转危为安、不断打开新局面最重要的保证。①

十二、一二·九运动

1935年12月9日，在中共北平临时工作委员会领导下，北平学生高喊"反对日本帝国主义""停止内战，一致对外"等口号，举行抗日救国示威游行。12月16日，北平学生和各界群众在天桥举行市民大会，反对"华北自治"，会后举行更大规模的示威游行，迫使冀察政务委员会延期成立。之后，天津、保定、太原、上海、武汉、广州等大中城市先后爆发学生的爱国行动，许多地方的工人也进行罢工，抗日救亡斗争发展成为全国规模的群众运动。一二·九运动揭露了日本吞并华北进而独占中国的阴谋，打击了国民党

① 习近平. 在纪念红军长征胜利80周年大会上的讲话. 2016-10-21.

的妥协投降政策，极大地促进了中华民族的觉醒，标志着中国人民抗日救亡民主运动新高潮的到来。

十三、瓦窑堡会议

1935年12月17~25日，中共中央在陕北子长县瓦窑堡召开政治局扩大会议，即瓦窑堡会议。会议通过了《中央关于目前政治形势与党的任务决议》，毛泽东做了军事问题的报告，明确提出了党的基本策略任务是建立广泛的抗日民族统一战线。27日，毛泽东根据瓦窑堡会议决议精神，在党的活动分子会议上做了《论反对日本帝国主义的策略》的报告。

瓦窑堡会议是从第五次反“围剿”失败到全民族抗战兴起过程中召开的一次重要会议。表明党在总结经验教训的基础上，正在从中国的实际情况出发，创造性地进行工作。

十四、卢沟桥事变——全民族抗战爆发

1937年7月7日夜，日本侵略军在北平西南的卢沟桥以北举行军事演习，借口一名士兵失踪，要求进入宛平城搜查，遭到拒绝后，即炮轰宛平城，攻击卢沟桥。当地中国驻军二十九军奋起抵抗，“卢沟桥事变”爆发。日本由此开始了全面侵华战争，中国则展开了全民族抗战。

十五、百团大战

1940年8月20日至1941年1月24日，八路军总部在华北发动了一次大规模对日军的进攻。陆续参战的部队达到105个团、20余万人，史称“百团大战”。百团大战是全国抗战以来八路军在华北发动的规模最大、持续时间最长的一次带战略性进攻的战役，作战1824次，毙伤日、伪军2.5万人，打击了日军的侵略气焰，在抗战局面比较低迷时振奋了全国民心。

十六、党的七大

1945年4月23日至6月11日，中国共产党第七次全国代表大会在延安举行。大会通过毛泽东《论联合政府》政治报告、朱德《论解放区战场》军事报告和刘少奇《关于修改党章的报告》，选举产生新的中央委员会，确定

"以马克思列宁主义的理论与中国革命的实践之统一的思想——毛泽东思想，作为自己一切工作的指针"。6月19日，七届一中全会选举毛泽东、朱德、刘少奇、周恩来、任弼时为中央书记处书记，毛泽东为中央委员会主席、中央政治局主席、中央书记处主席。七大以"团结的大会、胜利的大会"载入史册。

十七、三大战役

三大战役指1948年9月12日至1949年1月31日，中国人民解放军同国民党军进行的战略决战的辽沈战役、淮海战役、平津战役。三大战役历时4个月零19天，共歼灭国民党军154万余人，使国民党赖以维持其反动统治的主要军事力量基本上被摧毁。三大战役的胜利，为中国革命在全国的胜利奠定了基础。

十八、中华人民共和国成立

1949年9月21~30日，中国人民政治协商会议第一届全体会议在北平举行，大会通过起临时宪法作用的《中国人民政治协商会议共同纲领》，选举毛泽东为中央人民政府主席。会议通过北平为中华人民共和国首都，改名为北京；决定采用公元纪年；以《义勇军进行曲》为代国歌；国旗为五星红旗。10月1日，首都北京30万军民在天安门广场集会，隆重举行开国大典，毛泽东主席庄严宣告："中华人民共和国中央人民政府今天成立了。"

十九、社会主义制度的确立

1955年夏季以后，农业合作化运动形成猛烈发展的群众性浪潮，手工业、资本主义工商业的社会主义改造也大大加快步伐。1956年年底，我国基本完成了对生产资料私有制的社会主义改造，初步建立起公有制占绝对优势的社会主义经济制度。伴随着生产资料公有制的建立和发展，我国确立的社会主义政治制度及党和国家工作的各个方面也得到加强和改善。社会主义政治制度、经济制度的确立，为当代中国的一切发展和进步奠定了制度基础，这是中国共产党和中华人民共和国历史上一个重要里程碑。

二十、党的八大

1956年9月15~27日，中国共产党第八次全国代表大会在北京召开。大会宣布：我国无产阶级同资产阶级之间的矛盾已经基本解决，几千年来的阶级剥削制度的历史已经基本上结束，社会主义的社会制度在我国已经基本建立起来。我国国内的主要矛盾已经是“人民对于建立先进的工业国的要求同落后的农业国的现实之间的矛盾，已经是人民对于经济文化迅速发展的需要同当前经济文化不能满足人民需要的状况之间的矛盾”。9月28日，八大一中全会选举毛泽东为中央委员会主席，刘少奇、周恩来、朱德、陈云为副主席，邓小平为总书记。八大是一次解放思想、民主开放的大会，是一次成功的大会。

二十一、党的十一届三中全会

1978年12月18~22日，党的十一届三中全会在北京举行。会议的主要任务是确定把全党工作重点转移到社会主义现代化建设上来。全会前召开了历时36天的中央工作会议，邓小平《解放思想，实事求是，团结一致向前看》重要讲话，实际上成为三中全会的主题报告。十一届三中全会从根本上冲破了长期“左”倾错误的严重束缚，重新确立了马克思主义的思想路线、政治路线和组织路线，我国改革开放由此拉开了序幕，邓小平理论也逐步形成和发展起来。党和人民踏上建设中国特色社会主义的伟大征程，十一届三中全会作为一个伟大的转折点载入党的光辉史册。①

二十二、党的十二大

1982年9月1~11日，中国共产党第十二次全国代表大会在北京举行。大会明确提出建设有中国特色的社会主义的重大命题和“小康”社会战略目标，改革开放由此全面展开，社会主义现代化建设出现新局面。大会制定了新党章，规定党中央不设主席只设总书记。规定中央和省一级设立顾问委员

① 中共中央党史研究室．中国共产党的九十年——改革开放和社会主义现代化建设新时期［M］．北京：中共党史出版社，2016：660.

会。此后，党的全国代表大会每五年召开一次，实现了制度化。①

二十三、党的十三大

1987年10月25日至11月1日，中国共产党第十三次全国代表大会在北京召开。大会的突出贡献，是系统阐述了社会主义初级阶段的理论，明确了党在社会主义初级阶段的基本路线：领导和团结全国各族人民，以经济建设为中心，坚持四项基本原则，坚持改革开放，自力更生，艰苦创业，为把我国建设成为富强、民主、文明的社会主义现代化国家而奋斗。

二十四、党的十四大

1992年10月12~18日，中国共产党第十四次全国代表大会在北京举行。大会确定我国经济体制改革的目标是建立社会主义市场经济体制，确立邓小平建设有中国特色社会主义理论在全党的指导地位，决定不再设立中央顾问委员会。十四届一中全会选举产生中央领导机构，选举江泽民为中央委员会总书记。

二十五、党的十五大

1997年9月12~18日，中国共产党第十五次全国代表大会在北京举行。大会首次使用“邓小平理论”这个概念，并把邓小平理论同马克思列宁主义、毛泽东思想一起，作为党的指导思想写入党章。马克思列宁主义同中国实际相结合有两次历史性飞跃，产生了两大理论成果。第一次飞跃的理论成果是被实践证明了的关于中国革命和建设的正确的理论原则和经验总结，它的主要创立者是毛泽东，把它称为毛泽东思想。第二次飞跃的理论成果是建设有中国特色社会主义理论，它的主要创立者是邓小平，把它称为邓小平理论。这两大理论成果都是党和人民实践经验和集体智慧的结晶。②

---

① 中共中央党史研究室．中国共产党的九十年——改革开放和社会主义现代化建设新时期［M］．北京：中共党史出版社，2016：716.

② 中共中央党史研究室．中国共产党的九十年——改革开放和社会主义现代化建设新时期［M］．北京：中共党史出版社，2016：813.

二十六、党的十六大

2002年11月8~14日，中国共产党第十六次全国代表大会在北京举行。大会把“三个代表”重要思想同马克思列宁主义、毛泽东思想、邓小平理论一起，作为党必须长期坚持的指导思想写入党章，始终做到“三个代表”，是党的立党之本、执政之基、力量之源。大会指出中国共产党是中国工人阶级的先锋队，同时是中国人民和中华民族的先锋队。11月15日，十六届一中全会选举胡锦涛为中央委员会总书记。

二十七、党的十七大

2007年10月15~21日，中国共产党第十七次全国代表大会在北京召开。胡锦涛代表第十六届中央委员会向大会做了题为《高举中国特色社会主义伟大旗帜，为夺取全面建设小康社会新胜利而奋斗》的报告。创造性地提出并深刻阐述中国特色社会主义理论体系，将科学发展观写入党章，是党的十七大的重大理论贡献。11月22日，十七届一中全会选举胡锦涛为中央委员会总书记。

二十八、党的十八大

2012年11月8~14日，中国共产党第十八次全国代表大会在北京召开。大会确定科学发展观同马克思列宁主义、毛泽东思想、邓小平理论、“三个代表”重要思想一道，是党必须长期坚持的指导思想。11月15日，十八届一中全会选举产生了新一届中央政治局和中央书记处，选举习近平、李克强、张德江、俞正声、刘云山、王岐山、张高丽为中央政治局常委，选举习近平为中央委员会总书记。

二十九、党的十九大

2017年10月18~24日，中国共产党第十九次全国代表大会在北京召开。习近平代表第十八届中央委员会向大会做了题为《决胜全面建成小康社会夺取新时代中国特色社会主义伟大胜利》的报告。大会主题是：不忘初心，牢记使命，高举中国特色社会主义伟大旗帜，决胜全面建成小康社会，夺取新时代中国特色社会主义伟大胜利，为实现中华民族伟大复兴的中国梦不懈奋斗；指出中国共产党人的初心和使命，就是为中国人民谋幸福，为中华民族谋复兴。大会通过了关于《中国共产党章程（修正案）》的决议，习近平新时代中国特色社会主义思想写入党章。大会选举产生了新一届中国共产党中央委员会和中国共产党中央纪律检查委员会。大会选举习近平、李克强、栗战书、汪洋、王沪宁、赵乐际、韩正为中央政治局常务委员会委员，选举习近平为中央委员会总书记。

三十、习近平新时代中国特色社会主义思想

党的十八大以来，以习近平同志为主要代表的中国共产党人，顺应时代发展，从理论和实践结合上系统回答了新时代坚持和发展什么样的中国特色社会主义、怎样坚持和发展中国特色社会主义这个重大时代课题，创立了习近平新时代中国特色社会主义思想。习近平新时代中国特色社会主义思想是对马克思列宁主义、毛泽东思想、邓小平理论、“三个代表”重要思想、科学发展观的继承和发展，是马克思主义中国化最新成果，是党和人民实践经验和集体智慧的结晶，是中国特色社会主义理论体系的重要组成部分，是全党全国人民为实现中华民族伟大复兴而奋斗的行动指南，必须长期坚持并不断发展。在习近平新时代中国特色社会主义思想指导下，中国共产党领导全国各族人民，统揽伟大斗争、伟大工程、伟大事业、伟大梦想，推动中国特色社会主义进入了新时代。

三十一、党的十八大以来改革开放和社会主义现代化建设取得的10项历史性成就

经济建设取得重大成就，全面深化改革取得重大突破，民主法治建设迈出重大步伐，思想文化建设取得重大进展，人民生活不断改善，生态文明建设成效显著，强军兴军开创新局面，港澳台工作取得新进展，全方位外交布局深入展开，全面从严治党成效卓著。

近七年来的成就是全方位的、开创性的，近七年来的变革是深层次的、根本性的。近七年来，中国共产党以巨大的政治勇气和强烈的责任担当，提出一系列新理念、新思想、新战略，出台一系列重大方针政策，推出一系

列重大举措，推进一系列重大工作，解决了许多长期想解决而没有解决的难题，办成了许多过去想办而没有办成的大事，推动党和国家事业发生历史性变革。这些历史性变革，对党和国家事业发展具有重大而深远的影响。

三十二、中国特色社会主义进入新时代

经过长期努力，中国特色社会主义进入了新时代，这是我国发展新的历史方位。

中国特色社会主义进入新时代，意味着近代以来久经磨难的中华民族迎来了从站起来、富起来到强起来的伟大飞跃，迎来了实现中华民族伟大复兴的光明前景；意味着科学社会主义在21世纪的中国焕发出强大生机活力，在世界上高高举起了中国特色社会主义伟大旗帜；意味着中国特色社会主义道路、理论、制度、文化不断发展，拓展了发展中国家走向现代化的途径，给世界上那些既希望加快发展又希望保持自身独立性的国家和民族提供了全新选择，为解决人类问题贡献了中国智慧和中国方案。

第三节　中国共产党的成功经验

第一，必须始终坚持马克思主义基本原理同中国具体实际相结合，坚持科学理论的指导，坚定不移地走自己的路。这是总结我们党的历史得出的最基本的经验。马克思主义是我们认识和改造世界的强大思想武器，是指导中国革命、建设和改革的行动指南。马克思主义不是教条，只有正确运用于实践并在实践中不断发展才具有强大的生命力。

第二，必须始终紧紧依靠人民群众，诚心诚意为人民谋利益，从人民群众中汲取前进的不竭力量。始终保持同人民群众的血肉联系，是我们党战胜各种困难和风险、不断取得事业成功的根本保证。在任何时候任何情况下，与人民群众同呼吸共命运的立场不能变，全心全意为人民服务的宗旨不能忘，坚信群众是真正英雄的历史唯物主义观点不能丢。

第三，必须始终自觉地加强和改进党的建设，不断增强党的创造力、凝聚力和战斗力，永葆党的生机和活力。办好中国的事情，关键在我们党。要

结合形势的发展，紧紧围绕党的中心任务，不断加强党的建设。要善于总结经验，坚持真理，纠正错误，谦虚谨慎。要勇于正视党员和干部队伍中存在的问题，并依靠全体党员和人民群众不断加以解决，这是保持党的生机和活力的根本所在。

第四节　中华人民共和国成立70周年辉煌成就选录（1949~2019）①

1949年

10月1日，中华人民共和国中央人民政府成立。12月2日，中央人民政府委员会第四次会议决定1949年10月1日为中华人民共和国宣告成立的日子，每年的10月1日为中华人民共和国国庆日。

11月1日，中国科学院成立，郭沫若任院长。

11月11日，中国人民解放军空军司令部成立，刘亚楼任司令员，萧华任政治委员。

12月16日，毛泽东抵达莫斯科对苏联进行为期两个月的访问。1950年2月14日，中苏两国政府全权代表周恩来、维辛斯基签署《中苏友好同盟互助条约》。

1950年

4月14日，中国人民解放军海军领导机关成立，萧劲光任司令员。

5月1日，《中华人民共和国婚姻法》公布施行。这是中华人民共和国的第一部法律。同日人民解放军解放海南岛，到1950年6月，解放了除西藏、台湾和少数几个岛屿以外的广大国土。

6月25日，朝鲜内战爆发。美国随即进行武装干涉，并派遣海军第七舰队侵入中国台湾海峡。28日，中国政府发表声明，对美国的侵略行径进行严厉谴责和抗议。10月上旬，中共中央做出抗美援朝、保家卫国的战略决策。

① 资料来源：中国共产党新闻网 http:cpc.people.com.cn．资料中心．中华人民共和国大事记

10月8日，毛泽东发布命令，将东北边防军组成中国人民志愿军，任命彭德怀为司令员兼政治委员。10月19日，中国人民志愿军入朝作战。1953年7月27日，《关于朝鲜军事停战的协定》在朝鲜板门店签订。至1958年10月，中国人民志愿军分三批全部撤出朝鲜回国。

10月14日，政务院发布《关于治理淮河的决定》。1951年毛泽东亲笔题词"一定要把淮河修好"。7月20日，治理淮河一期工程完工。到1957年冬，治淮工程初见成效。

1951年

5月23日，中央人民政府全权代表和原西藏地方政府全权代表在北京签订《关于和平解放西藏办法的协议》（简称"十七条协议"），宣告西藏和平解放。10月26日，人民解放军进藏部队进驻拉萨。

1952年

7月1日，成渝铁路（成都至重庆）建成通车，全长505公里。这是中华人民共和国成立后建成的第一条铁路干线。

1954年

6月28日、29日，周恩来分别与印度总理尼赫鲁和缅甸总理吴努发表《联合声明》，共同倡导和平共处五项原则。

7月南昌飞机制造厂试制成功初教5教练机。此后，我国相继试制成功歼5型、运5型、直5型、轰5型飞机。

12月25日，康藏公路（后称川藏公路，成都至拉萨）与青藏公路（西宁至拉萨）同时全线通车。

1955年

1月18日，中国人民解放军解放江山岛。2月13日至26日，大陈岛及外围列岛解放。至此，浙江沿海岛屿全部解放。

9月，中国人民解放军开始实行军衔制度。27日，授予元帅军衔及勋章典礼隆重举行。朱德、彭德怀、林彪、刘伯承、贺龙、陈毅、罗荣桓、徐向前、聂荣臻、叶剑英被授予中华人民共和国元帅军衔。同日，国务院举行授予将官军衔和勋章典礼。

10月1日，新疆维吾尔自治区宣告成立，首府设于乌鲁木齐市。

1956年

7月13日，长春第一汽车制造厂试制成功第一批国产“解放”牌载重汽车。1958年5月、8月，第一辆国产“东风”牌轿车和“红旗”牌轿车相继诞生。

1957年

4月25日第一届中国出口商品交易会在广州举行（简称“广交会”）。以后每年在广州举办春、秋季两次出口商品交易会。从2007年起改称“中国进出口商品交易会”。

10月5日，新藏公路（新疆叶城至西藏阿里地区）建成通车，全长1179公里。

10月8日，中华人民共和国第一个天然石油基地玉门油田基本建成。

10月15日，武汉长江大桥建成通车，铁路桥长1315米，公路桥长1670米。

1958年

4月22日，人民英雄纪念碑在天安门广场建成。5月1日，首都50万人参加揭幕典礼。

8月1日，包兰铁路（包头至兰州）建成通车，全长990公里。

9月2日，我国第一座电视台——北京电视台正式开播。1973年10月1日正式播出彩色电视节目。1978年5月1日改称中央电视台。

1959年

3月10日，西藏地方政府和上层反动集团撕毁关于和平解放西藏的“十七条协议”，发动武装叛乱。3月20日，人民解放军驻藏部队奉命进行平叛作战。22日，中共中央发出在平息叛乱中实行民主改革的指示。28日，国务院发布命令，解散西藏地方政府，由西藏自治区筹备委员会行使地方政府职权。1960年年底，西藏民主改革基本完成，彻底摧毁了政教合一的封建农奴制度，百万农奴获得翻身解放。

4月5日，荣国团荣获第25届世界乒乓球锦标赛男子单打冠军。这是中国运动员在体育比赛的世界锦标赛中获得的第一个世界冠军。

8月底，人民大会堂建成。它与同年建成的民族文化宫、民族饭店、华侨大厦、北京火车站、北京工人体育场、中国革命历史博物馆、中国人民革命军事博物馆、钓鱼台国宾馆和全国农业展览馆并称为首都“十大建筑”。

1960年

4月，中国自行设计、建造的第一座大型水电站——新安江水电站第一台机组开始发电。

5月25日中国登山队队员王富洲、贡布（藏族）、屈银华从北坡集体登上世界最高峰珠穆朗玛峰。人类第一次战胜珠峰北坡天险。

1963年

4月6日，中国援助阿尔及利亚医疗队离京出发。这是中国政府向非洲国家派遣的第一支医疗队。

1964年

10月16日，我国第一颗原子弹爆炸成功。中国政府发表声明：在任何时候、任何情况下，都不会首先使用核武器。中国掌握核武器，完全是为了防御。

1965年

9月17日，我国在世界上首次人工合成牛胰岛素。

1966年

1月1日，兰新铁路（兰州至乌鲁木齐）全线交付，正式运营，全长1903公里。

10月27日，我国第一颗装有核弹头的地地导弹飞行爆炸成功。

1967 年

6 月 17 日，我国第一颗氢弹空爆试验成功。

9 月 5 日，中国政府和坦桑尼亚、赞比亚两国政府在北京签订关于修建坦桑尼亚 – 赞比亚铁路的协定。1976 年 7 月，坦赞铁路建成通车，全长 1860 公里。

1968 年

12 月 29 日，南京长江大桥全面建成通车，铁路桥长 6772 米，公路桥长 4588 米。这是当时我国自行设计建造的最大的铁路、公路两用桥。

1969 年

10 月 7 日，我国第一套全自动长途电话设备诞生。

10 月，我国第一条地下铁道线路（北京火车站至石景山区苹果园）建成，全长 23.6 公里。

1970 年

4 月 24 日，我国第一颗人造地球卫星发射成功。

7 月 1 日，成昆铁路（成都至昆明）建成通车，全长 1091 公里。

12 月 25 日，中共中央批准兴建长江葛洲坝水利枢纽工程。1989 年 1 月，工程全部建成。

1971 年

10 月 25 日，第二十六届联合国大会以压倒多数的票数通过 2758 号决议，恢复中华人民共和国在联合国的一切合法权利，并立即把蒋介石集团的代表从联合国及其所属一切机构中驱逐出去。

1972 年

2 月 21 日至 28 日，美国总统尼克松访问中国。28 日，中美双方在上海发表《联合公报》，标志着两国关系正常化进程的开始。

9月25日至29日，日本国内阁总理大臣田中角荣应邀访问中国，谈判并解决中日邦交正常化问题。29日，中日两国政府发表《联合声明》，宣布即日起建立外交关系。

1973年

8月26日，我国第一台每秒钟运算100万次的集成电路电子计算机试制成功。

本年我国籼型杂交水稻科研协作组的袁隆平等人，在世界上首次培育成功强优势的籼型杂交水稻。

1974年

4月6日至19日，邓小平率中国代表团出席联合国大会第六届特别会议。10日，邓小平在联大会议上发言，全面阐述我国的对外政策。

8月1日，中央军委发布命令，将我国自行设计制造的第一艘核潜艇命名为“长征一号”，正式编入海军战斗序列。人民海军从此进入拥有核潜艇的新阶段。

1975年

2月4日，我国当时发电能力最大的水力发电站——刘家峡水电站建成发电。

7月1日，我国第一条电气化铁路——宝成铁路（宝鸡至成都）电气化工程建成通车，全长676公里。

11月26日，我国成功发射一颗返回式遥感人造地球卫星，成为继美、苏之后第三个掌握卫星回收技术的国家。

1976年

3月30日至5月22日，万吨远洋科学调查船“向阳红5号”和“向阳红11号”在太平洋海域成功地进行了我国首次远洋科学调查。

7月6日，滇藏公路（云南下关至西藏芒康）建成通车，全长716公里。

1977年

10月12日，国务院批转教育部《关于一九七七年高等学校招生工作的意见》，决定从本年起，高等学校招生采取自愿报名、统一考试、择优录取的办法，恢复“文化大革命”中被废弃的高考制度。11月28日至12月25日，全国约570万青年参加高考，27.3万人被录取。

1978年

3月18日至31日，全国科学大会召开。邓小平在开幕词中强调科学技术是生产力，指出为社会主义服务的脑力劳动者是劳动人民的一部分。大会制定了《1978~1985年全国科学技术发展规划纲要（草案）》。

8月12日，《中日和平友好条约》在北京签订，自10月23日起生效。

12月16日，中美建交联合公报发表，决定自1979年1月1日起两国建立外交关系。同日，美国宣布断绝同台湾的外交关系。

12月28日，国务院决定在全国恢复和增设169所普通高等学校，进一步发展高等教育，以逐步适应四个现代化的需要。

1979年

1月1日，全国人大常委会发表《告台湾同胞书》，提出尊重台湾现状、实现和平统一的大政方针，建议两岸实现通商、通邮、通航。同日，国防部长徐向前发表声明，宣布从即日起停止对大金门、小金门、大担、二担等岛屿的炮击。至此，从1958年开始的对上述地区的炮击结束。

1月29日至2月5日，邓小平对美国进行访问。这是中华人民共和国成立后中国领导人第一次访问美国。

1981年

9月20日，我国成功发射一组空间物理测验卫星。这是我国首次用一枚运载火箭发射三颗卫星。

12月3日，我国第一个生产彩色显像管的现代化大型企业——陕西显像管厂正式投产。

1982年

8月17日，中美两国政府就分步骤直到最后彻底解决美国向台湾出售武器问题发表《中华人民共和国和美利坚合众国联合公报》。这是中美两国政府继1972年上海公报和1979年建交公报之后发表的第三个关于中美关系的重要公报。

1983年

1月2日，中共中央发出《当前农村经济政策的若干问题》的文件，肯定联产承包制是在党的领导下我国农民的伟大创造。

1984年

1月22日至2月17日，邓小平视察深圳、珠海、厦门三个经济特区和上海，充分肯定试办经济特区和对外开放的决策。

7月28日至8月12日，中国体育代表团在美国洛杉矶举行的第二十三届奥运会上获得15枚金牌，实现了中国在奥运会金牌榜上零的突破。

9月26日，中英两国政府在北京草签关于香港问题的联合声明，确认中国政府于1997年7月1日对香港恢复行使主权。12月19日，联合声明在北京正式签署。

10月1日，首都举行庆祝中华人民共和国成立35周年的阅兵仪式和群众游行。邓小平检阅受阅部队。

1985年

2月15日，中国第一个南极考察站——长城站在南极乔治岛建成。

5月，中共中央、国务院批准实施旨在依靠科学技术促进农村经济发展的“星火计划”。

1986年

1月8日，我国第二大汽车工业基地——第二汽车制造厂在湖北省十堰市建成投产。

7月8日，我国国内卫星通信网正式建成。

1987年

3月26日，中葡两国政府在北京草签关于澳门问题的联合声明，确认中国政府于 1999 年 12 月 20 日对澳门恢复行使主权。4 月 13 日，联合声明正式签署。

1988 年

9 月 5 日，邓小平在会见外宾时提出“科学技术是第一生产力”的重要论断。

9 月 14 日至 27 日，我国自行研制的导弹核潜艇在东海海域进行水下发射运载火箭试验并取得成功。

10 月 16 日，我国第一座高能加速器——北京正负电子对撞机首次对撞成功。

1990 年

3 月 20 日至 4 月 4 日，七届全国人大三次会议召开，通过《关于设立香港特别行政区的决定》《中华人民共和国香港特别行政区基本法》等；决定接受邓小平辞去国家中央军委主席职务的请求，选举江泽民为国家中央军委主席。

11 月 26 日，上海证券交易所正式成立。这是改革开放以来中国大陆开业的第一家证券交易所。1991 年 7 月 3 日，深圳证券交易所正式开业。

1991 年

12 月 15 日，秦山核电站并网发电。这是我国第一座自行设计建造的 30 万千瓦的核电站。

12 月 16 日，海峡两岸关系协会成立。汪道涵任会长，荣毅仁任名誉会长。1992 年，海峡两岸关系协会与台湾方面的海峡交流基金会在两岸事务性商谈中就表述坚持一个中国原则达成共识，后被称为“九二共识”。

1992 年

7 月 25 日至 8 月 9 日，中国体育代表团在西班牙巴塞罗那举行的第二十五届奥运会上获得 16 枚金牌、22 枚银牌、16 枚铜牌，金牌总数和奖牌总数列第四位。

12 月 1 日，新亚欧大陆桥（江苏连云港至荷兰鹿特丹铁路线）开通运营，全程1.08万公里。

1994年

2月1日，广东大亚湾核电站一号机组投入商业运行。1996年12月17日，大亚湾核电站两台百万千瓦级核电机组通过国家验收。

1995年

11月16日，京九铁路全线铺通。北起北京，南至深圳，连接香港九龙，总长2536公里。

1997年

6月30日午夜至7月1日凌晨，中英两国政府香港政权交接仪式在香港举行，宣告中国政府对香港恢复行使主权，中华人民共和国香港特别行政区成立。

1999年

11月20日，我国第一艘载人航天试验飞船神舟号发射成功。

12月19日午夜至20日凌晨，中葡两国政府举行澳门政权交接仪式，宣告中国政府对澳门恢复行使主权，中华人民共和国澳门特别行政区成立。

2000年

12月18日，京沪高速公路（北京至上海）全线贯通，全长1262公里。

2001年

2月19日，中共中央、国务院举行国家科学技术奖励大会，授予吴文俊、袁隆平2000年度国家最高科学技术奖。根据中共中央、国务院的决定，自2000年起设立国家最高科学技术奖。

6月15日，上海合作组织成员国元首会议在上海举行。中国、俄罗斯、哈萨克斯坦、吉尔吉斯斯坦、塔吉克斯坦、乌兹别克斯坦六国元首共同签署《上海合作组织成立宣言》。

11月10日，在卡塔尔首都多哈举行的世界贸易组织第四届部长级会议通过中国加入世界贸易组织的决定。12月11日，中国正式成为世贸组织成员，标志着中国对外开放进入新的阶段。

2002年

4月12日至13日，博鳌亚洲论坛首届年会在海南省举行。

12月27日，南水北调工程开工典礼在北京人民大会堂和江苏省、山东省施工现场同时举行。

2003年

10月15日至16日，神舟五号载人飞船成功升空并安全着陆。中国成为世界上第三个独立掌握载人航天技术的国家。

2004年

8月13日至29日，中国体育代表团在希腊雅典举行的第二十八届奥运会上获得32枚金牌、17枚银牌、14枚铜牌，金牌数列第二位，奖牌总数列第三位。

12月30日，西气东输工程（新疆轮南至上海）全线建成并正式运营。该工程全长约4000公里，设计年输气量120亿立方米。

2005年

1月18日，中国南极内陆冰盖昆仑科考队确认找到南极内陆冰盖的最高点，这是人类首次登上南极内陆冰盖最高点。

10月12日至17日，载有两名航天员的神舟六号载人飞船成功发射并顺利着陆。

2006年

5月20日，长江三峡大坝全线建成，全长2309米。

7月1日，青藏铁路全线建成通车。青藏铁路是世界上海拔最高、线路最长的高原铁路，全长1956公里。

2007年

4月14日，我国成功发射第一颗北斗二号导航卫星，正式开始独立自主建设我国第二代卫星导航系统。2017年11月5日，北斗三号第一、二颗组网卫星以“一箭双星”方式成功发射，标志着北斗卫星导航系统全球组网的开始。这是和美国全球定位系统（GPS）、俄罗斯格洛纳斯系统、欧洲伽利略系统并列的全球卫星导航系统。

2008年

8月1日，我国第一条拥有完全自主知识产权、具有世界一流水平的高速铁路——京津城际铁路通车运营。至2017年年底，我国高速铁路营运里程达到2.5万公里。

9月27日，神舟七号载人飞船实施宇航员空间出舱活动。我国成为世界上第三个独立掌握空间出舱技术的国家。

12月26日，中国人民解放军海军舰艇编队赴亚丁湾、索马里海域执行护航任务。这是中国海军首次组织海上作战力量赴海外履行国际人道主义义务，首次在远海保护重要运输线安全。

2010年

4月30日，“2010年上海世界博览会”举行开幕式。这是中国首次举办的综合性世界博览会。

2010年，我国国内生产总值达到40万亿元，成为世界第二大经济体。

2012年

6月18日、24日，神舟九号载人飞船与天宫一号目标飞行器先后成功进行自动交会对接和航天员手控交会对接。

6月27日，蛟龙号载人潜水器最大下潜深度达到7062米。我国海底载人科学研究和资源勘探能力达到国际领先水平。

7月24日，海南省三沙市成立大会暨揭牌仪式举行。三沙市管辖西沙群岛、中沙群岛、南沙群岛的岛礁及其海域，三沙市人民政府驻西沙永兴岛。

9月25日，中国第一艘航空母舰辽宁舰正式交付海军。胡锦涛出席交接入列仪式并登舰视察。

2013年

1月26日，我国自主研制的运20大型运输机首次试飞取得圆满成功。2016年7月6日，运20大型运输机正式列装空军航空兵部队。

9月7日、10月3日习近平分别在哈萨克斯坦纳扎尔巴耶夫大学、印度尼西亚国会发表演讲，先后提出共同建设“丝绸之路经济带”与“21世纪海上丝绸之路”，即“一带一路”倡议。

10月31日，西藏墨脱公路建成通车。至此，我国真正实现县县通公路。

12月14日，嫦娥三号着陆月球表面预选区域。15日，嫦娥三号着陆器和巡视器“玉兔”号月球车自拍成像。我国探月工程第二步战略目标圆满完成，成为世界上第三个实现月球软着陆和巡视探测的国家。

2013年，中国成为世界第一货物贸易大国，中国货物进出口总额为4.16万亿美元，其中出口额2.21万亿美元，进口额1.95万亿美元。

2014年

7月15日，在巴西举行的金砖国家领导人第六次会晤宣布：成立金砖国家新开发银行并将总部设在中国上海，建立金砖国家应急储备安排。

11月19日至21日，首届世界互联网大会在浙江乌镇举行。会议确定乌镇为世界互联网大会永久会址。

2015年

3月29日，正在亚丁湾索马里海域执行护航任务的中国海军护航编队临沂舰搭载首批122名中国公民，从也门亚丁港安全撤离。至4月7日，共从也门撤出中国公民613人，并协助来自15个国家的279名外国公民安全撤离。

5月8日，国务院印发《中国制造2025》，提出通过“三步走”实现制造强国的战略目标。

12月20日，亚洲基础设施投资银行正式成立。意向创始成员国共57个。

12月31日，习近平向中国人民解放军陆军、火箭军、战略支援部队授予军旗并致训词。此后，习近平又先后向东部战区、南部战区、西部战区、北部战区、中部战区授予军旗并致训令，向武汉联勤保障基地和无锡、桂林、西宁、沈阳、郑州联勤保障中心，向军事科学院、国防大学、国防科技大学等授予军旗并致训词。

2016年

3月24日，中共中央政治局常委会会议听取关于北京城市副中心和疏解北京非首都功能集中承载地相关情况的汇报，确定疏解北京非首都功能集中承载地新区规划选址并同意定名为“雄安新区”。5月27日，习近平在中共中央政治局会议上讲话指出，建设北京城市副中心和雄安新区两个新城，是千年大计、国家大事。2017年3月28日，中共中央、国务院发出通知，决定设立河北雄安新区。

4月22日，中国签署气候变化《巴黎协定》。

6月20日，我国自主研制的第一台全部采用国产处理器构建的“神威太湖之光”夺得世界超算冠军。截至2017年年底，中国连续10次蝉联全球最快超级计算机。

8月16日，我国成功发射世界首颗量子科学实验卫星“墨子号”。

9月3日，习近平出席在浙江杭州举行的20国集团工商峰会开幕式并发表主旨演讲。

9月25日，具有我国自主知识产权的世界最大单口径巨型射电望远镜——500米口径球面射电望远镜（FAST）在贵州平塘落成启动。

11月1日，中国自主研制的新一代隐身战斗机歼20首次公开亮相参加中国珠海国际航展。2018年2月9日，歼20开始列装空军作战部队。

2017年

4月26日，我国第一艘自主设计建造的航空母舰出坞下水。

5月3日，世界首台单光子量子计算机在中国诞生。

5月5日，我国自主研制的首款C919大型客机首飞成功。

5月14日至15日，首届“一带一路”国际合作高峰论坛在北京举行。习近平出席开幕式并发表主旨演讲。

6月25日，中国标准动车组被命名为“复兴号”并于26日投入运行。中国高速动车组技术实现全面自主化。

9月3日至5日，金砖国家领导人第九次会晤在福建厦门举行。习近平主持会晤并发表讲话，强调要积极推动全球经济治理改革，提高新兴市场国家和发展中国家代表性和发言权，为解决南北发展失衡、促进世界经济增长提供新动力。

2018 年

10 月 23 日，**港珠澳大桥开通仪式在广东省珠海市举行。习近平出席仪式。港珠澳大桥总长 55 公里，是连接香港、珠海和澳门的超大型跨海通道，也是世界上最长的跨海大桥。**

2018 年全年我国国内生产总值（GDP）为 900309 亿元，经济总量首次站上 90 万亿元的历史新台阶，稳居世界第二位。

2019 年

1 月 2 日，《告台湾同胞书》发表 40 周年纪念会在北京人民大会堂隆重举行。习近平出席纪念会并发表重要讲话。

1 月 3 日 10 时 26 分，**嫦娥四号探测器成功着陆在月球背面东经 177.6 度、南纬 45.5 度附近的预选着陆区，并通过“鹊桥”中继星传回了世界第一张近距离拍摄的月背影像图，揭开了古老月背的神秘面纱。**

2 月 18 日，《粤港澳大湾区发展规划纲要》正式公开发布，这份纲领性文件对粤港澳大湾区的战略定位、发展目标、空间布局等方面作了全面规划，一个富有活力和国际竞争力的一流湾区和世界级城市群将一步步化为现实。

4 月 23 日，海上阅兵庆祝海军成立 70 周年。

4 月 25 日至 27 日，“一带一路”国际合作高峰论坛在北京举行。

4 月 29 日至 10 月 7 日，北京世界园艺博览会举行。

5 月 4 日，纪念五四运动 100 周年。

10 月 1 日，中华人民共和国成立 70 周年。

第二章
中国旅游业发展概况

本章导读

【本章概述】 本章首先概述了中国旅游业发展的历程，即中华人民共和国成立以前、成立初期和改革开放以后的中国旅游业发展概况；其次简要介绍了中国旅游的三大市场，即入境游、国内游和出境旅游市场的特点；再次简要介绍了中国和世界旅游日及重要的世界旅游组织；最后简要介绍了当前一些旅游热点和旅游新业态的相关知识。

【学习要求】 了解中国旅游发展概况。熟悉中国旅游业的三大市场、中国旅游日和世界旅游组织；厕所革命、全域旅游、旅游扶贫和文旅融合发展趋势；智慧旅游、在线旅游（OTA）、乡村旅游、红色旅游、研学旅游、康养旅游等新业态。

第一节　中国旅游业发展历程

一、中华人民共和国成立前的中国旅游业

中国古代旅游历史悠久，但是旅游真正作为一个行业则出现在20世纪20年代，其重要标志是旅行社的产生，即1927年在上海商业储蓄银行旅行部基础上成立的中国旅行社。自此，旅游作为一种营利的业务进行经营。

20世纪20年代，虽然中国仍处于半殖民地半封建社会，经济落后，人民贫困，但旧中国在交通（航空、铁路、公路、水运）、住宿（中西式旅馆、

招商客栈、公寓等）设施上也进行了一些建设，客观上为当时旅游业的发展提供了一定的便利。英国的通济隆旅行社和美国的运通公司看到了这一商机，先后进入中国，总揽了当时的旅游业务。它们不仅为来华外国人办理旅游事宜，而且也代办中国人出国和国内旅行的相关事宜。这种情况触动了当时上海商业储蓄银行总经理陈光甫先生，他于是在该银行下设立了旅行部，并于1927年成立了中国旅行社。

中国旅行社明确的任务是“导客以应办之事，助人以必须之便，如舟车舱之代订，旅舍卧铺之预订，团体旅行之计划，调查游览之人手，以致轮船进出之日期，火车往来时间，在为旅客所急需者”（《旅行杂志》1927年春季号）。该社虽然在开办初期遇到了一些困难，但经过不懈的努力，其业务取得了较快发展，先后在华北、华东和华南的15个城市设立了分支社，并在纽约、伦敦和河内等地设立了分社。除中国旅行社外，当时中国还先后组建了一些类似的旅游组织，如铁路游历经理处、公路旅游服务社、现代旅行社等。

虽然中国旅游业在20世纪20年代就有了开端，但囿于当时的历史条件，不仅出游的人数少，而且旅行社的规模也不大，对当时的社会贡献很小。

二、中华人民共和国成立初期的中国旅游业

1949年，中华人民共和国的成立为我国旅游业的发展提供了制度保障，中央和国家领导人对发展旅游也很重视，但由于帝国主义的封锁和国内人民生活水平低下，旅游业的发展主要以接待为主，即接待国际友好人士和海外华侨及其眷属。

为适应海外侨胞、外籍华人归国探亲访友的需要，1949~1956年，福建、广东及其他一些地方率先组建了华侨服务社，并于1957年成立了华侨旅行服务社总社。至1963年，华侨服务社已遍及全国各省。鉴于华侨中有许多人已加入所在国国籍，成为外籍华人，他们到中国旅游探亲及港澳同胞回内地探亲旅游，都不宜用华侨服务社的名义接待，1974年经国务院批准，成立了中国旅行社，与华侨旅行服务社总社合署办公。

为适应国际交往的需要，尤其是中华人民共和国成立初期，当时的苏联、东欧诸国的专家和一些国际友好协会的人员来华，1953年6月经周恩来总理批准，于1954年4月15日成立了中国国际旅行社，性质为国营企

业，并在上海、天津、沈阳、南京、杭州、广州、南宁、汉口、哈尔滨、安东、满洲里、大连12个城市设立了分社。其任务是“作为统一招待外宾食、住、行事务的管理机构，承办政府各单位及群众团体有关外宾事务招待等事项，并发售国际联运火车、飞机客票”。1960年，该社性质改为事业单位，由国家差额补贴。1955~1964年，该社接待的外宾和旅游者一直徘徊在1000~3000人。

为了加强对全国旅游工作的领导和管理，1964年经全国人大批准，成立了中国旅行游览事业管理局，并与中国国际旅行社合署办公。其主要任务是：负责对外国自费旅游者的管理工作；领导各有关地区的国际旅行社和直属服务机构的业务；组织我国公民出国旅行；负责有关对外联络工作和宣传工作。自此，我国旅游业开始了有计划、有组织地发展。在改革开放前夕的1978年，我国共接待境外游客180.9万人次，实现旅游外汇收入2.62亿美元。

这个时期，我国旅游业虽然有了一定的发展，有了全国性的旅游接待专门机构和管理机构，接待的人数也呈增长趋势，但是这些接待工作都是作为政治任务来完成的，并未将其作为旅游业务来经营；而且接待机构在性质上属事业单位，而不是自主经营的企业。

三、改革开放后的中国旅游业

自1978年改革开放起，40年来中国旅游业取得了持续、快速的发展，从产业演进角度看，大致可分为如下四个阶段：

1. 旅游业由事业向产业转变阶段（1979~1991年）

1981年，我国召开了第一次全国旅游工作会议，会议所做的《关于加强旅游工作的决定》明确指出：“旅游事业是一项综合性的经济事业，是国民经济的一个组成部分。”为适应旅游经济事业的发展，先后对旅游管理体制进行了重大改革：一是1982年将中国旅行游览事业管理总局改为国家旅游局，直属国务院领导，统管全国旅游事业；二是各省市相继成立旅游局，负责管理各地的旅游事业；三是成立了由国务院副总理为首的，由17个部门组成的旅游工作领导小组，研究和协调全国旅游事业的发展。

1985年，国务院批转的国家旅游局《关于当前旅游体制改革几个问题的报告》提出，旅游管理体制实行“政企分开，统一领导，分级管理，分散经营，统一对外”的原则。按照这一原则，旅游业加快了改革步伐，逐步实现了四个转变：一是从过去主要搞旅游接待，转变为开发建设旅游资源与接待并举；二是从只抓国际旅游，转变为国际、国内旅游一起抓；三是以国家投资为主建设旅游基础设施，转变为国家、地方、部门、集体、个人一起上，自力更生与利用外资一起上；四是旅游经营单位（旅行社、旅游饭店、旅游汽车和游船公司等）由事业单位转为企业。这一年，旅游业被列入国家经济和社会发展计划之中。

在这个阶段，国内旅游开始起步，出境旅游以出国探亲游、边境游为主要类型进行试点试行。至1991年，我国境内旅游者人数为3.33亿人次，旅游总收入达到351亿元人民币，其中入境旅游者人数3334.98万人次，旅游创汇28.45亿美元，分别比1978年增长18.4倍和10.8倍，初步具有了以创汇为主的经济产业特征。

2. 旅游产业加快成长阶段（1992~1997年）

在我国“八五”（1991~1995年）国民经济和社会发展计划中，旅游业被正式定为产业。1992年，国家做出了《关于加快发展第三产业的决定》，明确了旅游业是第三产业的重点。1993年，国务院转发国家旅游局《关于积极发展国内旅游的意见》，提出国内旅游要坚持“搞活市场、正确引导、加强管理、提高质量”的方针，将国内旅游纳入国民经济和社会发展计划。

1997年，香港回归，国家旅游局召开了出境旅游工作会议，正式批准开展中国公民出境旅游业务，推动了内地与香港出入境双向市场的起步发展，使我国旅游业呈现出国内游、出境游和入境游开始同步发展的新格局。

在这一阶段，三大旅游市场发展相继活跃。1997年，我国国内旅游人数已达6.44亿人次，旅游收入2112.7亿元；入境旅游人数5758.8万人次，收汇120.74亿美元；出境旅游人数532.4万人次，旅游支出101.66亿美元。

3. 旅游业由经济增长点向新兴产业、国民经济重要产业转型阶段（1998~2008年）

为了扩大内需，激活市场，加快向国民经济重要产业转型，国家采取了一系列措施：一是在全国经济工作会议上明确提出旅游业为国民经济新的增长点；二是开始实行春节、五一、十一3个连续7天的黄金周假期制度；三是启动了“中国优秀城市”的评定；四是推动旅游发展方式从传统粗放型、数量型向集约型、创新型发展；五是将发展旅游业的重任由创造就业向就业、旅游扶贫转变；六是推进旅游业的发展由政府主导向政府、企业、社会共同参与的多主体、多类型、全方位转变。

在这个阶段，我国旅游业对城镇化建设、乡村脱贫致富、生态保护、实现美丽中国等起着重大作用。

4. 旅游业由一般性产业向战略性支柱产业转变阶段（2009 年至今）

2009 年，国务院发布《关于加快发展旅游业的意见》，提出到 2020 年要将旅游业建设成国民经济的战略性支柱产业和人民群众更加满意的现代服务业。2013 年，国务院批准发布了《国民旅游休闲纲要（2013~2020 年）》，提出到 2020 年要基本建成与小康社会相适应的现代国民旅游休闲体系。2016 年，国务院又发布了《"十三五"旅游业发展规划》，勾画出了"十三五"期间我国旅游业的发展蓝图。2018 年 3 月，国务院办公厅发布《关于促进全域旅游发展的指导意见》（国办发〔2018〕15 号），将发展全域旅游提升至"满足人民日益增长的美好生活需要的有效手段"和"提高人民生活水平的重要产业"的新高度。

2009 年以来，在产业融合发展、资本并购、连锁经营和"互联网 +"以及全域旅游、厕所革命和旅游供给侧改革等的创新发展中，旅游新业态层出不穷，涌现出一批有竞争潜力的大型旅游企业，线上旅游增长迅速，旅游产业规模和实力显著提升，旅游已成为国家和地方经济增长的重要驱动力，几乎所有的省（区、市）都将旅游业作为战略性支柱产业。

总之，经过 40 年努力，我国旅游业正在经历前所未有的历史性转变：①从粗放型旅游发展向比较集约型旅游发展转变；②从小众旅游向大众旅游转变；③从景点旅游向全域旅游转变；④从观光旅游向观光休闲旅游并重转变；⑤从浅层次旅游向深层次旅游转变；⑥从事业方向向产业方向转变；⑦从被动跟从国际规则向积极主动的旅游国际合作和旅游外交转变；⑧从旅游大国向旅游强国转变。

当前，中国特色社会主义进入了新时代，我国经济发展也进入了新时代，其主要特征是我国经济已由高速增长阶段转向高质量发展阶段。旅游业作为国民经济战略性支柱产业，无论从国家宏观发展要求，还是从自身发展需要，都到了从高速旅游增长阶段转向优质旅游发展阶段。在这个阶段，要解决的主要矛盾是人民日益增长的旅游美好生活需要和不平衡不充分的旅游发展之间的矛盾，使旅游成为更加安全的旅游、更加文明的旅游、更加便利的旅游、更加快乐的旅游。我国旅游业虽然达到一定规模，但普遍存在文化挖掘力弱、产品同质化重、创新意识淡、发展方式粗放等问题。因此，必须以发展优质旅游来持续增加旅游的有效供给和高质量供给，从而以更平衡、更充分的发展满足新时代人民旅游的美好生活需要。

第二节　中国旅游三大市场

一、旅游市场的构成要素

从经济学的角度说，旅游市场是由三个要素构成的，即市场主体、市场客体和市场中介。其中，旅游市场主体是指参与旅游产品交换的买者和卖者，即旅游产品的消费者和旅游产品的供应者；旅游市场客体是指可供交换的旅游产品；旅游市场中介是指介于旅游产品买者和卖者之间的各种有形的和无形的媒介和桥梁，如旅游中间商和其他中介机构以及旅游价格、旅游竞争、旅游网站、旅游信息与旅游问询中心等。

二、中国入境旅游市场及其特点

1. 中国入境旅游市场的构成

我国入境旅游市场是指我国境外的客源市场，它由外国人市场、华侨市场和中国港澳台地区市场三部分组成。

2. 中国入境旅游市场的主要特点

（1）我国的入境旅游人数一直在上升，自1980年在世界排名第18位上升到2016年的第4位。

（2）在入境游客人数中，我国香港、澳门、台湾的游客一直占绝大多数，如1978年占86%，2016年仍占79.7%，主体地位仍然稳固。

（3）我国的外国人旅游市场基本稳定，除美国一直是我国旅游的主要客源国外，其他主要集中在东北亚和东南亚地区，其中排名前十的旅华客源国分别为韩国、日本、美国、俄罗斯、蒙古、马来西亚、菲律宾、新加坡、印度、泰国。

（4）入境游客的主要目的以了解中国特色文化和游览观光为主，即集中在山水风光、文化艺术和美食烹调等方面。持这种目的的游客2016年占入境总人数的33.4%。

（5）随着我国入境游客人数的增多，我国的旅游外汇收入也在稳步增加，在世界各国的排名不断上升，从1980年的第34位上升到2016年的第4位。

三、中国国内旅游市场及其特点

1. 中国国内旅游市场的范围

我国国内旅游市场是指大陆范围内的旅游市场，即境内旅游市场。

2. 中国国内旅游市场的主要特点

（1）国内旅游市场规模大，发展潜力足。无论是出游人数还是旅游消费总额都远远超过了入境旅游市场。自20世纪80年代以来，我国国内旅游人数一直在增加，从1984年的2亿人次增加到2017年的50亿人次，我国已成为世界最大的国内旅游市场。

（2）旅游形式以散客为主。在国内旅游中，绝大多数游客都采取的是自助游，旅行社组织的只占很小一部分，如2016年只占出游人数的3.5%。

（3）旅游消费增长快，但消费水平仍较低。1985年，我国国内旅游消费总额为80亿元，2016年增至3.94万亿元，年均增长12.19%。然而，在人均消费额上，2016年我国国内旅游游客的支出折合美元约为133.6美元（按年平均汇率计算），而同年我国接待入境游客则人均支出为869.56美元。

四、中国出境旅游市场及其特点

1. 中国出境旅游市场

出境旅游是指中国公民到境外其他国家和地区的旅游，它是我国公民境内旅游需求向境外的延伸，是我国旅游业发展的必然结果。我国公民的出境旅游包括出国旅游、边境旅游和港澳台地区旅游。2016年，我国公民出境旅游人均消费为900美元，比同年境外来华游客人均消费高30.44美元。

2. 中国出境旅游的主要特点

（1）中国公民出境旅游发展速度快，消费水平高。出境旅游人数由1987

年的32.8万人次增至2016年的1.22亿人次，年均增长12.26%；出境旅游消费由1991年的4.17亿美元增至2016年的1098亿美元，年均增长12.49%。目前，我国已成为世界第一大出境旅游市场和第一大出境旅游消费国。

（2）中国公民出境旅游以自助游为主，但跟团游的比重在提高。2016年的出境旅游总人数中，自助游的游客为6472.9万人次，跟团游的游客为5727.1万人次，前者占53.1%，后者占46.9%。但是与2012年跟团游游客数量占当年出境旅游总人数34%相比，有显著提高。

（3）出境旅游目的地以亚洲国家和地区为主。2016年，被列为我国出境旅游目的地首站的前10位的国家和地区中，除美国外其余9个均位于亚洲和周边地区，占当年出境全部人数的31.24%。

（4）在出境消费行为上，中国游客的消费方式正在实现从“走走走”“买买买”到“慢慢慢”“游游游”的理性转变。虽然近年来游客在境外购物仍然为花费最高的项目，但购物所占比重在收缩。世界旅游城市联合会的调查报告显示，中国游客境外旅游不再只是走马观花式的游览和热衷于购物，随着出境次数的增加和旅游意识的提高，中国游客境外旅游逐渐回归旅游的本源，更加注重对目的地特有的自然和人文的深度体验。另据中国旅游研究院、携程发布的《2016中国出境旅游大数据》，中国游客对旅游服务项目的关注度分别为交通33.7%、景点20.9%、美食15.4%、购物6.5%、出入境5.1%、天气3.5%、外汇兑换2.9%。

第三节　旅游日与世界旅游组织

一、旅游日

1. 中国旅游日

中国旅游日（China Tourism Day）是在2011年3月30日的国务院常务会议上通过的决议确定的，时间为每年的5月19日。它虽是一个非法定的节假日，但每年的这一天，我国各地都要举行隆重的旅游节庆活动。该节日起源于2001年5月19日，浙江宁海人麻绍勤以宁海徐霞客旅游俱乐部的名义，向社会发出设立“中国旅游日”的倡议，建议将《徐霞客游记》首篇

《游天台山日记》开篇之日（5 月 19 日）定为中国旅游日。

2. 世界旅游日

世界旅游日（World Tourism Day）为每年的 9 月 27 日，是由世界旅游组织确定的旅游工作者和旅游者的节日。1971 年，世界旅游组织的前身国际官方旅游组织联盟应非洲官方旅游组织的建议，拟设立“世界旅游日”。1979 年 9 月 27 日，世界旅游组织第三次代表大会正式确定 9 月 27 日为世界旅游日，1980 年开始实行。设立世界旅游日，意义在于纪念世界旅游组织成立章程的通过，引起公众对旅游事业的重视，促进旅游的宣传工作和各国在旅游方面的交流与合作。1980 年起，世界旅游组织的各成员国应围绕该组织制定的当年世界旅游日主题开展纪念活动，如发行纪念邮票、开辟旅游新线路等。

二、世界旅游组织

1. 世界旅游组织概况

世界旅游组织（World Tourism Organization，WTO）是全球唯一的政府间国际旅游组织（图 2-1）。该组织是由 1925 年在荷兰海牙成立的国际官方旅游组织联盟（IUOTO）发展而来。2003 年 11 月成为联合国的专门机构。现有 156 个正式会员国和 6 个联系成员。总部设在西班牙马德里。

图 2-1　世界旅游组织标识

该组织的宗旨是促进和发展旅游事业，使之有利于经济发展、国际间相互了解、和平与繁荣。其主要工作是收集和分析旅游数据，定期向成员国提供统计资料、研究报告、制定国际性旅游公约、宣言、规则、范本和研究全球旅游政策。

我国于 1983 年加入该组织，成为第 106 个正式成员国。2003 年 11 月，该组织的第 15 次大会在北京召开。此后，该组织的高级官员（包括秘书长）多次应邀来我国出席有关旅游庆祝活动，2016 年 5 月该组织与我国在北京联合举办了首届世界旅游发展大会，2017 年 9 月 11~16 日，该组织第 22 届全体大会在我国四川成都召开，会议期间，成立了“世界旅游联盟”（WTA）。此外，我国还与该组织开展了若干技术合作项目，如聘请该组织的国际专家参与制定西藏、云南、贵州、四川的中、长期旅游发展规划，资助建立天津中国旅游管理干部学院等。

2. 太平洋亚洲旅游协会

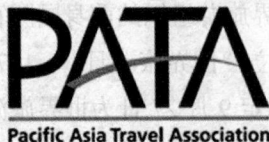

图 2–2　太平洋亚洲旅游协会标识

太平洋亚洲旅游协会（Pacific Asia Travel Association，PATA），成立于 1951 年 1 月。它是一个民间性、行业性、地区性的、非政府间的国际旅游组织，总部设在美国旧金山（图 2–2）。下设两个分部，一个设在菲律宾的马尼拉，分管该组织中东亚地区事务；另一个设在澳大利亚的悉尼，分管南太平洋地区事务。

该组织的宗旨是：发展、促进和便利世界其他地区的游客前来太平洋地区各国旅游以及太平洋地区各国居民在本地区内开展国际旅游。

该组织的成员较广，既有国家旅游组织和本地区各国的各种旅游协会，也有旅游企业和与旅游相关的组织团体。

我国于 1993 年 3 月正式加入该组织，成为其官方会员。此外，北京市旅游发展委员会、上海市旅游局、广州市旅游局和中国国际航空公司、中国国际旅行社总社等 15 个单位也分别加入该组织，成为其联系官方会员、航空公司会员或企业会员。

3. 世界旅行社协会联合会

世界旅行社协会联合会（Universal Federation of Travel Agent's Association，UFTAA），1966 年在意大利罗马成立，总部设在比利时的布鲁塞尔。它是世界上最大的民间性国际旅游组织之一，其正式成员是世界各国的旅行社协会，每个国家只能有一个全国性的旅行社协会代表该国参加。

该组织的宗旨是：团结和加强各国旅行社协会和组织，并协助解决会员间在专业问题上可能发生的纠纷，在国际上代表旅行社行业同旅游及有关的各组织与企业建立联系，进行合作，确保旅行社业务在经济、法律和社会领域内最大限度地得到协调、赢得信誉、受到保护及得到发展，向会员提供所有必要的物质上、业务上、技术上的指导和帮助，使其能在世界旅游业中占有适当的地位。

自 1974 年以来，该组织就一直同我国保持着友好交往。1995 年 8 月 1 日，中国旅游协会正式加入该组织及其所属亚太地区联盟（UAPA）。

4. 世界旅游城市联合会

世界旅游城市联合会成立于 2012 年 9 月 15 日。它是一个旅游领域的非政府、非营利性国际组织，也是首个总部落户中国、落户北京的国际性旅游组织，是全球第一个以城市为主体的国际旅游组织（图 2–3）。

WTCF
世界旅游城市联合会
World Tourism Cities Federation
旅游让城市生活更美好
Better City Life through Tourism

图 2–3　世界旅游城市联合会标识

世界旅游城市联合会以“旅游让城市生活更美好”为主旨，是世界旅游城市互利共赢合作发展的平台。该会将致力于推动会员城市间的交流合作，共享旅游业发展经验，探讨城市旅游发展问题，加强旅游市场合作开发，提升旅游业发展水平，促进世界旅游城市经济社会协调发展。

在联合会成立大会上公布了《北京宣言》，宣言提出：“城市是人类文明的结晶，旅游是和平与友谊的使者。城市是旅游的首要目的地，又是重要的客源地。”宣言明确，世界旅游城市联合会将致力于实践“旅游让城市生活更美好”的核心理念。大会发布了世界旅游城市评价体系，下一步将在成员国间讨论确定评价体系的可行性。最后依据该评价体系在城市之间进行旅游服务等多项指标的排名。

5. 世界旅游联盟

世界旅游联盟（WTA）成立于 2017 年 9 月 12 日，是一个全球性、综合性、非政府、非营利的世界旅游组织。它以“旅游让世界和生活更美好”为宗旨，以旅游促进和平、以旅游促进发展、以旅游促进减贫为使命，以互信互尊、互利共赢为原则，加强全球旅游业界的国际交流，促进共识、分享经验、深化合作，推动全球旅游业可持续、包容性发展。

该组织的主要工作是：①为会员提供交流平台，促进会员间业务合作和经验分享；②与一些重要国际组织沟通合作；③研究全球旅游发展趋势，收集、分析、发布旅游数据；④提供规划、制定服务、行业咨询和业务培训；⑤召开联盟年会、峰会和博览会，开展旅游市场宣传推介，促进资源共享，跨界跨业合作；⑥为政府和企业发展旅游业提供咨询。

该组织的主要机构包括大会、理事会和秘书处。大会是该组织的最高权力机构，由全体会员组成；理事会是会员大会的执行机构；秘书处是该组织的日常行政管理机构。该组织总部设在杭州。其工作语言为中文、英语、法语、俄语、阿拉伯语和西班牙语。

6. 国际山地旅游联盟

国际山地旅游联盟（International Mountain Tourism Alliance），是世界上第一个以山地旅游为主题的国际旅游组织，于 2017 年 8 月 15 日在贵州省黔西南布依族苗族自治州兴义市成立，总部设在贵州省省会贵阳市，北京设有联络处。目前有 29 个国家和地区的 119 个团体和个人加入该联盟。

该联盟的宗旨是：保护山地资源、传承山地文明、发展山地经济、造福山地民众，致力于山地旅游资源的保护与利用，促进旅游业的国际交往和业务合作，总结推广发展山地旅游的成功经验，促进山地经济、文化和社会繁荣，推动山地和生态旅游可持续发展。

第四节　旅游热点概述

一、厕所革命

1. 厕所革命的由来

2015 年 4 月 1 日，习近平总书记专门就厕所革命和文明旅游做出重要批示，要求我们从小处着眼，从实处着手，不断提升旅游品质；要发扬钉子精神，采取有针对性的措施，一件接着一件抓，抓一件成一件，积小胜为大胜，推动我国旅游业迈上新台阶。同年 7 月 16 日，习总书记在吉林省延边州调研时，了解到一些村民还在使用传统的旱厕。他指出，随着农业现代化步伐加快，新农村建设也要不断推进，要来场“厕所革命”，让农村群众用上卫生的厕所。

2. 旅游业厕所革命的提出及建设方略

2015 年 4 月 10 日，原国家旅游局局长李金早在《人民日报》发表题为“旅游业要来一场厕所革命”的署名文章。文章指出，厕所是旅游必不可少的基本设施，也是文明的重要窗口，是一个国家和地区文明程度的重要体现。长期以来，厕所是我国社会文明和公共服务体系的短板，也是我国旅游业最突出的薄弱环节，是横在我国旅游业发展车轮前的一道坎。厕所建设管理严重滞后，是我国与世界旅游强国之间的一个明显差距，也是与发达国家现代文明生活的一个重要差距。新形势下，我国旅游业要发展，必须解决一系列公共服务欠缺问题，其中尤为重要、尤为基础的就是厕所问题。接着，文章提出了“如何进行厕所革命”的六大方略：**一是变革观念。**必须改变几千年来形成的如厕陋习，迫切需要建立“厕所是体现文明生活方式的重要载体”的观念。**二是政府主导。**应明确以地方政府为厕所建设的主体，推动业主单位、主管部门和地方政府在厕所建设管理中承担主体责任。**三是创新机制。**厕所革命要创新建设管理机制，探索“以商养厕”之路，把厕所作为新的发展机会、新的商机。**四是革新技术。**现代厕所应结合实际，积极采用新技术、新材料，使厕所符合现代时尚、方便实用、节能节水、保护环境等要求。**五是务实推进。**旅游厕所建设应力求数量与质量并重、实用与美观统一，建管结合，责任明确，务实推动。**六是全民参与。**厕所革命需要推动全民行动起来解决，要通过丰富多彩的活动和形式多样的宣传教育，调动人民群众参与厕所革命的积极性、主动性、创造性。

截至目前，全国共新改建旅游厕所6.8万座。“厕所革命”逐步从景区扩展到全域、从城市扩展到农村、从数量增加到质量提升，受到广大群众和游客的普遍欢迎。

二、全域旅游

1. 全域旅游的概念及发展概况

全域旅游是指在一定区域内，以旅游业为优势产业，通过对区域内经济社会资源，尤其是旅游资源、相关产业、生态环境、公共服务、体制机制、政策法规、文明素质等进行全方位、系统化的优化提升，实现区域资源有机整合、产业融合发展、社会共建共享，以旅游业带动和促进经济社会协调发展的一种新的区域协调发展理念和模式。

2016 年 7 月，习近平总书记在宁夏考察时指出，“发展全域旅游，路子是对的，要坚持走下去”。李克强总理在 2018 年政府工作报告中明确，“创建全域旅游示范区”。国务院办公厅印发了《关于促进全域旅游发展的指导意见》。《人民日报》盘点“全域旅游”为十八大以来党中央治国理政 100 个新名词之一。各地以全域旅游为主线推进旅游供给侧结构性改革，现有500多个全域旅游示范区创建单位，覆盖全国31个省（区、市），其中海南、宁夏、山东、贵州、陕西、河北、浙江7个省区为省级创建单位。各地迸发出发展全域旅游的不竭动力，纷纷将全域旅游作为党委政府“一把手”工程、“牛鼻子”工程，既为旅游业转型升级挖掘了潜力，也为其他产业发展提供了动能，为整个经济结构调整注入了活力。

2.全域旅游要实现九大转变

推进全域旅游是我国新阶段旅游发展战略的再定位，是一场具有深远意义的变革。从景点旅游模式走向全域旅游模式，具体要实现九大转变：

一是从单一景点景区建设和管理向综合目的地统筹发展转变。破除景点景区内外的体制壁垒和管理围墙，实行多规合一，实行公共服务一体化，旅游监管全覆盖，实现产品营销与目的地推广的有效结合。旅游基础设施和公共服务建设从景点景区拓展到全域。

二是从门票经济向产业经济转变。实行分类改革，公益性景区要实行低价或免费开放，市场性投资开发的景点景区门票价格也要限高，遏制景点景区门票价格上涨过快势头，打击乱涨价和价格欺诈行为，从旅游过度依赖门票收入的阶段走出来。

三是从导游必须由旅行社委派的封闭式管理体制向导游依法自由有序流动的开放式管理转变。实现导游执业的法制化和市场化。

四是从粗放低效旅游向精细高效旅游转变。加大供给侧结构性改革，增加有效供给，引导旅游需求，实现旅游供求的积极平衡。

五是从封闭的旅游自循环向开放的“旅游+”融合发展方式转变。加大旅游与农业、林业、工业、商贸、金融、文化、体育、医药等产业的融合力度，形成综合新产能。

六是从旅游企业单打独享向社会共建共享转变。充分调动各方发展旅游的积极性，以旅游为导向整合资源，强化企业社会责任，推动建立旅游发展共建共享机制。

七是从景点景区围墙内的“民团式”治安管理、社会管理向全域旅游依法治理转变。旅游、公安、工商、物价、交通等部门各司其职。

八是从部门行为向党政统筹推进转变，形成综合产业综合抓的局面。

九是从仅是景点景区接待国际游客和狭窄的国际合作向全域接待国际游客、全方位、多层次国际交流合作转变。最终实现从小旅游格局向大旅游格局转变。这是区域发展走向成熟的标志，是旅游业提质增效和可持续发展的客观要求，也是世界旅游发展的共同规律和大趋势，代表着现代旅游发展的新方向。

3. 全域旅游在国家层面的政策支持

2018 年国务院办公厅发布了《关于促进全域旅游发展的指导意见》(国办发〔2018〕15 号)。《意见》要求，发展全域旅游要落实好八个方面重点任务。一是推进融合发展，创新产品供给。做好"旅游 +"，推动旅游与城镇化、工业化以及商贸业、农业、林业、水利等融合发展。二是加强旅游服务，提升满意指数。以标准化提升服务品质，以品牌化提升满意度，推进服务智能化。三是加强基础配套，提升公共服务。扎实推进"厕所革命"，构建畅达便捷交通网络。四是加强环境保护，推进共建共享。推进全域环境整治，大力推进旅游扶贫和旅游富民。五是实施系统营销，塑造品牌形象。把营销工作纳入全域旅游发展大局，坚持以需求为导向，实施品牌战略。六是加强规划工作，实施科学发展。将旅游发展作为重要内容纳入经济社会发展规划和城乡建设等相关规划中，完善旅游规划体系。七是创新体制机制，完善治理体系。推进旅游管理体制改革，加强旅游综合执法，创新旅游协调参与机制。八是强化政策支持，认真组织实施。进一步加强财政金融、用海用地、人才保障和专业支持，优化全域旅游发展政策环境。

三、旅游扶贫

旅游扶贫即通过开发贫困地区丰富的旅游资源，兴办旅游经济实体，使旅游业形成区域支柱产业，实现贫困地区居民和地方财政双脱贫致富。

从我国旅游促进扶贫的发展历程和实践成果看，旅游促进扶贫主要有五种方式：一是直接参与旅游经营；二是在乡村旅游经营户中参与接待服务，取得农业收入之外的其他劳务收入；三是出售自家农副土特产品获得收入；四是通过参加乡村旅游合作社和土地流转获得租金；五是通过资金、人力、土地参与乡村旅游经营获得入股分红。

四、文旅融合发展趋势

文化是旅游的灵魂，旅游是文化的载体。作为国家大力扶持的产业发展新模式，文化、旅游两大产业的融合发展，对促进国民经济的转型升级有着重大意义，将迎来良好机遇。

一是政策体制机遇。文化和旅游部的组建与运行，不仅在行政机构上实现文化与旅游的结合，也将进一步推动原有产业边界的消融，原本相对独立和分割的产业必将形成聚合，迎来相互之间深度融合的大好机遇。

二是市场发展机遇。文化是国之灵魂，文化强国是中国梦的重要组成部分，文化产业必将迎来蓬勃发展时期。《国家"十三五"时期文化发展改革规划纲要》也明确提出，到"十三五"末，文化产业将成为国民经济的支柱型产业。旅游产业则将从高速增长阶段转向优质发展阶段。根据《2018年全国旅游工作报告》预测，到2020年，旅游市场总规模将达到67亿人次，旅游投资总额2万亿元，旅游业总收入达到7万亿元。从战略布局看，文化业和旅游业都是国家规划的重头戏，预计"文化＋旅游"的产业在未来5至10年将达到15万亿的规模。从目前的发展趋势看，这个数字正在转化成现实，文旅产业融合发展的大时代正在向我们走来。

三是业态融合机遇。"旅游＋""文化＋"战略的实施将进一步推动文旅产业突破传统行业的限制，与新型工业化、城镇化、信息化和农业现代化紧密结合，不断催生新业态、新产品。除了文旅小镇、美丽乡村等新业态外，回归健康生活、回归体验互动、回归文化创意的康养旅游、主题公园、文化旅游综合体等产品将迎来新的发展机遇。

文旅产业融合发展背后更深刻的含义是人们需求层次的提升，是经济发展到一定阶段后的社会变革，需要全行业、全产业、全领域一起在新时代背景下，开创文旅产业融合发展的新局面。

第五节　旅游新业态简介

近年来，我国旅游业发展迅猛，旅游新业态也不断涌现，本节撷取其中影响较大的几种加以简要介绍，包括智慧旅游、在线旅游（OTA）、乡村旅游、红色旅游、研学旅游、康养旅游等。

一、智慧旅游

1. 智慧旅游的概念

智慧旅游，也叫智能旅游，就是利用云计算、物联网等新技术，通过互联网/移动互联网，借助便携的终端上网设备，主动感知旅游资源、旅游经济、旅游活动、旅游者等方面的信息，及时发布，让人们能够及时了解这些信息，及时安排和调整工作与旅游计划，从而达到对各类旅游信息的智能感知、方便利用的效果。智慧旅游的建设与发展最终将体现在旅游体验、旅游管理、旅游服务和旅游营销的四个层面。

2. 智慧旅游的主要功能

从使用者的角度出发，智慧旅游主要包括导航、导游、导览和导购（简称“四导”）四个基本功能。①导航，将位置服务（LBS）加入旅游信息中，让旅游者随时知道自己的位置。②导游，在确定了位置的同时，在网页上和地图上会主动显示周边的旅游信息，包括景点、酒店、餐馆、娱乐、车站、活动地点、旅游团友等的位置和大概信息。③导览，相当于一个自助导游员。④导购，可以直接在线预订（客房/票务）。

二、在线旅游（OTA）

OTA，全称为Online Travel Agency，中文译为“在线旅行社”，是旅游电子商务行业的专业词语。指“旅游消费者通过网络向旅游服务提供商预订旅游产品或服务，并通过网上支付或者线下付费，即各旅游主体可以通过网络进行产品营销或产品销售”。

在线旅行社（OTA）是销售线下旅游服务的中介，行业具备“低频次、高单价”的特点。OTA企业为消费者提供了便利，为商家提供了客源，提升了产业链整体运营效率。OTA企业解决了消费者预订机票、酒店或者旅游门票分散耗时以及信息不对称的痛点，为使用者提供了比价、预订、在线支付等一站式服务，同时满足了商家提升上座率或入住率的需求。OTA企业优化了顾客的使用体验、降低了商家单独揽客成本，提升了预订环节的整体效率，完善了旅游产业的价值传递流程。

三、乡村旅游

乡村旅游是以具有乡村性的自然和人文客体为旅游吸引物，依托农村区域的自然环境、优美景观、特色建筑和文化习俗等资源，在传统农村休闲游和农业体验游的基础上，拓展开发会务度假、休闲娱乐等项目的新兴旅游方式。乡村旅游的概念包含了两个方面：一是发生在乡村地区，二是以乡村性作为旅游吸引物，二者缺一不可。

我国是农业大国，乡村旅游产生及发展对于解决“三农问题”起到了不可忽视的推动作用。乡村旅游作为连接城市和乡村的纽带，对于促进社会资源和文明成果在城乡之间的共享，对于逐步缩小地区间经济发展差异和城乡差别，对于推动欠发达、开发不足的乡村地区经济、社会、环境和文化的可持续发展，对于加快实现社会主义新农村建设及城乡统筹发展等方面都具有重要的意义。

乡村旅游的兴起和市场规模的扩大，离不开相关政策的持续深化和推进。2018 年 10 月，国家发展改革委等 13 个部门联合印发《促进乡村旅游发展提质升级行动方案（2018~2020 年）》，提出“鼓励引导社会资本参与乡村旅游发展建设”，加大对乡村旅游发展的配套政策支持。2018 年 12 月，文化和旅游部、国家发展改革委等 17 部门联合发布《关于促进乡村旅游可持续发展的指导意见》，指出要优化乡村旅游环境，丰富乡村旅游产品，到 2022 年，实现乡村旅游服务水平全面提升，基本形成布局合理、类型多样特色突出的乡村旅游发展格局。近日，文化和旅游部办公厅、国家发展改革委办公厅联合印发了《关于开展全国乡村旅游重点村名录建设工作的通知》（办资源发〔2019〕90 号）。启动了全国乡村旅游重点村名录建设工作，将在全国遴选一批符合文化和旅游发展方向、资源开发和产品建设水平高、具有典型示范和带动引领作用的乡村（含行政村和自然村）。

四、红色旅游

红色旅游是指以 1921 年中国共产党建立以后的革命纪念地、纪念物及其所承载的革命精神为吸引物，组织接待旅游者进行参观游览，实现学习革命精神，接受革命传统教育和振奋精神、放松身心、增加阅历的旅游活动。红色旅游是把红色人文景观和绿色自然景观结合起来，把革命传统教育与促进旅游产业发展结合起来的一种新型的主题旅游形式。其打造的红色旅游线路和经典景区，既可以观光赏景，也可以了解革命历史，增长革命斗争知识，学习革命斗争精神，培育新的时代精神，并使之成为一种文化。

发展红色旅游，对于加强革命传统教育，增强全国人民特别是青少年的爱国情感，弘扬和培育民族精神，带动革命老区经济社会协调发展，具有重要的现实意义和深远的历史意义。

五、研学旅游

研学旅游是由学校根据区域特色、学生年龄特点和各学科教学内容需要，组织学生通过集体旅行、集中食宿的方式走出校园，在与平常不同的生活中拓展视野、丰富知识，加深与自然和文化的亲近感，增加对集体生活方式和社会公共道德的体验。

2012 年以来，教育部在全国选取了 8 个省（区、市）开展研学旅行试点工作，同时选定了 12 个地区为全国中小学生“研学旅行”实验区。在“研学旅行”试点实验阶段，各地各单位开展了各具特色的“研学旅行”活动。2013 年 2 月国务院办公厅印发的《国民旅游休闲纲要（2013~2020 年）》明确提出要“逐步推行中小学生研学旅行”，“鼓励学校组织学生进行寓教于游的课外实践活动，健全学校旅游责任保险制度”。2014 年 8 月《关于促进旅游业改革发展的若干意见》中首次明确了“研学旅行”要纳入中小学生日常教育范畴。2014 年 7 月《中小学学生赴境外研学旅行活动指南（试行）》发布，对举办者安排活动的教学主题内容、合作机构选择、合同订立、行程安排、行前培训、安全保障等内容提出指导意见。2016 年 12 月教育部等 11 部门《关于推进中小学生研学旅行的意见》发布，要求中小学生研学旅行是由教育部门和学校有计划地组织安排，通过集体旅行、集中食宿方式开展的研究性学习和旅行体验相结合的校外教育活动，是学校教育和校外教育衔接的创新形式，是教育教学的重要内容，是综合实践育人的有效途径。

六、康养旅游

随着旅游业的快速发展，新的旅游方式不断涌现，“康养旅游”作为一种新型业态被国家相关部门纳入我国旅游发展战略，从而进入规范化的发展道路。康养旅游的目的就是放松身心，释放压力，追求快乐，增进游客的幸福感。康养旅游作为旅游的新业态、新模式，满足了消费者对健康养生的多元化需求，成为未来旅游行业发展的潮流。

国际上一般称康养旅游为医疗健康旅游。近两年，康养旅游作为新兴旅游产品越来越受青睐。目前，世界上有超过 100 个国家和地区开展健康旅游。2017 年产生了 6785 亿美元的收入，占世界旅游收入的 16%。国内也把康养旅游称为“医疗健康旅游”，它与一般广义上的旅游相比，有更深层次的内涵。康养旅游是一种建立在自然生态环境、人文环境、文化基础环境上，结合观赏、休闲、康体、游乐等形式，以达到延年益寿、强身健体、修身养性、医疗、复健等目的的旅游活动。康养旅游着重于“养、情、闲”，会根据季节的变化差异选择最适宜的旅游度假区，打造康养度假基地，让游客尽情享受慢时尚。

第三章 中国历史文化

本章导读

【本章概述】 本章首先按朝代介绍了中国历史进程中政治体制和经济模式的发展概况；然后分成专题简述了中国古代文化与哲学、中国古代科学技术、中国古代历史文化常识等方面的主要知识、成就与贡献。

【学习要求】 了解中国历史的发展历程。熟悉中国历史各发展阶段的主要成就；中国主要科技发明的相关知识。掌握中国哲学、文学、戏剧戏曲、中医中药、书画艺术和历史文化常识。

中国是世界四大文明古国之一，历史悠久，文化繁荣，幅员辽阔，物产丰富，每个炎黄子孙都应为此感到骄傲与自豪。作为祖国灿烂文化的传播者，导游员应该熟悉祖国的历史和文化，在导游工作中进行热情、正确的传播。

第一节　中国历史概述

一、远古时期

1. 人类起源

中国是人类起源地之一。考古发现，距今约200万年的建始人化石是中国境内目前已知最早的古人类化石；距今约170万年的元谋人、距今约110万年的蓝田人等都是早期中国原始人类。距今70万~20万年的北京人已经学会使用打制石器和天然火；距今约3万年的北京山顶洞人已经能够加工石器和骨器，已经学会人工取火；山顶洞人的墓葬遗存说明了他们已有原始的宗教意识。

2. 母系氏族文化遗存

距今7000~5000年，人类进入母系氏族公社的繁荣阶段，黄河流域的仰韶文化和长江流域的河姆渡文化为其杰出代表。仰韶文化以西安半坡遗址最为典型，尤以陶器上绘制彩色图案的“彩陶文化”而异于其他文化遗存。河姆渡遗址中发现的稻种，是目前世界上确认的已知年代最早的栽培稻，证实中国是世界上最早种植水稻的国家。河姆渡人还最先发明打井技术，最先建造了中国南方特有的干栏式建筑。

3. 父系氏族文化遗存

距今5000~4000年，人类过渡到父系氏族阶段，以黄河中下游的大汶口文化中晚期、龙山文化以及长江下游的良渚文化、辽宁的红山文化为代表。此时父权确立，手工业已从农业中分离出来，已能制作精美的陶器和玉器。在贫富分化加剧的情况下，阶级对立出现，由此导致原始社会解体，国家随之产生。众多部落之间频繁的交往和激烈的争斗，促进了中华民族的融合。

4. 古代传说

在我国古代传说中，一些人类始祖代代相传。有巢氏构木为巢，反映了先人构筑自己居所的状况。燧人氏“钻木取火”，说明人类进入了人工取火的时代。在女娲和伏羲的传说中，他们是“蛇身人首”，兄妹互为夫妻，这是“龙的传人”的源头。伏羲又称“庖牺氏”，反映的是原始畜牧业的产生；伏羲还画八卦，刻文字代替“结绳记事”，说明了中华文字、文明的萌芽。神农氏教人种五谷、尝百草发明医药，成为远古中国农耕文明的代表和中医的滥觞。炎帝、黄帝战蚩尤的传说，反映了华夏远古部落争战、融合的过程。炎帝、黄帝被尊崇为中华民族的始祖，中华儿女亦称为炎黄子孙。所谓“中国五千年文明史”，通常是指从黄帝时代开始的中华民族的发展史。尧、舜、禹是继炎帝、黄帝之后黄河流域部落联盟的杰出首领，他们都是通过“禅让制”（部落联盟民主推选的方式）担任首领的。

二、夏商周时期

1. 夏

夏是中国历史上第一个王朝。大禹是治水安民的英雄，他死后，其儿子启登上王位，建立了夏朝，从此世袭制取代了禅让制。夏的国土由原来的中原地区扩充到了黄河流域和大江南北。夏的最后一个国王是桀，他是历史上有名的暴君，东边的商部落在首领汤的率领下起兵伐桀，灭掉了夏朝，建立了商朝。

2. 商

商朝多次迁都，商朝中期盘庚将都城迁到殷，从此稳定了下来，因而商朝又叫殷朝。商朝中期后，王权的争夺尤为激烈，同时还有奴隶的反抗斗争。纣王荒淫无道，穷兵黩武，周武王起兵伐纣，在牧野之战后灭商，建立周朝，史称西周。

3. 周（西周、东周）

西周实行分封制，把王族、功臣分封到各地为诸侯，建立诸侯国，扩大了王国的势力范围。周王朝还制定了礼和刑，来维护贵族内部的等级制度，镇压奴隶和平民。西周后期的“国人暴动”动摇了西周统治的基础，国力贫弱，王室衰微。西周灭亡后，周平王迁都洛邑（今洛阳），史称东周。

东周是中国古代社会思想活跃、民族融合、政治大变革的时期。东周前半期称为春秋时期，因鲁国的史书《春秋》而得名。此时周王室的势力一落千丈，逐渐失去了“天下共主”的地位，各国诸侯则乘机而起，打着“尊王攘夷”的旗号，争夺霸主地位。齐桓公任用管仲为相，改革经济、政治、军事，成为春秋时期第一个霸主。后来，晋文公、秦穆公、楚庄王等先后称霸中原。春秋晚期，吴国、越国先后在南方称霸，吴王阖闾、越王勾践是春秋后期的霸主。

东周的后半期称为战国时期，因列国混战不休的形势而得名。多年的兼并战争形成了齐、楚、燕、韩、赵、魏、秦七雄争霸的格局。为了在战争中取得有利的地位，各国内部还进行了变法运动。其中商鞅在秦国的变法最为成功，秦国的实力一跃而上，成为七国中的最强者，为日后统一六国打下了坚实基础。

三、秦汉时期

1. 秦

秦国于公元前221年扫平六国，统一全国。秦王嬴政自诩“功高三皇，德高五帝”，自称“始皇帝”。秦王朝是中国历史上第一个统一的、多民族的中央集权制王朝。秦始皇建立了以皇帝为中心的政治体制，实行郡县制度，由其奠定的封建国家框架在以后的2000多年中一直被沿用。秦始皇还统一了文字、度量衡和货币；修筑了万里长城（秦长城）和驰道、直道。但是，秦王朝的严刑酷法、焚书坑儒等苛政也破坏了生产，阻碍了社会发展，最终引发了陈胜、吴广农民起义。之后经历了楚汉之争，刘邦建立了西汉王朝。

2. 汉（西汉、东汉）

汉承秦制。西汉初年吸取了秦朝的教训，实行与民休养生息的政策，社会经济从恢复走向发展。汉武帝时是西汉的鼎盛时期，经济繁荣、府库充实。在此基础上，汉武帝采取了积极的对外政策，派大将卫青、霍去病打击匈奴，保证了河西走廊的安全；又在西北边地屯田，修筑长城（汉长城），并派张骞出使西域，打通了汉朝通往中亚的贸易通道，开辟了丝绸之路，把包括新疆在内的西域地区直接控制在中央政权之下。汉武帝还采用董仲舒的建议，罢黜百家，独尊儒术，设立太学，教授五经，使儒学获得了独尊地位。

西汉后期，王莽篡权，改国号为“新”。刘秀利用农民起义，建立了东汉政权，定都洛阳。东汉中叶以后，外戚与宦官轮流执政，社会矛盾激化，大姓豪族称雄，最终导致黄巾农民起义爆发。此后，军阀割据，统一王朝名存实亡。

四、三国两晋南北朝时期

1. 三国

经过混战，曹操统一了北方，但是不久遭到了孙权和刘备联军的抵抗，赤壁之战后，逐渐形成魏（曹丕）、蜀（刘备）、吴（孙权）三国鼎立的局面，最后三分归一于司马炎建立的西晋王朝。

2. 西晋、东晋、南北朝

西晋维持了短暂的全国统一局面，不久由于内乱和异族入侵而灭亡。东晋偏安江南，与北方的“五胡十六国”对峙。东晋灭亡后，相继出现了宋、齐、梁、陈4个小王朝，称为南朝。而北方为北魏所统一，之后北魏分裂成东魏和西魏，不久又分别被北齐与北周所取代，史称北朝。

这一历史阶段叫“三国两晋南北朝”，又称“魏晋南北朝”。这一时期，中国处于政权林立、南北分裂的状态。但是，政权割据的背后却是中华各民族的大融合；北魏孝文帝以汉化为主题的改革是中国文化史上的盛事。此时，江南地区也得到进一步开发。

五、隋唐五代时期

1. 隋

杨坚取代北周，建立了隋朝，重新统一了中国。隋朝虽然短暂，却是承前启后的朝代。隋朝创立的三省六部制和科举制为以后各朝代沿袭、改进。隋代开凿的南北大运河是古代水利工程史上的伟大创举，改写了中国水运体系南北不通的历史，对中国南北方经济交通、南粮北运和人员往来都有巨大的作用。

2. 唐

唐朝建立后，社会经济迅速发展。唐太宗时出现“贞观之治”。此后政坛风云多变，并由武则天改唐建周。唐玄宗开元时期，国力强盛，疆域辽阔，创造了当时世界上最发达的文明，史称“开元盛世”。唐朝是开放和包容的时代，国内各民族间的接触和交往空前发展，民族关系进一步融洽。唐朝与日本、朝鲜、印度、伊朗、阿拉伯等许多国家建立了广泛的经济和文化联系。安史之乱后，一方面形成藩镇割据的局面，另一方面又出现宦官专权与官僚势力激烈斗争的现象，使得唐朝逐渐走向灭亡。

3. 五代十国

唐朝灭亡后，中国出现“五代十国”分裂割据的局面。“五代”是北方的后梁、后唐、后晋、后汉、后周；“十国”是南方的前蜀、吴、吴越、南平、楚、闽、南汉、后蜀、南唐和北方的北汉。

六、宋辽金元时期

1. 北宋、辽、西夏、金、南宋

五代十国之后，赵匡胤建立了宋朝。但宋朝没有完全统一中国，燕云十六州被北方契丹族建立的辽占据，河西走廊被党项族建立的西夏占据。北宋为了维持边境和平，不得不向辽和西夏缴纳岁币。后来，松花江流域女真族建立的金势力逐渐膨胀，并联合北宋灭辽，而后金又灭北宋，俘虏了宋徽宗和宋钦宗，史称“靖康之变”。赵构在江南偏安立国，建都临安（今杭州），史称南宋。此后，金与南宋多次交战，宗泽、岳飞等都是抗金名将。

2. 元

在金与南宋频繁交战之际，北方的蒙古族迅速崛起，成吉思汗和他的子孙们发动了扩张战争，先后消灭西夏、金、大理和南宋，建立了疆域辽阔的元朝，实现了包括新疆、西藏及云南地区在内的全国大统一，大体确定了中国疆域的规模。元朝设行省制度统治全国，影响深远。元朝实行民族分化政策，但统一的元帝国也使民族融合进入了一个新的阶段。

七、明清时期

1. 明

元朝末年爆发了一连串的农民起义，之后，朱元璋建立明朝。朱元璋通过废除丞相、建立厂卫特务机构、以八股取士和在地方设三司等措施，极大地强化了中央集权的封建君主专制。永乐年间，郑和率领庞大的船队七次下西洋，是中国对外交往的重大事件，也是世界航海史上的空前壮举。明朝中期以后，由于宦官专权，特务横行，吏治败坏，明朝开始走向衰落。李自成领导的农民起义推翻了明朝。此时东北的女真族入关，建立清朝。

2. 清

清朝前期是我国统一多民族国家的重要阶段。郑成功收复台湾，清朝设置台湾府。击败沙俄对我国黑龙江流域的侵略，维护了国家的主权和领土完整。平定准噶尔部噶尔丹分裂势力和平定回部大、小和卓的叛乱，加强了对西藏的管辖，使多民族国家的统一得到进一步巩固。

清朝曾强盛一时，但是在经济上仍然以农立国；在文化思想上，提倡封建纲常礼教，屡兴文字狱；在对外关系上长期闭关自守，盲目自大。1840年，英国发动鸦片战争，清政府最后同英国政府签订了丧权辱国的《南京条约》。鸦片战争之后，英、美、法、俄、日等国家不断发动战争，强迫清政府签订各种不平等条约。自此，中国逐渐沦为半殖民地半封建社会。

八、近代史

在中华民族的空前危机之际，中国先后爆发了洋务运动、戊戌变法、义和团运动等。1911 年，孙中山领导的辛亥革命推翻了清王朝的统治，同时也结束了延续 2000 多年的封建君主制，建立了“中华民国”，中国历史翻开了崭新的篇章。

但是革命的果实随即被袁世凯窃取，后来又陷入军阀混战的局面，民国徒有虚名。以孙中山为首的国民党和刚刚成立的中国共产党为挽救国家颓势，依各自不同的指导思想与军阀展开了斗争并最终走向第一次国共合作。正当革命形势大好之时，国民党右派相继发动“四一二”和“七一五”反革命政变，大革命失败。

1931 年，日本发动“九一八”事变，中华民族面临生存危机。大敌当前，“停止内战，一致抗日”成为中华民族的唯一抉择。张学良等发动“西安事变”，迫使蒋介石接受共产党人的主张，实现第二次国共合作。1937 年 7 月 7 日，日本发动“卢沟桥事变”，向中国发动丧心病狂的侵略战争，中国进入了全面抗战时期。1945 年，中华民族经历 14 年艰苦卓绝的抗日战争，最终赢得胜利。

此后，围绕国家政权的重组和国家命运的选择，国共两党的分歧越来越大。1946 年，国民党发动内战，经过 4 年多的国内战争，国民党在大陆的统治土崩瓦解，退守台湾。1949 年 10 月 1 日，中华人民共和国成立，中国历史翻开了新的一页。

第二节　中国古代文化与哲学

一、书画

在中国艺术的各个门类中，书法是最具中国特色的传统艺术，它深刻地反映着中华民族的文化精神和审美情趣。书法的产生和发展与“文房四宝”（笔、墨、纸、砚）有密切的关系，更主要的是汉字及其造型。书法起源于汉字，是汉字造型与表现的有机结合。能够睿哲变通，意巧滋生，是书法艺术的基本特征。

1. 书法

汉字的起源很早，最早的有系统记录的汉语文字是殷商时代的甲骨文。这些刻在龟甲和兽骨上的文字，反映了商朝统治者占卜及当时的社会生活状况。甲骨文是当时世界上最进步的文字，今天的汉字就是由它演变而来的。从甲骨文的书法用语来看，已体现出线条美和单字造型的对称美，标志着中国书法艺术的产生。

铸在青铜器上的文字叫金文，又叫钟鼎文、铭文。金文字画丰腴，体势凝重，《毛公鼎》《散氏盘》等铭文是其代表作。

春秋战国时期，毛笔开始在书法上广泛应用，从尚存的“石鼓文”拓片看，笔画遒劲凝重，结构茂密浑厚。秦始皇时，下令“车同轨，书同文”，小篆成为最初的规范汉字。秦始皇巡幸各地时，李斯等人用小篆书写的各种颂扬秦始皇丰功伟绩的刻石，如《泰山刻石》《琅琊台刻石》《会稽刻石》等，标志着中国书法艺术进入了新的阶段。篆书虽在后来逐步退出日常书写的舞台，但是由于它的字体优美，始终受到书法家的青睐，又因为其笔画复杂，形式奇古，所以在印章篆刻领域大放光彩。

隶书的形成时间大约在战国晚期，成熟于汉代。它是对小篆的进一步简省，讲究蚕头雁尾、波磔分明，具有浓重的装饰趣味。隶书上承篆书，下启楷书，提高了汉字的书写效率，是汉字书写的一大进步，也是书法史上的一次革命，不但使汉字趋于方正，而且为以后各种书体流派奠定了基础。汉隶的代表作有《衡方碑》《张迁碑》《曹全碑》《礼器碑》《石门颂》等。

草书有章草、今草、狂草之分，始于汉初，是隶书、楷书的快写。汉朝的张芝被誉为“草圣”。唐朝的张旭、怀素擅长狂草，有“张癫素狂”之说，两位均有“草圣”之誉。张旭的狂草作品有《古诗四帖》等。

楷书又称正书、真书，是从汉隶和章草中蜕变出来的一种书体，特征是笔画平直，结构整齐，字体方正，既美观又便捷，融艺术与实用于一体。楷书的出现，标志着汉字的方块化已经定型，汉字的字体演变已经成熟。东汉末年的钟繇堪称楷书之祖，他和略后的王羲之合称“钟王”，对后世影响极大。魏晋南北朝时的楷书多用方笔，字的转折撇捺都见棱见角，字形朴拙，结构紧密，硬挺有力，称为“魏碑”，代表作有《龙门二十品》《张猛龙碑》

等。楷书的鼎盛期在唐代，书家辈出，风格多样，世人以“唐楷”称之，唐代的欧阳询、颜真卿、柳公权与元代的赵孟頫并称为“楷书四大家”，欧阳询的《九成宫醴泉铭》，颜真卿的《多宝塔碑》《麻姑仙坛记》，柳公权的《玄秘塔碑》《神策军碑》等历来受学书者推崇。

行书是介于草书与楷书之间的一种字体，以简易为宗旨，实用性强，便于流行。东晋王羲之被后人尊为“书圣”，他的《兰亭集序》被誉为“天下第一行书”；王羲之和他的儿子王献之被后人称为“二王”，对后世书法影响甚大。颜真卿的行书作品《祭侄文稿》也是书法史上的名篇。北宋的苏轼、黄庭坚、米芾、蔡襄书法的主要成就也体现在行书上，人称“宋四家”。

2. 绘画

中国画又称国画，按题材可以分为人物画、山水画和花鸟画；按技法可以分为工笔画和写意画两种。由于国画十分重视装裱，人们常以装裱后的款式分为立轴、手卷、扇面、斗方、册页等。中国画以毛笔、水墨、宣纸为特殊材料，建构了独特的透视理论，大胆而自由地打破了时空限制，具有高度的概括力与想象力。中国画注重神形俱似、气韵生动。

中国画历史悠久，可以远溯到新石器时代，远古稚拙的岩画、流利多姿的彩陶纹饰、狞厉神秘的青铜纹饰，已经确立了中国绘画艺术注重整体着眼、以线为主、平面构图的基本原则。战国时期的帛画《龙凤人物图》是目前可以看到的最早的古代绘画实物。秦汉时期的绘画已具备了鲜明的民族特征，流传后世的主要是壁画、画像砖、画像石。

魏晋南北朝时期，绘画作为一门独立的艺术出现，一批士大夫和文人相继参与绘画活动，出现了我国历史上第一批有记载的著名画家。三国时期吴国的曹不兴是第一个画佛像的画家。东晋时的顾恺之专擅人物画，在我国绘画史上他第一个明确提出“以形写神”的主张，代表作有《女史箴图》《洛神赋图》。

隋唐时期，中国绘画取得了令后世惊叹的艺术成就，其中最为突出的是以敦煌莫高窟为代表的壁画，以及涌现出了一批蜚声中外的艺术大师。在人物画方面，有初唐的阎立本，其代表作有《步辇图》《历代帝王图卷》等。中唐最负盛名的画家是吴道子，他的画风格奔放，注重线条笔法，有“吴带当风”之誉，代表作有《送子天王图》等，被后人尊为“画圣”。山水画在魏晋南北朝仍作为背景附属于人物画，隋唐时开始独立成画，如展子虔的设色山水，李思训的金碧山水，王维的水墨山水，王洽的泼墨山水等。展子虔的代表作《游春图》就是其中的杰作。王维倡导“诗中有画，画中有诗”，形成诗、书、画三位一体的独特风格，被后人奉为文人画的始祖。

北宋时的画院日趋完备，“画学”也被正式列入科举之中，这是中国历史上宫廷绘画最为兴盛的时期。山水画名家是李成、范宽、郭熙等，花鸟画的代表画家是黄筌和崔白，张择端的《清明上河图》把北宋民俗画推向了高潮，在美术史上享有盛名。宋徽宗赵佶擅长工笔山水和花鸟。北宋文人画声势渐起，主张即兴创作，不拘泥于物象的外形刻画，要求达到“得意忘形”的境界。苏轼、文同的墨竹皆以意趣为长，米芾、米友仁父子则善于运用水墨横点，以表现烟雨迷蒙的景象，被称为“米点山水”。南宋的李唐、刘松年、马远、夏圭号称“南宋四家”。

元代文人画盛行，绘画的文学性和对于笔墨的强调超过了前代，书法趣味被进一步引申到绘画的表现和鉴赏之中，诗、书、画进一步结合，体现了中国画的又一次创造性的发展。这一时期最重要的画家有赵孟頫和“元四家”（黄公望、倪瓒、王蒙、吴镇）等。

明代出现了以地区为中心的名家与流派，如以戴进为代表的浙派，以沈周、文徵明为首的吴派，以董其昌、陈继儒等为代表的松江派等。明代花鸟画派有以徐渭、陈淳为首的“水墨写意派”，以周之冕为代表的“勾花点叶派”；较有特色的人物画家是陈洪绶，代表作有版画《九歌》《水浒叶子》等。

清代早期，“四王”（王时敏、王鉴、王翚、王原祁）占据画坛的主导地位。江南有以石涛、朱耷（号八大山人）为代表的遗民画家。石涛的山水画成就最高，朱耷的花鸟画笔墨简练，有时满幅大纸只画一鸟或一石，寥寥数笔，神情毕肖，用夸张的手法来寄托自己的思想感情。清代中期，在扬州出现了以金农、郑燮为代表的文人画派“扬州八怪”，追求个性，力主创新，对近现代的绘画影响极大。

此外，明清时期的版画和年画也大为流行，版画随着市民文学的兴起达到了鼎盛，木版年画也达到了高峰。

二、文学

中国文学源远流长，蔚为大观。在文字产生之前就有口头文学流传。此后，沿着现实主义与浪漫主义两大主题向前发展，形成了蔚为壮观的中国文学史。

1. 诗歌散文

中国文学史上第一部诗歌总集《诗经》，共305篇，分为风、雅、颂三部分，开中国现实主义文学之先河，对此后中国2000多年的文学发展产生了极为深远的影响。

战国时期伟大的爱国诗人屈原创造了“楚辞体”诗歌，其代表作是《离骚》。这是屈原吸收南方民歌精华，融合古代神话传说而撰写的我国古代第一篇长诗，抒发了深切的爱国之情，在中国文学史上占有重要地位。

先秦诸子散文如《论语》《孟子》《庄子》《荀子》《韩非子》等，主要是哲理散文，以理论为主旨，结构精巧，修辞手法多样，是我国古代散文的光辉起点。

汉代著名的文学体裁是“赋”和“乐府”。“赋”是汉代最盛行的一种文学形式，汉赋名家有枚乘、司马相如、班固、张衡等。汉代乐府是由官府名称转变而成的一种带有音乐性的诗体名称。《乐府诗集》是汉武帝时由乐府采集民间诗歌选编配乐而成的诗集，真实地反映了汉代社会生活和人民的思想感情，其中《孔雀东南飞》是我国古代长篇叙事诗的杰作。

魏晋南北朝时期的文学以诗歌成就最大。以“三曹”（曹操、曹丕、曹植）、“建安七子”（王粲、孔融、徐干、阮瑀、应玚、陈琳、刘祯）、“竹林七贤”（嵇康、阮籍、山涛、刘伶、阮咸、向秀、王戎）为代表的诗人，直接继承了汉乐府诗的现实主义精神，体现出当时的社会风貌和苍凉刚劲的风格。东晋的陶渊明是第一位用诗歌的形式反映田园生活的“田园诗人”。谢灵运是中国古代第一位大量写作山水诗的作家。南朝民歌中的抒情长诗《西洲曲》和北朝民歌中的叙事长诗《木兰辞》，分别代表南北朝民歌的最高成就。

唐代诗歌空前繁荣，名家辈出。李白被称为“诗仙”，杜甫被誉为“诗圣”，高适、岑参、王昌龄、王维、孟浩然、白居易、杜牧、李商隐、李贺、刘禹锡等都是著名诗人。唐代格律诗字句固定、形式规范，讲究对偶、平仄、押韵。唐朝散文也很有成就，韩愈、柳宗元和宋代的欧阳修、王安石、苏洵、苏轼、苏辙、曾巩被誉为“唐宋八大家”。

五代与宋代文学成就最突出的是“词”，其代表人物有南唐后主李煜，宋代的柳永、欧阳修、苏轼、辛弃疾、李清照、陆游、姜夔等。宋词在艺术风格上婉约与豪放并存，清新与浓丽争艳，无论题材还是风格，宋词都和唐诗一样，为后世留下了难以企及的盛世风范。

2. 戏剧戏曲

中国戏剧起源于上古原始社会的民间舞蹈。西周末年出现了专供贵族娱乐的艺人——“优”。唐代宫廷专门设立“梨园”作为训练艺人的场所。宋金时期产生了“杂剧”，包括各种滑稽表演和歌舞。南宋时在浙江温州产生了“南曲戏文”，简称“南戏”。南戏是一种由歌、念、诵、舞等组成的综合艺术。南戏中的《王魁》《赵贞女蔡二郎》剧目家喻户晓。

元代文学成就最突出的是元曲，包括杂剧和散曲两种。元曲反映了当时的社会生活，对以后中国戏剧艺术的发展产生了深远的影响。关汉卿、马致远、郑光祖、白朴合称“元曲四大家”。代表作有关汉卿的《窦娥冤》、王实甫的《西厢记》、马致远的《汉宫秋》、白朴的《墙头马上》等。

明中叶，南戏发展成为传奇戏，并出现各种不同的声腔，其中的海盐腔、余姚腔、弋阳腔和昆山腔对后世的戏曲具有深远影响。

清代，各种声腔所代表的地方文化争奇斗艳，形成了昆腔、高腔、柳子腔、梆子腔、皮黄腔五大声腔体系。清代中叶，“四大徽班”进京后，博采众长，形成了中国戏剧的代表剧种——京剧。京剧以演历史故事为主，传统剧目有1300多种，其中广为流传的有《四郎探母》《武家坡》《群英会》《空城计》《三岔口》等。抗战时期，陕甘宁边区对传统京剧进行改编，编演了《逼上梁山》《三打祝家庄》等新剧目。

3. 小说

中国古代小说始于魏晋南北朝时期。这一时期的志怪小说和笔记体小说极有特色，代表作是干宝的《搜神记》和刘义庆的《世说新语》。

唐朝产生了传奇小说，如陈鸿的《长恨歌传》、李朝威的《柳毅传》等都是这一时期的名作。

明清是小说创作的高峰期。明代罗贯中的《三国演义》是我国最早的长篇历史小说；施耐庵的《水浒传》是我国第一部以农民起义为题材的长篇小说；吴承恩的《西游记》是我国最杰出的浪漫主义长篇神话小说；清代曹雪芹的《红楼梦》是我国古代长篇白话小说的高峰。以上四部小说统称为“中国古典小说四大名著”。明代兰陵笑笑生的《金瓶梅》是我国第一部文人创作的长篇世情小说。清代蒲松龄的《聊斋志异》是我国古代文言短篇小说的高峰。

三、史学

中国史学成熟之早、持续之久、体裁之完备、史籍之丰富，堪称举世无双。

早在夏商时期，随着文字的出现，史学就开始萌芽。周代的史官不仅有记言记事的职责，而且掌管文书，执行政令，位高权重。西周出现了有系统记载的历史文献，其中《尚书》经孔子整理，成为我国现存也是世界上最早的史书。

就史书体裁而言，既有以时间为中心，按年、月、日顺序记述史实的编年体；又有以人物为中心分门别类记载典章制度等史实的纪传体；还有以事件为中心，按类编撰，自始至终记载史实的纪事本末体等。

鲁国史书《春秋》是我国第一部编年体史书。左丘明对《春秋》进行加工改造而成《左传》,《左传》以《春秋》为纲，既记言，又记事，以丰富的史料充实了《春秋》的内容。

西汉司马迁的《史记》是我国第一部纪传体通史巨著，位居我国二十四史之首，也是传记文学的开山之作，被誉为“史家之绝唱，无韵之《离骚》”。

东汉班固的《汉书》是我国第一部断代体史书，主要记载了西汉一代的史实，成为后世“正史”的楷模。

北宋司马光的《资治通鉴》是我国第一部编年体通史巨著。其书偏重于政治上治乱兴衰的记载分析，亦富有文采，写人叙事生动优美。

四、哲学

中国传统哲学作为民族精神的概括与升华，是构成珍贵传统文化系统中内涵最丰富、最能代表中华民族智慧及其自我觉醒意识的精华部分。

中国哲学的流变大体是周代子学、两汉经学、魏晋玄学、隋唐佛学、宋明理学和清代朴学。

1. 阴阳五行学说

阴阳五行是中国古代的一种自然哲学，也是中国古代哲学思维的起点。所谓“阴阳”，原指向日为阳、背日为阴的日照向背，后扩展引申为相互对立、消长的两种现象、事物、联系等，如日月、天地、君臣、男女、夫妻、上下、刚柔、动静、强弱、前后等。古人认为构成万物的基本要素是金、木、水、火、土五种物质，它们同时也代表了事物的五种基本作用、功能、属性和效果，称为“五行”。五行之间互相影响，形成“相生”“相克”的关系，构成了世界万物的变化发展（图 3–1）。

图 3–1　五行相生相克图

五行相生：金生水，水生木，木生火，火生土，土生金。

五行相克：金克木，木克土，土克水，水克火，火克金。

阴阳五行思想通过空间和时间两个方面的渗透，在古代中国逐渐沉积为一种观念和思维习惯，如空间有五方，音乐有五音，文彩有五色，人体有五脏（表 3–1）。

表 3–1　五行、五色、五方、五脏、五音对应表

五行	五色	五方	五脏	五音
土	黄	中	脾	宫
金	白	西	肺	商
木	青	东	肝	角
火	红	南	心	徵
水	黑	北	肾	羽

八卦是 8 种符号，象征 8 种基本自然物象。所谓八卦，就是八个卦相。传说八卦是由太昊伏羲氏，也就是伏羲画出的。八卦代表易学文化，渗透在东亚文化的各个领域。八卦表示事物自身变化的阴阳系统，用“—”代表阳，用“--”代表阴，用这两种符号，按照大自然的阴阳变化平行组合，组

成8种不同形式，叫作八卦。对于八卦，我们不要赋予其过多的神秘色彩。它在中国文化中是与阴阳、五行一样用来推演世界空间、时间各类事物关系的工具。每一卦形代表一定的事物。乾代表天，坤代表地，巽（xùn）代表风，震代表雷，坎代表水，离代表火，艮（gèn）代表山，兑代表泽。八卦就像8只无限无形的大口袋，把宇宙中万事万物都装进去了。传说后来周文王又把八卦互相搭配变成六十四卦，用来象征各种自然现象和人事现象，演绎成《易经》（《周易》）（图3–2）。为了便于记忆，人们编了一首八卦顺口溜：乾三连，坤三断，震仰盂，艮覆碗，离中断，坎中满，兑上缺，巽下断。

图3–2　八卦图

2. 诸子百家

中国哲学比较早熟，在春秋战国时期，产生了儒、道、墨、法、阴阳、纵横、兵、杂家等思想流派，出现了百家争鸣的局面，形成了繁荣昌盛的思想文化，成为中国后世学术之母。春秋时的孔子是儒家学说的创始人，其言行思想集中反映在《论语》中。

春秋时期的老子是道家学说的创始人，著有《老子》。道家以辩证思维，主张清静无为、淡泊名利、寄情山水而著称，对中国人的人生哲学影响甚大。除老子外，道家的代表人物还有战国时期的庄子，著有《庄子》。

春秋时期的墨翟（墨子）是墨家学说的创始人，其言行思想集中反映在《墨子》中。墨子提出“兼爱”“非攻”“尚同”等很有价值的思想。

春秋时期的孙武（孙子）是兵家的著名代表，著有《孙子兵法》；战国时期的孙膑著有《孙膑兵法》。兵家思想不仅在历代军事上，而且在当今经济领域也源源不断地释放着其独特的价值。

战国时期的韩非是法家学说的集大成者，著有《韩非子》。其他法家代表人物有李悝、商鞅等。法家思想主要是政治哲学，早已被历代当权者融入其统治权术中。

3. 儒学

儒家学说是中国2000多年以来处于主导地位的哲学思想，后又扩展到东亚各国，成为东亚文化圈的共同思想基础。除了孔子之外，儒家在先秦时期的代表人物还有孟子和荀子。孔子主张德政，“礼”与“仁”是孔子儒学思想的主要组成部分。孔子思想涉及政治、伦理、教育等领域，在中华民族的思想和文化发展史上影响最大、时间最久、程度最深。孟子是战国时期儒家的代表，他提出“性善论”，注重个体修养；主张施行仁政，强调民本思想，提出“民贵君轻”的思想主张，反对苛政。荀子主张礼法并用，提出“性恶论”，强调后天学习的重要性。

西汉时，董仲舒提出“罢黜百家，独尊儒术”，实际是尊崇儒术，兼容百家，吸收了法家、道家、阴阳家等各家学说，对儒学进行了改造，奠定了封建统治的理论基础，其核心是“天人感应”“君权神授”。

两宋时，一批理学家以儒家思想为基础，吸收佛教和道教思想形成了新儒学。新儒学是宋代主要的哲学思想。朱熹是理学发展的集大成者，他继承了北宋哲学家程颢、程颐的思想，将儒学改造成博大精深的理论体系，后人称为“程朱理学”。

明代王阳明继承了宋代陆九渊“直探本心”的主张，强调知行合一，成为明代最大的理学家。阳明心学反映了儒家学说为适应明代社会出现的个性解放要求而进行的调整，对后代有深远的影响。

儒学主张礼治，强调传统的伦常关系，是东方最有价值的知识系统，以至于到今天，在某种意义上成了中国传统文化的代名词。

第三节　中国古代科学技术

中国古代虽强调以伦理立国，向来有重文轻理的倾向。但在长期的社会实践和对自然的探索中，激发出无穷的智慧和创造力，积累了丰富的社会与自然科学知识，为中华文化宝库增添了无限光彩。其中突出表现在农学、医学、天文学和四大发明等方面。

一、农学

作为一个古老的农业大国，中国在农业科技方面取得了很大成就。中国是水稻、小麦、大豆、苎麻的原产地，是世界上最大的果树原产地之一，也是世界上最早植桑养蚕的国家，丝绸享誉世界。

早在新石器时代，中国就形成了“南稻北粟”的农业格局。春秋战国时期，中国已确立了耕作与时令的关系，按季节种庄稼，不违农时，修建大型农田水利设施，形成了整套田间灌溉系统，都江堰就是一个成功的范例。此时出现的牛耕是我国农业史上一次农用动力革命。从此，铁犁牛耕逐渐成为中国传统农业的主要耕作方式。

秦汉时期出现了耦犁与耧车。汉代在南方有了双季稻。在土地多余的地方还推广轮作制。汉代还有龙骨水车，这是比较先进的灌溉和排水机械。西汉晚期氾胜之所著的《氾胜之书》一般被认为是我国最早的一部农书。

北魏贾思勰的《齐民要术》总结了农业生产技术和经验，记载了谷物、蔬菜瓜果和树木种植法、牲畜饲养法、养鱼法以及各种酿造法、食物贮藏法等，是我国现存最早、最完备的农书。

唐朝出现了筒车和曲辕犁。曲辕犁操作灵活，既便于深耕，也节省畜力，犁耕至此基本定型。陆羽的《茶经》是世界上第一部茶叶专著，他本人被尊为“茶圣”。

元代王祯所著的《农书》是一部从全国范围内对整个农业进行系统研究、总结中国农业生产经验的综合性农学巨著，书中图文并茂地介绍了农业生产工具，颇具特色。

明朝徐光启的《农政全书》基本上囊括了古代农业生产和人民生活的各个方面，书中贯穿着治国治民的“农政”思想，是一部集中国古代农学之大成的著作。

二、中医中药

中国医药学对人的生理与病理的认识，形成了独特的理论，鲜明地反映了中华民族的智慧和生存发展的能力。中医学是我国的国宝，也是世界珍贵的遗产。至今仍以其丰富的文化内涵、卓越的临床疗效、天然药物和自然疗法，具有无损伤、毒副作用较少等特点，符合当今“人类回归自然”的趋势而日益受到世界各国人民的欢迎。

1. 中医理论体系

中医理论体系的核心是整体观念和辨证论治的方法。中医理论认为人体是一个有机的整体。人体各器官的功能是息息相关、互相协调、互相影响的。局部疾病会影响到全身，全身病变呈现于某个局部，人体生病就是整体失调所致，人的精神状况与疾病也是休戚与共的。因此，中医强调“治病须治人”，心理治疗至关重要。

中医学十分重视人与自然的统一性，即“天人合一”，用构成万物的“气”，把人的生命活动与大自然联系在一起，认为“百病生于气”，“气治则安，气乱则病”。当人体生理活动与自然环境不相协调时，就产生了疾病。

对疾病要辨证论治。战国时期的扁鹊首创望、闻、问、切“四诊法”，成为中医诊断的基本方法。通过系统地观察了解，辨清疾病的部位、原因、性质、邪正之间的关系以及个体的差异特点，概括判断为某种“证”，然后有针对性地进行治疗。八纲辨证是中医各种辨证的总纲，八纲指阴阳、表里、寒热、虚实八类症候。

中医治疗疾病的具体方法种类繁多，内容丰富，且各具特色，主要有药物疗法、针灸疗法、推拿疗法、外治疗法、饮食疗法和意念疗法等。

2. 中华名医与名著

西汉时编订的《黄帝内经》是我国现存最早的一部医书，包括《素问》和《灵枢》两部分。它全面系统地论述了人与自然的关系，人的生理、病理、诊断、治疗、预防、养生等。《黄帝内经》为中医学奠定了理论基础，历来被中医界奉为理论经典，至今仍有指导意义。

东汉的《神农本草经》是我国第一部完整的药物学著作。东汉张仲景开了中医临床辨证论治的先河，被尊为“医圣”，代表作有《伤寒杂病论》。东汉华佗是位精于外科手术、针灸及内、妇、儿各科的名医，被誉为“神医”。华佗发明了“麻沸散”，全身麻醉施行腹腔手术，这是世界医学史上的创举。他还创造了一套“五禽戏”，是古代健身操，在保健医学上有很高价值。

西晋王叔和的《脉经》是我国现存最早的脉学专著。皇甫谧总结了前代针灸疗法的经验，著成《针灸甲乙经》，这是我国第一部针灸学专著。

唐朝十分重视医疗与健康事业。唐太宗创办世界上第一所医校，比欧洲早 200 年。唐政府组织编写的《唐本草》是世界上第一部由国家编订颁布的药典，比欧洲早 800 多年。唐朝孙思邈的《千金方》总结了前代医家的医学理论和治疗经验，被誉为“东方医学圣典”，其本人被尊为“药王”。

北宋医学家王惟一主持监制了两具刻有经脉腧穴的针灸铜人，作为针灸的教学考试之用。南宋时期宋慈的《洗冤集录》是我国第一部系统的法医学著作，比西方早300年，对法医学的发展有很大贡献。

金元时期，出现了各有创见的刘完素、张从正、李杲、朱震亨四大医学流派，他们被称为“金元四大家”。

明朝李时珍的《本草纲目》对前代药物学进行了全面总结，是当时世界上内容最丰富、考订最翔实的药物学著作。

2015年10月，中国女药物学家屠呦呦获得“诺贝尔生理学或医学奖”，以表彰她对疟疾治疗所做的贡献。屠呦呦是首位获得诺贝尔科学类奖项的中国本土女科学家。她是中国中医科学院终身研究员兼首席研究员，青蒿素研究开发中心主任，多年从事中药和中西药结合研究，突出贡献是创制新型抗疟药——青蒿素和双氢青蒿素。她是抗疟药青蒿素和双氢青蒿素的发现者，2011年获得拉斯克奖临床医学奖。

3. 中药

中药指中医用以治病防病和保健养生的药物，在中国古籍中通称“本草”。中医中药，与国画、京剧并称为中国的三大国粹。中药按加工工艺分为中药材、中成药。

（1）中药材。中药材是指经加工炮制可以直接供药房配剂及药厂制剂使用的半成品药。我国著名中药材有：

人参。为五加科植物人参的干燥根，因似人形而得名。人参含多种人参皂甙、人参酸、挥发油、植物甾醇、维生素等，味甘微苦、性温，具有大补元气、生津、安神之功效。人参主要产于东北三省，吉林抚松、集安产量多，质量好。吉林人参的产量、出口量均居全国首位。

三七。又名田七、田三七、参三七，俗称“金不换”，有“三七补药第一”之誉，为五加科植物参三七的干燥根。因每株长叶七枚，顶端开黄花三枚而得名。三七主要产于云南、广西两省区，药性味甘苦微温，具有散瘀止血、消肿定痛之功效。

冬虫夏草。又名虫草，它是麦角菌科真菌冬虫夏草寄生在蛾科昆虫幼虫上的子座及幼虫尸体的复合体，由子座和虫体两部分相连组成，含虫草酸、脂肪油、蛋白质等成分，味甘，性温，具有补虚损、益精气等功效。产于青海、四川、西藏、云南等省区，青海省为主要产区。

鹿茸。为鹿科动物梅花鹿或马鹿等雄性鹿没有长成硬骨时的“密生茸毛的幼角”，带茸毛，含血液。鹿茸含有比人参更丰富的氨基酸、卵磷脂、维生素和微量元素等成分，味甘、性温，具有壮元阳、益精血、强筋骨之功效。

（2）中成药。中成药是指经精加工可直接使用的成品药，分丸、散、膏、丹、片、口服液、药酒等。山西定坤丹、大活络丹、漳州片仔癀、安宫牛黄丸、云南白药、六神丸等为著名中成药。

三、天文学

中国是世界上天文学起步最早、发展最快的国家之一。我国古代天文学的成就大体可以归纳为三个方面，即天象观测、仪器制作和编订历法。

1. 天象观测

我国最早的天象观测可以追溯到几千年前。无论是对太阳、月亮、彗星、恒星，还是对日食和月食、太阳黑子、日珥、流星雨等罕见天象，都有着悠久而丰富的记载，而且观察细致、记录精确、描述详尽、举世罕见，具有很高的科学价值。

《诗经》中有中国历史上第一次有确切日期的日食记录。《春秋》保存了世界上关于哈雷彗星的最早记录。哈雷彗星每76年回到太阳附近一次，而中国又是每一次都拥有记录的唯一国家。战国时期的《甘石星经》是世界上最早的天文学著作，书中记录了800多个恒星的名字，并划分其星宿与体系，对后世发展颇具影响。《汉书·五行志》中有世界公认的较早的黑子记录。唐代和尚僧一行在世界上第一次测量出地球子午线长度，他通过观察发现了恒星位置移动现象。

2. 仪器制作

我国丰富而准确的观测记录是同先进的观测仪器分不开的。我国最古老、最简单的天文仪器是圭表，用来度量日影的长短。东汉张衡发明了世界上第一台利用水力转动的浑天仪，发明了世界上最早测定地震方位的仪器——地动仪。张衡写有《浑天仪图注》和《漏水转运浑天仪》等著作，奠定了我国天文仪器制造的基础。宋代苏颂等人设计制造的水运仪象台，把观测天象的浑仪、演示天象的浑象和报时装置巧妙地结合在一起，它的一套动力装置“可能是欧洲中世纪天文钟的直接祖先”。元朝郭守敬先后创制和改进了十多种天文仪器，如简仪、高表、仰仪等。

3. 编订历法

古人勤奋观测日月星辰的位置及其变化，主要目的是通过观测这些天象，找出它们的规律，用来确定四季，编制历法，为生产和生活服务。相传在远古时代就已经制定出我国历史上最早的一部历法《黄帝历》。到了夏代，又制定出以阴历正月为岁首的《夏历》，这是现代阴历的起源。到了商周时代，为适应农业生产发展的需要，开始使用阴阳合历，设置闰月以调整历差。西汉时邓平、唐都、落下闳等修订的《太初历》是我国现存第一部较为完整的历法，奠定了后世历法的根本要素。南北朝时期祖冲之的《大明历》和唐朝僧一行的《大衍历》都是当时最优秀的历法，记录下了不少重大改革和天文学上的先进成果。元代郭守敬集前代历法之大成，制定《授时历》，这是中国古代使用时间最长，也是最精确的历法。它以365.2425天为一年，与国际通行的公历（格列高利历）完全相同，但比之早了300年。

四、数学

要制定精确的历法，就得精于计算，于是数学伴随着天文学发展起来。中国数学的萌芽期可溯至4000多年前，据战国《尸子》记载：“古者，倕为规、矩、准、绳，使天下仿焉。”这说明当时已有“圆、方、平、直”等形状的概念。商代甲骨文的自然数已经使用十进位制，而先秦的八卦学说是古老的二进位制。此外，西周贵族子弟要求学习“六艺”，其中就有“数”；西周时的商高是见于著述的中国古代第一位数学家。春秋时，九九乘法口诀成为士人的普通知识，有了分数的概念。

两汉开始出现了一批重要的算学著作和学者，标志着中国算学的正式形成。此后1000年间，中国算学在许多方面居于世界领先地位。西汉的《周髀算经》是我国现存最早的天文历算和数学著作，书中有比较复杂的分数运算和开平方方法，还最早提出了勾股定理。东汉的《九章算术》是我国古代最重要的数学著作，系统地总结了我国从先秦到东汉初年的数学成就，特别是其中负数的概念以及正负数的加减法运算法则，具有世界意义的成就。《九章算术》的出现，标志着我国古代数学体系的形成。三国时期的刘徽对《九章算术》的注释是中国数学史上的重要文献，他最早提出了十进小数的概念。

南朝祖冲之在世界上第一次把圆周率的数值精确到小数点后第7位，他还准确地提出了球体积公式的推算原理，被称为祖氏原理。

珠算是中国数学的一项重大发明，大约成熟于宋元时期，长期以来深受欢迎，至今仍在使用。

五、“四大发明”

1. 造纸术

在植物纤维纸出现以前，世界各文明古国用来书写、记载文字的材料都是非常原始的，西方人用羊皮、泥板或树叶，古代中国人则用龟甲、兽骨、象牙、金石、竹简、木片或绢帛。这些材料或过于昂贵，或过于笨重，都不是理想的书写工具。

西汉时期，古人用丝絮制成薄片，叫作“絮纸”，这是我国造纸术的萌芽。但是西汉时期的这些古纸多为质地粗糙的麻纸，尚不能作为正式的书写材质。东汉时期，蔡伦在吸收前人经验的基础上改进了造纸术，用树皮、麻头、破渔网等为原料，造出了质地较细、价格低廉、便于书写、用途广泛的纸，人称“蔡侯纸”。魏晋时，纸张就已普遍使用，成为我国主要书写工具。

隋唐时，造纸手工业遍及全国，造纸的原料扩大到用藤和桑皮等。唐代宣州造的宣纸，非常适用于写字、作画、印书。南宋时我国南方已盛产竹纸，而且开始用稻、麦草造纸。

2. 印刷术

印刷术被称为人类“文明之母”，这是中华民族对世界文明的又一重大贡献。在技术操作方式上，印刷术可以分为雕版印刷术和活字印刷术两种类型。雕版印刷术是在古代刻石和印章的基础上产生的，在唐朝日臻成熟，开始大量印刷书籍。刻印于868年的《金刚经》是我国发现最早的标有确切年代的雕版印刷品。

宋代是雕版印刷的全盛时期，其数量、质量达到了高峰。北宋时，毕昇发明了活字印刷术。他用胶泥制成单字块，入火烧烤，使之坚硬，做成字模排列在铁板框里，然后涂墨印刷。这是排版印刷的开始，它既经济又快捷，堪称人类印刷史上的空前革命。

元代农学家王祯发明了木活字和转轮排字架，使拣字、排字、印刷都得以完善；随后又有了锡、铜活字，极大地促进了中国印刷事业的发展。

3. 火药

火药，源于我国古代为长生不老而制仙药的炼丹术。唐代名医、炼丹家孙思邈在他的书中提出将硫黄、硝石、木炭制成药粉用以发火炼丹的配方，这说明最迟在唐初就已发明了火药。

唐朝末年，火药开始在军事上运用。宋代出现了“霹雳炮”“震天炮”等火器，宋代曾公亮等人所编著的《武经总要》中记载了最早的火药兵器，还列有3种火药配方。南宋时期，射击性的管形火器也被发明制造出来，如突火枪，这些火器实际上是现代枪炮的前身。

当然，除用于军事外，火药更多被用来生产爆竹和烟花，为平民百姓的喜庆节日增添欢乐气氛。

约在13世纪，火药经蒙古人传到阿拉伯，而欧洲人在与阿拉伯人的战争中学会了火器的制造与使用，从而改变了欧洲历史的进程。

4. 指南针

相传早在黄帝与蚩尤作战时，黄帝就首造指南车来辨认方向。战国时，已发现了磁石吸铁和指示南北的现象，造出了指南器具——司南。北宋时期，出现了以人工磁化金属法制造的指南鱼和指南针。沈括曾对指南针进行了深入的研究，还发现了磁偏角。南宋时，人们又把磁针安在刻有方位的罗盘上，使用更为方便。

指南针的最大贡献，是大大促进了航海事业的发展。12~13世纪，罗盘针由海路传入阿拉伯，后传入欧洲，为近代欧洲航海家的一系列远航和地理大发现提供了条件。

六、其他科技成果

中国的科学技术曾长期处于世界领先地位，正如李约瑟在《中国科技史》序言中所言：中国人“在公元3世纪到12世纪之间保持着西方所望尘莫及的科学知识水平”。书中还列举了机械和技术从中国向西方传播的26个项目，如独轮车、弓弩、风筝、深钻技术、铸铁、弧形拱桥、铁索吊桥、河渠闸门、瓷器等。英国学者坦普尔的《中国——发现和发明的国度》介绍了中国的100个“世界第一”。中国人在认识自然、改造自然方面所体现的聪明才智及其成果数不胜数。比如：

两汉人民首创“井渠”（坎儿井）法，这是在旱地采用的节水技术。

东汉南阳太守杜诗发明“水排”，利用水力鼓风冶铁，比欧洲早1000多年。

北魏郦道元的《水经注》是古代地学史上最系统、最完备的水文地理著作，具有很高的史学、文学、地理学价值。

北宋沈括的《梦溪笔谈》详细记载了当时数学、气象、地理、地质、物理以及冶金、机械、营造、造纸技术等各个方面的科技成就，被誉为“中国科学史上的里程碑”。

明朝宋应星的《天工开物》详细记录总结了各地农业、手工业的生产技术，是中国古代科技的集大成之作，被誉为“中国17世纪的工艺百科全书”。

明朝徐弘祖与王士性都是足迹几乎踏遍全国的旅行家。徐弘祖是世界上第一个研究岩溶地貌的人，他的《徐霞客游记》是我国最早的一部野外考察记录和优秀的地理著作。王士性是中国人文地理学的开山鼻祖，著有《五岳游草》《广游志》《广志绎》三部地理著作。

第四节　中国古代历史文化常识

一、姓氏称谓

1. 姓、氏

寻根问祖是中华民族根深蒂固的传统观念，我国具有世界上最悠久并持续不断的姓氏传统。据统计，我国现存姓氏有3500多个，而历史上出现过的姓氏有2.2万多个。

姓氏是一个人血统的标志。在先秦时期，姓和氏有不同的含义。姓是一种族号，氏是姓的分支。

姓的起源可以上溯到母系氏族社会，其作用是“别婚姻”，即识别、区分氏族，实行族外婚。姓原本表示妇女世代相传的血统关系，由女性方面决定，目前已知的古老姓氏，如姬、姜、嬴、姒、姒、妫等均带有“女”字偏旁，就是母系氏族社会的痕迹。

“氏”原为“姓”的分支，起源于父系氏族社会，其主要作用在于“明贵贱”。起初，“姓”是比“氏”更大的概念，是整个大部落的标记；而“氏”从属于“姓”，是指较小的、派生的氏族。黄帝轩辕氏即属于姬姓部落。氏成为古代贵族的标志，宗族系统的称号，用于区别子孙的出身。

战国以后，人们以氏为姓，姓和氏开始合二为一。到了汉代则全叫作姓，并且自天子到庶民人人都可以有姓。这种用法一直延续到现在。

2. 名、字、号

名是一个人区别于其他人的称号。古人幼时取名以供长辈呼唤。

字是古人成年后取的别名，与名相表里，又叫“表字”。古代男子到20岁成人，要举行冠礼，标志其人可立身于社会了，要另取一个字。女子未许嫁时叫“待字”闺阁；到了15岁许嫁时，要举行及笄礼，也要取字。名和字在意义上一般是有联系的，字往往是名的阐释和补充。例如，诸葛亮字孔明，“亮”与“明”是同义词；岳飞字鹏举，“飞”与“鹏举”意也相近；韩愈字退之，“愈”和“退之”则意义相反。

号，亦称别号。古人在名和字以外的别名，一般为尊称、美称。如李白号青莲居士，陆游号放翁，郑燮号板桥。另有一类号叫“诨号”“诨名”，即通常说的“绰号”“外号”，如梁山好汉“智多星”“豹子头”“母夜叉”等，大部分是对人物外貌、能力或品行的概括。

古人在人际交往中，名具有“名以正体”的严肃性，一般用于谦称、卑称。上对下、长对少方可称名；下对上、平辈之间，称字不称名。在一般情况下直呼对方的名是不礼貌的。字具有“字以表德”之意，或以明志趣，或以表行第。因此，对人称呼常用字，字的使用率大大超过名。名人雅士的号则比字更加尊重、响亮。

3. 谥号、庙号、年号

谥号是古代帝王及官僚死后，根据其生前事迹而加给的称号。帝王的谥号，由礼官拟议经即位皇帝认可；臣下谥号由朝廷赐予。谥号原寓褒贬同情之意。属于表扬的有文、武、昭、穆等；属于贬义的有厉、灵、幽、炀等；属于表同情的有哀、怀、愍、悼等。谥号在宋以后就有褒无贬了。

朝廷重臣的谥号叫官谥，一般为一两个字。如诸葛亮谥“忠武”，萧统谥“昭明”，欧阳修谥“文忠”，岳飞谥“武穆”。官谥中也有恶谥和改谥的，如秦桧先谥“忠献”，后改“谬丑”。

庙号是帝王死后，其继承者在太庙立室奉祀，并追尊以某祖、某宗的名号。始于商代，明确称谓于汉代。一般是每个朝代的第一个皇帝称“祖”，如“高祖”“太祖”“世祖”；之后的嗣君称“宗”，如“太宗”“高宗”等。

年号是皇帝用以纪年而设置的称号。年号始于西汉武帝即位之年的“建元”。新君即位，于次年改用新年号，叫“改元”。一个皇帝在位期间，遇到重大事件如祥瑞灾异等，也常改元，如武则天在位期间，用了17个年号。年号一般用两个字，也有用三四个字的，如“中大通”（南朝萧衍）、“天册万岁”（武则天）、“太平兴国”（宋太宗）等。

习惯上，对隋以前的帝王一般称谥号，如汉武帝、隋文帝，因为此间的谥号大都为一个字，最多两个字，使用方便；唐至元的皇帝通常称庙号，如唐太宗、宋太祖，由于此间谥号较长，年号较乱，而用庙号最便利；明、清两代的皇帝除明英宗两次即位当皇帝用了两个年号外，其余的均用一个年号，所以人们常以其年号来称呼当时在位的皇帝，如“万历皇帝”“崇祯皇帝”“雍正皇帝”“光绪皇帝”。

4. 避讳

中国古代，人们言谈和书写时遇到君父尊亲的名字要设法回避，用别的词语来代替，这就叫避讳。对帝王及孔子之名，众所共讳，称公讳、君讳或圣讳；此外，人子也不能直言父辈尊亲之名，称家讳或私讳。避讳之法，一般为改字、空字、缺笔、改读等。如因康熙皇帝名玄烨，“玄鸟、玄武、玄黄”等“玄”改为“元”，“玄武门”改为“神武门”，“玄武大帝”改为“真武大帝”。又如《红楼梦》中林黛玉的母亲名敏，因此她读书时，凡遇“敏”字皆念作“密”字，写字遇到“敏”字亦减一二笔。

5. 古代书籍中常见的其他称谓

除了称名、字、号外，古人还有称官爵的，如杜甫被称为“杜工部”，他的诗集叫作《杜工部集》；有称地望的，也就是出生地或住地，如王安石被称为“王临川”，他的文集叫作《临川先生文集》。此外，唐代诗文中还常常见到以排行相称或以排行和官职连称的，如白居易被称为白二十二，李绅被称为李二十侍郎；唐代女子也有被称为廿几娘的。值得注意的是，这种排行是按照同曾祖兄弟的长幼次序来排算的，并不是同父所生的兄弟排行。

二、科举制度

科举制度是中国古代特有的选官制度。它是由国家设立科目，定期举行统一考试，以选拔官吏。它正式开始于隋朝，发展于唐宋，完备于明清，于20世纪初废除，在中国历时1300多年，影响深远。下面以明清科举考试为据，简要介绍其常识。

1. 乡试

乡试通常每三年在各省省城举行一次，称为“大比”。因考期在秋天，故又称“秋闱”。参加乡试的是生员（又称“庠生”，俗称“秀才”），考取者称“举人”，已有做官资格，第一名称“解元”。

2. 会试

是由礼部主持的中央级考试，在京师的贡院举行。会试在乡试后的第二年春天举行，故又称“春闱”，也称“礼闱”。考中者称“贡士”，第一名称“会元”。

3. 殿试

殿试是由皇帝主试的考试，地点在紫禁城的保和殿，考策问，亦称“廷试”。殿试按成绩分为“三甲”（三等）：

一甲：取三名，叫“赐进士及第”。第一名俗称“状元”，第二名俗称“榜眼”，第三名俗称“探花”。三人同称“三鼎甲”。

二甲：若干名，均叫“赐进士出身”；二甲第一名俗称“传胪”。

三甲：若干名，均叫“赐同进士出身”。

如果某人在乡试、会试、殿试中均考取第一名（解元、会元、状元），就叫“连中三元”。

三、四时、二十四节气

1. 四时

四时即春、夏、秋、冬四季。在商代和西周前期，一年只分春秋二时，称“春秋”就指称一年。如《庄子·逍遥游》:“蟪蛄不知春秋。”就是说蟪蛄命短，不到一年。后来历法逐渐详密，又分出冬夏二时，所以有些古书所列的四时顺序不是“春夏秋冬”，而是“春秋冬夏”。

有了四季，按夏历十二个月，每一季有三个月，以孟、仲、季来表示。

如春季的三个月分别作孟春、仲春、季春，以此类推，这些名词常常用作相应月份的代称。

2. 二十四节气

二十四节气是我国历法独到之处，它表示了地球在轨道上运行的二十四个不同的位置，刻画出一年中气候变化的规律。一年四季共有二十四节气，依次称为立春、雨水、惊蛰、春分、清明、谷雨、立夏、小满、芒种、夏至、小暑、大暑、立秋、处暑、白露、秋分、寒露、霜降、立冬、小雪、大雪、冬至、小寒、大寒。二十四节气的划定是我国古代天文和气候科学的伟大成就，2000 多年来，它在安排和指导农业生产过程中发挥了重大的作用，已于 2016 年 11 月被列入世界非物质文化遗产代表作名录。

二十四节气歌："春雨惊春清谷天，夏满芒夏暑相连。秋处露秋寒霜降，冬雪雪冬小大寒。"

四、天干地支与纪年法

天干和地支合称"干支"，是我国传统的记录时间顺序的符号，已有数千年历史。

天干包括：甲、乙、丙、丁、戊、己、庚、辛、壬、癸。

地支包括：子、丑、寅、卯、辰、巳、午、未、申、酉、戌、亥。

十干和十二支循环相配，共 60 种组合为一周，称为"甲子"或"六十花甲子"，周而复始，用以纪年，也可以记录月、日、时辰（表 3-2）。干支纪年萌芽于西汉，东汉时以政府命令的形式在全国通行。黄巾起义的口号"岁在甲子，天下大吉"，说明当时民间已普遍流行这种纪年方式。近代史上"甲午战争""戊戌变法""辛亥革命"等重大事件，也是用干支纪年来表示的。

表 3-2　六十甲子表

甲子	乙丑	丙寅	丁卯	戊辰	己巳	庚午	辛未	壬申	癸酉
甲戌	乙亥	丙子	丁丑	戊寅	己卯	庚辰	辛巳	壬午	癸未
甲申	乙酉	丙戌	丁亥	戊子	己丑	庚寅	辛卯	壬辰	癸巳
甲午	乙未	丙申	丁酉	戊戌	己亥	庚子	辛丑	壬寅	癸卯
甲辰	乙巳	丙午	丁未	戊申	己酉	庚戌	辛亥	壬子	癸丑
甲寅	乙卯	丙辰	丁巳	戊午	己未	庚申	辛酉	壬戌	癸亥

十二地支与十二种动物相配，构成十二生肖（属相），包括子鼠、丑牛、寅虎、卯兔、辰龙、巳蛇、午马、未羊、申猴、酉鸡、戌狗、亥猪。与干支纪年法相比，用生肖纪年既简便又形象，所以在民间广泛流行。

古人还用十二地支纪辰，即把一天分为十二个时辰，用地支表示（表3–3）。

表3–3　一昼夜12时辰与24小时对应表

子时	丑时	寅时	卯时	辰时	巳时	午时	未时	申时	酉时	戌时	亥时
23~1	1~3	3~5	5~7	7~9	9~11	11~13	13~15	15~17	17~19	19~21	21~23

除干支纪年、生肖纪年法外，常用的传统纪年方式还有王公年次纪年法（又称“帝号纪年法”）和年号纪年法等，前者如“周平王元年”“鲁孝公二十七年”，后者如“永乐十八年”“乾隆四十七年”。此外，天文占星家根据星象纪年，有岁星纪年法（如“岁在大火”）和太岁纪年法（如“太岁在寅”）。

第四章 中国旅游诗词、楹联、游记选读

本章导读

【本章概述】 本章首先简要介绍了汉字的起源与演变规律和诗词格律与楹联常识，然后根据全国31个省、市、自治区旅游文学发展情况选择了31篇旅游诗词、25篇楹联和10篇游记进行注释与赏析，以期对中国旅游诗词、楹联和游记有一个大致轮廓性述介。

【学习要求】 了解中国汉字的起源及诗词、楹联格律常识。熟悉名胜古迹中的著名楹联、历代游记名篇的主要内容和艺术特点。掌握古典旅游诗词名篇的主要内容和艺术特点。

旅游的灵魂是文化，文化必须依靠文字作为载体才能传承下来，发展下去。汉字是记录汉语的书写符号，是传播中华民族5000年文化的载体，凝聚着中华民族的深邃智慧和丰厚的民族精神，在世界文化交流中正日益发挥着重要的作用。导游员是传播中华文化的使者，学习和了解汉字、诗词、楹联的相关知识非常必要，对于提高自身的修养和讲解水平、提高中华文化的传播效应，进而提升中华旅游文化的核心吸引力都将发挥重要作用。

第一节　汉字的起源与演变规律

一、汉字的起源

在文字产生之前人们为了帮助记忆、交流思想、传递信息，采用的最原始的记事方法为结绳记事和契刻记事。由于结绳记事和契刻记事都存在很大的不足，因此人们不得不采用其他的方法来记事，比如用图画的方法来帮助记忆、表达思想。图画记事就是用文字的线条或笔画把要表达的物体的外形特征勾画出来。书画同源，虽然绘画促进了文字的产生，然而图画发挥文字的作用，转变成文字，只有在语言被广泛使用之后才有可能。如太阳写为“⊙”，月亮写为“☽”等。久而久之，人们约定俗成，类似于“⊙、☽”这样的图画就介于图画和文字之间了。随着时间的推移，这样的图画越来越多，而且逐渐向文字方向偏移，最终使得文字从图画中分离出来。文字不再是图画的，而是书写的。而书写的技术不需要逼真的描绘，只要把特点写出来，使人能够认识，原始的文字就这样出现了。

中国最早的文字是甲骨文，是在约公元前 14 世纪的殷商后期形成的一种初步的定型文字。甲骨文就是用写或刻的方式留在龟甲或兽骨上的文字，主要用来占卜，也有的用来记事。甲骨文既是象形字又是表音字，因为这时候的文字多是从图画文字中演变过来的。此后，汉字经历了由商周时期的金文，西周后期的大篆，秦朝的小篆，汉代的隶书，到唐朝的狂草、楷书、行书等的发展过程。

汉字在各个历史时期所形成的各种字体，各自有着鲜明的艺术特征。如篆书古朴典雅；隶书静中有动，富有装饰性；草书风驰电掣，结构紧凑；楷书工整秀丽；行书易识好写，实用性强且风格多样，个性各异。由此形成了中华文化独有的书法艺术。

随着印刷术的发展，雕版印刷被广泛使用，汉字进一步完善和发展，到了宋代产生了一种新型书体——宋体印刷字。印刷术发明后，刻字用的雕刻刀对汉字的形体发生了深刻的影响，产生了一种横细竖粗、醒目易读的印刷字体，后世称为宋体，即现在我们的电子文档所广泛使用的字体。

二、汉字的演变规律

汉字的发展，前后经过了6000多年的变化，从象形的图画到线条的符号和适应毛笔书写的笔画以及便于雕刻的印刷字体，其间经历了巨大的变化，而且这种演变一直在持续，其总趋势是越来越简化，越来越符号化，越来越规范化、标准化。其演变规律概括起来主要表现在以下四个方面：

一是笔画的线条化。从甲骨文到篆字的古文字阶段，笔画逐渐形成直笔和圆转两种。隶变以后逐渐形成笔画匀称、线条统一的楷体字的笔画系统。

二是字形的符号化。汉字历史上曾有“六书”造字理论，即把字形和字义联系起来，以便于分析和理解汉字的读音和意义。这种做法不是把汉字作为符号，而是将其作为表达意义的图形组合来看待。随着汉字的发展演变，特别是从篆书到隶书的“隶变”，从根本上打破了古代汉字的理据性。近现代汉字，特别是经过简化的现代汉字，已经彻底地符号化了。

三是结构的规范化。汉字经过长期的发展演变，逐渐由不规范变得整齐规范、大小一致、造型美观。这种规范是印刷术发明以来，在长期的历史实践中形成的。中华人民共和国成立后经过字形的整理，改变了老宋体，确定了现代汉字的结构体系。中文信息处理的汉字点阵字模技术以及相应国家标准的制定和实施，通过电脑激光照排技术的推动，把汉字规范化的结构普及千家万户及世界各地。

四是字集的标准化。标准化是信息革命带给汉字的新特点。由于计算机中文信息处理技术的应用发展，促进了汉字“形、音、义、用”各方面的标准化，其中最主要的就是字符集的标准化。比较重要的是《信息处理交换用汉字编码字符集·基本集》，与之相关的有《现代汉语常用汉字表》《现代汉语通用汉字表》《印刷通用汉字字形表》等。

中国旅游景观中的摩崖石刻、碑林、匾额、楹联等，皆是汉字作为载体在承载这些文化，因此了解并掌握汉字的演变规律，对导游及旅游服务工作非常重要。

第二节　诗词格律及楹联常识

一、诗体流变

诗是用高度凝练的语言，形象地表达作者丰富的情感，集中地反映社会生活并具有一定节奏和韵律的文学体裁。而注重形式美是诗歌的最大特点，也是最富有民族性的。

关于诗体的流变，南宋严羽《沧浪诗话》中曾经说过："风、雅、颂既亡，一变而为离骚，再变而为西汉五言，三变而为歌行杂体，四变而为沈宋律诗。"这句话基本上反映了中国诗歌形式的流变轨迹。

诗歌起源于劳动，如《吴越春秋》中记载的《弹歌》："断竹，续竹，飞土，逐宍。"从内容上看，它表现了发明弹弓，用以狩猎的情景。从形式上看，它两字一顿，有了简单的节奏。而且"竹"与"宍"押韵，因此具有诗歌最基本的特点。

《诗经》是中国最早的诗歌总集，收集了西周初期到春秋中叶305首诗歌，分为"风""雅""颂"三部分。"风"指"国风"，为地方民歌，"雅""颂"是"朝廷郊庙乐歌之辞"。其中最重要的是《国风》，价值最高。《诗经》中的诗，大多数篇章都是四言句型，两字一顿，偶数句末押韵，从而形成了中国古代诗歌的基本节奏。如《诗经·关雎》："关关/雎鸠，在河/之洲。窈窕/淑女，君子/好逑。"

诗歌形式发生第二次大的改变是楚辞，楚辞是爱国主义诗人屈原在楚民歌的基础上加工创造的。楚辞与《诗经》不同，一般为七言，在句中第四字用"兮"字，如《国殇》："操吴戈兮被犀甲，车错毂兮短兵接。旌蔽日兮敌若云，矢交坠兮士争先。……诚既勇兮又以武，终刚强兮不可凌。身既死兮神以灵，魂魄毅兮为鬼雄。"

楚辞对于后世诗体发展的历史贡献是确立了三字尾的节奏。楚辞五言句在中间加上"兮"字，还是两顿，而七言句则不同，出现了三字节奏，为七言诗的发展准备了条件。此外，楚辞与汉赋也有关系，《离骚》也被称为骚体赋。

汉赋的主要特点是骈偶化，即上下两句对仗。如班固的《西都赋》中一段："左牵牛而右织女，似云汉之无涯。茂树荫蔚，芳草被堤。兰茝发色，晔晔猗猗。若摛锦布绣，烛燿乎其陂。鸟则玄鹤白鹭，黄鹄䴔鹳，鸧鸹鸨鸮，凫鹥鸿雁。朝发河海，夕宿江汉。沉浮往来，云集雾散。"汉赋"铺采摛文"，只能诵而不能唱，远离了民歌的传统，因而失去了广泛流传的生命力，但其讲求对仗的形式却被后世的格律诗所继承并发展。

五言诗成于汉代，东汉班固的《咏史》诗可以看作是五言诗成熟的标志。汉代五言诗大部分保留在宋代人郭茂倩编的《乐府诗集》中，乐府诗是汉代诗歌的代表作。"乐府"是汉武帝时设立的音乐机构，负责制定乐谱和采集民歌，并训练乐工演奏，这种歌词统称为"乐府诗"，又简称为"乐府"。后来的文人拟作或改作的乐府诗，不一定能唱，也称为"乐府"。乐府诗多来自民间歌谣，乐府歌以杂言为主，但也有一部分五言诗是比较优秀的作品，如《孔雀东南飞》《木兰诗》等。

七言诗的起源可能早于五言诗，但七言诗的成熟却晚于五言诗。后汉张衡的《四愁诗》以及三国魏曹丕的《燕歌行》已经是比较成熟的作品，是早期七言诗的代表。魏晋时鲍照的《拟行路难》十八首，运用了大量的七言句，又夹杂一些五言句，彻底打破了句句押韵而又严格齐言的柏梁体格局，创造了一种新的七言歌行体，成为唐代以后七言的基本模式。五言句，以上二下三型为主，七言则以上四下三为主，上二与上四仍然继承了上古的两字一顿的模式，下三字则可以按意义节奏分为二、一或一、二型。如《拟行路难》(其四)：

泻水/置/平地，各自/东西/南北/流。
人生/亦有/命，安能/行叹/复/坐愁。
酌酒/以/自宽，举杯/断绝/歌/路难。
心非/木石/岂无/感，吞声/踯躅/不敢/言。

这种节奏的灵活变化，使三字尾在整齐的五言、七言句中可以调节变化。因此，五言、七言体成为诗人们在创作实践中逐步选择的奇数字句式。五言、七言诗的成熟为近体诗的形成奠定了形式上的基础。

二、诗词格律常识

近体诗又称“今体诗”，是相对于古体诗而言，它成熟于唐代，所以唐人称为今体。唐以前的诗以及后人模仿古诗而不按近体诗的格律所写的诗统称为古体诗。近体诗也就是唐代的格律诗，它们是五言、七言的律诗与绝句，在唐代成熟并繁荣，且达到了炉火纯青的地步，如杜甫就是写格律诗的圣手。律诗的基本特点有以下四点：①每首限定八句四联，五律四十字，七律五十六字；②押平声韵；③每句的平仄都有规定；④每篇的对仗都有规定。如杜甫的《登高》：

风急天高猿啸哀，渚清沙白鸟飞回。（首联）
无边落木萧萧下，不尽长江滚滚来。（颔联）
万里悲秋常作客，百年多病独登台。（颈联）
艰难苦恨繁霜鬓，潦倒新停浊酒杯。（尾联）

这是一首七言律诗，首句就入韵，句末字押韵，四联全部对仗到底（律诗要求中间两联须对仗），且首联还句中自对。如此高要求的格律大概也只有杜甫能写得出。

绝句也叫截句，就是在格律上截取律诗的一半，或截取上片，或截取下片，或截取中间两联，或截取首尾两联。明白了律诗的格律也就明白了绝句的格律。

格律诗要讲究押韵、平仄、对仗。

押韵是诗词格律的基本要素之一。从民歌到文人诗，从古代的《诗经》到现代新诗，都是要押韵的，只是宽严不同而已。那么什么是韵？诗词中的韵大致等于汉语拼音中的韵母。在诗歌中，凡是同韵的字都可以用来押韵。所谓押韵，就是把同韵的两个或更多的字放在同一位置上，一般把韵放在句尾，所以又叫韵脚。如李白的《静夜思》：“床前明月**光**，疑是地上**霜**。举头望明月，低头思故**乡**。”光（guāng）、霜（shuāng）、乡（xiāng），韵尾都是ang，所以它们都押韵。偶数句末押韵，奇数可押可不押，如绝句二、四句最后一字要押韵，律诗二、四、六、八句最后一字要押韵。再如王维的《山居秋暝》：

空山新雨后，天气晚来秋。
明月松间照，清泉石上流。
竹喧归浣女，莲动下渔舟。
随意春芳歇，王孙自可留。

"秋、流、舟、留"，韵母都是iu，所以它们押韵。古代诗歌押韵是根据韵书，因此有些在古代同韵的字，现在读起来已经不押韵了，这是因为语音变化的结果。如李益的《江南曲》：

嫁得瞿塘贾，朝朝误妾期（qī）。
早知潮有信，嫁与弄潮儿（ér）。

这里的"期"与"儿"，用普通话来读就不押韵，而用江浙一带的方言来读则押韵，儿读音为（nǐ），因为方言里保存着大量的古音。近体诗用韵所依照的都是韵书，即《切韵》或《唐韵》，共206韵，但规定相邻的韵可以同用。这些作诗所依据的韵书，是由朝廷颁布的，所以称为官韵。到了宋元之际，人们把这些规定可以同用的韵合并成106韵，这就是平水韵。此后，诗人写作格律诗，依据的都是平水韵，也称为诗韵。如果写诗时，没有遵照诗韵来写，就叫出韵，这是写近体诗的大忌。

平仄与汉语四声有密切的关系。古汉语四声为：平、上、去、入，现代汉语四声为：阴平、阳平、上声、去声。它们并不一一对应。古汉语四声演变为现代汉语四声，基本上是：其一，古平声字在现代普通话中分化为阴平与阳平。因此普通话中的阴平与阳平大多属于古平声字。但有部分入声字也演变为阴平或阳平，如"伯、叔、督、哭、锡、逼、织、黑、剥、桌、漆、湿、吸、帖、接、眨、搭"等在古汉语中都是入声字。其二，古上声字中，有一部分演变为去声，其余仍为上声，普通话上声中，也有部分来自古入声的字，如"甲、法、葛、乙、窄、百、卜、谷、辱"等。其三，古去声字在普通话中全部演变为去声。此外，一部分古上声字和入声字在普通话中也演变为去声。

自齐梁永明年间沈约等发现汉语平、上、去、入四声之后，又进一步把四声二元化，即分为平、仄两类，古平声为平，古上、去、入、声为仄，仄就是不平的意思。平声字没有升降，读起来语调舒缓，上去入声或升或降，读起来较为短促。在一首诗词中，如果单纯用平声字，或单纯用仄声字，读起来会比较单调。无论是古体诗还是近体诗都应避免，如果让平仄两类字在诗词中交错出现，就会使声调多样化，读起来声调铿锵。平仄在本句中是交替的，而在对句中是相反的。如陆游的《书愤》：

早岁那知世事艰，中原北望气如山。（仄仄平平仄仄平，平平仄仄仄平平）
楼船夜雪瓜洲渡，铁马秋风大散关。（平平仄仄平平仄，仄仄平平仄仄平）
塞上长城空自许，镜中衰鬓已先斑。（仄仄平平平仄仄，平平仄仄仄平平）
出师一表真名世，千载谁堪伯仲间？（平平仄仄平平仄，仄仄平平仄仄平）

律诗的平仄还有“粘对”的规则。对，就是平对仄，仄对平。也就是在对句中，平仄是对立相反的。其实五律的“对”，只有两副对联的形式，即：

平起式：平平平仄仄，仄仄仄平平。

仄起式：仄仄平平仄，平平仄仄平。

弄明白了五律的“对”也就清楚了七律的“对”，只要在五律的“平起式”前加仄仄，仄起式前加平平，也就形成了七律的两联：

仄起式：（仄仄）平平平仄仄，平平仄仄仄平平。

平起式：（平平）仄仄平平仄，仄仄平平仄仄平。

如果首句用韵，则首联的平仄就不是完全对立的。由于韵脚的限制，五律的首联为：仄仄仄平平，平平仄仄平。或者：平平仄仄平，仄仄仄平平。

七律的首联为：平平仄仄仄平平，仄仄平平仄仄平。或者：仄仄平平仄仄平，平平仄仄仄平平。

粘，就是平粘平，仄粘仄；后联出句第二字的平仄要跟前联对句第二字相一致。具体来说，要使第三句跟第二句相粘，第五句跟第四句相粘，第七句跟第六句相粘。再简单地讲就是五言的律诗，下联的出句与上联的对句前两字平仄一样，后三字由后往前“翻跟斗”。如上联对句是：平平仄仄平，则下联出句为：平平平仄仄，或者上联对句是：仄仄平平仄，则下联出句为：仄仄仄平平。

关于平仄，还有一些讲究。总之，明白了粘对的道理，我们只要知道第一句的平仄，那么全篇的平仄就都能轻松地写（说）出来。

诗词中的对仗就是对偶，即把同类的概念或对立的概念并列起来，如“山重水复”。对偶可以句中自对，如“柳暗花明”，也可以两句相对，“抗美援朝，保家卫国”。对偶的一般规则是名词对名词，动词对动词，形容词对形容词，副词对副词。而律诗中的对偶则更为严格，它把词类又细分为九类：名词、形容词、数词（数目字）、颜色词、方位词、动词、副词、虚词、代词（“之”“其”归入虚词）。联绵词只能与联绵词相对，并且不同词性的联绵词一般还是不能相对的。专有名词只能与专有名词相对，最好是人名对人名，地名对地名。名词还可以细分为若干小类，如天文、时令、地理、宫室、服饰、器用、植物、动物、人伦、人事、形体。

对仗有工对、邻对、宽对、借对及流水对等几种基本类型。

所谓工对，就是同类的词相对。如同小类的名词相对，便是工对。如杜甫《绝句》：

两个黄鹂鸣翠柳，一行白鹭上青天。
窗含西岭千秋雪，门泊东吴万里船。

这首诗对仗很工整，数量词对数量词，颜色词对颜色词，方位词对方位词，名词对名词，动词对动词。

邻对就是邻近的事类相对，如天文对时令，地理对宫室，颜色对方位，同义词对联绵词等。如王维《使至塞上》：“征蓬出汉塞，归雁入胡天。”陈子昂《春夜别友人》：“离堂思琴瑟，别路绕山川。”

宽对就是名词对名词，动词对动词，形容词对形容词。更宽一点就是半对半不对。如陈子昂《送魏大从军》：“匈奴犹未灭，魏绛复从戎。”

借对就是一词有两个意义，诗人在诗中用的是甲义，但同时借用它的乙义来与另一词相为对仗。如杜甫《曲江》：“酒债寻常行处有，人生七十古来稀。”

有时借其音，以与另一词相对，常见于颜色对，如借“篮”为“蓝”，借“皇”为“黄”，借“珠”为“朱”，借“清”为“青”。如杜甫《恨别》：“思家步月清宵立，忆弟看云白日眠。”

一般的对仗，上句和下句是平行的两句话，各自意思完整。但也有一种对仗的上句和下句之间往往一气呵成，分开来读没有意义，至少是意义不全。这种对仗被称为流水对。如王维的《终南别业》："行到水穷处，坐看云起时。"

对仗还要忌合掌与雷同。所谓合掌，是指出句与对句意义完全相同或基本相同，这是诗家之大忌，如"独有英雄驱虎豹，更无豪杰怕熊罴"，对仗很工整但意思都是说"英雄气概"，因此犯了"合掌"之忌。此外，对仗方式雷同也是诗人所应当极力避免的。如"心胸如宇宙，怀抱似苍穹"意思一样。

对偶是一种修辞手段，作用是形成整齐的美。但律诗中的对仗比较严格，要求：出句与对句的平仄是相对立的，出句的字和对句的字不能重复。其中律诗中的颔联与颈联必须对仗，首联和尾联可对可不对。如杜甫的《春望》：

国破山河在，城春草木深。（仄仄平平仄，平平仄仄平）
感时花溅泪，恨别鸟惊心。（平平平仄仄，仄仄仄平平）
烽火连三月，家书抵万金。（仄仄平平仄，平平仄仄平）
白头搔更短，浑欲不胜簪。（平平平仄仄，仄仄仄平平）

中间两联对仗，颈联"烽火连三月，家书抵万金"是大家耳熟能详的名句。

三、楹联常识

楹联俗称对联或对子，是从律诗的对偶句中演化出来的，是中国一种独特的文学样式，也是中华民族的文化瑰宝。它可以写在纸上、布上或刻在竹子上、木头上、柱子上，在我国为数众多的名胜古迹和自然风景区，对联是最常见也是极富导游意味的点景艺术。

1. 对联的起源与发展

早在秦汉以前，我国民间过年就有悬挂桃符的习俗。所谓桃符，即把传说中的降鬼大神"神荼"和"郁垒"的名字分别书写在两块桃木板上，悬挂于左右门，以驱鬼压邪。这种习俗持续了1000多年，直到五代人们才开始把联语题于桃木板上。据《宋史蜀世家》记载，五代后蜀主孟昶"每岁除，命学士为词，题桃符，置寝门左右。末年，学士幸寅逊撰词，昶以其非工，自命笔题云：‘新年纳余庆，嘉节号长春’”。这是我国最早出现的一副春联。宋代以后，民间新年悬挂春联已经相当普遍，王安石诗中“千门万户曈曈日，总把新桃换旧符”之句，就是当时盛况的真实写照。由于春联的出现和桃符有密切的关系，所以古人又称春联为“桃符”。

到了明代，人们开始用红纸代替桃木板，出现了我们今天所见的春联。据《簪云楼杂话》记载，明太祖朱元璋定都金陵后，除夕前，曾命公卿士庶家门须加春联一副，并亲自微服出巡，挨门观赏取乐。尔后，文人学士无不把题联作对视为雅事。入清以后，对联曾鼎盛一时，出现了不少脍炙人口的名联佳对。随着各国文化交流的发展，对联还传入越南、朝鲜、日本、新加坡等国。

2. 楹联的分类

楹联的分类标准有很多，标准不同类别也就不同。这里按用途来划分，可以分为以下几类：

（1）春联：新年专用之门联。如：“杨柳吐翠九州绿；桃杏争春五月红。”

（2）门联：也叫门帖、门对。门联与春联不同，不是节日临时性的，而是长久刊缀在门旁，主要反映门第特征、行业特征，如山东曲阜孔府门联：“与国咸休安富尊荣公府第；同天并老文章道德圣人家。”

（3）堂联：是一种装饰联，用于美化厅堂、居室的。内容较广，往往寄托着作者的情怀、志趣和抱负。如林则徐自撰堂联：“海纳百川，有容乃大；壁立千仞，无欲则刚。”

（4）贺联：寿诞、婚嫁、乔迁、生子、开业等喜庆时用。如：“一对红心向四化；两双巧手绘新图。”（喜联）“福如东海；寿比南山。”（寿联）

（5）挽联：哀悼死者用。如：“著作有千秋，此去震惊世界；精神昭百世，再来造福人间。”

（6）赠联：颂扬或劝勉他人用。如：“风声、雨声、读书声，声声入耳；家事、国事、天下事，事事关心。”

（7）自勉联：自我勉励之用。如：“有关家国书常读；无益身心事莫为。”

（8）行业联：不同行业贴于大门或店内之用。如：贴于书店的“欲知千古事；须读五车书”；贴于理发店的“虽是毫发生意；却是顶上功夫”；贴于旅店的“欢迎春夏秋冬客；款待东西南北人”。

（9）言志联：道出志向，励志之用。如：“宁作赵氏鬼；不为他邦臣。”

（10）名胜古迹联：是悬挂、雕刻在风景优美的名胜地或历史名人、历史遗迹纪念地的对联。如杭州岳坟前铁槛对联：“青山有幸埋忠骨，白铁无辜铸佞臣。”

3. 楹联的特点

因为楹联是由律诗的对偶句发展而来的，所以它保留着律诗的某些特点，古人把吟诗作对相提并论，这在一定程度上反映了两者之间的密切关系。对联要求对仗工整，平仄协调，上联尾字仄声，下联尾字平声。这些特点都和律诗有某些相似之处，所以有人把对联称为张贴的诗。但对联又不同于诗，它只有上联和下联，一般来说较诗更为精练，句式也较灵活，可长可短，伸缩自如。对联通常可以是四言、五言、六言、七言、八言、九言，也可以是十言、几十言。在我国古建筑中，甚至还有多达数百字的长联。也有一字联、二字联、三字联。对联无论是咏物言志，还是写景抒情，都要求作者有较高的语言概括力与驾驭文字的本领，才能以寥寥数语做到情文并茂、神形兼备，给人以思想和艺术美的享受。

楹联形式上成双成对，语意上要做到既对又联。对，是对立的两个事物，或一个事物的两个方面；联，是两者相互联系，相互配合，相互促进，统一起来，表达一个主题。对联上下联内容不宜重复雷同，来回纠缠，应各有所侧重，分工合作。上下联分工，根据所写对象不同而有下面几种情况：

（1）写景状物。景物有空间状态、时间状态。空间有远近、上下、前后、大小等。时间有朝暮、昼夜、冬春、今昔等。另有动静、声色、常变等不同状况。就具体对象来说，有天地、陆海、山水、云林、泉石、自然物与建筑物等。建筑物中有楼亭、房寺，植物中有桃杏、松杉等。如此推演，关于景物对立的两面无穷无尽。

上下联可以这样分工，如一写空间状态，一写时间状态；一写远，一写近；一写声，一写色；一写泉，一写石；一写楼，一写亭；一写眼前实景，一写想象或从前的虚景，共同表现景物的特征。例如，九龙青山禅院联：

十里松杉围古寺，

百重云水绕青山。

上联写近景、静景，将自然景观与千年禅寺结合起来，显得宁静肃穆。下联写远景、动景，四面云雾缭绕，无限空阔，水环波涌，使青山很有气势。上下联就这样相互配合，相互映衬，使云水松杉环绕的青山禅院超凡脱俗，气象万千。

（2）记人叙事。上下联有分工，各自有侧重点，可以一说别人，一说自己；一写事，一抒怀；一实，一虚。同是说别人，上下联可以分别写品德与事功，或品德与才学，事功与生活，公与私，言与行，文与武，喜与恶，有与无，得与失，今与昔，生前与死后，现在与未来等。同是写人叙事，上下联可以分别写诗与文，经与史，词与赋，书与画，诗文与书画，琴与棋，师授与友评等。

例如，唐景崧（一说丘逢甲）撰台湾郑成功祠联：

由秀才封王，撑持半壁旧河山，为天下读书人顿生颜色；

驱外夷出境，开辟千秋新世界，语中国有志者再鼓雄风。

全联皆赞颂民族英雄郑成功的事功，但上下联仍有分工。上联写他前一段抗清，下联写他后一段驱夷，即驱逐荷兰殖民者出台湾岛。一是“撑持旧河山”，一是“开辟新世界”；一重在展现过去，一重在影响未来；上联赞扬他的功绩，下联提出对后辈的希望：对郑成功做了全面的肯定和颂扬。

对联的主题是上下联连接的纽带、交会点。一副对联，如能把握主题，切合题意，上下联各有侧重，共同表达一个中心意思，也就做到了既对又联。对联表达的意思还要讲究起与结，上联必须起好，下联必须结好。那种中长联，还须讲究起、承、转、结，如朱元璋赠徐达联：

破虏平蛮，（起）功贯古今名第一；（承）

出将入相，（转）才兼文武世无双。（结）

有些中长联，特别是那种超长联，半联也具备起、承、转、结。

如果是悬挂张贴的对联一般都是竖写，上联在右边，下联在左边，中间还有横批，横批是对联主题思想的高度概括。

对联的对仗，虽然与诗有相同之处，但它比诗要求更严。对联有宽对和狭对之分。宽对只要求上下联内容有联系即可成联，而狭对则要严格按《笠翁对韵》的标准来撰写。不过在实用对联中，采用宽对较多，而狭对则往往因为对仗的要求太严，束缚了人们的思想，因文害意，故很少应用。

对联的平仄规律，与诗基本相同，一般沿用诗的一三五不论，二四六分明的基本法则。断定对联的上下联，除从联文的内容中去辨别，更为重要的是从联文字尾的平仄声去判定。对联严格规定上联末字用仄声，下联末字用平声。后人称这种规则为仄起平落。

对联除要求押韵和对仗外，词组和结构也是有一定规则的。对联作者在谋篇布局对联词组时，一定要注意上下联的词组结构必须相同，这也是对联必须遵循的一条重要规则。如：知足常乐；能忍自安。对联上下联的词组和结构应保持一致和统一，上联是动宾结构，下联也就必须是动宾结构的词组，如：摇红，涤翠。上联是偏正词组，下联也必须以偏正词组与之相对，如“同心结”与“并蒂花”就是相同的词组结构。

总之，概括起来对联必须做到以下几点：其一，要字数相等，断句一致。除有意空出某字的位置以达到某种效果外，上下联字数必须相同，不多不少。其二，要平仄相合，音调和谐。传统习惯是“仄起平落”，即上联末句尾字用仄声，下联末句尾字用平声。其三，要词性相对，位置相同。一般称为“虚对虚，实对实”，就是名词对名词，动词对动词，形容词对形容词，数量词对数量词，副词对副词，而且相对的词必须在相同的位置上。其四，要内容相关，上下衔接。上下联的含义必须相互衔接，但又不能重复。其五，张挂的对联，传统做法还必须直写竖贴，自右而左，由上而下，不能颠倒。其六，对联的横批，可以说是对联的题目，也是对联的中心。好的横批在对联中可以起到画龙点睛、相互补充的作用。

第三节　旅游诗词名篇选读

良好的旅游文学修养，是一名优秀导游的必备素质。许多旅游景观的审美价值，游客和导游都难以解说清楚，而名家的一两句诗文却能一语道破其中的奥秘，使人豁然开朗，大彻大悟。中国有许多景观本身的质量一般，但一经名人诗作渲染，便会获得广泛传播，且历久弥新，经久不衰，袁枚所说的“江山也要伟人扶，神化丹青即画图”，说的就是这个道理。所以，想要成为一名优秀的导游员，必须学习中国旅游文学，特别是中国旅游诗词、楹联和游记。

中国旅游诗词浩如烟海，要选出其中的名篇实属不易。本节共选入31篇旅游诗词名篇。选择的主要依据为：一是公认的名家名篇；二是所写的旅游景观名声较大；三是适当考虑地域平衡。入选篇目按照华北、东北、华东、华中、华南、西南、西北七大区块次第排列；每篇入选作品由原文、注释、赏析三个部分渐次展开。

01. 登万里长城　康有为[1]

汉时关塞重卢龙，立马长城第一峰[2]。

日暮长河盘大漠，天晴外部数疆封[3]。

清时堡堠传烽静，出塞山川作势雄[4]。

百万控弦嗟往事，一鞭冷月踏居庸[5]。

［注释］［1］康有为（1858~1927年）：又名祖诒，字广厦，号长素，晚年别署天游化人，广东南海人，人称“康南海”，近代著名政治家、思想家、社会改革家、书法家和学者。他以“百日维新”震惊了华夏大地。［2］卢龙：古塞名，在今河北省迁安市，为古代关防重地。曹操北征乌桓时，曾到过此地。第一峰：指八达岭。［3］长河：黄河。盘：盘绕，弯曲。外部：指长城以北的少数民族。数：历历可数。疆封：边界。［4］堡堠（hòu）：这里指烽火台。传烽静：指没有战争。传烽，古时边境有敌入侵，即举烽火报警，一一相递，称传烽。［5］百万：指古代百万英雄战士。控弦：开弓，代指手持武器的士兵。

［赏析］康有为曾一鞭单骑出居庸关，站在雄伟的八达岭上，纵览山河壮丽景色，写下了两首“郁勃苍凉”的七律，这是其中一首。诗对长城及卢龙、居庸等重要关隘进行了生动的描绘，诗意境界开阔恢宏，气势震惊山河。作者“立马长城第一峰”时，想到这一带从汉代以来就是重要关塞，不禁引发登临思古之情。“日暮长河盘大漠”和“出塞山川作势雄”二句，描

绘了壮丽的塞外景色，写出了想象中的雄伟气象，“清时堡堠传烽静”和“天晴外部数疆封”二句，又描述了中国强盛时代的巩固边防，倾吐出思古的豪壮情怀。但诗锋在此一转，作者指出时代一去不复返了，只有“一鞭冷月”凄清地伴随着踏上“居庸”关，令人抚今追昔，感怀无际。

诗中有虚有实，虚实相间，有情有景，情景交融。一个“重”字，一个“嗟”字，遥相策应，隐喻作者关心国事的深切情意。此诗语句工稳，气势雄健，足可代表作者的早期诗风。

02. 浪淘沙·北戴河[1]　毛泽东[2]

大雨落幽燕[3]，白浪滔天[4]，秦皇岛外打鱼船[5]。一片汪洋都不见，知向谁边[6]？

往事越千年[7]，魏武挥鞭[8]，东临碣石有遗篇[9]。萧瑟秋风今又是[10]，换了人间[11]。

［**注释**］［1］浪淘沙：词牌名。北戴河：在河北省东北部渤海边秦皇岛市西南海滨，是著名的夏季休养地。［2］毛泽东（1893~1976 年）：字润之。生于湖南湘潭韶山冲一个农民家庭。他是中国人民的领袖，马克思主义者，伟大的无产阶级革命家、战略家和理论家，中国共产党、中国人民解放军和中华人民共和国的主要缔造者和领导人，诗人，书法家。曾任中国共产党中央军事委员会主席，中华人民共和国中央人民政府主席和中华人民共和国主席。［3］幽燕：古幽州及燕国，在今河北省北部及东北部。［4］滔天：形容水势很大，大到好像与天连接起来一样。［5］秦皇岛：三面环海，是渤海湾一个不冻良港，现已设为市，相传秦始皇求仙曾到此，因此得名。［6］谁边：何处，哪里。［7］往事：过去的事，这里指 207 年（建安十二年）曹操东征乌桓（古代部族名）经过碣石山时写下《观沧海》一诗之事；越：越过；千年：只是一个大概数，实际已 1700 多年。［8］魏武：即曹操（155~220 年）。曹操死后，他的儿子曹丕当上皇帝追封他为魏武帝。挥鞭：原指挥鞭策马，这里指骑马出征。［9］碣石：碣石是古代山名，位于现今何处，学术界尚有争议，有河北乐亭说、河北昌黎说、山东无棣说等。本词应指的是位于河北昌黎。昌黎碣石山位于河北省昌黎城北 1 公里，与北戴河毗邻，面积 28.8 平

方公里，形成历史久远，自然风光秀美，历史文化渊源，地理位置优越，是五岳之外的“神岳”，是古今中外有名的历史名山、仙山、观海胜地、佛教圣地和旅游胜地。遗篇：遗留下来的诗篇，指《观沧海》一诗。[10]萧瑟秋风：曹操《观沧海》：“秋风萧瑟，洪波涌起。”[11]人间：社会制度。

[赏析] 中华人民共和国成立以后，国家实力得以增强，形势喜人。1954年夏，毛泽东到北戴河住过一些日子，在此填了这首词。词中描绘了北戴河壮阔的场景和渔民出海的情形，怀古思今，热情地歌颂了新时代的新生活。词一开始就给人们展现出雄浑壮阔的自然景观。“大雨落幽燕”一句排空而来，给人以雨声如鼓势如箭的感觉；继之以“白浪滔天”，更增气势，写出浪声如雷形如山的汹涌澎湃。“秦皇岛外打鱼船，一片汪洋都不见，知向谁边？”道出了毛泽东同老渔民交谈的美好回忆，也寄托着毛泽东对海上渔船安危的牵挂和关怀。上片前两句，一为仰观，一为前瞻，随着视角的变化，空间画面也由陆而海，从上而下。后三句则显示视线由近而远地渐次推移，极富层次感。“秦皇岛外打鱼船”回应开头一句的“幽燕”，点明地点，又与题目相吻合。这里与其说是写人写船，不如说是以小衬大，将较小的意象置于广阔巨大的空间之中，进一步烘托渲染“白浪滔天”的威猛旷悍，突出风雨中的海天莫辨、浩茫无崖的景象，从而扩大了作品的空间容量，显示出一种寥廓深邃的宇宙感。

上片写景，景中含情，而下片抒情，情中有景。秦皇岛外，白浪滔天，一片汪洋。此时此地此景，自然会使人联想起1000多年前曹操登陆碣石山观海的历史往事和那首《观沧海》诗。东汉末年，豪强群起割据，连年混战，民不聊生，曹操雄才崛起，“挟天子以令诸侯”，经过几十年的征战，终于扫荡了分割的世族军阀与豪强势力，统一了中国北方，促进了生产力的发展，在历史上起到了一定的进步作用。他同时又是一位著名的文学家，其诗“气雄力坚，足以笼罩一切”（清刘熙载《艺概·诗概》），表现了他的政治抱负、雄才大略和进取精神，开建安文学风气之先。词的下片先发思古之幽情，以一句“往事越千年”倒转时空，展现历史的画面。“魏武挥鞭，东临碣石有遗篇”恰似一幅生动、传神的剪影，简括而鲜明地勾勒出曹孟德当年策马扬鞭、登山临海的雄姿，让人感觉十分壮丽。“萧瑟秋风今又是，换了人间。”是点明主旨的句子，升华了诗词的主题。

03. 台山杂咏[1]　元好问[2]

西北天低五顶高，茫茫松海露灵鳌[3]。
太行直上犹千里，井底残山枉呼号[4]。
万壑千岩位置雄，偶从天巧见神功[5]。
湍溪已作风雷恶，更在云山气象中[6]。
山云吞吐翠微中，淡绿深青一万重[7]。
此景只应天上有，岂知身在妙高峰[8]？

[注释] [1] 台山：即五台山，位于山西省忻州市五台县境内，与浙江普陀山、安徽九华山、四川峨眉山并称为“中国佛教四大名山”。《名山志》记载：“五台山五峰耸立，高出云表，山顶无林木，有如垒土之台，故曰五台。”[2] 元好（音 hào）问（1190~1257 年）：字裕之，号遗山，太原秀容（今山西忻州）人，金末元初著名作家和历史学家、文坛盟主，是宋金对峙时期北方文学的主要代表，又是金元之际在文学上承前启后的桥梁，被尊为“北方文雄”“一代文宗”，其诗、文、词、曲，各体皆工。[3] 西北天低五顶高：站在五台山向北望去，天显得很低，而五台山的五个山顶却显得更高了。灵鳌：神龟。古代神话传说，渤海之东有大壑，下深无底，中有五仙山（瀛洲、蓬莱、方丈、员峤、岱舆），常随波漂流颠簸。上帝使十五巨鳌举头顶之，五山遂屹立不动。此句形容松涛海浪，山顶如鳌头，以五仙山喻五台。[4] 井底残山：指诸山与五台相比，如在井底。[5] 天巧：指天然形成的五台岩壑景象。神功：鬼斧神工，非人力所能及。[6] 湍溪：急流的河溪。风雷恶：形容水流声巨响如雷。[7] 翠微：青翠的山峦。此句说云雾在青翠的山峦间飘荡出没。[8] 妙高峰：佛教传说中的最高峰，这里代指五台山。

[赏析] 五台山为文殊菩萨道场，居中国佛教四大名山之首。诗人在元宪宗四年（1254 年）游五台山，作《台山杂咏》十六首，此处选的是第一首，诗写五台山的高峻挺拔。诗人写五台山的高峻全用衬托手法。“西北天低五顶高”，首先以“天低”衬西北的地“高”。再以西北地高衬“五顶”之更“高”。西北本来就够高的了，但诗人说五顶比西北之地还要高。通过这一句叠梁架屋的双重衬托，五台山就突兀而起，似要峻拔天外了。“茫茫

松海露灵鳌”，诗人奇思妙想，借用神话传说，给五台山添上了一笔神奇的色彩。接着继续用直上千尺的太行山与之相比犹如在井底，反衬五台山之高峻。然后笔锋一转，由直接写山转写山中发出雷霆万钧的“湍溪”以及云雾在青色的山峦间飘荡的迷人景象，增添了五台山的灵气与仙气，以至于以为自己在仙界呢！这样就为最后两句做了铺垫与渲染，最后发出“此景只应天上有”的赞叹以结束全诗。真可谓是水到渠成，画龙点睛，情真意切，感人至深！

04. 长白山[1]　吴兆骞[2]

长白雄东北，嵯峨俯塞州[3]。
迴临沧海曙，独峙大荒秋[4]。
白雪横千峰，青天泻二流[5]。
登封如可作，应待翠华游[6]。

［注释］［1］长白山：位于吉林省延边朝鲜族自治州安图县和白山市抚松县境内，素有“千年积雪万年松，直上人间第一峰”的美誉。是中朝两国的界山、中华十大名山之一、国家5A级旅游景区。因其主峰多白色浮石与积雪而得名。中国境内的白云峰海拔高度2691米，是东北第一高峰，而长白山最高峰是位于朝鲜境内的将军峰。长白山是东北境内海拔最高、喷口最大的火山体。［2］吴兆骞（1631~1684年）：字汉槎，苏州松陵人，清代诗人。［3］塞州：指边塞的州府。［4］“迴临”句：在长白山看不到大海日出，是诗人的想象。［5］二流：指长白山天池形成的两道瀑布。［6］登封：指帝王登泰山，行封禅之事。翠华：皇帝的仪仗，代指皇帝。

［赏析］《长白山》一诗作于作者流放宁古塔（今黑龙江省宁安市）期间，全诗视野宽广，联想丰富，写出了长白山雄伟高峻的气势和壮丽的景象。结尾说秦汉以来的封禅，如能恢复，长白山当是帝王理想的祭天场所，再次赞颂了长白山不仅称雄东北，也可与泰山相匹敌。古诗皆善于用比兴手法，本诗也意在借长白山的巍峨奇伟来寄托诗人期望能重新得到朝廷放归的愿望。

05. 登金陵凤凰台[1]　李白[2]

凤凰台上凤凰游，凤去台空江自流。
吴宫花草埋幽径，晋代衣冠成古丘[3]。
三山半落青天外，二水中分白鹭洲[4]。
总为浮云能蔽日，长安不见使人愁！

[注释]［1］凤凰台：故址在南京凤台山。相传南朝宋元嘉年间因异鸟集于山而建。［2］李白（701~762 年）：字太白，号青莲居士，是唐代伟大的浪漫主义诗人，被后人誉为“诗仙”。［3］吴宫：三国时孙吴建都金陵（今江苏南京）。衣冠：指王公贵族。［4］三山：山名，在南京西南长江边上。二水：秦淮河流经南京西入长江，因白鹭洲横其间而分为二支。

[赏析] 李白年轻时第一次到黄鹤楼，站在楼上看长江远景，心潮澎湃，顷刻诗兴大发，无奈“眼前有景道不得，崔颢题诗在上头”。尽管如此，李白始终没有忘记这件事，也没有忘记崔颢题写的《黄鹤楼》这首诗。后来，李白登金陵凤凰台时，便用崔颢这首诗的韵律写下了《登金陵凤凰台》。金陵南京为六朝古都。诗人登上凤凰台，观赏壮美的长江，凭吊历史，感慨当今，所有的人都会成为历史长河中的匆匆过客，唯有眼前的自然美景是永恒存在、永远不变的。全诗将历史与现实，自然的景与个人的情完美地结合在一起，一气呵成，抒发了有志难酬的感慨。诗的颈联“三山半落青天外，二水中分白鹭洲”。气势磅礴，构思巧妙，对仗精工，佳句天成。

06. 寄扬州韩绰判官[1]　杜牧[2]

青山隐隐水迢迢[3]，秋尽江南草未凋[4]。
二十四桥明月夜[5]，玉人何处教吹箫[6]？

[注释]［1］韩绰：事不详，杜牧另有《哭韩绰》诗。判官：观察使、节度使的属官。时韩绰拟任淮南节度使判官。唐文宗大和七至九年（833~835 年），杜牧曾任淮南节度使掌书记，与韩绰是同僚。［2］杜牧（803~ 约 852 年）：字牧之，号樊川居士，汉族，京兆万年（今陕西西安）人。是唐代杰出的诗人、散文家。［3］迢迢：指江水悠长遥远。［4］草未凋（diāo）：一作草

木凋（diāo）谢。［5］二十四桥：一说为二十四座桥。北宋沈括《梦溪笔谈·补笔谈》卷三中对每座桥的方位和名称一一做了记载。一说有一座桥名叫二十四桥，清李斗《扬州画舫录》卷十五："廿四桥即吴家砖桥，一名红药桥，在熙春台后……扬州鼓吹词序云，是桥因古二十四美人吹箫于此，故名。"［6］玉人：貌美之人。这里指韩绰。古代玉人、美人都可以用来称誉男性。

［赏析］ 唐文宗大和七年（833 年）四月到九月初，杜牧曾在淮南节度使（使府在扬州）牛僧孺幕中做过推官和掌书记，和当时在幕任节度判官的韩绰相识。此诗是杜牧离开扬州以后，在江南怀念昔日同僚韩绰判官而作。具体写作时间约在大和九年（835 年）秋或开成元年（836 年）秋。杜牧在韩绰死后作过《哭韩绰》诗，可见他与韩绰有深厚的友谊。诗前两句写景。第一句摄取的是远镜头，扬州一带远处青翠的山峦，隐隐约约，给人迷离恍惚之感；江水东流悠长遥远，给人流动轻快的感受。第二句是想象江南虽在秋天，但草木尚未完全凋零枯黄，表现优美的江南风光。这两句是从山川物候来写长江以南地区，为后两句询问韩绰别后的情况作垫衬。后面两句表达怀念友人的思想情怀，重点在于探问韩绰在清风明月之夜，是不是和歌伎们倚箫而唱、歌舞通宵呢？诗因桥而咏出，桥亦因诗而闻名。这首诗意境优美，清丽俊爽，情趣盎然，千百年来，为人们传诵不衰。

07. 春题湖上　白居易[1]

湖上春来似画图，乱峰围绕水平铺[2]。
松排山面千重翠，月点波心一颗珠[3]。
碧毯线头抽早稻，青罗裙带展新蒲[4]。
未能抛得杭州去，一半勾留是此湖[5]。

［注释］［1］白居易（772~846 年）：字乐天，晚年号香山居士。其祖先为太原人，后迁居下邽（今陕西渭南）。唐德宗贞元十六年（800 年）进士，授秘书省校书郎。唐宪宗元和元年（806 年）任左拾遗及左赞善大夫，后被贬江州司马。唐穆宗长庆二年（822 年）任杭州刺史，唐敬宗宝历元年（825 年）任苏州刺史，后官至刑部尚书。其诗通俗易懂，与元稹常唱和，世

称“元白”。有《白氏长庆集》。[2]乱峰：参差不齐的山峰。[3]松排山面：指山上有许多松树。月点波心：月亮倒映在水中。[4]碧毯线头抽早稻，青罗裙带展新蒲：田野里早稻拔节抽穗，好像碧绿的毯子上的线头；河边菖蒲新长出的嫩叶，犹如罗裙上的飘带。[5]勾留：留恋。

[赏析] 这不仅是白居易山水诗中的佳作，也是一首描写杭州西湖春景的名诗。作者于唐穆宗长庆二年（822年）七月，任杭州刺史，十月到任，至长庆四年（824年）五月底离杭赴洛阳。此诗即作于作者卸杭州刺史任之前夕。

诗前六句写景，突出一个“绿”字，后两句写情，突出一个“恋”字，做到了借景抒情，情景交融。首句鸟瞰西湖春日景色，谓其“似画图”。作者以具有如此浓重感情色彩的字眼入诗并非偶然。在孩童时代，白居易曾立志要到杭州做官，心愿得酬，自然为之欣喜，其对杭州的深情于此可见一斑。“乱峰”以下三句，具体描绘如画之景，然而诗的旨趣并没有凝滞在范山模水的层面上，“碧毯”二句出人意料地把笔舌转到对农作物的体察上。在山水诗中嵌入农事，弄不好会雅俗相悖，很不协调，而白居易却别出心裁地把农事诗化了——早稻犹碧毯上抽出的线头、新蒲像青罗裙上的飘带。如此精妙新奇的比喻本身不仅体现出作者对湖区人民的关怀，使读者由此可以联想到正是这位自幼向往杭州的白刺史，一到任便体恤民瘼，浚井供饮，把杭州变成了人间天堂，从而名垂青史。因为“皇恩只许住三年”，白居易抱着恋恋不舍地心情离开西湖，这种情绪本身具有很强的感染力。

从艺术上看，《春题湖上》最精彩的是中间四句。诗人以幽丽华美的笔触，用一连串精妙的比喻，勾画出西湖的旖旎风光。比喻的精妙表现在比物与被比事物的密合无间上。用翡翠比喻松树的绿色，用明珠比喻夜半时分高而远的明月，用碧毯细短的线头比喻幼小的绿色秧苗，用青罗裙飘拂的长带比喻舒展着的绿色的蒲叶，无不妥帖入微，真切动人。同时，诗人对湖上春光的珍惜与爱悦的感情，也在这几个比喻中自然地隐隐泄出。全诗由于有了中间这四句精当传神的比喻，一二句中的“似画图”才有了充实的具体内容，末两句的“勾留”之意才得以顺势推出。后人评论此诗“以不舍意作结，而曰‘一半勾留’，言外正有余情”。这“余情”，便是诗人童年曾居留江南的不了情结，以及在杭州为官正合其“闲忙得当”的惬意。全诗不仅结构上曲折委婉，而且借景深化了诗旨。

08. 游山西村[1] 陆游[2]

莫笑农家腊酒浑[3]，丰年留客足鸡豚[4]。

山重水复疑无路[5]，柳暗花明又一村[6]。

箫鼓追随春社近[7]，衣冠简朴古风存[8]。

从今若许闲乘月[9]，拄杖无时夜叩门[10]。

[**注释**] [1] 山西村：诗人故乡山阴的一个村庄。[2] 陆游（1125~1210年）：字务观，号放翁，越州山阴（今浙江绍兴）人。宋代爱国诗人。他具有多方面文学才能，尤以诗的成就为最，在生前即有"小李白"之称，不仅成为南宋一代诗坛领袖，而且在中国文学史上享有崇高地位，存诗9300多首，是文学史上存诗最多的诗人。其诗在思想艺术上取得了卓越成就。词作数量不如诗篇巨大，但和诗同样贯穿了气吞残虏的爱国主义精神。有《剑南诗稿》《渭南文集》《放翁词》《渭南词》等数十个文集传世。[3] 腊酒：头一年腊月里酿造的酒。[4] 足鸡豚（tún）：意思是准备了丰盛的菜肴。足：足够，丰盛。豚，小猪，诗中代指猪肉。[5] 山重水复：一座座山重重叠叠、一道道水连绵不断。[6] 柳暗花明：柳色深绿，花色红艳。[7] 箫鼓：吹箫打鼓。春社：古代把立春后第五个戊日作为春社日，拜祭土地神和五谷神，祈求丰收。[8] 古风存：保留着淳朴的古代风俗。[9] 若许：如果这样。闲乘月：有空闲时趁着月光前来。[10] 无时：没有一定的时间，即随时。叩（kòu）门：敲门。

[**赏析**] 这是一首纪游抒情诗，是陆游的名篇之一。此诗作于宋孝宗乾道三年（1167年）初春，当时陆游正罢官闲居在家。在此之前，陆游曾任隆兴府（今江西南昌市）通判，因在隆兴二年（1164年）积极支持抗金将帅张浚北伐，符离战败后，遭到朝廷中主和投降派的排挤打击，以"交结台谏，鼓唱是非，力说张浚用兵"的罪名，从隆兴府通判任上罢官归里。陆游回到家乡的心情是相当复杂的，苦闷和激愤的感情交织在一起，然而他并不心灰意冷。"慷慨心犹壮"（《闻雨》）的爱国情绪，使他在农村生活中感受到希望和光明，并将这种感受倾泻到自己的诗歌创作里。此诗即在故乡山阴（今浙江绍兴市）所作。

首联渲染出丰收之年农村一片宁静、欢悦的气象。农家酒味虽薄，但待客情意却十分深厚。一个“足”字，表达了农家款客尽其所有的盛情。“莫笑”二字，道出诗人对农村淳朴民风的赞赏。

颔联“山重水复疑无路，柳暗花明又一村”是千古名句。它写山间水畔的景色，写景中寓含哲理，千百年来被人们广泛引用。诗句流畅绚丽、开朗明快，仿佛可以看到诗人在青翠可掬的山峦间漫步，清碧的山泉在曲折溪流中汩汩穿行，草木愈见浓茂，蜿蜒的山径也愈依稀难认。正在迷惘之际，突然看见前面花明柳暗，几间农家茅舍，隐现于花木扶疏之间，诗人顿觉豁然开朗，可以想见其喜形于色的兴奋之状。当然这种境界前人也有描摹，这两句却格外委婉别致，它反映了诗人对前途所抱的希望，也道出了世间事物消长变化的哲理，具有很强的艺术生命力。

颈联由自然人人事，描摹了南宋初年的农村风俗画卷。读者不难体味出诗人所要表达的热爱传统文化的深情。“社”为土地神。春社，在立春后第五个戊日。农家祭社祈年，满含着丰收的期待，也表现了陆游对吾土吾民之爱。

尾联是全诗的总结，也是漫游山村心情的表述。诗人已“游”了一整天，此时明月高悬，整个大地都笼罩在一片淡淡的清光中，给春社过后的村庄也染上了一层静谧的色彩，别有一番情趣。于是诗人流露出：倘有机会，自己会不时拄杖乘月，轻叩柴扉，与老农亲切絮语。一个热爱家乡与农民亲密无间的诗人形象跃然纸上。尾联的“夜叩门”与首联的“农家”遥相呼应，不仅画面完整，而且耐人寻味。

陆游七律最工。这首七律结构严谨，主线突出，全诗八句无一“游”字，而处处切“游”字，游兴十足，游意不尽。又层次分明。尤其中间两联，对仗工整，善写难状之景，如珠落玉盘，圆润流转，达到了很高的艺术水平。

09. 望海潮[1]　柳永[2]

东南形胜，三吴都会，钱塘自古繁华[3]。烟柳画桥，风帘翠幕，参差十万人家[4]。云树绕堤沙，怒涛卷霜雪，天堑无涯[5]。市列珠玑，户盈罗绮，竞豪奢[6]。

重湖叠巘清嘉。有三秋桂子，十里荷花[7]。羌管弄晴[8]，菱歌泛夜，嬉嬉钓叟莲娃。千骑拥高牙。乘醉听箫鼓，吟赏烟霞[9]。异日图将好景，归去凤池夸[10]。

［注释］［1］望海潮：词牌名。柳永首用此词，双调107字，平韵。［2］柳永：字耆卿，原名三变，字景庄，崇安（今属福建省武夷山市）人。宋代词人。宋仁宗景祐元年（1034年）进士。官至屯田员外郎。排行第七，世称柳七或柳屯田。为人放荡不羁，终身潦倒。善为乐章，长于慢词。其词多描绘城市风光与歌妓生活，尤长于抒写羁旅行役之情。词风婉约，词作甚丰，是北宋第一个专力写词的诗人。创作慢词独多，发展了铺叙手法，在词史上产生了较大的影响，特别是对北宋慢词的兴盛和发展有重要作用。词作流传极广，有“凡有井水处，皆能歌柳词”之说。生平亦有诗作，惜传世不多。有《乐章集》。［3］三吴：即吴兴（今浙江省湖州市）、吴郡（今江苏省苏州市）、会稽（今浙江省绍兴市）三郡，在这里泛指今江苏南部和浙江的部分地区。［4］烟柳：雾气笼罩着的柳树。画桥：装饰华美的桥。风帘：挡风用的帘子。翠幕：青绿色的帷幕。参差（cēn cī）：高下不齐貌。［5］云树：树木如云，极言其多。或说树高入云。天堑（qiàn）：天然沟壑，人间险阻。一般指长江，这里借指钱塘江。［6］珠玑：珠是珍珠，玑是一种不圆的珠子。这里泛指珍贵的商品。［7］重湖：以白堤为界，西湖分为里湖和外湖，所以也叫重湖。巘（yǎn）：重叠的山峰。清嘉：清秀佳丽。三秋：秋季有三个月，分称孟、仲、季三秋，也指秋季的第三个月。［8］羌（qiāng）管：即羌笛，羌族之簧管乐器。这里泛指乐器。弄：吹奏。［9］高牙：高矗之牙旗。牙旗，将军之旌，竿上以象牙饰之，故云牙旗。这里指高官孙何。烟霞：此指山水林泉等自然景色。［10］图：描绘。归去：指回到朝廷。凤池：全称凤凰池，原指皇宫禁苑中的池沼。此处指朝廷。

［赏析］ 这是柳永的一首传世佳作，据传此词是柳永作赠两浙转运使孙何的。词一反柳永惯常的风格，以大开大阖，波澜起伏的笔法，浓墨重彩地展现了杭州繁荣、壮丽的景象。

词一开头即以鸟瞰式镜头摄下杭州全貌。它点出杭州区位的重要、历史的悠久，揭示出所咏主题。“三吴都会”，极言其为东南一带、三吴地区的重要都市。其中“形胜”“繁华”四字，为点睛之笔。自“烟柳”以下，便从各个方面描写杭州之形胜与繁华。“烟柳画桥”，写街巷河桥的美丽。“风帘翠幕”，写居民住宅的雅致。“参差十万人家”一句，表现出整个都市户口的繁庶。“云树”三句，由市内说到郊外，只见钱塘江堤上，行行树木，远远望去，郁郁苍苍，犹如云雾一般。一个“绕”字，写出长堤迤逦曲折的态势。“怒涛”二句，写钱塘江水的澎湃与浩荡。“市列”三句，只抓住“珠玑”和“罗绮”两个细节，便把市场的繁荣、市民的殷富反映出来。“竞豪奢”三个字明写肆间商品琳琅满目，暗写商人比夸争耀，反映了杭州这个繁华都市穷奢极欲的一面。

下片重点描写西湖。湖山之美，词人先用“清嘉”二字概括，接下去写山上的桂子、湖中的荷花。这两种花也是代表杭州的典型景物。柳永这里以工整的一联，描写了不同季节的两种花。“三秋桂子，十里荷花”这两句确实写得高度凝练，它把西湖以至整个杭州最美的特征概括出来，具有撼动人心的艺术力量。“羌管弄晴，菱歌泛夜”，对仗也很工整，且互文见义，说明不论白天或是夜晚，湖面上都荡漾着优美的笛曲和采菱的歌声。“嬉嬉钓叟莲娃”，是说吹羌笛的渔翁，唱菱歌的采莲姑娘都很快乐。“嬉嬉”二字，则对他们的欢乐神态做了栩栩如生地描绘，生动地描绘了一幅国泰民安的游乐图卷。

接着写达官贵人在此游乐的场景。成群的马队簇拥着高高的牙旗，缓缓而来，一派煊赫声势。“异日图将好景，归去凤池夸”是这首词的结束语。意谓当达官贵人们召还之日，应将好景画成图本，献与朝廷，夸示于同僚，谓世间真存如此一人间仙境。以达官贵人的不思离去，烘托出西湖之美。

《望海潮》词调始见于《乐章集》，为柳永所创的新声。这首词在艺术构思上匠心独运。上片写杭州，下片写西湖，以点带面，明暗交叉，铺叙晓畅，形容得体。其写景之壮伟、声调之激越，与东坡亦相去不远。特别是，由数字组成的词组，如“三吴都会”“十万人家”“三秋桂子”“十里荷花”“千骑拥高牙”等的运用，或为实写，或为虚指，均带有夸张的语气，有助于形成柳永式的豪放词风。

10. 望九华山赠青阳韦仲堪[1]　李白[2]

昔在九江上，遥望九华峰[3]。
天河挂绿水，秀出九芙蓉[4]。
我欲一挥手，谁人可相从。
君为东道主，于此卧云松[5]。

［注释］［1］九华山：国家重点风景名胜区，位于安徽省青阳县西南 20 公里处。古称陵阳山、九子山，因有九峰形似莲花而得名。于唐天宝年间（742~756 年）改名九华山。九华山方圆 100 公里内有九十九峰，主峰十王峰海拔 1344.4 米，山体由花岗岩组成，山形峭拔凌空，素有“东南第一山”之称，至今保留着乾隆御笔赐金匾“东南第一山”。［2］李白：见《登金陵凤凰台》注释［2］。［3］九江：说法不一，一说指长江，在今湖北武穴、黄梅一带的江面。［4］天河：指九华山瀑布。［5］君：指李白好友韦仲堪，时韦仲堪任青阳县令，故称其东道主。卧云松：指韦仲堪在青阳过着半仕半隐的生活。

［赏析］ 此诗上片四句写景，诗人用奇特的比喻“绿水”“芙蓉”，写出了九华山的美丽景象以及自己的神往。下片四句抒情，写对韦仲堪在青阳过着“卧云松”清闲生活的羡慕，从而进一步写出了对九华山的向往之情，表达了诗人隐逸的情怀。

11. 游武夷[1]　郁达夫[2]

武夷三十六雄峰，九曲清溪境不同。

山水若从奇处看，西湖终是小家容[3]。

［注释］［1］武夷：即武夷山，位于福建省武夷山市南郊，属典型的丹霞地貌，是首批国家级重点风景名胜区之一，世界文化与自然双重遗产。武夷山还是儒、道、佛三教名山。［2］郁达夫（1896~1945 年）：名文，字达夫，浙江省富阳人。中国现代著名小说家、散文家、诗人，且是一位为抗日救国而殉难的爱国主义作家。［3］西湖：指浙江省杭州市的西湖，也叫西子湖。

［赏析］ 这是郁达夫游览武夷山后写的一首七言绝句。诗歌用语清新自然、明白易懂。开头两句写武夷山三十六雄峰与九曲清溪不同寻常的美景，结尾两句则把武夷山与西湖作比较，在对比中概括了武夷山“碧水丹山”之秀丽与雄伟并存的奇特美景，赋予武夷山以极高的审美评价。

12. 滕王阁诗[1]　王勃[2]

滕王高阁临江渚[3]，佩玉鸣鸾罢歌舞[4]。

画栋朝飞南浦云[5]，珠帘暮卷西山雨[6]。

闲云潭影日悠悠[7]，物换星移几度秋[8]。
阁中帝子今何在[9]？槛外长江空自流[10]。

［注释］［1］滕王阁：建于唐朝繁盛时期，为李元婴任洪州都督时所建，因滕王李元婴得名，故址在今江西南昌赣江边新建西章江门上，俯视远望，视野均极开阔，是江南三大名楼之一。［2］王勃：（约650~676年）：字子安，汉族，唐代诗人。古绛州龙门（今山西河津）人，出身儒学世家，与杨炯、卢照邻、骆宾王并称为“初唐四杰”，王勃为四杰之首。［3］江：指赣江。渚：江中小洲。［4］佩玉鸣鸾：身上佩戴的玉饰、响铃。［5］南浦：地名，在南昌市西南。浦：水边或河流入海的地方（多用于地名）。［6］西山：南昌名胜，一名南昌山、厌原山、洪崖山。［7］日悠悠：每日无拘无束地游荡。［8］物换星移：形容时代的变迁、万物的更替。物：四季的景物。［9］帝子：指滕王李元婴。［10］槛：栏杆。

［赏析］　本诗原附于《滕王阁序》后，序末“四韵俱成”一句中的“四韵”即指此诗。滕王李元婴是唐高祖李渊的幼子，唐太宗李世民的弟弟，骄奢淫逸，品行不端，毫无政绩可言。但他精通歌舞，善画蝴蝶，很有艺术才情。他修建滕王阁，也是为了歌舞享乐的需要。唐高宗上元三年（676年），诗人王勃远道去交趾（今越南）探父，途经洪州（今江西南昌），参与阎都督宴会，即席作了《滕王阁序》，序末附这首凝练、含蓄的诗篇，概括了序的内容。

此诗第一句开门见山，用质朴苍老的笔法，点出了滕王阁的形势。滕王阁下临赣江，可以远望，可以俯视，下文的“南浦”“西山”“闲云”“潭影”和“槛外长江”都从第一句“高阁临江渚”生发出来。滕王阁的形势是如此之好，但如今阁中无人来游赏。想当年建阁的滕王已经死去，坐着鸾铃马车，挂着琳琅玉佩，来到阁上，举行宴会，那种豪华的场面，已经一去不复返了。第一句写空间，第二句写时间，第一句兴致勃勃，第二句意兴阑珊，两两对照。诗人运用“随立随扫”的方法，生发出盛衰无常之意。寥寥两句已把全诗主题包括无余。三四两句紧承第二句加以发挥，阁既无人游赏，阁内画栋珠帘当然冷落可怜，只有南浦的云，西山的雨，暮暮朝朝，与它为伴。这两句不但写出滕王阁的寂寞，而且画栋飞上了南浦的云，写出了滕王阁的居高；珠帘卷入了西山的雨，写出了滕王阁的临远，情景交融，寄慨遥深。五六句由上联的侧重空间渐渐转向时间推移，“日悠悠”“几度秋”六字，点出了时日的漫长，不是一两天，而是经年累月，很自然地生出了风物更换季节、星座转移方位的感慨，也很自然地想起了建阁的人而今安在。这里一“几”一“何”，连续发问，表达了紧凑的情绪。最后又从时间转入空间，指出物要换，星要移，帝子要死去，而槛外的长江，却是永恒地东流无尽。“槛”“江”两字，回应第一句的高阁临江，神完气足。

这首诗一共只有56个字，其中属于空间的有阁、江、栋、帘、云、雨、山、浦、潭影；属于时间的有日悠悠、物换、星移、几度秋、今何在。这些词围绕“滕王阁”这个中心，各自发挥其众星拱月的作用。诗的结尾用对偶句作结，自然流动，不露痕迹，很有特色，显示出王勃对句的过人才力。

13. 登庐山[1]　毛泽东[2]

一山飞峙大江边，跃上葱茏四百旋[3]。

冷眼向洋看世界，热风吹雨洒江天[4]。

云横九派浮黄鹤，浪下三吴起白烟[5]。

陶令不知何处去，桃花源里可耕田[6]？

［注释］［1］庐山：位于江西省九江市，以雄、奇、险、秀闻名于世，具有极高的科学价值和旅游观赏价值，素有“匡庐奇秀甲天下”之美誉，与鸡公山、北戴河、莫干山并称四大避暑胜地。庐山已被列为世界文化景观遗产，也是世界地质公园、全国重点文物保护单位、国家重点风景名胜区、国家5A级旅游景区。［2］毛泽东：见《浪淘沙·北戴河》解释［2］。［3］葱茏，草木青翠茂盛，这里指山顶。四百旋：庐山盘山公路35公里，有近400处转弯。旋：盘旋。［4］冷：冷漠。江天：江和天。［5］九派：《十三经注疏》本《尚书·禹贡》“九江”注：“江于此州界分为九道。”明李攀龙《怀明卿》：“豫章（今南昌）西望彩云间，九派长江九叠山。”毛泽东1959年12月29日在一封信上说：“九派，湘、鄂、赣三省的九条大河。究竟哪九条，其说不一，不必深究。”浪下：江水流下，古代指江苏省南部、浙江省北部的某些地区，具体说法不一，这里泛指长江下游。毛泽东在1959年12月29日

同一封信上说："三吴，古称苏州为东吴，常州为中吴，湖州为西吴。"［6］陶令：陶渊明，曾做彭泽令 88 天。桃花源：陶渊明《桃花源诗并记》，一渔人溯着溪流而上，发现尽头处是一片桃林，居住着一群秦朝避难者的后代，与尘世隔绝；他们在山中过着自给自足、无忧无虑的隐居生活。

［**赏析**］1959 年庐山会议前夕，毛泽东登上庐山，立足峰巅，极目远眺，江山胜景，尽收眼底。置身雄伟高耸、满目苍翠的庐山，面对开阔辽远、云海弥漫的景致，心中涌动着对社会主义建设事业的豪迈之情，于是写下了这首讴歌奋发的诗篇。

首联"一山飞峙大江边"句，"飞"字用得俊逸壮阔、从容横飘，凌空突拔宛若山势挺立，诗意与山意双美合一齐漾读者心间。接着写进山登临的路线，那路线盘旋环绕，荡气回肠，一路上青翠迎接、相伴、引领朝上，清风送爽的夏日，苍茫幽深的佳景倍添登临之趣。颔联"冷眼向洋看世界"句，诗人直抒胸臆及现实处境，在高山之巅冷漠而不动声色地看着世界上的一切反动派所形成的反华包围圈，都予以"横眉冷对"，因为诗人一生所经历的艰难曲折的确太多了，但从未被压垮过。"热风吹雨洒江天"，诗人又把目光从国际（向洋）拉回到国内（江天）。这里的"热风"虽是实写夏日之风，但也可以引申为热情之风，热烈之风，还可以引申为那时轰轰烈烈的"大跃进"之风。颈联"云横九派浮黄鹤，浪下三吴起白烟"两句对仗工整、语言典丽，"横、浮、下、起"连环动感，虚实相间，形成立体式画面。最后两行诗人妙用了陶渊明所著《桃花源记》，使诗歌出现了深刻的寓意。通过几千年的历史文化沉淀，"桃花源"已附添了许多象征意义，但最主要的象征意义是指乌托邦式的理想社会。

14. 趵突泉[1]　赵孟頫[2]

泺水发源天下无，平地涌出白玉壶[3]。
谷虚久恐元气泄，岁旱不愁东海枯。
云雾润蒸华不注，波澜声震大明湖[4]。
时来泉上濯尘土，冰雪满怀清兴孤[5]。

［**注释**］［1］趵突泉：位于济南市历下区，南靠千佛山，东临泉城广

场，北望大明湖，五龙潭，面积 158 亩，是以泉为主的国家 5A 级旅游景区，国家首批重点公园。该泉位居济南七十二名泉之首，被誉为“天下第一泉”，也是最早见于古代文献的济南名泉。[2] 赵孟頫（fǔ）（1254~1322 年）：字子昂，汉族，号松雪道人，中年曾署孟俯。浙江吴兴（今浙江湖州）人。元初著名书法家、画家、诗人，宋太祖赵匡胤十一世孙。[3] 泺水：济南泉水记载，最早见于《春秋·桓公十八年》：“公会济侯于泺。”泺水的源头，即今趵突泉。白玉壶：喻趵突泉洁白如白玉壶。[4] 华不（fū）注：山名，又称华山，金舆山，位于济南市东北。唐诗人李白《古诗五十九首》第二十首云：“昔岁游历下，登华不注峰。兹山何峻秀，青翠如芙蓉。”《水经注》：华不注云：“虎牙杰立，孤峰特拔以刺天，青崖翠发，望同点黛。”[5] 尘土：喻世间的一切私心杂念。冰雪：喻高洁清白的心地。清兴：清雅的兴致。

[赏析] 这是一首七言律诗。诗的上片概括趵突泉的举世无双，“泺水发源天下无”“风旱不愁东海枯”。下片先用夸张的手法，说趵突泉蒸腾的水汽润泽着华不注山，汹涌的波涛震撼着大明湖，以此进一步衬托趵突泉非凡的气势。最后两句抒情，以泉水能濯尘洗心，抒发了自己冰雪般的高洁品格。

15. 游少林寺[1] 沈佺期[2]

长歌游宝地，徙倚对珠林[3]。
雁塔霜风古，龙池岁月深[4]。
绀园澄夕霁，碧殿下秋阴[5]。
归路烟霞晚，山蝉处处吟。

[注释] [1] 少林寺：位于河南省登封市西北 13 公里的中岳嵩山西麓，是中国禅宗祖庭和少林功夫发祥地，故有“禅宗祖庭，武术胜地”之称。少林寺创建于北魏太和十九年（495 年），是北魏孝文帝元宏为安顿印度僧人跋陀落迹传教而建造的。因寺坐落于少室山阴的丛林之中，故名。正如清景日昣《说嵩》云：“少林者，少室之林也。”少林寺以武术闻名于世。一禅一拳是少林寺的突出特点。[2] 沈佺期（约 656~713 年）：字云卿，相州内黄（今河南内黄县）人，唐高宗上元二年（675 年）举进士，为协律

郎，后历任通事舍人、给事中、考功郎。流放归，为起居郎兼修文馆直学士，后升任中书舍人，太子少詹事。是继“四杰”之后的著名诗人，与宋之问齐名，号称“沈宋”，被誉为律诗的奠基人之一。郑振铎先生曾评说：“沈宋之诗，至流徙后而尤工。”［3］长歌：放声高歌。宝地：指少林寺。徙倚：徘徊，这里是舍不得离开的意思。珠林：神话传说中结珠的树。［4］龙池：传说中有龙出现的池子。［5］绀（gān）：红青色，寺院墙多绀色。澄：明净。

［赏析］ 这是唐初沈氏五言律诗的代表作。诗的上片写入寺游赏古迹，抒写诗人对少林名刹的敬仰心情，下片记述游赏过程中景色变化，以及归路晚景之绮丽，显示诗人敏锐细致的观察力和写景抒情的精巧笔致。

首联概写游寺。诗人踏着歌声来到这所佛门宝地，仔细地观赏了寺内清幽秀美的园林景色。“宝地”“珠林”，都是出自佛经用语，所谓“黄金七宝为地，摩尼珠为林”。少林佛殿及其幽美园林风光也由此不言自喻。“长歌”二字，表现诗人当时畅游的欢快心情。颔联进而描述寺内两处重点景物：一处是古老的雁塔，它原是印度古代佛教僧人为舍身救饥的雁王立塔纪念，出自佛经故事，后世相传成为佛寺的重要建筑；另一处是龙池，指寺中有名的九龙潭，潭水很深，据说有九龙盘踞其下，“霜风古”“岁月深”，两句上下交织成文，说明雁塔之古是由于岁月之深，而龙池之深也是因为霜风之古。颈联再写遍游以后的时间变化。青红色的园林在雨后斜阳里，像被清水洗过，显得分外明亮；碧色的殿宇也因秋阴延展逐渐蒙上暗淡的色调。“澄”“下”两字写时间转移动景，最能生动传神。“夕霁”和“秋阴”，既点时间，又指季节，自然引出尾联的“晚霞”与“蝉噪”。霞彩满目，蝉声盈耳，尾联声色并茂，尽兴快意！此时的蝉声相送，同首联的长歌来游，前后相应，主体与客观协调一致，早晚一片欢愉场景，诗人畅游的欢快心情也跃然纸上。

沈佺期是唐初有名的宫廷诗人，也是完成律诗定型的重要人物之一。他写诗的特点是：“回忌声病，约句准篇，如锦绣成文。”（《新唐书·沈佺期传》）按此标准与前代山水诗相比较，无论从构思、写景、音律、形式和语言各方面看，这首诗都可说达到后来居上的胜境，实为历代山水诗之精品。

16. 黄鹤楼[1] 崔颢[2]

昔人已乘黄鹤去，此地空余黄鹤楼。
黄鹤一去不复返，白云千载空悠悠[3]。
晴川历历汉阳树，芳草萋萋鹦鹉洲[4]。
日暮乡关何处是？烟波江上使人愁[5]。

［注释］［1］黄鹤楼：三国吴黄武二年（223年）修建，为古代名楼，旧址在湖北武昌黄鹤矶上，俯见大江，面对大江彼岸的龟山。［2］崔颢（hào）（？~754年），唐代诗人，汴州（今河南开封市）人。唐开元年间进士，官至太仆寺丞，天宝中为司勋员外郎。《全唐诗》收录其诗42首。［3］悠悠：飘荡的样子。［4］晴川：阳光照耀下的晴朗江面。历历：清楚可数。萋萋：形容草木茂盛。鹦鹉洲：在湖北省武昌市西南。根据《后汉书》记载，汉黄祖担任江夏太守时，在此大宴宾客，有人献上鹦鹉，故称鹦鹉洲。［5］乡关：故乡家园。烟波：暮霭沉沉的江面。

［赏析］《黄鹤楼》是唐代诗人崔颢创作的一首七言律诗，被选入《唐诗三百首》。此诗描写了在黄鹤楼上远眺的美好景色，是一首吊古怀乡之佳作。前四句写登临怀古，后四句写站在黄鹤楼上的所见所思。诗结构上起、承、转、合，颇有章法。格律上虽不协律，但音节嘹亮而不拗口。信手而就，一气呵成，成为历代所推崇的珍品。这首诗在当时就很有名，传说李白登黄鹤楼，有人请李白题诗，李白说："眼前有景道不得，崔颢题诗在上头。"严羽《沧浪诗话》评："唐人七言律诗，当以崔颢《黄鹤楼》为第一。"这一来，崔颢的《黄鹤楼》名气就更大了。

《黄鹤楼》之所以成为千古传颂的名篇佳作，主要还在于诗歌本身具有的美学意蕴。

一是意境美。黄鹤楼因其所在之武昌黄鹤山（又名蛇山）而得名。传说古代仙人子安乘黄鹤过此（见《齐谐志》）；又云费文伟登仙驾鹤于此（见《太平寰宇记》引《图经》）。诗即从楼的命名之由来着想，借传说落笔，然后生发开去。仙人跨鹤，本属虚无，现以无作有，说它"一去不复返"，就有岁月不再、古人不可见之憾；仙去楼空，唯余天际白云，悠悠千载，正能表现世事茫茫之慨。意中有象、虚实结合。诗人这几笔写出了那个时代登黄鹤楼的人常有的感受，气概苍莽，感情真挚。

二是绘画美。诗中有画，历来被认为是山水写景诗的一种艺术标准，《黄鹤楼》也达到了这个高妙的境界。首联在融入仙人乘鹤的传说中，描绘了黄鹤楼的近景，隐含着此楼枕山临江，峥嵘缥缈之形势。颔联在感叹“黄鹤一去不复返”的抒情中，描绘了黄鹤楼的远景，表现了此楼耸入天际、白云缭绕的壮观。颈联游目骋怀，直接勾勒出黄鹤楼外江上明朗的日景。尾联徘徊低吟，间接呈现出黄鹤楼下江上朦胧的晚景。诗篇所展现的整幅画面上，交替出现的有黄鹤楼的近景、远景、日景、晚景，变化奇妙，气象恢宏；相互映衬的则有仙人黄鹤、名楼胜地、蓝天白云、晴川沙洲、绿树芳草、落日暮江，形象鲜明，色彩缤纷。全诗在诗情之中充满了画意，富有绘画美。

三是音乐美。全诗双声、叠韵和叠音词或词组的多次运用，如“黄鹤”“复返”等双声词、双声词组，“此地”“江上”等叠韵词组，以及“悠悠”“历历”“萋萋”等叠音词，造成了此诗声音铿锵，清朗和谐，因此极富音乐美。正由于此诗艺术上出神入化，取得极大成功，被人们推崇为题黄鹤楼的绝唱就不足为奇了。

17. 念奴娇·赤壁怀古[1]　苏轼[2]

大江东去[3]，浪淘尽[4]，千古风流人物[5]。故垒西边[6]，人道是：三国周郎赤壁[7]。乱石穿空，惊涛拍岸，卷起千堆雪[8]。江山如画，一时多少豪杰。

遥想公瑾当年[9]，小乔初嫁了[10]，雄姿英发[11]。羽扇纶巾[12]，谈笑间樯橹灰飞烟灭[13]。故国神游[14]，多情应笑我，早生华发[15]。人生如梦，一尊还酹江月[16]。

［注释］［1］念奴娇：词牌名，又名“百字令”“酹江月”等。赤壁：此指黄州赤壁，一名“赤鼻矶”，在今湖北黄冈西。而三国古战场的赤壁，文化界认为在今湖北赤壁市西北。［2］苏轼（1037~1101 年）：字子瞻，又字和仲，号东坡居士，自号道人，世称苏仙。北宋眉州眉山（今四川省眉山市）人，宋代文学最高成就的代表。［3］大江：指长江。［4］淘：冲洗，冲刷。［5］风流人物：指杰出的历史名人。［6］故垒：过去遗留下来的营垒。［7］周郎：指三国时吴国名将周瑜，字公瑾，少年得志，24 岁为中郎将，掌

管东吴重兵，吴中皆呼为“周郎”。下文中的“公瑾”，即指周瑜。[8]雪：比喻浪花。[9]遥想：形容想得很远；回忆。[10]小乔初嫁了（liǎo）：《三国志·吴志·周瑜传》载，周瑜从孙策攻皖，“得桥公两女，皆国色也。策自纳大桥，瑜纳小桥”。乔，本作“桥”。其时距赤壁之战已经十年，此处言“初嫁”，是言其少年得意，倜傥风流。[11]雄姿英发（fā）：谓周瑜体貌不凡，言谈卓绝。英发，谈吐不凡，见识卓越。[12]羽扇纶（guān）巾：古代儒将的便装打扮。羽扇，羽毛制成的扇子。纶巾，青丝制成的头巾。[13]樯橹（qiáng lǔ）：这里代指曹操的水军战船。樯，挂帆的桅杆。橹，一种摇船的桨。[14]故国神游：“神游故国”的倒文。故国：这里指旧地，当年的赤壁战场。神游：于想象、梦境中游历。[15]“多情”二句：“应笑我多情，早生华发”的倒文。华发（fà）：花白的头发。[16]一尊还酹（lèi）江月：古人以酒浇在地上祭奠。这里指洒酒酬月，寄托自己的感情。尊：通“樽”，酒杯。

[赏析]《念奴娇·赤壁怀古》一词，被誉为“千古绝唱”，写于1082年，当时苏轼正被贬于黄州。作者聊借黄州的赤鼻矶来追忆三国时期周瑜的无限风光，同时感叹时光易逝及怀才不遇。

词上阕着重写景，为英雄人物出场铺垫。开篇从滚滚东流的长江着笔，随即用“浪淘尽”，把倾注不尽的大江与名高累世的历史人物联系起来，布置了一个极为广阔而悠久的时空背景。接着“故垒”两句，点出这里是传说中的古代赤壁战场。关于当年的战场的具体地点，向来众说纷纭，东坡在此不过是聊借怀古以抒感，因此用“人道是”，下笔极有分寸。“周郎赤壁”，既合词题又为下阕缅怀公瑾预伏一笔。“乱石”三句集中描写赤壁雄奇壮阔的景物：陡峭的山崖散乱地高插云霄，汹涌的骇浪猛烈地搏击着江岸，滔滔的江流卷起千万堆澎湃的雪浪，把读者顿时带进一个奔马轰雷、惊心动魄的奇险境界。“江山如画，一时多少豪杰”，脱口而赞，明白精切。“地灵人杰”，锦绣山河，必然产生、哺育和吸引无数出色的英雄，而三国正是人才辈出的时代！

下阕由“遥想”领起五句，集中腕力塑造青年将领周瑜的形象。“小乔初嫁了”，以美人烘托英雄，更见出周瑜的丰姿潇洒、韶华似锦、年轻有为，足以令人艳羡。“雄姿英发，羽扇纶巾”，从肖像仪态上描写周瑜束装儒雅，风度翩翩。着力刻画其仪容装束，正反映出作为指挥官的周瑜临战潇洒从容，说明他对这次战争早已胸有成竹、稳操胜券。“谈笑间、樯橹灰飞烟灭”，抓住了火攻水战的特点，精切地概括了整个战争的胜利场景。苏轼如此羡慕周瑜，是因为他觉察到北宋国力的软弱和辽夏军事政权的严重威胁，他时刻关心边境战事，有着一腔报国热忱。面对边疆危机的加深，目睹宋廷的萎靡慵懦，他是非常渴望有如三国那样称雄一时的豪杰人物，来扭转这很不景气的现状。这正是作者所以要缅怀赤壁之战、精心塑造周瑜这一中心人物的思想契机。然而，眼前的政治现实和词人被贬黄州的坎坷处境，却同他振兴王朝的祈望和有志报国的壮怀大相抵牾，所以当词人一旦从“神游故国”跌入现实，就不免思绪深沉、顿生感慨，而情不自禁地发出自笑多情、光阴虚掷的叹惋了。然而人生短暂，不必让种种“闲愁”萦回于心，还不如放眼大江、举酒赏月。

这首词气象磅礴，格调雄浑，高唱入云，境界宏大，特别是它第一次以空前的气魄和艺术力量塑造了一个英气勃发的人物形象，透露了作者有志报国、壮怀难酬的感慨，为用词体表达重大的社会题材开拓了新的道路，产生了重大影响。因此，这首词也是豪放词的代表作。

18. 望洞庭[1]　刘禹锡[2]

湖光秋月两相和[3]，潭面无风镜未磨[4]。

遥望洞庭山水翠[5]，白银盘里一青螺[6]。

［**注释**］［1］洞庭：湖名，在今湖南省北部。［2］刘禹锡（772~842年）：字梦得，洛阳人。自称“家本荥上，籍占洛阳”；又自言系出中山，其先为中山靖王刘胜。唐代文学家、哲学家，有“诗豪”之称。［3］湖光：湖面的波光。两：指湖光和秋月。和：和谐。指水色与月光互相辉映。［4］潭面：指湖面。镜未磨：古人的镜子用铜制作、磨成。这里一说是湖面无风，水平如镜；一说是远望湖中的景物，隐约不清，如同镜面没打磨时照物模糊。［5］山水翠：也作“山水色”。山：指洞庭湖中的君山。［6］白银盘：形容平静而又清澈的洞庭湖面。白银：一作“白云”。青螺：这里用来形容洞庭湖中的君山。

［赏析］《望洞庭》作于唐穆宗长庆四年（824年）秋。刘禹锡在《历阳书事七十韵》序中称："长庆四年八月，予自夔州刺史转历阳（和州），浮岷江，观洞庭，历夏口，涉浔阳而东。"刘禹锡贬逐南荒，20年间去来洞庭，据文献可考的约有6次。其中只有转任和州这一次是在秋天。而此诗则是这次行脚的生动记录。诗描写了秋夜月光下洞庭湖的优美景色。诗人飞驰想象，以清新的笔调，生动地描绘出洞庭湖水宁静、祥和的朦胧美，勾勒出一幅美丽的洞庭山水画。表现了诗人对大自然的热爱，也表现了诗人壮阔不凡的气度和高卓清奇的情致。

诗从一个"望"字着眼，"水月交融""湖平如镜"，是近望所见；"洞庭山水""犹如青螺"，是遥望所得。虽都是写望中景象，差异却显而易见。近景美妙、别致；远景迷蒙、奇丽。潭面如镜，湖水如盘，君山如螺。银盘与青螺相映，明月与湖光互衬，更觉情景相容、相得益彰。诗人笔下的君山犹如镶嵌在明镜洞庭湖上一颗精美绝伦的翡翠，美不胜收。

19. 晨登衡岳祝融峰[1]　谭嗣同[2]

身高殊不绝，四顾乃无峰。
但有浮云度，时时一荡胸[3]。
地沉星尽没，天跃日初熔[4]。
半勺洞庭水，秋寒欲起龙[5]。

［注释］［1］衡岳：即衡山，位于湖南省衡山县西15公里，为著名的五岳之南岳。全山盘绕400公里，有72峰。祝融峰是最高峰，海拔1300米。相传上古时火神祝融葬于此，故名。［2］谭嗣同（1865~1898年）：湖南浏阳人，是中国近代资产阶级的政治家、思想家，维新志士。他主张中国要强盛，只有发展民族工商业，学习西方资产阶级的政治制度。公开提出废除科举、兴学校、开矿藏、修铁路、办工厂、改官制等变法维新的主张。写文章抨击清政府的卖国投降政策。1898年变法失败后被杀，年仅33岁，为"戊戌六君子"之一。［3］荡胸：化用杜甫《望岳》"荡胸生层云"的诗意。［4］熔：熔化，指初升的红日。［5］"半勺"句：从高处向下看，洞庭湖只有半勺水面。反衬祝融峰之高。"秋寒"句：秋寒水落，蛟龙欲腾空而起。

［**赏析**］这首五律，作者写出了祝融峰高出云霄的气势，抒发了诗人特立独行的雄心与壮志。诗的每一句都在写祝融峰之高峻，如有的从正面写，“身高殊不绝，四顾乃无峰”，说祝融峰太高了，站在峰顶四顾已看不到其他山峰，只有时不时飞过的浮云，激荡着人们的心灵；“地沉星尽没，天跃日初熔”，是说站在祝融峰上，只觉得大地在沉下去，星辰都不见了踪影，只有祝融峰在秋寒水落之时，像蛟龙一样腾空跃起在天地之间，写得生动而又形象。有的从侧面写，“半勺洞庭水，秋寒欲起龙”，说从祝融峰上看浩渺的洞庭湖，湖不就吸有半勺水那么大，从而反衬出祝融峰的高大。诗歌既有实写，也有夸张、想象。

20. 游肇庆七星岩[1] 叶剑英[2]

借得西湖水一圜[3]，更移阳朔七堆山[4]。
堤边添上丝丝柳[5]，画幅长留天地间。

［**注释**］［1］七星岩：在广东省肇庆市北郊星湖中，为游览胜地。［2］叶剑英（1897~1986年）：字沧白，原名叶宜伟，广东梅州市梅县区人。中国人民解放军的缔造者之一，中华人民共和国的开国元勋，长期担任党、国家和军队重要领导职务的卓越领导人。［3］圜：通“环”。环绕。《列子·说符》：“有悬水三十仞，圜流九十里。”［4］阳朔：县名。在广西壮族自治区东北部，桂江上游漓江流贯，石灰岩地形发育，风景秀丽，有鉴山、画山、冠岩、月亮山、榕荫古渡等胜迹。七堆山：也叫七星山，在阳朔东北部，七座秀丽的山峰临江而立，相传为七仙女下凡所化。［5］丝丝柳：细长而轻盈的嫩柳。汤显祖《牡丹亭·寻梅》：“一丝丝垂杨线，一丢丢榆荚钱。”

［**赏析**］泊于肇庆市北郊星湖之上的七星岩，由七座峭立的石灰岩组成。这些岩峰排列如北斗，相传是七颗北斗星落化而成。七星岩周围碧波荡漾，湖光潋滟，映照出岩峰的倒影。山上树木葱茏，亭台楼阁掩映其中，一处处岩洞及历代石刻更是美不胜收。1961年4月，叶剑英到广东视察来到肇庆市，并游览了七星岩，写下了这首诗。

该诗描绘了七星岩秀美的湖光山色，讴歌了祖国的大好河山。开头两句采取借喻的手法对七星岩进行了全景式描绘，用西湖水光、七堆山色来衬托七星岩之美，形象含蓄，生动怡人。西湖是有名的江南美景，历来是人们向往的游览胜地。阳朔素有“桂林山水甲天下，阳朔山水甲桂林”之美誉，其北部著名的七堆山临江而立，峭拔秀美，因其美丽而被赋予仙女下凡变化而成这一动人传说。作者将美如西子的西湖水与秀似天仙的七堆山两处美景融于七星岩一身，使七星岩兼有二者山水之美，其景色之秀丽可想而知。结尾两句对其迷人景色进行了细致入微的刻画，引人徐徐漫步在湖边上，沿岸早春的柳枝甩起了新发的丝丝嫩绿，随风飘曳，其色其状其姿，宛若就在读者眼前，令人陶醉。七星岩真是风景如画，这一美丽的画幅当在天地间永存。

这首诗，构思新颖，手法简洁，在短小的篇幅里栩栩如生地描绘了肇庆七星岩的秀丽景色，令人如身临其境，心旷神怡，深感祖国山河的美丽。诗的语言凝练自然，不事深奥华丽，完全是“清水出芙蓉，天然去雕饰”，读来音调和谐，节奏明快，朗朗上口，给人强烈的节奏感。

21. 送桂州严大夫[1]　韩愈[2]

苍苍森八桂，兹地在湘南[3]。
江作青罗带，山如碧玉篸[4]。
户多输翠羽，家自种黄柑[5]。
远胜登仙去，飞鸾不暇骖[6]。

［**注释**］［1］桂州：即今桂林，位于广西壮族自治区东北部。自古有“桂林山水甲天下”的称誉，是著名的游览胜地。［2］韩愈（768~824年）：字退之，河阳（今河南省孟州市）人，贞元进士。唐代思想家和文学家，位居唐宋八大家之首。［3］苍苍：深绿色。森：高耸繁茂的样子。八桂：指桂州，即今广西桂林。湘南：桂林在湘水之南。［4］江：指漓江。青罗带：青绿色的绸带。碧玉篸：碧玉簪子。簪子，别在女子发髻的条状物。［5］输：缴纳赋税。翠羽：翠鸟的羽毛可做成名贵的装饰品。“家自”句，说桂林盛产柑橘，几乎家家种植。［6］不暇：没有空闲。骖（cān）：古代驾在车前两侧的马，这里作动词用，驾的意思。

［**赏析**］杜甫未到桂林而有咏桂林的诗（《寄杨五桂州谭》）。韩愈未到桂林，也有咏桂林的诗，这就是唐穆宗长庆二年（822年）为送严谟出任桂

管都防御观察使所做的《送桂州严大夫》。可见在唐代，桂林山水已名闻遐迩，令人向往。

诗首句便紧扣桂林之得名，以其地多桂树而设想："苍苍森八桂。"八桂而成林，真是既贴切又新颖。把那个具有异国情调的南方胜地的魅力点染出来。"兹地在湘南"，表面上只是客观叙述地理方位，说桂林在湘水之南。言外之意却是：那个偏远的地方，却那么令人神往，启人遐思！接着写桂林奇异的山川。桂林之奇就奇在地貌。由于石灰岩层受到水的溶蚀切割，造成无数的石峰，千姿百态，奇特壮观。漓江之水，则清澈澄明，蜿蜒曲折。"江作青罗带，山如碧玉簪"，极为形象地写出了桂林山水的特点，是千古脍炙人口之佳句。"桂林山水甲天下"，其实只是秀丽甲于天下，其雄深则不如川陕之华山、峨眉。桂林山水是比较女性化的。所以韩愈用"青罗带""碧玉簪"这些女性的服饰或首饰做比喻，可以说既妙又奇。再写桂林的特殊的物产，"户多输翠羽，家自种黄柑"。唐代以来，翠鸟羽毛是极珍贵的饰品，则其产地也就更有吸引力了，加之能日啖"黄柑"，更叫宦游者"不辞长作岭南人"了，这两句分别以"户""家"起，是同义复词拆用，意即户户家家。对于当地人来说是极普通的物产，对于来自京华的人却是感到格外新异。在第二、第三联着意写出桂林主要的秀美奇异之处，酝酿够了神往之情，于是尾联归结到送行之意，严大夫此去桂林虽不乘飞鸾，亦"远胜登仙"。这是题中应有之义，难能可贵的是写出了逸致，令人神往。

此诗文从字顺，诗意起承转合分明，写景只从大处落笔，不事雕饰，自然清新。

22. 蝶恋花·海南岛[1]　叶剑英[2]

南海浮珠历万古[3]，阅尽沧桑，挺作南天柱[4]。五指峰高人宿露[5]，当年割据红区固[6]。

旧是东坡留句处[7]，椰树凌霄，扫尽长空雾。海角天涯今异古[8]，丰收处处秧歌舞。

［**注释**］［1］蝶恋花：词牌名。海南岛：位于中国南海之中，北隔琼州海峡，同雷州半岛相望，是我国第二大岛。岛中山岭布满亚热带森

林、岩洞、泉流，是著名的旅游胜地。[2]叶剑英：见《游肇庆七星岩》注释[2]。[3]浮珠：海南岛似珍珠浮于南海。[4]南天柱：海南岛如擎天柱屹立于中国南方。[5]五指：五指山是海南岛最高峰，因五峰耸立，形似五指而得名。[6]"当年"句：从1927年起海南岛创建了工农革命武装和琼崖革命根据地，坚持斗争，直到中华人民共和国成立。[7]东坡留句：绍圣四年（1097年），苏轼被贬当时还十分荒凉的琼州（今海南），留下许多诗文，说"此间食无肉，病无药，居无室，出无友，冬无炭，夏无寒泉"，"连岁不熟，饮食百物艰难"。[8]海角天涯：清雍正十一年（1733年），知州程哲在海南最南端海滨高达7米的两块巨石上，分别刻有"天涯""海角"。"天涯海角"指极为偏远之地，这里指海南岛。

[赏析] 这首叶剑英元帅作的词，洋溢着无比喜悦的情怀，高度赞美了我国第二大宝岛——海南岛。上阕写南海明珠海南岛，在革命战争年代曾是革命的红色根据地，琼崖支队曾露宿在海南岛最高峰五指山上。下阕写旧时东坡被贬的蛮荒之地，现如今生机勃勃，一片碧绿，到处都充满了丰收的景象。全词用词通俗易懂，清新自然，赞美之意溢于言表。

23. 夜入瞿塘峡[1] 白居易[2]

瞿塘天下险，夜上信难哉[3]！
岸似双屏合，天如匹练开[4]。
逆风惊浪起，拔稔暗船来[5]。
欲识愁多少，高于滟滪堆[6]。

[注释] [1]瞿塘峡：为长江三峡之一，西起重庆市奉节县白帝城，东至巫山县大溪镇，全长8公里，为三峡中最短最窄之峡，江面最宽处不满百米。它以雄、奇、险著称，且名胜古迹多而集中，是世界最著名的峡谷景区之一。[2]白居易：见《春题湖上》注释[1]。[3]上：逆江上溯瞿塘峡。信：确实。[4]双屏合：两岸的崖壁似两扇合拢的屏风。此句意为天仅留一缝，像裂开的一匹白绢。[5]拔稔（niàn）：指纤夫拉着竹子绞成的缆索。[6]滟滪（yù）堆：滟滪堆位于瞿塘峡口，正对夔门，旧时有长十余丈巨石矗立江中，水势极为险恶。

［赏析］ 这首诗是唐宪宗元和十四年（819年）白居易自江州司马调任忠州刺史，三月经过瞿塘峡时所作。大凡诗词抒情状物，或含蓄，或直率，而白居易这首诗，描述瞿塘之险与抒发内心的哀愁，则是开门见山，直抒胸臆。

重庆奉节至湖北宜昌之间的长江两岸，重岩叠嶂，有举世闻名的长江三峡，而瞿塘峡是其中最险要者。因而此诗首二句直率地感叹道："瞿塘天下险，夜上信难哉！"从诗人那沉重的感叹中，读者也会受到感染，想象那令人胆战心惊的旅行，为航行的小舟担忧。三句、四句"岸似双屏合，天如匹练开"十分形象地揭示瞿塘峡的奇险。因为水流夹在两山中间，从舟中向上望去，两岸如屏风合在一起，偌大的天空仅能看到一条白练，一"开"一"合"，两个动词用得极其精辟、传神。古往今来，不知有多少性命在此被无情的江水吞噬。因此过往行人有"船不发声，飨荐神庙"的迷信习俗。此时的诗人奔波于贬官的途中，政治抱负远未施展，心中本有无限的愁绪，又遇到如此险要的鬼门关，身涉险途，又遇逆风惊浪，"逆风惊浪起，拔稔暗船来"，实在是前途命运难以预卜，所以诗的最后发出了"欲识愁多少，高于滟滪堆"的感慨。

此诗因景生情，恰切地反映出诗人特定环境下的特定心情。诗中的比喻尤其新颖别致，以屏风、匹练喻山峡之险狭，已颇警拔，而诗人更即景设譬，以滟滪堆之高，喻自己愁绪之多，真可谓妙手天成。

24. 乐山大佛[1]　乐时鸣[2]

乐山佛大世无双，肩并凌云脚踏江[3]。

西对峨眉东逝水，悬崖九曲望风降[4]。

［注释］［1］乐山大佛：位于四川省乐山市凌云山上，山前岷江、大渡河、青衣江三水汇合。大佛开凿于唐开元元年（713年），完成于唐贞元十九年（803年）。弥勒佛坐东面西，通高71米，肩宽28米，鼻长5.6米，眼长3.3米，脚背宽9米，长11米，可围坐百余人，是世界上最大的石刻佛像。故古人称其"山是一尊佛，佛是一座山"。［2］乐时鸣：1917年生，浙江定海人。老将军，作家，当代诗人。曾任北京军区政治部主任。爱好传统诗词，被聘

为中华诗词学会、北京诗词学会顾问。[3] 凌云：指凌云山。江：指岷江、大渡河、青衣江。[4] 悬崖九曲：大佛右边有凌云崖九曲栈道。

[赏析] 这首诗开门见山、直截了当地点出乐山大佛是举世无双的大佛，它顶天立地，脚踏江水，肩膀就与周边的高山并齐而直入云霄。后面两句说大佛坐东面西，脚下江水滚滚东流，边上有九曲栈道凌空飞架，非常惊险。总之，这首诗借用乐山大佛周围的景观来衬托大佛之高大雄伟，盖世无双。

25. 忆秦娥·娄山关[1] 毛泽东[2]

西风烈[3]，长空雁叫霜晨月[4]。
霜晨月[5]，马蹄声碎[6]，喇叭声咽[7]。
雄关漫道真如铁[8]，而今迈步从头越[9]。
从头越，苍山如海[10]，残阳如血[11]。

[注释] [1] 忆秦娥：是词牌名，源于李白的词句“秦娥梦断秦楼月”。双调，仄韵格，46字。娄山关：位于遵义、桐梓两县交界处，是川黔交通要道上的重要关口。原名娄关，后称太平关。关名的来历，源于古代对娄山山脉的称谓。它是大娄山脉的主峰，海拔1576米，南距遵义市50公里，在遵义、桐梓两县的交界处，北距巴蜀，南扼黔桂，为黔北咽喉，自古就是兵家必争之地。人称黔北第一险要，素有“一夫当关，万夫莫开”之说。[2] 毛泽东：见《浪淘沙·北戴河》解释[2]。[3] 西风烈：烈，凛冽，猛风，即西风劲厉。[4] 长空雁叫霜晨月：在霜晨残月映照下，在烟雾茫茫的长空中，有飞雁在凄鸣。这两句是记拂晓情景，时娄山关战斗已经胜利结束。[5] 霜晨月：叠句，类似音律上的和声，有连锁作用，详见词牌忆秦娥。[6] 马蹄声碎：碎，碎杂，碎乱。[7] 喇叭声咽：喇叭，一种管乐器，这里指军号。咽，呜咽、幽咽，声音因阻塞而低沉。[8] 雄关漫道真如铁：雄关，雄壮的关隘，即指娄山关。漫道，徒然说，枉然说。人们徒然传说娄山关坚硬如铁。[9] 而今迈步从头越：迈步，跨步、大踏步。从头越，即为头越。张相《诗词曲语词汇释》：“为头，犹云从头，或开始也。”有从头再开始的意思。说的是从头大踏步越过雄关，却隐约透露出当时战略任务受挫，要对长征计划从头再作部署，且有取得胜利的坚定不

移的信心。[10] 苍山如海：青山起伏，像海的波涛。[11] 残阳如血：夕阳鲜红，像血的颜色。

[赏析] 这首词写于娄山关激战之后，以娄山关之战为题材。上阕起句"西风烈，长空雁叫霜晨月"，简练地指出了战斗的时间、景候，还创造出一个壮烈的抒情氛围。就在这霜、晨、月中，在肃杀的西风及大雁的凄声中，在声、色、音的交融中，人物出场了。嗒嗒的马蹄与呜咽的军号声远近唱和，起伏跌宕，在山间回环向前。"碎"，表明马蹄声急而低；"咽"，除了表明喇叭声不怎么嘹亮之外，还暗示了战斗的壮烈。从这两种有代表性的声音的描绘中，可以体会到红军行动的机敏。词没有直接描叙战斗的过程，但从这两个句子中可以想象到战斗的紧张和激烈。

下阕头二句，一片凄厉悲壮，豪气突升，一笔宕开，并不写攻占娄山关激烈的战斗，而是指明即便关山漫漫，长路艰险，但已定下从头做起。句中的"漫道"二字却又展露出藐视艰辛的豪迈情怀。"而今迈步从头越"是上句的自然延伸。"迈步"就是举大步，经过战斗，"雄关"而今已变成通途。"从头越"这三个字凝结了多少内心的奋发突破之情。这支革命队伍跨越雄关，踏平险阻的坚强决心和无畏勇气就展现出来了。最后以"苍山如海，残阳如血"这两个景句收笔，极有情味。前一句写山。"苍山"即青山。既写出了山的颜色，也隐约流露出作者的喜悦。"如海"是说山峦起伏不尽，就像碧波万顷的大海。不仅展现了壮阔的山景，也表明了作者是站在高处眺望，一股雄壮的气概萦绕于句中。后一句写夕阳。"如血"是说夕阳像鲜血那样殷红。它点出了红军胜利越关的具体时间，还使人通过这一壮丽的图景联想到红军义无反顾、不怕牺牲的伟大精神。这也是对词的前阕及后阕首句中"真如铁"所蕴内涵的回应。

全词46字，篇幅虽短，但雄奇悲壮，气势如虹，寥寥数笔，"分量"很重，像一幅出自大师手笔的简笔画，笔简而意无穷，勾勒出一幅雄浑壮阔的冬夜行军图，表现了作者面对失利和困难从容不迫的气度和胸怀。

26. 滇海曲[1]　杨慎[2]

萍香波暖泛云津，渔枻樵歌曲水滨[3]。
天气常如二三月，花枝不断四时春。

［注释］［1］滇海：即滇池，又名昆明湖，位于云南昆明市西南，面积约300平方公里，湖水群山环抱，四周有名胜古迹，被誉为高原上的一颗明珠。［2］杨慎（1488~1559年）：字用修，号升庵，四川新都（今成都市新都区）人，祖籍庐陵。明代著名文学家，明代三才子之首。因“礼仪”案得罪朝廷，被发配到了遥远的云南。到云南后，他惊喜地发现，昆明有大美而不言，于是他写了一组《滇海曲》，代大美天成的昆明立言。［3］苹：浮苹。云津：指云津桥，即今得胜桥。枻（yì）：桨，这里代指船。

［赏析］这是一首赞美云南的七绝。开头两句从云津桥边的“苹香波暖”，曲水之滨的“渔枻樵歌”起笔，赞美云南滇池那浓浓的春意。最后两句用概括的手法进一步赞美滇池四季如春、鲜花不断的美丽景象。诗歌语言清新自然、简洁而又精妙。

27. 布达拉宫[1]　时培建[2]

得有多少神明
才能压得住这接天的灵气
巍峨入天，高耸入云
仿佛是贪恋蓝天下的一朵棉絮
想亲吻，又不舍撞破
想拥抱，却犹豫不决
任一抹亮白
连接起高空的云和地上的雪
红墙[3]，是青藏高原上唯一一块
与五星红旗辉映的颜色
我最爱黄昏里的宫殿
全身被镀上一层金光
我竟幻想如来佛祖正在打坐
点化牦牛变身唐僧取经路上的妖魔
而那善良的青稞
会不会是天庭派下的使者
当神光慢慢褪去

我在东方的黑夜里仰望西南
那刻，天际闪过一颗最亮的星

[注释] [1] 布达拉宫：位于拉萨市区西北玛布日山上，是世界上海拔最高，集宫殿、城堡和寺院于一体的宏伟建筑，也是西藏最庞大、最完整的古代宫堡建筑群。布达拉宫依山垒砌，群楼重叠，殿宇嵯峨，气势雄伟，是藏式古建筑的杰出代表，中华民族古建筑的精华之作。布达拉宫所在的玛布日山，因其岩体及土壤略呈红色，所以汉语称为红山。这座小山犹如观音菩萨居住的普陀山，因而用藏语称此为布达拉（普陀之意）。布达拉宫占地面积 36 万平方米，建筑面积 13 万平方米，高 119 米，共 13 层，大小房间 2000 多间，大的佛殿 34 个，红宫与白宫是它的重要组成部分。布达拉宫最初为吐蕃王朝赞普松赞干布为迎娶尺尊公主和文成公主而兴建。清顺治二年（1645 年）五世达赖阿旺罗桑嘉措重建布达拉宫之后，成为历代达赖喇嘛冬宫居所，以及重大宗教和政治仪式举办地，也是供奉历世达赖喇嘛灵塔之地，旧时西藏政教合一的统治中心。1961 年 3 月，国务院列为首批全国重点文物保护单位；1994 年 12 月，联合国教科文组织列其为世界文化遗产；2013 年 1 月，国家旅游局列为国家 5A 级旅游景区。[2] 时培建：山东五莲人，“80 后”青年诗人，山东省作家协会会员，滨州市作家协会会员。[3] 红墙：指布达拉宫中间红色的宫殿，人们称为红宫。红宫的主体是五座摆放 8 位达赖喇嘛灵塔的灵塔殿，此外还有 1300 年前吐蕃王国遗留下来的法王殿和圣者殿，以及坛城殿和持明殿等佛宫。

[赏析] 这首诗是“80 后”青年诗人时培建发表于“齐鲁晚报网 · 青未了文学网”上的一首赞美西藏拉萨布达拉宫的诗。诗人怀着无比虔诚、崇敬的心情，写了布达拉宫的雄伟高大，充满灵性。布达拉宫，高大得犹如将天上的白云与地上的白雪连接了起来。它那居中的红宫的红色与国旗的颜色一样，它是祖国不可分割的一分子。在金色的黄昏里更是充满灵性，让人仿佛感到佛祖如来正端坐在那里，点化着唐僧取经路上的妖怪。那遍地的养人性命的青稞，正是上帝派下来的善良的使者。从东方仰望西南，它就是那最亮的一颗星星。作者用充满抒情的语言，抒发了自己对布达拉宫由衷的赞美与神往。

28. 华山[1] 寇準[2]

只有天在上，更无山与齐。
举头红日近，回首白云低。

[注释] [1] 华山：又称太华山，古称“西岳”，位于陕西省渭南市华阴市，在西安市以东120公里处，为中国著名的五岳之一，且是五岳中海拔最高的，为2154.9米。华山自古以雄伟奇险而闻名，被誉为“奇险天下第一山”。[2] 寇準（961~1023年）：字平仲，华州下邽（今陕西渭南）人。北宋政治家、诗人。

[赏析] 寇準是北宋时期稀世神童，聪慧过人。他咏的这首诗，缘境构诗，诗与境谐。据记载，寇準7岁，其父大宴宾客，饮酒正酣，客人请小寇準以附近华山为题，作《咏华山》诗，寇準在客人面前踱步思索，一步、二步，到第三步便随口吟出这首五言绝句，比世人皆知的曹植七步成诗还要快出许多，真是才思敏捷，出口成章。此诗诗意为：华山高耸，只有天在它的上边，再没有别的山能与它同高齐肩。抬头望，太阳近在眼前，低头看，白云在脚下盘旋。每一句诗都突出了华山的高峻陡峭，气势不凡。这首诗对仗工整严谨，语言精练准确，不着任何痕迹就衬托了华山的高耸、巍峨与陡峭，如前两句中的“只有”“更无”和后两句中的“近”“低”，都用得十分精准，十分巧妙。

29. 出嘉峪关感赋[1] 林则徐[2]

严关百尺界天西[3]，万里征人驻马蹄[4]。
飞阁遥连秦树直[5]，缭垣斜压陇云低[6]。
天山巉削摩肩立[7]，瀚海苍茫入望迷[8]。
谁道崤函千古险[9]？回看只见一丸泥[10]。

[注释] [1] 嘉峪关：位于甘肃省嘉峪市西南隅，是万里长城西端的终点。建于明洪武五年（1372年），因关城在嘉峪山西麓，故名。明清以来，一直是西北交通要道，边防要塞，现已成著名的游览胜地，国家5A级旅游景区。[2] 林则徐（1785~1850年）：福建省侯官（今福州市区）人，是清

朝末期的政治家、思想家和诗人。官至一品，曾任湖广总督、陕甘总督和云贵总督，两次受命钦差大臣；因其主张严禁鸦片，在中国有"民族英雄"之誉。[3] 严关：森严、险峻。百尺：城楼实高27米。百尺，极言其高。界天西：指嘉峪关是通向西域的天界。[4] 万里征人：作者自指。作者历任湖广总督等职，因禁烟被充军到新疆途中，故称。[5] 飞阁：指关上的楼阁。秦：秦川，泛指陕西、甘肃秦岭以北平原地带。[6] 缭垣：指盘绕在山上的长城。陇：甘肃古称陇。[7] 摩肩立：并肩耸立。[8] 瀚海：指戈壁大沙漠。[9] 崤（xiáo）：即函谷关，在河南省灵宝市西南，关处谷中，地势险要，有一颗泥丸可封锁函谷关之称。[10] 一丸泥：指函谷关，活用"一泥丸"典故，反衬嘉峪关雄伟。

[赏析] 晚清卓越的政治家、抗英民族英雄林则徐，在被革职"谪戍伊犁"的万里旅途中，抵达嘉峪关。他立马关前，放眼河山，纵览千古，感慨万端，于是挥笔写下了《出嘉峪关感赋》四首，抒发了自己深沉的爱国主义情感。这是其中的第一首。这是一曲充满激情的嘉峪关的赞歌。首联采用近看的角度，总写了嘉峪关的雄姿及其所处的战略位置，交代了自己到此停驻的原因。颔联采用远望的视角，突出雄关之高；颈联还是远望，极写雄关之险；尾联运用俯瞰的角度，照应开头，概括全诗。在诗中，作者运用衬托、夸张、对比等修辞手法，从不同的角度，层层深入地展现了威严险固、形胜雄奇的嘉峪关壮丽画卷。全诗语言平易，不务新奇，质朴淳厚，大气磅礴，反复吟诵，令人油然而生热爱嘉峪关、热爱祖国河山之情。

30. 苏幕遮·青海湖[1]　乐时鸣[2]

水连天，云接地。一色湛蓝染透湖中水，隐隐峰峦云水际。芳草黄沙，寂寞晴光里。

雁鸥来，繁子嗣[3]。万里翱翔总是家乡美。懒散鸬鹚礁上醉[4]。鸟语人喧，都道江山瑞[5]。

[注释] [1] 苏幕遮：词牌名。青海湖：位于青海省西宁市西，海拔3195米，三面环山，是我国最大的内陆咸水湖。湖中有著名的鸟岛，仅0.11平方公里，每年春季有十多万只候鸟来此栖息，景象神奇壮观。[2] 乐时鸣：

见《乐山大佛》注释［2］。［3］繁子嗣：青海湖最著名的蛋岛（又名鸟岛），候鸟在鸟岛产蛋繁殖，遍地是雁鸥产的蛋，繁衍后代，故称。［4］鸬鹚：水鸟，俗名鱼鹰。［5］瑞：祥瑞。

［简析］这是一首赞美青海湖美丽、富饶、生机勃勃的词。词的上阕写湖水和湖边的空阔，下阕写候鸟的乐园鸟岛。全词用简明、欢快的语言，描绘了青海湖最有特色的风光：水湛蓝、鸟满地，令人神往，萌生游兴。

31. 瑶池[1]　李商隐[2]

瑶池阿母绮窗开[3]，黄竹歌声动地哀[4]。
八骏日行三万里[5]，穆王何事不重来？

［注释］［1］瑶池：今称天池，位于新疆维吾尔自治区阜康市天山第二主峰博格达峰的山坳里，海拔1900多米，面积为4.9平方公里，古称瑶池，是古代神话中西王母的居处。［2］李商隐（813~858年）：晚唐著名诗人。［3］瑶池阿母：指西王母。据《穆天子传》载，西周国王周穆王曾周游天下，在他西游昆仑山时，西王母在瑶池设宴招待他，并约其三年后再见。“绮窗开”，指西王母急切盼望周穆王再度来临。［4］黄竹歌：据《穆天子传》载：周穆王南游时，在黄竹（今河南嵩山西）路上，曾作《黄竹歌》诗三章，哀伤冻死的人。［5］八骏：传说周穆王有八匹骏马，可日行三万里。《列子》《穆天子传》等记载不一。

［赏析］《瑶池》是一首讽刺求仙虚妄的七绝。晚唐好几个皇帝迷信神仙之道，妄求长生，服食丹药，以致中毒而死。这首诗便是巧妙地借助周穆王西游遇仙人西王母并约定再见面，而周穆王却没有来（已死）的神话故事，讥刺皇帝求仙的虚妄。诗的首句写的是仙境的绮丽风光，次句写人间的凄楚情景，从而形成强烈的对比。这个对比包含有两层深刻的含义：一是隐喻作歌之人已死，唯其歌声徒留人间，仙境虽美，怎奈无缘得去，暗含着对求仙的讽刺；二是用《黄竹歌》诗意，暗示人民在挨饿受冻，而统治者却在追求长生不死，希图永远享受，寄寓着对统治者求仙的斥责。诗的末两句是写西王母不见穆王而产生的心理活动：穆王所乘的八骏飞驰神速，一天能行三万里，如果要来，易如反掌，可是他为什么还没有如约前来呢？西王母盛

情邀请穆王重来，穆王曾许诺重来，而且来也方便，乘上八骏瞬间就到，可是穆王却终究没有来，不言穆王已死而其死自明。然而，西王母却仍在开窗眺望殷切守候。这就表明西王母希望周穆王不死，可是这个希望终于落空了。即便如仙人西王母，也不能挽救周穆王于一死，那么人间那些所谓的长生不老之术则更是靠不住。讽刺之意不言而喻。讽刺求仙，本来是颇费议论的主题，但此诗却不着一字议论。作者的用意，完全融化在西王母的动作和心理活动中，以具体生动的形象来表达，构思极为巧妙。因此，诗的讽刺虽然犀利尖刻，但表现方式却委婉曲折，含蓄蕴藉。

第四节　旅游名联选读

对联已成为中国旅游景区的独特文化景观，许多精品楹联为旅游景区增色不少。导游带团一进入景区便会看到许多精妙的对联，如果不能对游客讲解这些对联，就算不上一个称职的导游；如果能把对联讲解得头头是道，一定会为导游服务工作加分。所以，学习一些著名景区的对联，对于导游来说非常必要。本节精选了25副对联供大家欣赏。

01. 题太和殿[1]　佚名

龙德正中天，四海雍熙符广运[2]；

凤城回北斗，万邦和谐颂平章[3]。

［注释］［1］太和殿：俗称“金銮殿”。“太和”的意思是，宇宙间的一切关系都可以得到协调。故宫有太和殿、保和殿、中和殿三大殿，皆位于紫禁城南北主轴线的显要位置。太和殿是专置皇帝宝座的宫殿，也是皇帝举行重大典礼的地方。［2］龙德：皇帝自称真龙天子。龙德是对皇帝的颂词。雍熙：雍，和谐；熙，光明。和谐光明，吉祥用语。广运：指土地面积长宽，“东西为广，南北为运”，即广阔的大地。［3］凤城：相传秦穆公之女弄玉，吹箫引凤，凤凰降落京城，后称京都为凤城。回北斗：北斗星回旋。古人认为一年四季是北斗回旋的结果。后用北斗回旋含指挥天下之意。平（pián）

章：指和平与章明。

[赏析] 在封建社会，皇权至上，一言九鼎，而太和殿正是皇帝充分行使皇权的地方。因此，此联对皇帝极尽称颂之词。上联称颂皇帝因为具有极高的美德，因此四海承平又安乐；下联顺承上联之意，因为皇帝有德，所以年复一年天下仍然非常太平。

02. 题天安门广场人民英雄纪念碑联[1] 陈谦

聚五千年浩气，凝四亿众深情[2]，化万仞泰山，而成烈魄；

超八百里湖光，挟七二峰岳色，壮微躯秭米，来仰丰碑[3]。

[注释] [1] 人民英雄纪念碑：位于北京天安门广场中心，天安门南约463米、正阳门北约440米的南北中轴线上。它庄严宏伟的雄姿，具有中国独特的民族风格。1949年9月30日，中国人民政治协商会议第一届全体会议决定，为了纪念在人民解放战争和人民革命中牺牲的人民英雄，在首都北京建立人民英雄纪念碑。毛泽东主席为纪念碑奠基。1952年8月动工，1958年4月落成。碑通高37.94米。碑座四面镶嵌8块汉白玉浮雕，碑身正面（北面）镌刻毛泽东题写的“人民英雄永垂不朽”8个镏金大字，背面碑文是毛泽东起草，周恩来书写的150字碑文。[2] 四亿：为中华人民共和国成立初期人口数据。此为概数。[3] 秭米：数目：古代十万为亿，十亿为兆，十兆为京，十京为垓，十垓为秭。

[赏析] 人民英雄纪念碑是为了纪念在人民解放战争和人民革命中牺牲的人民英雄而建造的纪念碑。碑体雄伟壮观，庄严肃穆，表达了中国人民对死难先烈最崇高的敬意与深切的缅怀之情。人民英雄为人民而死重于泰山，丰功伟绩永垂不朽。对联既写出了纪念碑的雄姿，也表达了全国人民对英雄们的永远怀念和无比敬仰的思想感情。

03. 长城山海关联[1] 佚名

两京锁钥无双地[2]；

万里长城第一关[3]。

［注释］［1］山海关：位于秦皇岛市东北，扼东北、华北要冲，是明万里长城东部起点的第一座重要关隘，始建于明洪武十四年（1381年），依山傍海，雄关锁隘，素有“万里长城第一关”之称。在明长城沿线上千座大大小小的险关要隘中，山海、居庸、嘉峪三关名冠古今，而这三大名关之中，山海关又雄踞其首，因此称为“天下第一关”。其军事重镇之地位，在长城各关口中绝无仅有。［2］两京：指北京和沈阳。清入关前曾在沈阳建都称盛京。［3］第一关：山海关东城门上有“天下第一关”的巨匾。

［赏析］这副对联是称颂山海关的名联。联语表现了山海关独一无二的气势与险要。上联说山海关地理位置险要，是扼北京与沈阳两地的咽喉处，故称“两京锁钥”。下联说山海关是万里长城的东部起点，且是所有关隘中最重要的关隘。联语简洁、生动，形象鲜明。

04. 应县木塔联[1]　佚名

俯瞩桑干[2]，滚滚波涛萦似带；

遥临恒岳[3]，苍苍岫嶂屹如屏[4]。

［注释］［1］应县木塔：位于山西省朔州市应县城西北佛官寺内，建于辽清宁二年（1056年），金明昌六年（1195年）增修完毕，是中国现存最高最古的一座木构塔式建筑，为全国重点文物保护单位，国家4A级旅游景区，与意大利比萨斜塔、巴黎埃菲尔铁塔并称“世界三大奇塔”。［2］桑干：即桑干河，《应县志》载：在应县城西20里，其源出自马邑县北洪涛山下。《水经》云：由马邑之南东流过应州。北通保安州，两河东流会卢沟河入海。［3］恒岳：即北岳恒山，又名玄岳、紫岳，位于山西省浑源县，主峰海拔2016.1米。［4］岫（xiù）嶂：岫，有洞穴的山。嶂，屹立如屏峰的山。

［赏析］应县木塔在晋北广袤的大地上巍然耸立，史称“玲珑峻碧倚苍穹，海宇浮图第一工”，其结构具有盘旋迂曲的参差之妙。登塔观览，可遥望大漠，俯瞰雁门，则长河大海之涯，恒山泰岳之巅，尽收眼底。联语开头用一“俯”一“遥”，将木塔之巍峨壮观，登塔之视野开阔尽情概括。接着取眼前景为喻，说桑干河似带，恒山如屏，自然贴切。

05. 昭君墓联[1] 王锦

青冢有情犹识路[2]；

平沙无处可招魂[3]。

［注释］［1］昭君墓：蒙语称“特木尔乌儿虎”，意为“铁垒”，文献记载亦称青冢，位于内蒙古呼和浩特市南大黑河南岸平原上，墓表为人工夯筑的封土堆，高达33米，墓前有平台及阶梯，墓前、墓顶各建有亭。远望墓表呈青黛色，历代相传称为青冢。王昭君，名嫱，字昭君，西汉时南郡秭归人（今湖北省兴山县），为中国古代四大美女之一。公元前37年，王昭君被选入后宫，为汉元帝待诏。公元前33年，在汉匈两族人民迫切要求民族和平的形势下，王昭君自愿请行出嫁匈奴，做了单于的阏氏。昭君在匈奴的几十年，结束了长期以来汉同匈奴之间的战争局面，起到安定边疆，增进民族团结的进步作用，王昭君得到各族人民的爱戴。［2］青冢：即昭君墓。［3］招魂：召唤死者的灵魂。古人迷信，认为对死者的衣物北面三呼，即可召回死者的灵魂。无处可招魂：魂不归，留在此。

［赏析］“昭君出塞”已成为千百年来诗词咏唱的主题之一。此联以极其简约的文字歌颂了昭君远嫁匈奴和亲的壮举，寄托了中华儿女千百年来民族和好的愿望。王昭君已远逝，魂魄已长留在那茫茫的大漠再也回不来了，只有眼前的青冢依然清晰可辨，寄托着人们无尽的缅怀之情。联语言简意赅，情深意浓，以情感人，振人心扉，发人深省。

06. 吉林北山玉皇阁联[1] 成多禄

绝妙朋游[2]，有明月一杯，好山四座；

是何意态[3]，看大江东去，秋色西来。

［注释］［1］北山：位于吉林市西北，有清代修建的玉皇阁、药王庙、坎离宫和关帝庙等建筑。玉皇阁规模最大，建于清雍正三年（1725年），牌楼上有“天下第一江山”匾额。［2］朋游：旧游。［3］意态：神情姿态。

［赏析］此联写玉皇阁上，与至交故友品茶饮酒，赏景赏月，神态自若，心情怡然的情景。联语自然清新，所写之景清幽宜人，令人向往。

07. 镜泊湖望湖亭联[1] 佚名

听飞瀑雄声，声声震耳；

挹众山彩色[2]，色色娱人。

［注释］［1］镜泊湖：古称忽汗海、湄沱湖、毕而腾湖，位于黑龙江省宁安市的牡丹江上游，是中国最大高山湖。湖水深碧，湖区有吊水楼瀑布，大、小孤山，城墙砬子，珍珠门等八景，是著名的旅游避暑和疗养胜地，也是世界地质公园。［2］挹（yì）：会集。“挹”同“揖”。

［简析］联语简洁传神，寥寥数语，便写出了在望湖亭上伫立，可以听到震耳欲聋的飞泉流瀑之声，还可以欣赏到色彩斑斓的美丽山色。写得有声有色，令人神清目爽，怡然自乐。

08. 豫园三穗堂联[1] 陶澍[2]

此即濠间[3]，非我非鱼皆乐境[4]；

恰来海上[5]，在山在水有遗音[6]。

［注释］［1］豫园：位于上海市中心的黄浦区，是明朝的私家花园，建于1559年，是江南园林中的一颗明珠，充分展现了中国古典园林的建筑与设计风格。如今，它已经成为到上海观光的国内外游客常去的游览胜地。园内有江南三大名石之一的玉玲珑、1853年小刀会起义的指挥所点春堂、园侧有城隍庙及商店街等游览景点。三穗堂：高大宽敞，位于现在豫园门口，清乾隆二十五年（1760年）建在原明乐寿堂旧址上，清初曾被征为上海县衙办公之地，改建西园时重筑为三穗堂，其意“禾生三穗，乃丰收之征兆”。［2］陶澍：字云汀，湖南安化县小淹镇人，清代经世派主要代表人物。［3］濠间：濠水之滨。濠水在安徽凤阳县内。此处为借用，指园中之水。［4］非我非鱼：《庄子·秋水》：“庄子与惠子游于濠梁之上。庄子曰：‘鲦（tiáo）鱼出游从容，是鱼之乐也。’惠子曰：‘子非鱼，安知鱼之乐？’庄子曰：‘子非我，安知我不知鱼之乐？’”后以此比喻别有慧心、自得其乐的境界。［5］海上：即喻指上海豫园。［6］在山在水：《列子·汤问》：“伯牙鼓琴，志在高山。钟子期曰：‘善哉，峨峨兮若泰山！’

志在流水。钟子期曰：‘善哉，洋洋兮若江河！’”后以“高山流水”称知音或知己。

［赏析］本联巧妙地运用了两个著名的典故来描述豫园之美。上联典出《庄子·秋水》中庄子与惠子的濠梁之辩，下联用《列子·汤问》中伯牙与钟子期的故事。联语虽然没有直接描绘园中的亭台水榭、玲珑剔透的假山以及拱桥曲池，但联语所述的“乐境”“遗音”，依然令人神往。

09. 拙政园梧竹幽居亭联[1] 赵之谦

爽借清风明借月[2]；

动观流水静观山[3]。

［注释］［1］拙政园：位于江苏省苏州市，与沧浪亭、狮子林、留园被称为苏州四大名园。拙政园原为唐诗人陆龟蒙的住宅，元为大宏寺，明御史王献臣因寺遗址建别墅，以晋代潘岳《闲居赋》中“拙者之为政也”——题名为拙政园。清乾隆时改名为复园。此园以江南水乡风光为特色，树茂池广，厅榭精雅，为我国园林艺术的杰作，堪称苏州园林之冠。［2］爽：清爽。此处是舒畅之意。［3］动观、静观：内含古人对山水的感悟。孔子《论语·雍也》：“智者乐水，仁者乐山。智者动，仁者静，智者乐，仁者寿。”观水有“逝者如斯夫”之感，观山有“高山仰止”之叹。

［赏析］联语重复运用“借”与“观”，写出了拙政园的清幽与美丽，可以静静地观山赏水，自得其乐。联语对仗工整，语言浅显易懂，特别是重复词语运用得很巧妙，使内容表述非常到位。

10. 西湖三潭印月联 程云俶

天赐湖上名园，绿野初开，十亩荷花三径竹[1]；

人在瀛洲仙境[2]，红尘不到[3]，四围潭水一房山[4]。

［注释］［1］三径：古时指归隐的田园。［2］瀛洲：传说中的海上仙山。［3］红尘：佛、道等称人世为红尘。［4］房山：指山墙，这里借代为书房或僧舍。

［赏析］上联写景：犹如上天所赐的湖上名园，轩边盛开的荷花，花艳香郁，一望无际，使人心醉，条条幽径两旁有翠竹掩映，开轩远望，只觉绿野上有绿云涌动。下联抒情，写作者的感受：此处超凡脱俗，一尘不染，仿佛人间仙境一般，四周都是清澈的潭水，岛上的建筑物倒映在静静的潭水之中。

11. 温州江心屿江心寺联　王十朋[1]

云朝朝朝朝朝朝朝散[2]；

潮长长长长长长长消[3]。

［注释］［1］王十朋（1112~1171年），字龟龄，号梅溪，温州乐清人。1157年进士第一。曾任国史院编修等职，以龙图阁学士致仕，于宋金对峙之时力主抗敌，颇负时誉，卒谥忠文。工诗文，有《梅溪集》。［2］朝：为多音字，读“zhāo”时意为早晨；读“cháo”时，有原意为朝拜，此引申为聚拢。［3］长，为多音字，读“zhǎng”时同“涨”，意为涨潮；读“cháng”时意为长时间、经常。

［赏析］此联应这样念：“yún, zhāo cháo, zhāo zhāo cháo, zhāo cháo zhāo sàn；cháo, cháng zhǎng, cháng cháng zhǎng, cháng zhǎng cháng xiāo。”它利用汉字一字多音、一字多义的特点，叠音叠义，描绘了潮涨潮落、云聚云消的自然景象，显示了自然界变幻多姿的景色。联语寓意深刻，读后令人深思，耐人寻味。

12. 西递古民居联[1]　佚名

读书好营商好效好便好[2]；

创业难守成难知难不难[3]。

［注释］［1］西递：安徽省南部黟县的一个村庄。2000年11月30日在澳大利亚凯恩斯召开的联合国教科文组织第24届世界遗产委员会会议上被列入世界文化遗产名录。［2］效：即仿效。便：这里用作副词，作“就”解。［3］守成：在事业上保持前人的成就。

［赏析］此联悬挂在黟县西递村“笃敬堂”古民居客厅两边木柱上，是

徽州古民居楹联中最具徽州地域特色的名联。联语通俗易懂，上联意为：无论是读书还是经商，都是值得效仿的，效仿得好便是成功。下联意为：开创事业不容易，保持前人的成就也不容易，但只要充分认识到这种难度，这些就不再成为难事了。这副对联在当时“重农抑商”的社会环境中，旗帜鲜明地将“营商”与当时社会最看重的“读书”相提并论，难能可贵。

13. 郑成功纪念馆联[1]　郭沫若[2]

开辟荆榛[3]，千秋功业[4]；

驱除荷虏[5]，一代英雄[6]。

［**注释**］［1］郑成功纪念馆：位于福建厦门市鼓浪屿日光岩北麓。日光岩是郑成功屯兵之处。为纪念郑成功收复台湾300周年，于1962年2月建此纪念馆，郭沫若撰书本联。［2］郭沫若（1892~1978年）：四川省乐山市人，毕业于日本九州帝国大学，现代文学家、历史学家、新诗奠基人之一。［3］开辟荆榛（zhēn）：指开发台湾，因为在郑成功到达台湾之前，台湾的经济状况较为原始落后；郑成功治理台湾时期，大力发展农业和对外贸易。［4］千秋功业：指贡献巨大，恩泽惠及后代，且时间很长。［5］驱除荷虏：指打败了荷兰殖民者，荷兰占据台湾38年，郑家军一举收复。“荷虏”是对荷兰殖民者的蔑称。［6］一代英雄：“英雄”在此指无私忘我，不辞艰险，为人民利益而英勇奋斗，令人敬佩的人。“一代英雄”即指影响一个时代、名扬后世的英雄。

［**赏析**］　此联高度赞颂了民族英雄郑成功驱逐荷兰殖民主义者，收复祖国宝岛台湾的伟大功绩。联语对仗工稳、平仄合律，抑扬顿挫、朗朗上口。

14. 孔府大门联[1]　纪昀[2]

与国咸休，安富尊荣公府第[3]；

同天亦老，文章道德圣人家[4]。

［**注释**］［1］孔府：是俗称，全称衍圣公府，位于曲阜城内孔庙东侧，是我国现在唯一较完整的明代公爵府。衍圣公为孔子嫡裔子孙世袭爵位，其

职责为管理孔子的祀事及孔氏的族务。孔府的现有规模形成于明弘治十六年（1503年）。清光绪十一年（1885年）一场大火把孔府的内宅一扫而光，因此留下的明代原物主要是内宅以外的部分建筑物，即大门、仪门、大堂、二堂、三堂、两厢、前上房、内宅门及东路报本堂等。其余均为清代重建或增建。孔府大门上悬“圣府”大匾，两旁明柱上挂此对联。［2］纪昀（1724~1805年）：字晓岚，直隶献县（今河北省沧州市）人，清代政治家、文学家，乾隆年间官员。历官左都御史，兵部、礼部尚书，协办大学士加太子太保，管国子监事，曾任《四库全书》总纂修官。［3］与国咸休：指孔府与国家同享吉庆。咸：皆、都。休：善美、喜庆。府第：宅第，旧时官宦人家的住宅，或尊称别人的住宅，此处指“衍圣公府”。［4］文章：包含礼乐法度等。

［赏析］ 此联是赞颂孔府及孔氏家族的。上联称赞了孔府的神圣地位，与国家同享吉庆；下联歌颂孔氏家族的品德修养源远流长且长盛不衰。

15. 岳麓山爱晚亭联[1]　佚名

山径晚红舒，五百夭桃新种得[2]；

峡云深翠点，一双驯鹤待笼来[3]。

［注释］［1］岳麓山：又名麓山，位于湖南省长沙市湘江西岸，为南岳衡山七十二峰之一。旧志称其为南岳之足，故名岳麓。南北朝刘宋时《南岳记》亦云：“南岳周围八百里，回雁为首，岳麓为足。”有岳麓书院、爱晚亭、麓山寺、禹王碑等著名景观。此联题刻在亭前石柱上。［2］红舒：指枫叶泛红。夭桃：形容茂盛而艳丽的桃树。《诗·周南·桃夭》：“桃之夭夭，灼灼其华。”此处喻深秋艳红的枫叶。［3］驯鹤：温顺之鹤。此处喻亭前的双峰，有“白鹤双归”的传说。

［赏析］ 此联上联大意为：亭旁的山径上，深秋的枫叶红得犹如遍野灼灼其华的夭桃，真是霜叶红如二月桃花；下联大意为：亭旁云遮雾绕的山峰宛如温顺的等待入笼的白鹤。此联运用比喻的手法，生动形象地描绘出爱晚亭在深秋时节的美丽景象，清幽之中蕴藏着无限生机，恬淡的画面中充溢着绚丽的色彩。上下联语中或明或暗地牢牢扣住一“晚”字，与亭名相谐相符。

16. 广州镇海楼联[1] 彭玉麟[2]

几千劫危楼尚存[3]。问谁摘斗摩霄[4]，目空今古？

五百载故侯安在[5]？只我凭栏看剑[6]，泪洒英雄。

［注释］［1］镇海楼：位于广州越秀山顶。原名望海楼，俗称五层楼。建于明洪武十三年（1380年），楼名寓雄镇海疆之意。登楼眺望，广州市景物历历在目。为清代羊城八景之一，现为广州市博物馆。［2］彭玉麟（1816~1890年）：字雪琴，出生于安徽省安庆府（今安庆市内）。清朝著名政治家、军事家、书画家，人称雪帅。与曾国藩、左宗棠并称大清三杰，与曾国藩、左宗棠、胡林翼并称中兴四大名臣，湘军水师创建者、中国近代海军奠基人。［3］几千劫：指镇海楼多次遭到兵、火劫难。危楼：高楼。此指镇海楼。李白《夜宿山寺》："危楼高百丈，上可摘星辰。"［4］摘斗摩霄：触摸青天，摘取星斗。比喻古往英雄气概。［5］五百载：即明代朱亮祖，因有战功，被明太祖朱元璋封为永嘉侯，主持修建了镇海楼。［6］凭栏看剑：化用宋词人辛弃疾《水龙吟·登建康赏心亭》词意："江南游子，把吴钩看了，栏干拍遍，无人会，登临意。"

［赏析］ 此联吊古抒怀，上联描绘镇海楼雄镇海疆的雄伟气势，下联抒发对建楼的永嘉侯的缅怀及对古往今来为保卫海疆而献身的英雄的崇敬之情。联语情真意切，悲壮激昂，震撼人心。

17. 桂林独秀峰联[1] 廖鸿熙

撑天凌日月；

插地震山河。

［注释］［1］桂林独秀峰：位于桂林市中心古王城内。孤峭独立，雄伟秀丽。半山悬崖上，刻有"南天一柱"，气势非凡，是游览桂林必到之处。

［赏析］ 独秀峰在桂林市诸山中并非突兀高峻者，此联以极其夸张的手法，仅用10个字，就摹写出独秀峰"撑天""插地"，气壮山河之势，实在是运笔惊人又精彩。

18. 海角天涯胜迹联[1] 李求真

万里晴空，几片闲云浮海角；

一弯碧水，八方游子恋天涯。

［注释］［1］海角天涯：亦称“天涯海角”，原名下马岭，位于海南省三亚市的海滨。古代为蛮荒僻远之地，现在是蓝天、珠海、金沙滩，海南著名的旅游胜地。

［赏析］天涯海角现代语义也有僻远之意，但作为海南岛的一处旅游名胜，则是旅游者喜爱并向往的地方。联语巧妙地将“天涯”“海角”嵌入上下联尾，可谓匠心独运，既点明了天涯海角蓝天碧水的优越环境，也道出了它现在是八方游子来了就不想离开的地方。

19. 白帝城联[1] 佚名

风景占城头，喜爽气西来，万山远挹岷峨秀[2]；

烟峦环峡口，望大江东去，十里频回滟滪堆[3]。

［注释］［1］白帝城：位于长江三峡瞿塘峡口，因地势险要，易守难攻，为历代兵家必争之地。白帝城历史文化悠久，自古以来，无数文人墨客如李白、杜甫、刘禹锡、白居易、苏轼、陆游、范成大、王十朋、王士祯等都曾寓居于此，在这里留下大量华章和无数诗篇，因此享有“诗城”之美誉。［2］爽气：凉爽之气。宋陆游《水亭独酌十二韵》：“清风扫郁蒸，爽气生户牖。”岷峨：指岷山和峨眉山。［3］滟滪堆：亦作“滟滪滩”，俗名“燕窝石”，为长江江心突起的巨石，位于瞿塘峡口。旧时为长江三峡著名的险滩，中华人民共和国成立后已清除。

［赏析］唐李白《早发白帝城》：“朝辞白帝彩云间，千里江陵一日还。”即此白帝城。白帝城里有刘备托孤堂、武侯祠、观星亭等景观。当今白帝城已成为江上岛城，风光无限美好。此联主要讲白帝城西挹岷峨之秀，东临瞿塘峡滟滪堆之险，是个风景秀丽、地位险要的地方。

20. 成都武侯祠联[1]　赵藩[2]

能攻心则反侧自消[3]，从古知兵非好战[4]；

不审势即宽严皆误[5]，后来治蜀要深思。

［注释］［1］武侯祠：位于成都市南郊。原在成都少城内，明初并入蜀先主刘备昭烈庙，故大门额书“汉昭烈庙”。清康熙十一年（1672 年）重建。其殿内外楹联甚多，本联为最著名者。［2］赵藩（1851~1927 年）：字樾村，一字介庵，云南剑川县人。清光绪二十八年（1902 年）冬十一月上旬，时任四川盐茶使的赵藩游览武侯祠，追思诸葛亮治军理政成绩，并联想新任四川总督岑春煊备用武力镇压民众的情况，遂书写此联。［3］攻心：使对方心服之术。《三国志·蜀书·马良传》注引《襄阳记》云：“夫用兵之道，攻心为上，攻城为下。心战为上，兵战为下。”此处指以德克敌制胜。反侧：辗转反侧，睡不安宁。［4］知兵非好战：即熟知兵法并非好战。《孙子·谋攻》云：“善用兵者，屈人之兵，而非战也。”［5］审势：审时度势。宽严：指政策宽大与严厉。

［赏析］ 此联为成都武侯祠诸葛亮殿正中的楹联，向来被推为武侯祠诸联之冠，并受到毛泽东等领导人的高度赞赏。联语旨在称颂诸葛亮善用攻心与审时度势的策略克敌制胜的文韬武略。上联言诸葛亮的军事成就，而其主要特点是“攻心”。下联言诸葛亮的“治蜀”，而其特点是“审势”。赵藩认为诸葛亮在用兵上的“攻心”与“治蜀”上的“审势”皆为后人做出了榜样，事实也正是如此。因此，联语思想精深，艺术完美，能给后人以启迪。

21. 题九寨沟联[1]　侯正荣

九寨水清鱼读月，

黄龙山静鸟谈天[2]。

［注释］［1］九寨沟：隶属于四川省阿坝藏族羌族自治州，因有 9 个藏族村寨而得名。九寨沟海拔在 2000 米以上，是岷山山脉一条纵深 40 余公里的山沟谷地。山间遍布茂密的原始森林，河谷大小湖泊 108 处，湖水碧蓝、清澈如镜，有“九寨归来不看水”之美誉。九寨沟为国家重点风景名胜区，

已列入世界自然遗产名录。[2] 黄龙：位于四川省松潘县黄龙乡。有纪念夏禹治水的黄龙寺。为国家重点风景名胜区，已列入世界自然遗产名录。

[赏析] 黄龙与九寨沟皆为国家重点风景名胜区。此联上联“鱼读月”写九寨沟水之清澈如镜，下联以“鸟谈天”反衬黄龙山之静谧清幽。联语运用拟人手法，生动逼真地再现了九寨沟、黄龙山景色的清、静、美，读后非常耐人寻味。

22. 蝴蝶泉联[1]　彭祐

蝴蝶舞翩跹，为万紫千红飞去飞来，前生疑是庄周化[2]；

青山留胜迹，有层峦叠嶂宜晴宜雨，此地重吟道韫诗[3]。

[注释] [1] 蝴蝶泉：坐落在苍山云弄峰麓的神摩山下，以泉、树、蝶为主要景观，是著名的游览胜地。“泉，漱根而出，汇集成潭，清冽可鉴；树，曰合欢树，倚崖伏立，盘曲泉上；蝶，五色焕然，连须钩足，倒悬泉面。”明代著名的旅行家徐霞客曾驻足记游。蝴蝶泉有不少民间传说，每年农历四月，合欢树清香阵阵，引来彩蝶纷飞，尤以四月十五日“蝴蝶会”最盛。现辟为公园，建有蝴蝶博物馆。[2] 翩跹（piān xiān）：飘逸飞翔的样子。庄周《庄子·齐物论》：“昔者庄周梦为蝴蝶，栩栩然蝴蝶也；自喻适志与，不知周也；俄然觉，则蘧蘧然周也。”即庄周做梦变成了蝴蝶。[3] 道韫诗：指东晋诗人谢道韫的诗。谢道韫是谢安的侄女。据《世说新语》记载：谢安在一个雪天和子侄们讨论可用何物比喻飞雪。谢安的侄子谢朗说道“撒盐空中差可拟”，谢道韫则说“未若柳絮因风起”，因其比喻精妙而受到众人的称许。也因为这个著名的故事，她与汉代的班昭、蔡琰等人成为中国古代才女的代表人物，而“咏絮之才”也成为后来人称许有文才的女性的常用词语，这段事迹亦为《三字经》“蔡文姬，能辨琴。谢道韫，能咏吟”所提及。

[赏析] 此联上联由在万紫千红香气扑鼻的花丛中飘逸飞舞的蝴蝶联想到庄周化蝶的故事，下联则由眼前的山水风景联想到东晋诗人谢道韫的咏絮诗。联语在构思上善于联想，将蝴蝶泉之神韵魅力，刻画渲染得淋漓尽致，十分令人叹服。

23. 题黄帝陵联[1] 姜园宪

自轩辕创业[2]，上下五千年，古国文明光广宇；

看松柏凌霄，纵横十万里，全球赤子仰黄陵[3]。

［注释］［1］黄帝陵：位于陕西省黄陵县城北的桥山上。［2］轩辕：轩辕黄帝。［3］赤子：古代指百姓。

［赏析］ 此联用语非常浅显，明白如话，而含意却很深远，上联讴歌了中华祖先轩辕黄帝艰苦创业，从而有了上下5000年历史的文明国度；下联表达了全球赤子缅怀先祖的爱国情思。如今，祭黄帝陵已成为海内外炎黄子孙的一项神圣大事，也是当地旅游业的一件盛事。

24. 玉门关联[1] 佚名

无边晴雪天山出[2]，

不断风云地极来[3]。

［注释］［1］玉门关：汉长城的重要关隘，在甘肃省敦煌市西北90公里的汉长城线上，是丝绸之路北路必经的关隘。相传和田玉经这里输入中原，故名。［2］天山：指祁连山。［3］地极：地之尽头。

［赏析］ 玉门关是西北边塞，塞外是一片茫茫瀚海，荒凉无比。唐诗人王之涣《凉州词》中有“羌笛何须怨杨柳，春风不度玉门关”诗句可以为证。此联并未写玉门关的荒无人烟，而是以开阔的眼界，抓住边塞特有的“晴雪天山”与“风云地极”的特点来写边塞的雄伟与壮观，构思非常巧妙。

25. 六盘山萧关城楼联[1] 佚名

峰高华岳三千丈[2]；

险据秦关百二重[3]。

［注释］［1］六盘山：是中国最年轻的山脉之一。有广义和狭义之分，广义上的六盘山在宁夏回族自治区西南部、甘肃省东部。南段称陇山，南延至陕西省西端宝鸡以北。横贯陕、甘、宁三省区，既是关中平原的天然

屏障，又是北方重要的分水岭，黄河水系的泾河、清水河、葫芦河均发源于此。狭义上的六盘山为六盘山脉的第二高峰，位于固原原州区境内，海拔2928米。六盘山是近南北走向的狭长山地。山脊海拔超过2500米，最高峰米缸山达2942米。其北侧另一高峰亦称六盘山，达2928米，由平凉至静宁的公路312国道经此。山路曲折险狭，须经六重盘道才能到达顶峰，因此得名。山地东坡陡峭，西坡和缓。萧关：古关名，故址在明"九边"重镇之一的固原东南，是古代关中与塞北的交通要冲，古来为兵家必争之地。今关楼已不存。［2］峰：指固原境内的六盘山。华岳：指西岳华山。［3］秦关：即函谷关。在今河南省灵宝市南，战国秦置，是秦的东关。因关在谷中，深险如函而得名。号称天险。刘邦西入咸阳，遣兵守此以拒诸侯军。

［赏析］ 唐诗人王维边塞诗《使至塞上》有："萧关逢候骑，都护在燕然"之诗句，其中就有"萧关"，可见萧关在古代重要的战略地位。联语运用夸张的手法，以华岳、秦关为衬托，以突出萧关地势之高、战略位置之险要。对联对仗工整，且很有气势。

第五节　游记名篇选读

游记是导游文化的重要组成部分，读一点游记精品，对于提升导游的文化素养和讲解水平，无疑会有较大助益。中国游记文学向来发达，不仅分布范围广泛，名家名篇也数不胜数。本节只选择了其中的10篇，有的还是节选。每篇游记主要由原文、注释和赏析三部分构成，意在让读者对一篇游记有一个完整的印象与理解。

01. 说天寿山[1]　龚自珍[2]

由德胜门北行五十五里，曰沙河。沙河有城，出沙河之北门，实维广隰[3]，丰草肥泉。引领东拜，大山临之，是为天寿山。明成祖永乐十年所锡[4]名也。

京师西北诸山皆宗太行山，此山能不与群山势相属，有明尊且秩[5]焉。自永乐至天启，十有二帝葬焉，谓之十二陵，独景泰帝无陵。崇祯十五年，妃田氏死，葬其西麓。十七年，帝及周后死社稷，昌平民发田妃之墓以葬帝、后，因曰十三陵矣。

山多文杏，春正月而华。山势尊，故木之华也先；山气厚，故木之华也怒。山深，故春甚寒。深且固，故虽寒而不冽。其石其鹿[6]，皆绝大。山之理如大斧劈，山之色黝以文[7]。山之东支有汤山焉。其泉曰汤泉焉。山之首尾八十里。

［注释］［1］天寿山，位于昌平区北部，原来叫黄土山。后来因为明朝皇帝及后妃陵寝选在昌平黄土山，黄土山因此改名为天寿山。［2］龚自珍（1791~1841年），字瑟（sè）人，号定庵（ān），后更名易简，字伯定；又更名巩祚，号定庵，汉族，仁和（今浙江杭州）人。近代思想家、文学家及改良主义的先驱者。［3］实维广隰（xí）：实际上是广大的低湿地。［4］锡：赐给。［5］有明尊且秩：从明代尊奉而封山以品级。［6］其石其鹿："鹿"为"麟"之误。石兽、麒麟。［7］黝（yǒu）以文：黝黑色的纹理。

［赏析］《说天寿山》选自《龚自珍全集》，是一篇文字简洁，意蕴深长的游记小品，主要说明了天寿山明十三陵的概况。全文仅230个字，以"说"为主要表达方式，先说天寿山的位置、环境，次说十三陵落葬情况，以及十三陵之称的由来，最后用排比句式描写天寿山的景物。有条不紊，真实生动，惜墨如金，一气呵成。文意简洁精练，内容优美奇诡，行文纵横畅达，字里行间流露出作者对明朝衰亡的叹息。昌平人民发掘田妃墓以葬崇祯帝之举的记载，可以看出作者对人民节义行为的褒扬。文章结尾，以情写景，文杏"春正月而华"；山势尊，故木之华也先；山气厚，故木之华也怒。势尊气厚，草木争荣，隐约地传达出作者对汉民族血脉永继、繁荣昌盛的信心。

02. 恒山记[1]　乔宇[2]

北岳在浑源州之南，纷缀典籍[3]，《书》著其为舜北巡狩之所[4]，为恒山。《水经》著其高三千九百丈[5]，为元岳[6]。《福地记》著其周围一百三十里[7]，为总元之天[8]。

予家太行白岩之旁[9]，距岳五百余里[10]，心窃慕之，未及登览，怀想者二十余年。至正德间改元[11]，奉天子命，分告于西蕃园陵镇渎[12]，经浑源。去北岳仅十里许，遂南行至麓，其势冯冯煴煴[13]，恣生于天[14]，纵盘于地[15]。其胸荡高云[16]，其巅经赤日[17]。

余载喜载愕[18]，敛色循坡东，迤岭北而上[19]，最多珍花灵草，枝态不类[20]；桃芬李葩，映带左右[21]。山半稍憩，俯深窥高[22]，如缘虚历空[23]。上七里，是为虎风口，其间多横松强柏[24]，状如飞龙怒虬[25]，叶皆四衍蒙蒙然[26]，怪其太茂。从者云[27]，是岳神所宝护[28]，人樵尺寸必有殃[29]。故环山之斧斤不敢至[30]。其上路益险，登顿三里[31]，始至岳顶。颓楹古像[32]，余肃颜再拜[33]。庙之上有飞石窟，两崖壁立，豁然中虚[34]。相传飞于曲阳县[35]，今尚有石突峙[36]，故历代凡升登者，就祠于曲阳[37]，以为亦岳灵所寓也[38]。然岁之春，走千里之民[39]，来焚香于庙下[40]，有祷辄应[41]，赫昭于四方[42]。如此，岂但护松柏然哉！余遂题名于悬崖，笔诗于碑及新庙之斤上[43]。

又数十步许，为聚仙台。台上有石坪，于是振衣绝顶而放览焉[44]。东则渔阳、上谷[45]，西则大同以南奔峰来趋[46]，北尽浑源、云中之景[47]，南目五台隐隐在三百里外[48]，而翠屏、五峰、画锦、封龙诸山皆俯首伏脊于其下[49]，因想有虞君臣会朝之事[50]，不觉怆然[51]。又忆在京都时[52]，尝梦登高山眺远，今灼灼与梦无异[53]，故知兹游非偶然者[54]。

［注释］［1］恒山：在山西东北部浑源县南，为五岳中的北岳。恒山为东北朝西南走向，绵延300余里，主峰玄武峰，海拔2017米。明代以前所称北岳恒山为今河北曲阳北之大茂山，清顺治年间，据星象分野，北岳移祀今恒山。顾炎武《北岳辨》（载《亭林文集》）考证甚详。［2］乔宇（1457~1524年）：字希大，山西乐平（今昔阳县）人，明成化二十年（1484年）登进士第。武宗时，官至南京兵部尚书，因抵制宁王宸濠叛乱有功，加官少傅。世宗即位，为吏部尚书，因参与人事争议，忤旨罢官赋闲。卒谥庄简。有《乔庄简公文集》。［3］纷：多。缀：连缀，不断记载。这句是说，关于北岳恒山，典籍中多有记载（按下文所引《尚书》等所记，多指今大茂山）。［4］“《书》著”句:《尚书舜典》载，虞舜“巡狩至于北岳”。［5］《水经》：我国第一部记述河道水系的专著，旧传为汉代桑钦撰。［6］元岳：即玄岳。《水经》称，“顺山谓之元岳”。［7］《福地记》：指《洞天福地岳渎名山

记》，旧署五代蜀杜光庭撰，为记述神仙灵境的道教书籍。[8] 总元之天：意谓总管北方的天界。“元”即“玄”，古以为北方天帝是黑帝，故恒山称“玄岳”，天界为“玄天”。[9]“予家”句：作者乔宇家乡为乐平（今山西左权县），在太行山西侧。白岩山位于左权东北的山西、河北之间。[10] 岳：指恒山。[11] 正德：明武帝朱厚照的年号，共16年（1506~1521年）。改元：改换年号，这里指1521年4月明武帝去世，明世宗朱厚熜即位，改年号为嘉靖。按制，新帝即位之次年方起用新年号，1521年仍用正德年号，所以说“正德间改元”。[12] 西蕃：指当时甘肃、青海一带的各少数民族。园陵：帝王的墓地。镇渎（dú）：大山大川。这句是说，向西北少数民族和看守园陵的官员、镇守山川的将领通告旧皇帝去世，新皇帝即位及改用新年号的事。[13] 冯冯（píng píng）：盛壮。煴煴（yūn yūn）：微弱。这句是说，山势有高有低，有起有伏。[14] 恣：无拘束地。生于天：从天上生下来。[15] 纵：放纵，自由自在。盘：环绕，盘屈。[16] 其胸：比喻恒山像人挺胸屹立。荡高云：形容空中的云萦绕恒山飘动。[17] 经赤日：为红日所经过，极言其高。[18] 载喜载愕：又喜又惊。[19] 敛色：收起惊喜的表情，表示敬肃。迤（yǐ）：曲折地沿着。[20] 不类：不一样，不相似。[21] 映带：景物互相映衬，彼此关联。[22] 俯深：向下看深处。窥：从深处、隐蔽处看。[23] 缘虚：在虚无的空间攀缘。历空：经历天空。以上二句极写惊险。[24] 横松：松树枝干多横向生长，故云。[25] 虬（qiú）：古代传说中的一种龙。[26] 衍：向四处展延。蒙蒙然：盛多。[27] 从者，随从人员。[28] 岳神：山岳之神。宝护：以为灵宝，加以保护。[29]“人樵”句：谁要是砍松树一尺一寸，必定遭殃。“樵”，打柴，这里指砍松树。[30] 环山：山的周围，指整个山。斧斤：砍木的工具。[31] 登顿：爬爬停停。[32] 楹：厅堂前面的柱子。古像：指古庙中的神像。[33] 肃颜：端正神色，以示恭敬。[34] 豁（huō）然：像是裂开的样子。中虚：中间是空的，缺了一块。[35]“相传”句：相传那缺少的山石飞到曲阳县去了。“曲阳县”，即指大茂山所在的曲阳，今属河北。[36] 突峙：耸立。[37] 就祠：前往祭祀。[38] 岳灵：指北岳之神灵。寓：居住。[39] 走千里之民：谓千里以外的百姓走了很久。[40] 庙下：此指浑源的恒岳庙。[41] 有祷辄应：有求必应。[42] 赫：显耀。昭：光辉。[43] 笔诗：提笔写诗。笔，用作动词。

[44]“于是”句：谓于是在恒山最高峰上抖擞衣裳而放眼四望。[45]渔阳：古郡名，地当今北京以东、天津以北一带。上谷：古郡名，地当今河北张家口至北京昌平一带。[46]奔峰来趋：山峰奔驰而来归附。“趋”，归附。[47]云中：古郡名，地当今内蒙古自治区大青山以南地区。[48]五台：山名，在山西东北部，距恒山100多里。隐隐：隐约，不分明。[49]翠屏：山名，在浑源南。五峰：山名，在浑源东。画锦：山名，在浑源西北。封龙：山名，又名龙山，在浑源东北。俯首伏脊：低头弯腰。这句以周围各山衬托恒山之高。[50]有虞：有虞氏，即虞舜。会朝之事：即指虞舜巡狩北岳，接受北方诸侯的朝见。[51]怆然，伤悲的样子。[52]京都：明代京都在今北京市。[53]灼（zhuó）：鲜明，清清楚楚。[54]兹：这次。

[赏析] 本篇据《古今图书集成山川典》录出。明正德十六年（1521年），因武宗去世，世宗即位，作者因此赴西北宣谕，便顺道游览了恒山。本文即记其事。文章并未着力于恒山风光景物的描摹，而意在寄慨。所以文章开头引证虞舜北巡恒山，以尊北岳，文章结尾处想起“有虞君臣会朝”而怆然，托怀先帝；又说自己对恒山长久窃慕怀想，有志壮游，而以梦兆得现，“知兹游非偶然”作结。这样文章前后照应，便见出作者心绪和本文立意之妙。文章在登山游历的简括记述中，写风景则突出繁荣和雄伟。例如，写山，先从山麓仰望，“其势冯冯煴煴，恣生于天，纵盘于地。其胸荡高云，其巅经赤日”；再从半山俯深窥高，身如缘虚历空；又从山顶放览，东渔阳、上谷，西则大同以南，南五台，北浑源、云中，而翠屏、五峰、画锦、封龙诸山俯首伏脊于其下。着墨不多，而山之高峻、山之形势却历历在目。写感想则强调神灵，而寓意于兴国家，正传统，抚边蕃，有大臣气度，合封建体统，却处处围绕北岳，不离本题。山上可写之物甚众，然作者只对珍花灵草、强松横柏、古像飞石等进行三言两语的描写，如“珍花灵草，枝态不类；桃芳李葩，映带左右”。“其间多横松强柏，状如飞龙怒虬，叶皆四衍蒙蒙然，怪其太茂。”“庙之上有飞石窟，两崖壁立，豁然中虚。”这样既突出了恒山的特色，又使山之秀丽、奇异跃然纸上。文章作为一篇游记，结构严谨，首尾响应，层次井然；景中寓情，情中涵景，寓意深长；讲究章法，用词简洁又典雅。

03. 虎丘记[1]　袁宏道[2]

虎丘去城可七八里，其山无高岩邃壑，独以近城，故箫鼓楼船，无日无之。凡月之夜，花之晨，雪之夕，游人往来，纷错如织，而中秋为尤胜。

每至是日，倾城阖户，连臂而至。衣冠士女，下迨蔀屋[3]，莫不靓妆丽服，重茵累席，置酒交衢间。从千人石上至山门，栉比如鳞，檀板丘积，樽罍云泻[4]，远而望之，如雁落平沙，霞铺江上，雷辊电霍[5]，无得而状。

布席之初，唱者千百，声若聚蚊，不可辨识。分曹部署，竞以歌喉相斗，雅俗既陈，妍媸自别。未几而摇首顿足者，得数十人而已；已而明月浮空，石光如练，一切瓦釜[6]，寂然停声，属而和者，才三四辈；一箫，一寸管，一人，缓板而歌，竹肉相发[7]，清声亮彻，听者魂销。比至夜深，月影横斜，荇藻凌乱，则箫板亦不复用；一夫登场，四座屏息，音若细发，响彻云际，每度一字，几近一刻，飞鸟为之徘徊，壮士听而下泪矣。

剑泉深不可测，飞岩如削。千顷云得天池诸山作案[8]，峦壑竞秀，最可觞客。但过午则日光射人，不堪久坐耳。文昌阁亦佳，晚树尤可观。而北为平远堂旧址，空旷无际，仅虞山一点在望，堂废已久，余与江进之谋所以复之[9]，欲祠韦苏州[10]、白乐天诸公于其中；而病寻作，余既乞归，恐进之兴亦阑矣。山川兴废，信有时哉！

吏吴两载，登虎丘者六。最后与江进之、方子公同登，迟月生公石上。歌者闻令来，皆避匿去。余因谓进之曰："甚矣，乌纱之横，皂隶之俗哉！他日去官，有不听曲此石上者，如月！"今余幸得解官称吴客矣。虎丘之月，不知尚识余言否耶？

［**注释**］［1］虎丘：又名海涌山，在江苏苏州市西北阊门外，距城约3公里半。丘高仅30余米，占地也不过200余亩，远望只是平地中的一个小丘，但走近其旁，则觉气势雄伟，仿佛置身绝岩纵壑之间。春秋晚期，吴王夫差葬其父阖闾于此。相传葬后三日，"有白虎踞其上，故名虎丘"。一说为"丘如蹲虎，以形名"。丘上名胜古迹很多，现为誉满海内外的游览区。［2］袁宏道（1568~1610年）：字中郎，又字无学，号石公，又号六休。荆州公安（今属湖北）人。明代文学家，明神宗万历十九年（1591年）进士，官至吏部郎中。袁宏道是"公安派"的创始者和领袖人物。在文学上主张"独

抒性灵，不拘格套”的性灵说。他游历海内名山，写了一批优秀的游记，其文笔清丽流畅，独具风格。袁宏道与其兄袁宗道（1560~1600年）、弟袁中道（1570~1623年）合称为“公安三袁”。[3]迨（dài）：等到；蔀（pǒu）屋：草席盖顶的屋子，指穷苦人家昏暗的屋子。这里指贫民。[4]云：像云一样。[5]雷辊（gǔn）：车轮转声，这里指雷的轰鸣声。[6]瓦釜：用黏土烧制的锅，这里比喻粗俗的歌声。[7]竹肉：这里指箫管和歌喉。《晋书·孟嘉传》：“丝不如竹，竹不如肉。”[8]千顷云：山名，在虎丘山上。[9]江进之：江盈科，字进之，桃源（今湖南桃源县）人。明神宗万历二十年（1592年）进士，官至四川提学副使，时任长洲县令。著有《雪涛阁集》。[10]韦苏州：唐代诗人韦应物，曾任苏州刺史。

［赏析］ 万历二十三年（1595年）作者曾任吴县令，其间6次游览虎丘。万历二十四年（1596年），解职离吴前，流连虎丘胜景，写下了这篇描写吴中民俗的散文。文章首句交代虎丘名胜的方位“去城可七八里”，但为下文埋设了意脉。尽管“其山无高岩邃壑”，却因其“近城”而吸引了络绎不绝的游人。这样，作者就确定了他的审美重心，不在林泉岩壑，而在游人旅客，以及他们纵游虎丘的情景图画。文章着重记述了中秋夜苏州人游虎丘的盛况，其中最精彩的是有关唱歌的场面，从开始“唱者千百”到最后“壮士听而下泪”，层层深入，情景交融，把读者引入一个若有所失，但更有所得、充满了艺术美的境界里。

文章在进入具体的情景描述时，墨色润畅，笔态飞舞，在虎丘山前山后构成一幅全景俯瞰图。从“倾城阖户，连臂而至”开始，拉开了这幅全景图的描述画面。这里的“衣冠士女，下迨蔀屋”把“倾城阖户”具体化了，作者特别点出“蔀屋”，把下层市民也包括进去，作者是把“衣冠士女”和“蔀屋”的市井细民作为同一的对象来描述。作者在纵意描述之后，猛然拉成一个大镜头：“从千人石上至山门，栉比如鳞，檀板丘积，樽罍云泻。远而望之，如雁落平沙，霞铺江上，雷辊电霍，无得而状。”作者以远眺作为审美视点，在纵横交织的铺衍勾画中辅之以夸张，间之以比附，形成一气如注的滔滔文势。在全景图的空阔而舒卷的纵意渲染和鸟瞰拍摄之后，作者进入具体细致的艺术描绘。而这一艺术描绘在审美选择上的别开生面扣住一个“唱（呕）”字，笔墨由疏放趋向深细，由繁闹到幽静。“声若聚蚊，不可辨识”，歌喉相斗，雅俗既陈，嘈杂的声浪，莫之能辨，是中秋虎丘热烈情景的生动、具体的写照，但不是作者审美的最终目标，他所欣赏的是“一箫，一寸管，一人，缓板而歌，竹肉相发，清声亮彻”，是“一夫登场，四座屏息，音若细发，响彻云际”，可见，作者审美上所追求的是清幽而又明亮的声态。而这一声态又是产生于“明月浮空，石光如练”“月影横斜，荇藻凌乱”的幽静而又雅丽的环境之中。声、色、境以明丽的格调和交融的整一形式出现，才是作者审美意趣的真正寄托。

总之,《虎丘记》以作者的感受作为内脉，通篇写山水少，写游况多，均发轫于作者的审美感受；文势时有腾挪，意象或作变化，一路写来，均有作者感受的隐隐跳跃。感受深者，则用墨如注；感受浅者，则微微点染，不受自然山水散文通常受客体对象规范的传统笔法，显示出审美感受作为观照万物的“性灵”特征。

04. 晚游六桥待月记　袁宏道[1]

西湖最盛，为春为月。一日之盛，为朝烟，为夕岚[2]。

今岁春雪甚盛，梅花为寒所勒，与杏、桃相次开发，尤为奇观[3]。石篑数为余言:“傅今吾园中梅，张功甫家故物也[4]。急往观之！”余时为桃花所恋，竟不忍去湖上。由断桥至苏堤一带，绿烟红雾，弥漫二十余里[5]。歌吹为风，粉汗为雨，罗纨之盛，多于堤畔之草，艳冶极矣！然杭人游湖，止午、未、申三时[6]。其实湖光染翠之工，山岚设色之妙，皆在朝日始出，夕舂未下，始极其浓媚[7]。月景尤不可言。花态柳情，山容水意，别是一种趣味。此乐留与山僧游客受用，安可为俗士道哉。

［**注释**］［1］袁宏道：见《虎丘记》注释［2］。［2］夕岚：傍晚山林中的雾气。［3］勒：遏制。［4］石篑（kuì）：即陶望龄，字周望，号石篑，浙江绍兴人，作者的朋友。张功甫：南宋张镃，号约斋，官至奉议郎直秘阁，善画竹石。他曾在西湖边修建梅园，玉照堂是其梅园的胜景之一，内植梅花 400 多棵。［5］绿烟：指西湖边如烟的柳树。红雾：指西湖边如云的桃花。［6］午、未、申：地支的第七位、第八位、第九位，分别指中午 11 点至下午 1 点，下午 1 点至下午 3 点，下午 3 点至下午 5 点。［7］夕舂（chōng）：

指旧习日落春米。

［**赏析**］明神宗万历二十五年（1597年），作者袁宏道辞去知县，首次漫游西湖，并写下了系列游记，本文就是其中一篇。文章表现了作者独特的审美观照，认为西湖之美在春月、在朝烟、在夕岚，而以月夜为最。

作者撇开一般所共赏的湖光山色，着重描写西湖苏堤六桥一带的春月景色，从初春的梅、桃、杏争妍，到一天的朝烟、夕岚、月下的独特美景，用简洁轻快的笔墨加以描写，写出西湖“别是一种趣味”的风致。

在结构上，作者采取了总分法。首先总述本篇要旨，指出春时，月景、朝烟、夕岚为西湖最美之景。接着分写，详细勾勒了西子湖畔的春游图，由物及人，先从侧面写西湖桃花之盛，再写沿途观花的游人之盛。花事正盛才有游人之盛，运用了烘云托月的写法；之后生动地描写日出日落时朝烟夕岚的浓媚姿色，尤其是月下西湖的花态柳情，山容水意，妙不可言。

在写法上采取直接写景与侧面烘托相结合的手法。作者始先详写春日之景，并没有着力去刻画、描绘那种盛景，而只是用一个词语“竟不忍去”，由此就足见那种景色的迷人。最后作者提出了自己与众不同的见解，即认为西湖的美景最适宜在“朝日始出，夕春未下”时欣赏，这与一般人游湖选择在“午、未、申”三时不一样，表现作者与一般俗士迥异其趣，流露出作者寄情于山水的愉悦心境。不仅如此，在别人都急欲赏傲雪梅花时，作者却为贬作轻薄之物的桃花所恋，也表现了他与传统士大夫情趣相悖，而且作者在行文时并没有正面写月景，只是说“月景尤不可言”“别是一种趣味”，至于具体的月景，就只有留给人们去驰骋想象了。写西湖春天的美景时，先写石篑多次对我说“急往观之”，“余时为桃花所恋”，“由断桥至苏堤一带，绿烟红雾，弥漫二十余里”，这是直接写景，写出了春天的西湖美不胜收；接下来说“歌吹为风，粉汗为雨，罗纨之盛，多于堤畔之草，艳冶极矣”，极言游人如织的盛况。游人为什么如此多？皆因西湖春景太美了。这是有力的侧面烘托。

游记以审美感受为线索，按照游西湖的先后顺序，用平实的文笔记叙了自己游西湖的感想和西湖美丽的景色，而描绘春季杭州西湖美景时不尚夸饰，只就眼前之景点染几笔，却活画出西湖的“灵性”，表达了与常人不同的独到审美情趣，从而表现出作者不与世俗同流合污、独以自然山水为乐的情感。

05. 游黄山记（后）[1] 徐弘祖[2]

初四日[3]，十五里，至汤口[4]。五里，至汤寺[5]，浴于汤池[6]。扶杖望朱砂庵而登[7]。十里，上黄泥冈[8]。向时云里诸峰，渐渐透出，亦渐渐落吾杖底。转入石门[9]，越天都之胁而下[10]，则天都、莲花二顶[11]，俱秀出天半。路旁一岐东上，乃昔所未至者。遂前趋直上，几达天都侧。复北上，行石罅中[12]。石峰片片夹起，路宛转石间，塞者凿之，陡者级之[13]，断者架木通之，悬者植梯接之[14]。下瞰峭壑阴森，枫松相间，五色纷披，灿若图绣。因念黄山当生平奇览，而有奇若此，前未一探，兹游快且愧矣！

时夫仆俱阻险行后，余亦停弗上[15]；乃一路奇景，不觉引余独往。既登峰头，一庵翼然，为文殊院[16]，亦余昔年欲登未登者。左天都，右莲花，背倚玉屏风[17]，两峰秀色，俱可手揽。四顾奇峰错列，众壑纵横，真黄山绝胜处！非再至，焉知其奇若此？遇游僧澄源至[18]，兴甚勇。时已过午，奴辈适至。立庵前，指点两峰。庵僧谓："天都虽近而无路，莲花可登而路遥。袛宜近盼天都，明日登莲顶。"余不从，决意游天都。

挟澄源、奴子仍下峡路。至天都侧，从流石蛇行而上[19]。攀草牵棘，石块丛起则历块，石崖侧削则援崖。每至手足无可着处，澄源必先登垂接。每念上既如此，下何以堪[20]！终亦不顾。历险数次，遂达峰顶。唯一石顶壁起犹数十丈，澄源寻视其侧，得级，挟予以登。万峰无不下伏，独莲花与抗耳。时浓雾半作半止，每一阵至，则对面不见。眺莲花诸峰，多在雾中。独上天都，予至其前，则雾徙于后；予越其右[21]，则雾出于左。其松犹有曲挺纵横者；柏虽大干如臂，无不平贴石上如苔藓然。山高风巨，雾气去来无定。下盼诸峰，时出为碧峤[22]，时没为银海；再眺山下，则日光晶晶，别一区宇也[23]。日渐暮，遂前其足，手向后据地，坐而下脱；至险绝处，澄源并肩手相接。度险下至山坳，暝色已合。复从峡度栈以上，止文殊院。

［注释］［1］黄山：位于北纬30°，东经118°，地处安徽省歙县、太平、休宁和黟县之间，面积约1200平方公里。黄山在唐以前称黟山，到了唐代，玄宗好道，因传说黄帝曾与仙人容成子、浮丘公在此炼丹成仙，遂于唐天宝六年（747年）改名黄山。黄山素有"天下第一奇山"之称，因其自然景观和人文景观都有独特之处，现已被联合国教科文组织列入世界文化和自然遗

产名录。[2]徐弘祖：即徐霞客（1587~1641年），名弘祖，字振之，号霞客，明朝南直隶江阴（今江苏江阴市）人。著名的地理学家、旅行家，中国地理名著《徐霞客游记》的作者。[3]初四日：戊午年九月初四，即明万历四十六年（1618年）九月初四。[4]汤口：小镇名，在黄山脚下，是上山必经之地。[5]汤寺：又名祥符寺，建于唐开元十八年（730年），因近汤池，故名。原寺已不存，遗址在今黄山宾馆附近。[6]汤池：又名汤泉。在紫云峰下，泉水热气蒸腾，水呈朱红色。沐浴可治病。[7]朱砂庵：山寺名，正名慈光寺，位于朱砂峰下，建于明嘉靖年间。[8]黄泥冈：地名，位于朱砂峰下。[9]石门：即石门峰，两边峭壁夹峙如门。[10]越天都之肋而下：越过天都峰一侧的山腰而下。天都，黄山主峰之一，海拔1810米，峭岩绝壁，十分壮观。肋，人的腋下方。[11]莲花：黄山最高峰，海拔1860米，山峰如莲花。[12]石罅（xià）：石缝。此处指峡谷中的小路。[13]级之：在陡峭石壁上开凿石级。级，用作动词，凿石级。[14]植梯：竖立梯子。[15]弗上：不再上。[16]文殊院：山寺名。明代普门大师主持修建。位于天都峰与莲花峰之间。伫立寺前眺望，千山万壑，尽收眼底。[17]玉屏风：即玉屏山峰，形如玉屏。[18]游僧：云游无定居的僧人，亦称行脚僧。[19]蛇行：曲曲弯弯地行走。[20]堪：忍受。[21]越（dī）：至、到。[22]碧峤：青翠色的尖峭的山峰。峤（qiào），高而尖的山峰。[23]区宇：区域、境界。

[赏析] 本篇是作者第二次游黄山的日记。与第一次相比，这次是在两年半后的九月初，秋高气爽，因此作者眼中和笔下的黄山，更是一派迷人的风光。

奇松、怪石、云海、温泉，历来被称为黄山四绝，这在徐霞客游黄山的两篇游记中都曾着意加以描叙。而黄山诸峰，以天都、莲花二峰最为著名；黄山诸景，以奇峰秀石、雾气云海、奇松怪柏为佳。本篇即以这些为主展开描写。在描写中，作者善于捕捉景致的特征，进行细致生动的刻画。这在写登天都峰一段时最为突出。如始登天都时，描写随着人的越登越高，山峰与云雾之间先是云雾隐山、后是山峰破云、最后是二峰奇秀的微妙变化，准确形象，视野开阔。“下瞰峭壑阴森，枫松相间，五色纷披，灿若图绣”，则以高处俯瞰的特殊角度，描绘出红枫青松在“峭壑阴森”底色映衬下缤纷灿烂的图景，十分浓丽鲜明；而最为精彩的是对云雾松柏的描写：云雾半作半止、来去无定，或左或右、时出时没。人在其中，似与之嬉戏玩耍；山在其中，似随之隐现浮沉。在云雾变幻中，青松或曲或挺，或纵或横，翠柏则似苔藓，紧贴岩石，千奇百怪，生机勃勃。真是一幅变幻流动、气象万千的黄山云海图。此外，写黄山奇石，莲花峰顶，也都从不同的角度，描写了黄山各处或空阔，或鲜丽，或奇崛，或华美的景致，令人如同亲历黄山那美不胜收的奇景。

此外，本篇还突出了作者向往黄山和求奇探险的心情。他此番是二游黄山，便偏走前番未走之道、探前番未探之奇。如开始登山不久，“路旁一岐东上，乃昔所未至者，遂前趋直上”；又北上，行于石罅险道中，见到壮丽奇景时，便“因念黄山当生平奇览，而有奇若此，前未一探，兹游快且愧矣”；这时，“夫仆俱阻险行后，余亦停弗上”，可是，“乃一路奇景，不觉引余独往”；当他登上了“昔年欲登未登”的文殊院，领略到“真黄山绝胜处”时，便欣喜感叹：“非再至，焉知其奇若此！”欲继续登天都，当庵僧以天都无路、只宜近盼相劝时，“余不从，决意游天都”，于是他攀草牵棘，历块援崖，“每念上既如此，下何以堪？终亦不顾”，当天就登上了天都峰，第二天又登上了莲花峰（下文中）。这些行为描写、心理刻画和抒情议论，都真切地表达了一个勇敢者特有的志趣和情感。于是黄山壮美奇丽的自然奇观与作者勇敢顽强的人文精神相互生发、完美交融，使得本篇不但是整部游记中最具代表性的一篇，也是众多黄山游记、山水散文中独具魅力的艺术精品。

06. 雨中登泰山[1]　李健吾[2]

从火车上遥望泰山，几十年来有好些次了，每次想起“孔子登东山而小鲁，登泰山而小天下”那句话来，就觉得过而不登，像是欠下悠久的文化传统一笔债似的。杜甫的愿望：“会当凌绝顶，一览众山小”，我也一样有，惜乎来去匆匆，每次都当面错过了。

而今确实要登泰山了，偏偏天公不作美，下起雨来，淅淅沥沥，不像落在地上，倒像落在心里。天是灰的，心是沉的。我们约好了清晨出发，人齐了，雨却越下越大。等天晴吗？想着这渺茫的“等”字，先是憋闷。盼到十一点半钟，天色转白，我不由喊了一句：“走吧！”带动年轻人，挎起背包，兴致勃勃，朝岱宗坊出发了。

是烟是雾，我们辨识不清，只见灰蒙蒙一片，把老大一座高山，上上下下，裹了一个严实。古老的泰山越发显得崔嵬[3]了。我们才过岱宗坊，震天的吼声就把我们吸引到虎山水库的大坝前面。七股大水，从水库的桥孔跃出，仿佛七幅闪光黄锦，直铺下去，碰着嶙嶙的乱石，激起一片雪白水珠，脱线一般，撒在洄漩的水面。这里叫作虬在湾。据说虬早已被吕洞宾度上天了，可是望过去，跳掷翻腾，像又回到了故居。我们绕过虎山，站到坝桥上，一边是平静的湖水，迎着斜风细雨，懒洋洋只是欲步不前；一边却喑噁叱咤[4]，似有千军万马，躲在绮丽的黄锦底下。黄锦是方便的比喻，其实是一幅细纱，护着一幅没有经纬的精致图案，透明的白纱轻轻压着透明的米黄花纹。——也许只有织女才能织出这种瑰奇的景色。

雨大起来了。我们拐进王母庙后的七真祠。这里供奉着七尊塑像，正面当中是吕洞宾，两旁是他的朋友李铁拐和何仙姑，东西两侧是他的四个弟子，所以叫作七真祠，吕洞宾和他的两位朋友倒也罢了，站在龛里的两个小童和柳树精对面的老人，实在是少见的传神之作。一般庙宇的塑像，往往不是平板，就是怪诞，造型偶尔美的，又不像中国人，跟不上这位老人这样逼真、亲切。无名的雕塑家对年龄和面貌的差异有很深的认识，形象才会这样栩栩如生。不是年轻人提醒我该走了，我还会欣赏下去的。

我们来到雨地，走上登山的正路，一连穿过三座石坊：一天门、孔子登临处和天阶。水声落在我们后面，雄伟的红门把山挡住。走出长门洞，豁然开朗，山又到了我们跟前。人朝上走，水朝下流，流进虎山水库的中溪陪我们，一直陪到二天门。悬崖崚嶒[5]，石缝滴滴沥沥，泉水和雨水混在一起，顺着斜坡，流进山涧，涓涓的水声变成訇訇[6]的雷鸣。有时候风过云开，在底下望见南天门，影影绰绰，耸立山头，好像并不很远；紧十八盘仿佛一条灰白大蟒，匍匐[7]在山峡当中；更多的时候，乌云四合，层峦叠嶂都成了水墨山水。蹚过中溪水浅的地方，走不太远，就是有名的经石峪，一片大水漫过一亩大小的一个大石坪，光光的石头刻着一部《金刚经》，字有斗来大，年月久了，大部分都让水磨平了。回到正路，雨不知道什么时候已经住了，人走了一身汗，巴不得把雨衣脱下来，凉快凉快。说巧也巧，我们正好走进一座柏树林，阴森森的，亮了的天又变黑了，好像黄昏提前到了人间，汗不但下去，还觉得身子发冷，无怪乎人把这里叫作柏洞。我们抖擞精神，一气走过壶天阁，登上黄岘岭，发现沙石全是赤黄颜色，明白中溪的水为什么黄了。

靠住二天门的石坊，向四下里眺望，我又是骄傲，又是担心。骄傲我已经走了一半的山路，担心自己走不了另一半的山路。云薄了，雾又上来。我们歇歇走走，走走歇歇，如今已经是下午四点多了。困难似乎并不存在，眼面前是一段平坦的下坡土路，年轻人跳跳蹦蹦，走了下去，我也像年轻了一样，有说有笑，跟着他们后头。

我们在不知不觉中，从下坡路转到上坡路，山势陡峭，上升的坡度越来越大。路一直是宽整的，只有探出身子的时候，才知道自己站在深不可测的山沟边，明明有水流，却听不见水声。仰起头来朝西望，半空挂着一条两尺来宽的白带子，随风摆动，想凑近了看，隔着辽阔的山沟，走不过去。我们正在赞不绝口，发现已经来到一座石桥跟前，自己还不清楚是怎么一回事，细雨打湿了浑身上下。原来我们遇到另一类型的飞瀑，紧贴桥后，我们不提防，几乎和它撞个正着。水面有两三丈宽，离地不高，发出一泻千里的龙虎声威，打着桥下奇形怪状的石头，口沫喷得老远。从这时候起，山涧又从左侧转到右侧，水声淙淙，跟我们跟到南天门。

过了云步桥，我们开始走上攀登泰山主峰的盘道。南天门应该近了，由于山峡回环曲折，反而望不见了。野花野草，什么形状也有，什么颜色也有，挨挨挤挤，芊芊[8]莽莽，要把巉岩[9]的山石装扮起来。连我上了一点岁数的人，也学小孩子，掐了一把，直到花朵和叶子全蔫了，才带着抱歉的心情，丢在山涧里，随水漂去。但是把人的心灵带到一种崇高的境界的，却是那些“吸翠霞而夭矫”的松树。它们不怕山高，把根扎在悬崖绝壁的隙缝，身子扭得像盘龙柱子，在半空展开枝叶，像是和狂风乌云争夺天日，又像是和清风白云游戏。有的松树望穿秋水，不见你来，独自上到高处，斜着身子张望。有的松树像一顶墨绿大伞，支开了等你。有的松树自得其乐，显出一副潇洒的模样。不管怎么样，它们都让你觉得它们是泰山的天然的主人，谁少了谁，都像不应该似的。雾在对松山的山峡飘来飘去，天色眼看黑将下来。我不知道上了多少石级，一级又一级，是乐趣也是苦趣，好像从我有生命以来就在登山似的，迈前脚，拖后脚，才不过走完慢十八盘。我靠住升仙坊，仰起头来朝上望，紧十八盘仿佛一架长梯，搭在南天门口。我胆怯了。

新砌的石级窄窄的，搁不下整脚。怪不得东汉的应劭，在《泰山封禅仪记》里，这样形容："仰视天门窔辽[10]，如从穴中视天。直上七里，赖其羊肠逶迤，名曰环道，往往有絙索[11]可得而登也。两从者扶挟，前人相牵，后人见前人履底，前人见后人顶，如画重累人矣，所谓磨胸捏石扪天之难也[12]。"一位老大爷，斜着脚步，穿花一般，侧着身子，赶到我们前头。一位老大娘，挎着香袋，尽管脚小，也稳稳当当，从我们身边过去。我像应劭说的那样，"目视而脚不随"，抓住铁扶手，揪牢年轻人，走十几步，歇一口气，终于在下午七点钟，上到南天门。

心还在跳，腿还在抖，人到底还是上来了。低头望着新整然而长极了的盘道，我奇怪自己居然也能上来。我走在天街上，轻松愉快，像一个没事人一样。一排留宿的小店，没有名号，只有标记，有的门口挂着一只笊篱，有的窗口放着一对鹦鹉，有的是一根棒槌，有的是一条金牛，地方宽敞的摆着茶桌，地方狭小的只有炕几，后墙紧贴着峥嵘的山石，前脸正对着万丈的深渊。别成一格的还有那些石头。古诗人形容泰山，说"泰山岩岩"，注解人告诉你：岩岩，积石貌。的确这样，山顶越发给你这种感觉。有的石头像莲花瓣，有的像大象头，有的像老人，有的像卧虎，有的错落成桥，有的兀立如柱，有的侧身探海，有的怒目相向。有的什么也不像，黑乎乎的，一动不动，堵住你的去路。年月久，传说多，登封台让你想象帝王拜山的盛况，一个光秃秃的地方会有一块石碣，指明是"孔子小天下处"。有的山池叫作洗头盆，据说玉女往常在这里洗过头发；有的山洞叫作白云洞，传说过去往外冒白云，如今不冒白云了，白云在山里依然游来游去。晴朗的天，你正在欣赏"齐鲁青未了"，忽然一阵风来，"荡胸生层云"，转瞬间，便像宋之问在《桂阳三日述怀》里说起的那样，"云海四茫茫"。是云吗？头上明明另有云在。看样子是积雪，要不也是棉絮堆，高高低低，连续不断，一直把天边变成海边。于是阳光掠过，云海的银涛像镀了金，又像着了火，烧成灰烬，不知去向，露出大地的面目。两条白线，曲曲折折，是漆河[13]，是汶河。一个黑点子在碧绿的图案中间移动，仿佛蚂蚁，又冒一缕青烟。你正在指手画脚，说长道短，虚像和真相一时都在雾里消失。

我们没有看到日出的奇景。那要在秋高气爽的时候。不过我们也有自己的独得之乐：我们在雨中看到的瀑布，两天以后下山，已经不那样壮丽了。

小瀑布不见，大瀑布变小了。我们沿着西溪，翻山越岭，穿过果香扑鼻的苹果园，在黑龙潭附近待了老半天。不是下午要赶火车的话，我们还会待下去的。山势和水势在这里别是一种格调，变化而又和谐。

山没有水，如同人没有眼睛，似乎少了灵性。我们敢于在雨中登泰山，看到有声有势的飞泉流瀑，倾盆大雨的时候，恰好又在七真祠躲过，一路行来，有雨趣而无淋漓之苦，自然也就格外感到意兴盎然。

［注释］［1］泰山：是世界文化与自然遗产，世界地质公园，全国重点文物保护单位，国家重点风景名胜区，国家5A级旅游景区。泰山位于山东省泰安市中部。主峰玉皇顶海拔1545米，气势雄伟磅礴，有“五岳之首”“五岳之长”“天下第一山”之称。［2］李健吾：现代著名作家、戏剧家、文学翻译家。曾用笔名刘西渭。生于1906年。山西省安邑县西曲马村人。［3］崔嵬：高大。［4］喑噁（yīn wū）叱咤：厉声怒喝。也写作“喑呜叱咤”。［5］崚嶒（léng céng）：高峻突兀的样子。［6］訇訇（hōng hōng）：同“轰轰”，形容洪大的声音。［7］匍匐：爬行。手足并行。［8］芊芊：草木茂盛的样子。［9］巉（chán）岩：山势高险的样子。［10］窔辽：幽深遥远。［11］絙索：粗的绳索。［12］所谓磨胸捙（yú）石扪天之难也：捙，举。句意为：就像是真如所说的在垂直的峭壁上举着大石块摸天那样难。［13］渿（nài）河：山东泰安的一条河。

［赏析］ 在汉族传统文化中，泰山一直有“五岳独尊”的美誉。自古以来，中国人就极为崇拜泰山，有“泰山安，四海皆安”的说法。自秦始皇封禅泰山后，历朝历代帝王不断在泰山封禅和祭祀，并且在泰山上下建庙塑神，刻石题字。古代的文人雅士更对泰山仰慕备至，纷纷前来游历，作诗记文，但“雨中登泰山”的倒并不多见。

李健吾的《雨中登泰山》不仅描述了雨中泰山的独特风姿，更记录了雨中登山的独特情趣。“有雨趣而无淋漓之苦”，确有“独得之乐”。这一切又归结于一个“敢”字，“敢于在雨中登泰山”，才能“独得其乐”。文章紧扣“雨”字，写尽泰山“雨中奇景”。文章在“雨”“登”二字上做文章。雨中泰山：层峦叠嶂似墨如画；訇訇飞瀑声喧势急；奇松怪石千姿百态；南天胜景变幻无穷。这些都是晴日登泰山所不能见到的景象。因此，作者抓住

"雨"字，尽力渲染，写出了个性特征。正如作者所说："山没有水，如同人没有眼睛，似乎少了灵性。"正因为作者有这样的审美观，才把雨中泰山写得有声有色、奇丽多姿。

文章还采用移步换景的写法，把泰山奇景从不同角度展现给读者。作者从岱宗坊—虎山水库—七真祠——天门—孔子登临处—天阶—长门洞—经石峪—柏洞—壶天阁—黄岘岭—二天门—云步桥—慢十八盘—升仙坊—紧十八盘—南天门，最后到达天街。按游踪和立足点的变化，作者不仅勾勒了泰山的全貌，而且还自下而上地写了七处景致：声色并具的虎山水库、古老闻名的七真祠和经石峪、訇訇湍急的瀑布、"吸翠霞而夭矫"的劲松、蜿蜒陡曲的十八盘、变幻多端的南天门。另外，有时还对同一景物，从多角度、多侧面地进行描写。如写虎山水库，先写大坝前面的壮观景象，再写站在大坝上面看到的不同景象。前面是仰视，后面是俯视；一个自下而上，一个自上而下。这就全面地展示了景观，给人以完美的印象。文章还综合运用多种修辞手法，将泰山的烟雨云雾、飞瀑清泉、山势地貌、古物风情惟妙惟肖地展现在读者眼前。文章写景抒情，景中藏情，情景交融。如"有的松树望穿秋水，不见你来，独自上到高处，斜着身子张望。有的松树像一顶墨绿大伞，支开了等你。"表面上是写松树对人的亲昵，实际上是写人对松树的心爱。就在这对景物的精心描绘之中，盛藏着对泰山景物由衷的喜悦之情。再如景藏情中不是抽象写景，而是在抒情中藏有景物。泰山的"野花野草，什么形状也有，什么颜色也有"，究竟是什么形状，什么颜色，作者并没有像写松树那样做具体的描写，而是着重写了对花草的偏爱之情："连我上了一点岁数的人，也学小孩子，掐了一把，直到花朵和叶子全蔫了，才带着抱歉的心情，丢在山涧里，随水漂去。"透过这段描述，我们不仅感受到了作者因景美而童心萌发的喜悦之情，而且通过这喜悦之情，我们完全可以想见竟使上了岁数的人"也学小孩子，掐了一把"的那些"野花野草"的形状之异和颜色之美。可见，作者在这里用了景藏情中的表现手法。

07. 岳阳楼记[1] 范仲淹[2]

庆历四年春[3]，滕子京谪守巴陵郡[4]。越明年[5]，政通人和[6]，百废具兴[7]。乃重修岳阳楼，增其旧制[8]，刻唐贤今人诗赋于其上[9]。属予作文以记之[10]。

予观夫巴陵胜状，在洞庭一湖。衔远山，吞长江，浩浩汤汤[11]，横无际涯[12]；朝晖夕阴[13]，气象万千[14]。此则岳阳楼之大观也[15]。前人之述备矣[16]。然则北通巫峡[17]，南极潇湘[18]，迁客骚人[19]，多会于此，览物之情，得无异乎[20]？

若夫霪雨霏霏[21]，连月不开，阴风怒号，浊浪排空[22]；日星隐耀[23]，山岳潜形[24]。商旅不行，樯倾楫摧[25]；薄暮冥冥[26]，虎啸猿啼。登斯楼也，则有去国怀乡[27]，忧谗畏讥[28]，满目萧然，感极而悲者矣。

至若春和景明[29]，波澜不惊[30]，上下天光，一碧万顷；沙鸥翔集[31]，锦鳞游泳[32]；岸芷汀兰[33]，郁郁青青[34]。而或长烟一空[35]，皓月千里，浮光跃金[36]，静影沉璧[37]，渔歌互答，此乐何极！登斯楼也，则有心旷神怡，宠辱偕忘[38]，把酒临风，其喜洋洋者矣。

嗟夫！予尝求古仁人之心[39]，或异二者之为[40]，何哉？不以物喜，不以己悲[41]；居庙堂之高则忧其民[42]；处江湖之远则忧其君[43]。是进亦忧[44]，退亦忧[45]。然则何时而乐耶？其必曰："先天下之忧而忧，后天下之乐而乐"乎。噫[46]！微斯人，吾谁与归[47]？

时六年九月十五日

［**注释**］［1］岳阳楼的前身，是三国时吴国都督鲁肃的阅兵台。南朝宋元嘉三年（426年），中书侍郎、大诗人颜延之路经巴陵，作《始安郡还都与张湘州登巴陵城楼作》诗，诗中有"清氛霁岳阳"之句，"岳阳"之名首次见于诗文。中唐李白赋诗之后，始称"岳阳楼"。此时的巴陵城已改为岳阳城，巴陵城楼也随之称为岳阳楼了。［2］范仲淹（989~1052年），字希文，苏州吴县（现在苏州吴中区）人，北宋政治家、军事家、文学家。死后谥"文正"，世称"范文正公"。［3］庆历四年春：庆历，北宋仁宗赵祯的年号。四年，即1044年。［4］"滕子京"句：滕子京被贬为巴陵太守。滕子京名宗谅，河南人，与范仲淹同年举进士，又一起镇守过西北，后来因人弹劾他此前在泾州挪用公钱十六万贯而被贬为巴陵郡太守。谪，贬，降官。守，做州郡的长官。巴陵郡，当时是岳州巴陵郡。［5］越明年：到第二年（庆历五年）。越：及，到。［6］政通人和：政事顺利，一切办得很妥切，老百

姓日子很和乐。[7]百废具（通俱）兴：一切废弛的事项全都兴办起来了。[8]增其旧制：扩大它（岳阳楼）原来的规模。[9]唐贤：唐代的贤人。[10]属：同“嘱”。[11]浩浩汤汤（shāng）：水势浩大的样子。[12]横：广。[13]朝晖夕阴：早晨日光映照，傍晚阴气笼罩。[14]气象万千：景象千变万化。[15]大观：雄伟壮观的景象。[16]前人之述：指“唐贤今人诗赋”。[17]然则：如此，那么。[18]南极潇湘：这里指南边直到潇水和湘水。[19]迁客骚人：贬官远迁的人、诗人。骚人，屈原曾作楚辞《离骚》，后来称诗人为骚人。[20]得无异乎：能不因景物不同而不同吗？[21]若夫：无实义，用于一段话的开头，引起下文的虚词。[22]排空：冲击天空。[23]日星隐耀：太阳、星星的光辉隐没了。[24]山岳潜形：山岳的形象掩藏起来了。[25]樯倾楫摧：船的桅杆倾倒了，船桨摧折了。[26]薄暮：傍晚。薄，迫，近。[27]去国：离开国都。[28]忧谗畏讥：担忧别人的谗言，惧怕人家的讥讽。[29]至若：无实义，用于一段的开头，承上启下的虚词。[30]惊：这里有“起”“动”的意思。[31]翔集：或飞，或停。[32]锦鳞：指鱼。[33]岸芷汀兰：岸上的香花，洲地上的兰花。[34]郁郁青青：气味芳香，生长茂盛。[35]而或：或者。[36]浮光跃金：浮动的光波闪着金色。[37]静影沉璧：静静的月影如沉在水中的璧玉。[38]宠辱偕忘：显荣和屈辱一并全忘掉了。偕，皆。[39]求：探求。古仁人，古代品德高尚的人。[40]或异二者之为：也许不同于上述的两种心情。[41]不以物喜，不以己悲：古仁人不以环境改变和个人得失而情感变化。[42]居庙堂之高：在朝中做高官。[43]处江湖之远：不在朝中做官，在僻远之地。[44]进：进用，做官。[45]退：退处，不做官。[46]噫：感叹词。[47]微斯人，吾谁与归：假如没有这种人，我同谁一道呢？微，没有。归，归附，皈依。

［**赏析**］岳阳楼之名始于唐代。李白、杜甫、白居易、张孝祥、陆游等著名诗人都曾在此留下脍炙人口的诗作。到北宋庆历四年（1044年）的春天，滕子京被贬谪到岳州巴陵郡做知府，第二年春重修岳阳楼，六月写信给贬官在邓州的好朋友范仲淹，并附有《洞庭晚秋图》一幅，请他写一篇文章记述这件事。到庆历六年九月，范仲淹便写了这篇著名的《岳阳楼记》。《岳阳楼记》全文只有368字，分为五段，第一段说明作记的缘由；第二段不对岳阳楼本身作描写，而是由岳阳楼的大观过渡到登楼览物的心

情；第三段写览物而悲者；第四段写览物而喜者；第五段直抒作者胸臆，砥砺友人同道。

《岳阳楼记》是一篇绝妙的文章。首先岳阳楼之大观雄伟壮观的景象，前人都已经说尽了，再重复那些老话还有什么意思呢？遇到这种情况通常有两种做法：一是作翻案文章，别人说好，我偏说不好；二是避熟就生，另辟蹊径，别人说烂了的话我不说，换一个新的角度，找一个新的题目，另说自己的一套。范仲淹就是采取了后一种方法。文章的题目是“岳阳楼记”，作者却巧妙地避楼不写，而去写洞庭湖，写登楼的迁客骚人看到洞庭湖的不同景色时产生的不同感情，以衬托最后一段所说的“古仁人之心”。范仲淹的这种别出心裁，真是令人佩服至极。其次是文章将记事、写景、抒情和议论四者相结合，记事简洁明了，写景生动形象，抒情情真意切，议论精彩透辟。议论的部分虽然字数不多，但起着统领全文的作用，因此本文是一篇很独特的议论文。另外，文章的语言也很有特色，全文穿插了许多四言对偶句，如：“浩浩汤汤，横无际涯；朝晖夕阴，气象万千。”“日星隐曜，山岳潜形。”“沙鸥翔集，锦鳞游泳。”“长烟一空，皓月千里，浮光跃金，静影沉璧。”等等，这些骈句为文章增添了无限色彩与魅力。作者锤炼字句的功夫也很深，如文中动词的运用，“衔远山，吞长江”中的“衔”字、“吞”字，恰切地表现了洞庭湖那浩瀚的气势。又“不以物喜，不以己悲”8个字，言简意赅，像格言警句那样对人们富有启迪性。“先天下之忧而忧，后天下之乐而乐”两句，更是把丰富的意义熔铸到14个字中，真是字字有千钧之力。滕子京在请范仲淹写《岳阳楼记》的那封信里说：“山水非有楼观登览者不为显，楼观非有文字称记者不为久。”确实是这样，地以文传，江山也要文章捧，岳阳楼正是因为这篇绝妙的记文，而成为人们向往的一个胜地；文中描写的洞庭山水，也给阅读过它的人以美好的记忆。“洞庭天下水，岳阳天下楼”，岳阳楼下瞰洞庭湖，将永远成为人们的一种向往与期冀。

08. 游桂林诸山记[1]　袁枚[2]

凡山离城辄远，惟桂林诸山离城独近。余寓太守署中，晡食后即于于焉而游[3]。先登独秀峰[4]，历三百六级诣其巅，一城烟火如绘。北下至风洞[5]，望七星岩[6]，如七穹龟团伏地上[7]。

次日过普陀，到栖霞寺[8]。山万仞壁立，旁有洞，道人秉火导入。初尚明，已而沉黑窅渺[9]。以石为天，以沙为地，以深壑为池，以悬崖为幔，以石脚插地为柱，以横石牵挂为栋梁。未入时，土人先以八十馀色目列单见示，如狮、驼、龙、象、鱼网、僧磬之属，虽附会亦颇有因。至东方亮，则洞尽可出矣。计行二里余，俾昼作夜，倘持火者不继，或堵洞口，如三良殉穆公之葬[10]，永陷坎窞中[11]，非再开辟不见白日。吁，其危哉！所云亮处者，望东首正白。开门趋往扪之，竟是绝壁。方知日光从西罅穿入，反映壁上作亮，非门也。世有自谓明于理、行乎义，而终身面墙者，率类是矣。

次日往南薰亭[12]。堤柳阴翳，山溪远萦绕，改险为平，别为一格。

又次日游木龙洞[13]。洞甚狭，无火不能入。垂石乳如莲房半烂，又似郁肉漏脯[14]，离离可摘。疑人有心腹肾肠，山亦如之。再至刘仙岩[15]，登阁望斗鸡山[16]，两翅展奋，但欠啼耳。腰有洞，空透如一轮明月。

大抵桂林之山，多穴，多窍，多耸拔，多剑穿虫啮。前无来龙，后无去踪，突然而起，戛然而止，西南无朋，东北丧偶，较他处山尤奇。余从东粤来，过阳朔[17]，所见山业已应接不暇，单者，复者，丰者，杀者，揖让者，角斗者，绵延者，斩绝者[18]，虽奇鸧九首、貜疏一角[19]，爪足喻其多且怪也。得毋西粤所产人物，亦皆孤峭自喜，独成一家者乎？

记岁丙辰，余在金中丞署中[20]，偶一出游，其时年少，不省山水之乐。今隔五十年而重来，一丘一壑，动生感慨，矧诸山之可喜可愕者哉？虑其忘，故咏以诗；虑未详，故又足以记。

[**注释**]［1］桂林是世界著名的旅游城市、中国首批国家历史文化名城、中国优秀旅游城市，其境内的山水风光举世闻名，千百年来享有“桂林山水甲天下”的美誉。［2］袁枚（1716~1798 年）：字子才，号简斋、随园老人，浙江钱塘（今杭州）人。清代诗人。乾隆年间（1736~1796 年）进士，曾任江宁等地知县，辞官后侨居江宁，筑园林于小仓山，号随园。论诗主张抒写性情，创“性灵”说，对儒家“诗教”表示不满。所作诗歌，多抒发其闲情逸致。又能文，所作书信颇具特色。所著有《小仓山房集》及《随园诗话》《子不语》等。［3］晡食：晚餐。于于：行动悠然自得的样子。［4］独秀峰：一名紫金山，在桂林王城内。孤峰耸立，四壁如削。［5］风洞：风洞

山，一名叠彩山，在市区偏北。山上有风洞岩。山层横断如叠彩缎。[6]七星岩：在市东普陀山西侧，因七峰列如北斗而名。山有溶洞，一名栖霞、碧虚，深邃雄伟，自隋唐起便为游览胜地。[7]穹龟：隆背的乌龟。[8]栖霞寺：在七星岩上。[9]窅（yǎo）渺：深远广袤。[10]穆公：秦穆公，名任好，在位38年，任用百里奚等贤臣，称霸西戎。死时以子车氏的三个儿子奄息、仲行、针虎为殉。三人均为当时著名贤士，故秦人作《黄鸟》诗哀之，称为"三良"。[11]窞（dàn）：深坑。[12]南薰亭：在市北虞山山半，宋代张拭建。[13]木龙洞：在市南。洞北悬崖旧有古木一株，倒挂石上，蜿蜒如龙，故名。[14]郁肉漏脯：不新鲜或腐败的肉。[15]刘仙岩：在南溪山白龙洞南，相传宋人刘景居此，后仙去。[16]斗鸡山：以山形如斗鸡，故名斗鸡山。即穿山，在市东。山半有穴，南北横贯，如月轮挂空，故又名日月岩。[17]阳朔：县名，今广西阳朔县。以风景秀丽闻名，有"甲桂林"之称。[18]斩绝：陡峭壁立，犹如被刀斩过一样。[19]奇鸧：即鸧鸹，传说中的怪鸟，一名鬼车，有9个头。郭璞《江赋》："若乃龙鲤一角，奇鸧九头。"貛疏：据《山海经》，其状如马，一角有错，能御火。[20]丙辰：乾隆元年（1736年）。金中丞：金鉷。中丞是对巡抚的别称。金鉷字震方，一字德山，山东登州人。历官太原知府，广西布政使、巡抚。1736年，袁枚去桂林探望充金鉷幕僚的叔父，金鉷十分赏识他，荐举他应博学鸿词考试。

[赏析] 桂林山水素有"甲天下"之称，异峰罗列，诡异多姿，山多溶洞，纳彩绮丽。这篇游记题为桂林诸山，实际游览的只是桂林城区的几座山。现在桂林市作为著名的旅游区，包括了郊区各县及阳朔、漓江等名胜。本文作于清乾隆四十九年（1784年）十月，自然并未涉及。文章抓住桂林山水的特点，以写栖霞山洞为主，附带叙述其他景点，随手刻绘，用语虽然不多却能深得山水之神髓；同时又在比喻、素描之中，间杂以议论，既使景色栩栩如生又充满理趣。如在写景中，作者采用概说与细描相结合的手法，浓淡相宜地展现了桂林"万点奇峰千幅画"之美，生动传神地写出了岩洞之沉黑窅渺，钟乳石之千姿百态，桂林诸山"多穴，多窍，多耸拔，多剑穿虫啮，前无来龙，后无去脉，突然而起，戛然而止"的特点。游记类文章，一般都是记叙、议论、抒情相结合，本文也如此，记叙中穿插有议论及游者的

感受，使文章显得生动活泼，富有灵性。袁枚提倡性灵，在这篇游记里也有充分的体现，作者把自己的感受深深地楔入了自然，使人充分体验到自然之美。《文心雕龙·物色》说：“诗人感物，联袂不穷。流连万象之际，沉吟视听之区。写气图貌，既随物以宛转；属采附声，亦与心而徘徊。”意思是说，诗人沉溺在自然之中，就不单纯停留在对自然的描摹，而是把心灵与自然交融。袁枚这篇写桂林山水的游记正达到了这一境界。

09. 峨眉山佛光记[1] 范成大[2]

丙申[3]，复登岩眺望，岩后岷山万重；少北则瓦屋山，在雅州[4]；少南则大瓦屋，近南诏[5]，形状宛然瓦屋一间也。小瓦屋亦有光相[6]，谓之“辟支佛现[7]”。此诸山之后，即西域雪山，崔嵬刻削，凡数十百峰。初日照之，雪色洞明，如烂银晃耀曙光中[8]。此雪自古至今未尝消也。山绵延入天竺诸蕃[9]，相去不知几千里，望之但如在几案间[10]。瑰奇胜绝之观，真冠平生矣[11]。复诣岩殿致祷[12]，俄氛雾四起，混然一白。僧云：“银色世界也。”有顷，大雨倾注，氛雾辟易[13]。僧云：“洗岩雨也，佛将大现。”兜罗绵云复布岩下[14]，纷郁而上，将至岩数丈辄止，云平如玉地。时雨点有馀飞，俯视岩腹，有大圆光偃卧平云之上[15]，外晕三重，每重有青、黄、红、绿之色。光之正中，虚明凝湛[16]，观者各自见其形现于虚明之处，毫厘无隐，一如对镜，举手动足，影皆随形，而不见傍人。僧云：“摄身光也。”[17]此光既没，前山风起云驰。风云之间，复出大圆相光，横亘数山，尽诸异色，合集成采，峰峦草木，皆鲜妍绚蒨[18]，不可正视。云雾既散，而此光独明，人谓之“清现”。凡佛光欲现，必先布云，所谓“兜罗绵世界”，光相依云而出；其不依云，则谓之“清现”，极难得。食顷，光渐移，过山而西。左顾雷洞山上，复出一光，如前而差小。须臾，亦飞行过山外，至平野间转徙，得得与岩正相值[19]，色状俱变，遂为金桥，大略如吴江垂虹，而两圯各有紫云捧之。凡午至未，云物净尽，谓之“收岩”。独金桥现至酉[20]后始没。

［注释］［1］峨眉山佛光：峨眉山，是中国佛教四大名山之一，位于中国四川峨眉山市境内，景区面积154平方公里，最高峰万佛顶海拔3099米。

地势陡峭，风景秀丽，有“秀甲天下”之美誉。峨眉佛光又叫峨眉宝光，它看上去像是一个五彩的光环。当游客站在峨眉山金顶背向太阳而立，而前下方又弥漫着云雾时，间或会在前下方的天幕上看到一个外红内紫的彩色光环，中间显现出观者的身影，且人动影随，人去环空。即使两个人拥抱在一起，每个人也只能看到各自的身影。峨眉佛光在公元63年被发现，到现在已经有1900多年的历史。[2]范成大（1126~1193年），字致能，号石湖居士，吴县（今江苏苏州）人。宋高宗绍兴二十四年（1154年）进士，历任礼部员外郎、处州知府、四川制置使、参知政事等职。曾奉命出使金国，在金主面前，他慷慨陈词，不辱使命，为朝野称道。晚年归隐故乡石湖。他的诗与尤袤、杨万里、陆游齐名，号称南宋四大家。传世著作有《石湖居士诗集》《石湖词》《吴船录》《揽辔录》《桂海虞衡志》等。[3]丙申：阴历六月二十八。[4]雅州：今四川省雅安县。[5]南诏：唐代国名，在今云南省大理白族自治州一带。[6]光相：即“佛光”。[7]辟支佛：辟支迦佛陀的简称。[8]烂银晃耀：闪闪发光的白银在闪耀。[9]天竺诸蕃：指古代对少数民族或国外异邦的称谓。[10]几案：桌子。几，矮小；案，长桌。[11]真冠平生：意为真是我一生中所见到的最好的。[12]复：又到。[13]辟（bì）易：退避。[14]兜罗绵云：如木棉一般的云朵。兜罗，木棉的译音，绵，即棉。[15]偃卧：仰面躺下。[16]虚明凝湛：透明澄澈。[17]摄身光：映照出人体的圆光。[18]鲜妍绚蒨（qiàn）：色彩绚烂鲜艳。蒨，即“茜”，红色。[19]得得……相值：恰恰……相遇。[20]酉：酉时，古人以下午五时至七时为酉时。

[赏析] 本文节选自《吴船录》。“峨眉佛光”，驰名古今中外，加之佛教的渲染使其更富有传奇色彩和神秘感。因此，千百年来吸引着无数的好奇者前往观赏。本节文字，作者以时间先后为顺序，详细记述了上峨眉山观览“佛光”的经过。对峨眉奇观的各种“佛光”现象，作者虽不能用科学原理予以阐述，却用他那生花妙笔，将其隐显变幻的万千景象，犹如万花筒似地呈现在读者眼前。如描写“摄身光”时，采用由表及里的写法，展开细致描写，勾勒出“摄身光”那独特的美妙如画的动人景象。再如描写“清现”光，采用由近到远的写法，描画出“清现”光那种绚丽、美妙的迷人画面。再写光与云随风变幻的动态美，“佛光欲现，必先布云，所谓‘兜罗绵

世界’。光相依云而出；其不依云，则谓之‘清现’，极难得。食顷，光渐移，过山而西。左顾雷洞山上，复出一光，如前而差小。须臾，亦飞行过山外，至平野间转徙，得得与岩正相值，色状俱变，遂为金桥，大略如吴江垂虹，而两圯各有紫云捧之”。作者用飞扬的笔法，为读者展示了广阔而又深邃的大自然那千变万化的美丽姿容。峨眉山是佛教名山，登临峨眉金顶“搔首可问天”，大千世界尽收眼底。峨眉以云海、日出、佛光、佛灯为金顶四大奇观，其中尤以佛光最奇，且成为山中的主要景观。范成大在此不惜笔墨着意渲染“佛光”这一人文化的自然景观，可以感知其猎奇与文化心态，同时也更进一步地渲染了峨眉山的神秘色彩。

10. 黄果树瀑布记[1]　徐弘祖[2]

二十三日，雇短夫遵大道南行。二里，从陇头东望双明西岩[3]，其下犹透明而东也。洞中水西出流壑中，从大道下复西入山麓，再透再入，凡三穿岩腹，而后注于大溪。盖是中洼壑，皆四面山环，水必透穴也。又南逾阜，四升降，共四里，有堡在南山岭头[4]。路从北岭转而西下，又二里，有草坊当路，路左有茅铺一家。又西下，升陟陇壑[5]，共七里，得聚落一坞，曰白水铺，已为中火铺矣。又西二里，遥闻水声轰轰，从陇隙北望，忽有水自东北山腋泻崖而下[6]，捣入重渊，但见其上横白阔数丈，翻空涌雪，而不见其下截，盖为对崖所隔也。复逾阜下，半里，遂临其下流，随之汤汤西去；还望东北悬流，恨不能一抵其下。担夫曰：“是为白水河[7]。前有悬坠处，比此更深。”余恨不一当其境，心犹慊慊[8]。随流半里，有巨石桥架水上，是为白虹桥。其桥南北横跨，下辟三门，而水流甚阔，每数丈，辄从溪底翻崖喷雪，满溪皆如白鹭群飞，“白水”之名不诬矣。度桥北，又随溪西行半里，忽陇箐亏蔽[9]，复闻声如雷，余意又奇境至矣。透陇隙南顾，则路左一溪悬捣，万练飞空，溪上石如莲叶下覆，中剜三门[10]，水由叶上漫顶而下，如鲛绡万幅横罩门外[11]，直下者不可以丈数计，捣珠崩玉，飞沫反涌，如烟雾腾空，势甚雄厉，所谓“珠帘钩不卷[12]，匹练挂遥峰”，俱不足以拟其壮也。盖余所见瀑布，高峻数倍者有之，而从无此阔而大者，但从其上侧身下瞰，不免神悚[13]。而担夫曰：“前有望水亭可憩也。”瞻其亭，犹在对崖之上。遂从其侧西南下，复度峡南上，共一里余，跻西崖之巅。其亭乃覆茅所为，盖昔望水亭旧址，今以按君道经，恐其停眺，故编茅为之耳。其处正面揖飞流，奔腾喷薄之状，令人可望而不可即也。停憩久之，从亭南西转，涧乃环山转峡东南去，路乃循崖石级西南下。

［注释］［1］黄果树瀑布：原名叫白水瀑布，是贵州第一胜景，中国第一大瀑布，分布着雄、奇、险、秀风格各异的大小18个瀑布，形成一个庞大的瀑布“家族”，被吉尼斯总部评为世界上最大的瀑布群，列入吉尼斯世界纪录。黄果树大瀑布是黄果树瀑布群中最为壮观的瀑布，是世界上唯一可以从上、下、前、后、左、右六个方位观赏的瀑布，也是世界上有水帘洞自然贯通且能从洞内外听、观、摸的瀑布。［2］徐弘祖：见《游黄山记》注释［2］。［3］陇：高地。［4］阜：土山，泛指小山。堡（bǔ）：围有土墙的小村镇，村庄，堡子。泛指小村庄。［5］陟（zhì）：登高。［6］山腋：山窝。腋，人的胳肢窝。［7］白水河：位于贵州省镇宁布依族苗族自治县，为北盘江的上游。河水自东北山腋泄流而下，经黄果树地段，河床陡落，形成九级瀑布，黄果树瀑布是其中最大最为壮观的一级。［8］慊慊：心不满足的样子。［9］陇箐（qìng）亏蔽：山冈被竹木遮蔽。箐，山涧的大竹林，黔滇一带多有此称。亦泛指竹木生长的山谷。亏蔽，遮掩，黄宗羲《黄复仲墓表》：“古木新篁亏蔽老屋。”［10］剜：挖，开。［11］鲛绡：传说中的鲛人所织的绡。《述异记》云：“南海出鲛绡，泉室（指鲛人）潜织。”［12］珠帘：珍珠缀成的或饰有珍珠的帘子。［13］悚（sǒng）：恐惧，惶恐。

［赏析］黄果树瀑布原名白水河瀑布，是世界最著名的瀑布之一。本文节选自《游白水河瀑布日记》（见《黔游日记一》）。明崇祯十一年（1638年）三月二十七日，徐霞客自广西进入贵州。四月十四日，离开贵阳，取滇黔大道向西而行。四月二十三日，游了白水河瀑布。徐霞客游览白水河瀑布，经过了发现、震撼、细赏三个过程，用水声的变化，担夫的提示，将瀑布越拉越近，在远近各别的位置上，形象地展示了瀑布不同的形态。如初见到的瀑布为远景，“遥闻水声轰轰”，“但见其上横白阔数丈，翻空涌雪，而不见其下截”。“复闻声如雷”，至悬坠处侧身下瞰，则“捣珠崩玉，飞沫反涌，如烟雾腾空，势甚雄厉”。后绕到对崖望水亭位置，看到的是：“正面揖飞流，奔腾喷薄之状，令人可望而不可即也”。作者在此不断变换位置，设法接近，

反复赏玩，并以生动传神的语言，从声、色、形、感受诸方面重墨浓彩地描绘了黄果树各种形态的瀑布，生动传神地展现了一幅幅或“有水自东北山腋泻崖而下，捣入重渊”，或“一溪悬捣，万练飞空”，或“水由叶上漫顶而下，如鲛绡万幅横罩门外”的壮观瑰丽画卷，实在让人心动，令人神往。徐霞客游记中赏景之独到，构思之匠心，运笔之精妙，于此皆可见一斑。

第五章 中国古代建筑

本章导读

【本章概述】 本章首先从发展简史、传统思想、基本特征及等级观念四个方面简要介绍了中国古代建筑文化的概况，然后分专题重点介绍了中国古代建筑中的宫殿与坛庙，古城、古镇、古村与古长城，以及古陵墓、古楼阁、古塔和古石桥的概况与特点。

【学习要求】 了解中国古代建筑的历史沿革和基本特征。熟悉中国古代建筑的基本构成与等级观念。掌握宫殿、坛庙、陵墓、古城、古长城、古镇古村、古楼阁、古塔和古桥的类型、布局、特点等相关知识。

我国古代劳动人民在人类文明发展的漫长历史进程中，创造了光辉灿烂的建筑艺术。中国古代建筑以其独特的取材、巧妙的结构和别具风格的造型艺术在世界建筑史上占有重要地位，被称为“凝固的诗，立体的画”。

第一节　中国古建筑文化概述

中国的建筑艺术在原始社会已开始萌芽，到封建社会已经取得了很高的成就，并形成了一个风格独特的建筑体系。

一、中国古建筑发展简史

中国古建筑的发展历史可追溯到原始社会早期，原始人利用天然崖洞或构木为巢作为居所。到了原始社会晚期，我们北方的祖先利用黄土层为壁体修建土穴，并用木架和草泥建造简单的穴居或浅穴居，南方则出现了干栏式木构建筑。

在商代，已经有了较成熟的夯土技术，建造了规模相当大的宫室和陵墓。西周及春秋时期，营造了很多以宫市为中心的城市。原来简单的木构架，经商周以来的不断改进，已成为中国建筑的主要结构方式。瓦的出现与使用，解决了屋顶防水问题，是中国古建筑的一次重大进步。战国时期，城市规模比以前扩大，高台建筑更为发达，并出现了砖和彩画。

秦汉时期，木构架结构技术已日渐完善，其主要结构方法抬梁式和穿斗式已发展成熟。石料的使用逐步增多，东汉时出现了全部石造的建筑物，如石祠、石阙和石墓。秦汉时期还修建了空前规模的宫殿、陵墓、万里长城、驰道和水利工程。

魏晋南北朝时期，在建筑材料方面，砖瓦的产量和质量有所提高，金属材料被用作装饰。在技术方面，大量木塔的建造，显示了木结构技术的提高；砖结构被大规模地应用到地面建筑，河南登封嵩岳寺塔的建造标志着石结构技术的巨大进步；石工的雕琢技术也达到了很高的水平。大量兴建佛教建筑，出现了许多寺、塔、石窟和精美的雕塑与壁画。

隋唐时期，隋朝建造了规划严整的大兴城，开凿了南北大运河，修建了世界上最早的敞肩石拱桥——赵州桥。唐朝的城市布局和建筑风格规模宏大，气魄雄浑，长安城在隋大兴城的基础上继续经营，成为当时世界上最大的城市。在建筑材料方面，砖的应用逐步增多，砖墓、砖塔的数量增加；琉璃的烧制比南北朝进步，使用范围也更为广泛。在建筑技术方面，出现了木构架设计的标准，木构件的比例形式逐步趋向定型化，并出现了专门掌握绳墨绘制图样和施工的都料匠。建筑与雕刻装饰进一步融合，创造出了统一和谐的风格。唐朝的住宅，根据主人不同的等级，其门厅的大小、间数、架数以及装饰、色彩等都有严格的规定，体现了中国封建社会严格的等级制度。这一时期遗存下来的殿堂、陵墓、石窟、塔、桥及城市宫殿的遗址，无论布局或造型都具有较高的艺术和技术水平，雕塑和壁画尤为精美，是中国封建社会前期建筑的高峰。我国现存最早的木结构建筑的实物仅有唐代的五台山南禅寺和佛光寺部分建筑。其建筑特点是，单体建筑的屋顶坡度平缓，出檐深远，斗拱比例较大，柱子较粗壮，多用板门和直棂窗，风格庄重朴实。

宋朝建筑的规模一般比唐朝小，但比唐朝建筑更为秀丽、绚烂而富于变化，出现了各种复杂形式的殿阁楼台和仿木构建筑形式的砖石塔和墓葬，创造了很多华丽精美的作品。建筑构件的标准化在唐代的基础上不断发展，各工种的操作方法和工料的估算都有了较严格的规定，并且出现了总结这些经验的建筑文献《营造法式》。《营造法式》是北宋政府为了管理宫室、坛庙、官署、府第等建筑工程，于北宋崇宁二年（1103 年）颁行的，是各种建筑的设计、结构、用料和施工的“规范”。现存宋代的建筑有山西太原晋祠圣母殿、福建泉州清净寺、河北正定隆兴寺和浙江宁波保国寺等。其建筑特征是：屋顶的坡度增大，出檐不如前代深远，重要建筑门窗多采用菱花隔扇，建筑风格渐趋柔和。

元朝的元大都按照汉族传统都城的布局建造，是自唐长安城以来又一个规模巨大、规划完整的都城。元代城市进一步发展了各行各业的作坊、店铺和戏台、酒楼等娱乐性建筑。从西藏到大都建造了很多藏传佛教寺院和塔，大都、新疆、云南及东南地区的一些城市陆续兴建伊斯兰教礼拜寺。藏传佛教和伊斯兰教的建筑艺术逐步影响到全国各地。中亚各族的工匠也为工艺美术带来了许多外来因素，使汉族工匠在宋、金传统建筑布局上进行创造的宫殿、寺、塔和雕塑等表现出若干新的趋势。现存元代的建筑有山西芮城永乐宫、洪洞广胜寺等。使用辽代所创的“减柱法”已成为大小建筑的共同特点，梁架结构又有了新的创造，许多大构件多用自然弯材稍加砍削而成，形成当时建筑结构的主要特征。

明清时期，明朝由于制砖手工业的发展，砖的生产大量增长，明代大部分城墙和一部分规模巨大的长城都用砖包砌，民间建筑也大量使用砖瓦。琉璃瓦的生产，无论数量或质量都超过过去任何朝代。官式建筑已经高度标准化、定型化。清朝于 1723 年颁布了《工部工程做法则例》，统一了官式建筑的模数和用料标准，简化了构造方法。皇家和私人的园林在传统基础上有了很大的发展，在明末出现了一部总结造园经验的著作——《园冶》，并留下了许多优秀作品。北京明清故宫和沈阳故宫是明清宫殿建筑群的实例。

二、传统思想在古代建筑中的体现

对于有着几千年文明史的中华民族来讲，传统思想也必然在古代建筑中有着深刻的体现和巨大的影响。主要体现在以下几个方面：

（1）敬天祀祖。在中华民族的历史中，礼制始终是至高无上的。封建帝王为统治国家，制定了一整套礼制。在我国古代，帝王认为“万物本乎天，人本乎祖”。万物由天而生，人类由祖宗而发展，所以对天、对祖先必须进行祭祀，这样可以得到上天的恩施，得到祖先神灵的荫庇。在这种思想的指导下，历朝历代封建帝王建起了祭天、祭祖、祭社稷的坛庙建筑。

（2）皇权至上。中国封建社会历代统治者无不把皇权看成是至高无上的，而皇宫就是皇权的象征，因此在皇宫的设计上，充分体现出皇权至上的思想。北京明清故宫是我国现存最大、最完整的宫殿建筑群，它的总体规划和建筑形制最大限度地体现了皇权至上的思想。

（3）以中为尊。我国古代崇拜“中”的意识与古代人们对北极星的崇拜有关。人们发现，北斗星座的运转好像总是围绕着一个点——北极星，北极星恒定不动，而满天星斗都拱卫着它，以它为中心永无休止地运动，古人认为它就是神圣的天之中心。由此，逐渐产生了以中为尊的天理之道。在这种“以中为尊”的思想主导下，我国古代建筑亦处处体现出“以中为尊”，中轴线几乎成为我国古建筑群体现神权和皇权的凝固线。

（4）阴阳五行。“阴阳五行”学说是“阴阳”和“五行”两说的合流。这一学说在我国传统思想中产生过深远的影响，也必然渗透到我国古代建筑设计思想中。在北京城和明清故宫的设计思想中就极其鲜明地体现了这一思想：因天为阳，地为阴，南为阳，北为阴，故天坛必在南方，地坛必在北方。

三、古代建筑的基本特征

我国幅员辽阔，民族众多，各地受不同自然和历史条件的影响，建筑的样式各具特色。因此可以说，传统的中国古建筑体系既有统一的风格，又有丰富多彩的形式，其类别之众、形体之繁，结构风格之奇巧、艺术装饰之优美，堪称世界之最。其基本的特征有以下几个方面：

1. 巧妙而科学的木构架结构

中国古代建筑以木构架结构为主要的结构方式，创造了与这种结构相适应的各种平面组合和外部形态。在长期实践的过程中，梁柱式结构以其各方面的优越性，成为中国古代建筑结构的主流，并由此形成了它的独特艺术风格。

中国古代木构架结构主要有以下三种形式：

（1）“抬梁式”。是在柱上抬梁，梁上安柱（短柱），柱上又抬梁的结构方式（图 5–1）。这种结构方式的特点是可以使建筑物的面阔和进深加大，以满足扩大室内空间的要求，成了大型宫殿、坛庙、寺观、王府、宅第等豪华壮丽建筑物所采取的主要结构形式。

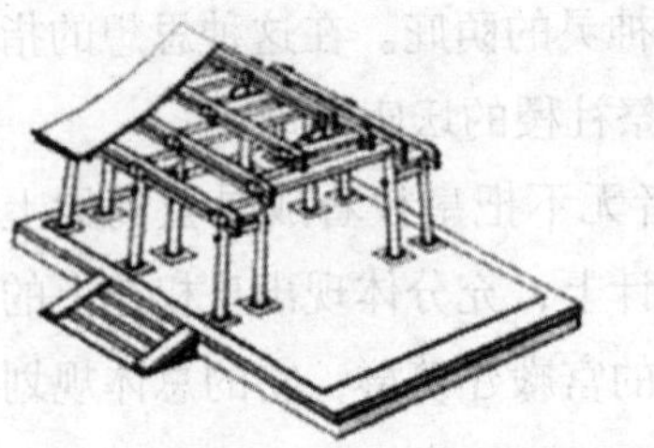

图 5–1　抬梁式

（2）“穿斗式”。是用穿枋、柱子相穿通接斗而成，便于施工，最能抗震，但较难建成大形殿阁楼台（图 5–2），所以我国南方民居和较小的殿堂楼阁多采用这种形式。

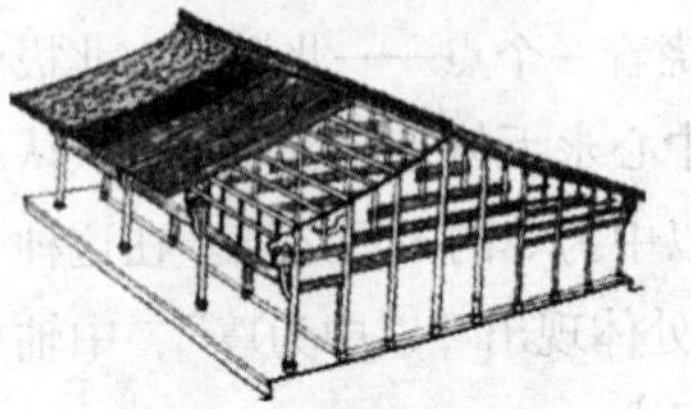

图 5–2　穿斗式

（3）“井干式”。是以圆木或方木四边重叠，结构如“井”字形（图 5–3），这是一种最原始而简单的结构，现除山区林地之外，已很少见到了。

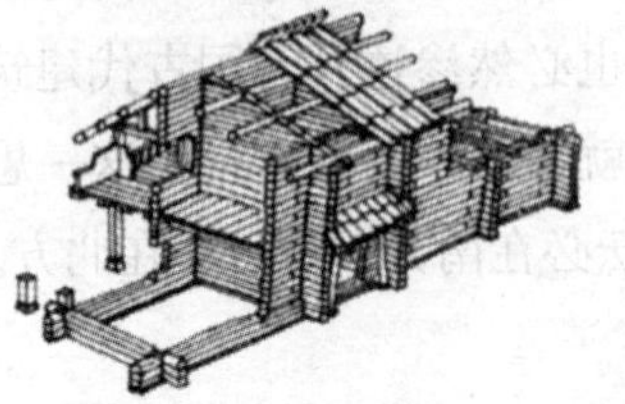

图 5–3　井干式

有些建筑物还采用了抬梁与穿斗相结合的形式，更为灵活多样。

由于木材建造的梁柱式结构，是一个富有弹性的框架，这就使它还具有一个突出的优点即抗震性能强。它可以把巨大的震动能量消失在弹性很强的节点上。“墙倒屋不塌”这句民间的俗语，充分表达了上述梁柱式结构体系的特点。

2. 庭院式的组群布局

以木构架结构为主的中国建筑体系，在平面布局方面具有鲜明的特点：

即以“间”为单位构成单体建筑，再以单体建筑组成庭院，进而以庭院为单元，组成各种形式的组群。木结构建筑由于木材长度等天然局限性，单体建筑物的规模不可能很大。因此，宫殿、庙宇建筑除了利用高起的地势、巨大的台基烘托外，主要借助于建筑群体的有机组合来取得宏伟壮丽的艺术效果。

中国古代建筑的布局形式有严格的方向性，常为南北向，只有少数建筑群因受地形地势限制采取变通形式，也有由于受宗教信仰或阴阳五行风水思想的影响而改变方向的。

中国古代建筑的庭院与组群布局，一般采用对称的方式，沿着纵轴线与横轴线设计。多数以纵轴线为主，横轴线为辅。一般将主要建筑物布置在纵轴线上，次要建筑物则布置在主要建筑物前的两侧，东西对峙，组成一个方形或长方形院落。

3. 丰富多彩的艺术形象

中国古代建筑的艺术处理，经过几千年的努力和经验积累，创造了丰富多彩的艺术形象。单体建筑从整个形体到各部分构件，利用木构架的组合和各构件的形状及材料本身的质感等进行艺术加工，达到建筑的功能、结构和艺术的统一。

四、古代建筑的等级

我国古代建筑在很大程度上受到了中国传统文化意识和封建伦理观念的影响，在建筑物的屋顶、面阔、台基，乃至色彩和彩绘的图案等方面，都有严格的等级差别。

1. 屋顶

“大屋顶”和飞腾的挑檐是我国古代建筑最具特色的外观特征。自汉代以来，我国古代工匠设计了庑殿、歇山、攒尖、悬山、硬山、卷棚等多种屋顶形式和重檐屋顶结构，并利用各种屋顶形式的组合创作出了丰富的形象。

（1）庑殿顶。屋面四坡五脊，前后屋面相交形成一条正脊，两侧屋面与前后屋面相交形成四条斜脊，俗称五脊顶。庑殿顶又有单檐和重檐之分（图5-4），官式建筑中重檐庑殿顶规格最高，如故宫太和殿。

（2）歇山顶。又称九脊顶，由一条正脊、四条垂脊和四条戗脊组成。前后两坡为整坡，左右两坡为半坡，半坡以上的三角形区域为山花（图 5–5）。

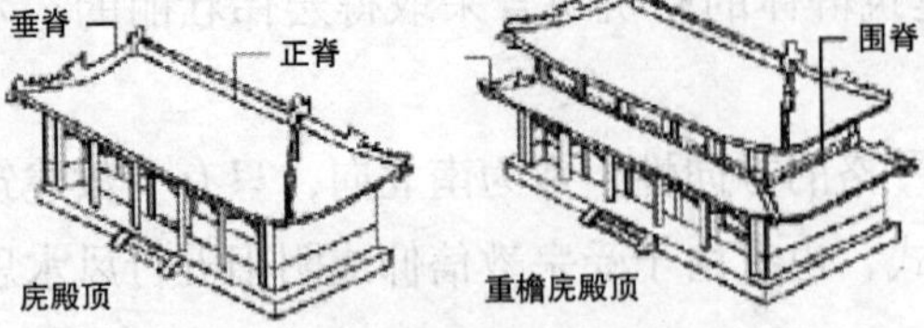

图 5–4 庑殿顶与重檐庑殿顶

图 5–5 重檐歇山顶

歇山顶也有单檐与重檐之分，重檐歇山顶等级仅次于重檐庑殿顶，多用于规格很高的殿堂，如故宫保和殿、天安门等。

（3）攒尖顶。平面为圆形或多边形，屋面在顶部交会于一点，形成锥形，多在尖端置宝顶装饰。有单檐与重檐之分（图 5–6）。

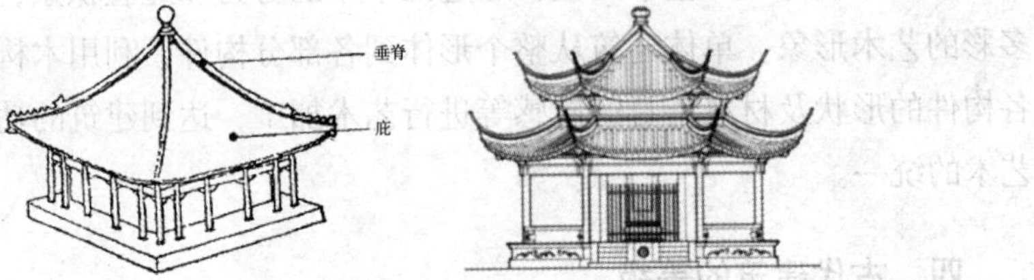

图 5–6 单檐与重檐攒尖顶

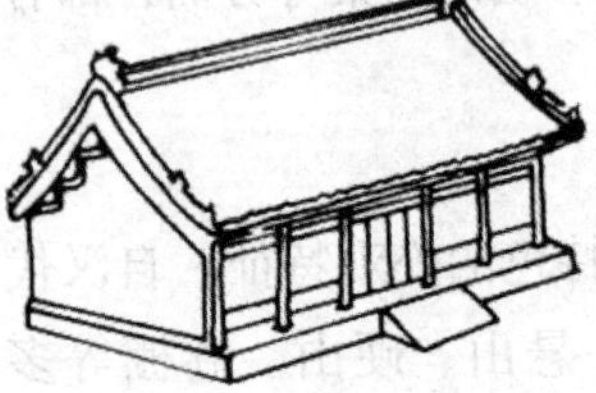

图 5–7 悬山顶

（4）悬山顶。有五脊二坡，屋檐悬伸出山墙之外，并由下面伸出的桁（檩）等承托。因其挑出山墙之外，故又称挑山顶（图 5–7）。

（5）硬山顶。有五脊二坡，左右两面山墙或与屋面平齐，或高出屋面。高出的山墙称风火墙，其主要作用是防止火灾发生时火势顺房蔓延（图 5–8）。

（6）卷棚顶。为双坡屋顶，两坡相交处不做大脊，由瓦垄直接卷过屋面呈弧形的曲面。卷棚顶整体外貌与歇山、悬山、硬山一样，唯一的区别是没有明显的正脊，颇具曲线所独有的阴柔之美（图 5–9）。

图 5-8 硬山顶

图 5-9 卷棚顶

根据重檐屋顶的等级高于单檐屋顶的原则，官式建筑屋顶形式级别从高到低依次为重檐庑殿、重檐歇山、单檐庑殿、单檐歇山、攒尖、悬山、硬山、卷棚。

我国古代遗留的建筑精品中，除上述单一造型屋顶外，还有由各种单体屋顶组合而成的复杂形体，如北京故宫角楼、岳阳楼等。

2. 面阔

中国古代木结构建筑都以“间”作为计数单位，由四根柱子所组成的空间称为“间”。一间的宽度，叫面阔。而整个建筑物正面若干间加起来的宽度，叫通面阔，一般简称面阔。如 10 根柱子就是面阔 9 间，6 根柱子就是面阔 5 间。建筑物侧面间的深度叫进深。若干间合起来的深度叫通进深。简称进深。

面阔间数越多，建筑物级别越高。为保持建筑物正中开门的特征，所以一般面阔间数为奇数。在间数中，往往以“九五”象征帝王之尊（面阔九间，进深五间）。因为奇数为阳，“九”为阳数之极（至尊之意），“五”为阳数之中位（以中为尊）。另一种说法称，“九五之尊”出自《周易》乾卦爻辞“九五，飞龙在天，利见大人”。后来人们因以“九五”指帝位。

3. 台基

台基是一种高出地面的台子，是建筑物的底座，用以承托建筑物，使建筑物显得高大雄伟，并有防潮、防腐的作用。

台基根据材料（汉白玉、普通石头、土）、层数（三层、二层、一层）和结构（须弥座、普通座）的不同来区分等级。材料越好、层数越高的台基级别就越高；须弥座台基级别高于普通座台基。

4. 柱色

金色的级别最高，其次为红色，再次是黑色。

5. 门色

清朝规定：皇宫正殿门为红色；一品至三品官员府第门为红色；四品以下官员府第门为黑色。

6. 彩画

彩画多出现于梁枋、斗拱、天花、藻井等构件上，构图与构件形状紧密结合，绘制精巧、色彩丰富。彩画的使用有严格的等级规定，级别由高到低分为和玺彩画、旋子彩画、苏式彩画三种。

明代规定，庶民民居不得饰彩画。

第二节　宫殿与坛庙

一、宫殿

宫殿是帝王朝会和居住的地方，以其巍峨壮丽的气势、宏大的规模和严谨整饬的空间格局，给人强烈的精神感染，凸显帝王的权威。

宫殿是我国古代建筑中最高级、最豪华、艺术价值最高的一种类型。代表当时建筑技术与艺术的最高水平和东方帝制时代的壮美与恢宏。

1. 宫殿的布局

（1）严格的中轴对称。为了表现君权受命于天和以皇权为核心的等级观念，宫殿建筑采取严格的中轴对称的布局方式。中轴线上的建筑高大华丽，轴侧的建筑低小简单。这种明显的反差，体现了皇权的至高无上；中轴线纵长深远，更显示了帝王宫殿的尊严华贵。

（2）左祖右社。或称左庙右社。中国礼制思想中的一个重要内容即崇敬祖先、提倡孝道，祭祀土地神和粮食神。所谓“左祖”，是在宫殿左前方设祖庙。祖庙是帝王祭祀祖先的地方，因为是天子的祖庙，故称太庙；所谓“右社”，是在宫殿右前方设社稷坛。社为土地，稷为粮食。社稷坛是帝王祭祀土地神、粮食神的地方。

（3）前朝后寝。这是宫殿自身的布局。宫殿由前后两部分组成，一墙之隔，“前堂后室”即“前朝后寝”。所谓“前朝”，即为帝王上朝治政、奉行大典之处；所谓“后寝”，即帝王和后妃们生活居住的地方。

2. 宫殿建筑的室外陈设

（1）华表。古代设在宫殿、城垣、桥梁、陵墓前，作为标志和装饰用的大柱。华表高高耸立，既体现了皇家的尊严，又给人以美的享受。华表一般为石质，柱身通常雕有蟠龙等纹饰，上端横插一云板，顶上有承露盘和蹲兽朝天犼。传说犼能下传天意，上达民意。华表竖立于皇宫和帝王陵园之前，作为皇家建筑的特殊标志。设在陵墓前的又名墓表。

（2）石狮（或铜狮）。宫殿大门前都有一对石狮（或铜狮）。石狮（或铜狮）有辟邪的作用；又因为狮是兽中之王，所以又有显示“尊贵”和“威严”的作用。按照中国文化的传统习俗，成对石狮系左雄右雌，雄狮爪下为球，象征着一统天下；雌狮爪下踩幼狮，象征着子孙绵延。

（3）日晷。即日影，它利用太阳的投影和地球自转的原理，借指针所生阴影的位置来显示时间。

（4）嘉量。我国古时的标准量器。全套量器从大到小依次为斛、斗、升、合、龠。含有统一度量衡的意义，象征着国家的统一和强盛。

（5）吉祥缸。置于宫殿前盛满清水以防火灾的水缸，有的是铜铸的。古代称为“门海”，比喻缸中水似海可以扑灭火灾，故又被誉为吉祥缸。

（6）鼎式香炉。香炉是古代的一种礼器，举行大典时用来盛放燃烧的檀香和松枝。

（7）铜龟、铜鹤。龟和鹤是中国传统文化中的神灵动物，用来象征长寿。最有名的被称为龙头龟、仙鹤。

3. 中国现存著名宫殿

北京故宫。位于北京市中心，是世界上现存规模最大、最完整的古代木构建筑群。始建于 1406 年，历时 14 年才完工，为明清两代的皇宫，有 24 个皇帝相继在此登基执政。北京故宫占地 72 万平方米，建筑面积约 15 万平方米。宫殿分前后两部分，即前朝和内廷。前朝是皇帝奉行大典、召见群臣、行使权力的场所，以太和殿、中和殿、保和殿三大殿为中心。保和殿之后为内廷，是皇帝日常处理政务和帝后、嫔妃以及幼年皇子、公主居住、游玩、萨满祭祀之处。主要建筑有乾清宫、交泰殿、坤宁宫及两侧的十二座宫院。内廷有三座花园，即宁寿宫花园、慈宁宫花园和御花园。1911年辛亥革命爆发，末代皇帝溥仪退位后仍居内廷，直至1924年被逐出宫。1925年故宫博物院正式成立，延续至今。

沈阳故宫。位于沈阳旧城中心，占地6万平方米，全部建筑90余所，300余间。是清朝入关前清太祖努尔哈赤、清太宗皇太极建造的皇宫，又称盛京皇宫。清世祖福临在此即位称帝。沈阳故宫按照建筑布局和建造时间先后，可以分为三部分：东路为努尔哈赤时期建造的大政殿与十王亭；中路为皇太极时期续建的大清门、崇政殿、凤凰楼以及清宁宫等；西路为乾隆时期增建的戏台、嘉荫堂、文溯阁等。

布达拉宫。位于西藏拉萨市的红山上，“布达拉”是梵语音译，又译作“普陀”，原指观世音菩萨所居之岛。布达拉宫是一座规模宏大的宫堡式建筑群，始建于7世纪吐蕃赞普（藏王）松赞干布时期。17世纪五世达赖喇嘛时期重建，成为历代达赖喇嘛的驻地。主体建筑分白宫和红宫。白宫是达赖喇嘛的冬宫，红宫主要是达赖喇嘛的灵塔殿和各类佛殿。布达拉宫更以辉煌的艺术作品和珍贵文物而闻名。

二、坛庙

1. 祭祀与坛庙建筑

中国古代建筑除以“礼”来制约各类建筑的形制以外，同时还有一系列由“礼”的要求而产生的建筑。帝王、官吏和民间祭祀天地、日月、名人、祖先的坛、庙、祠等均属于这类礼制建筑。

祭祀天、地、日、月等活动，是历代帝王登基后的重要活动。祭天在南郊的天坛，时间在冬至日；祭地在北郊的地坛，时间在夏至日；祭日于东郊的日坛，时间在春分日；祭月于西郊的月坛，时间在秋分日。因为祭天、地、日、月等活动都在郊外进行，所以统称为郊祭。

历史上一些立下丰功伟业的皇帝，如秦始皇、汉武帝等，都曾登五岳之首泰山举行特殊的祭告天地典礼，称为“封禅大典”。

2. 中国现存著名坛庙

北京太庙。位于天安门东侧，为明、清两代皇室祖庙，今为劳动人民文化宫。其位置按照中国传统的“左祖右社”的规定，平面呈南北向长方形，正门在南，四周有围墙三重。主要建筑为大殿及配殿，前面有琉璃砖门及戟门各一座，两门之间有7座石桥。外有高大厚重的墙垣和树冠茂密的古柏，内有空敞宁静的庭园，庄严肃穆，静谧安宁。

北京社稷坛。中国传统的治国思想是“以农为本”，发展农业生产与土地密切相关，所以要祭祀土地神和粮食神。古代以“社稷”代称国家。北京社稷坛按“五行”中五方五色的配置，中央为黄，东方为青，南方为红，西方为白，北方为黑，用五色土覆盖于坛面，以象征“普天之下，莫非王土”和祈求全国风调雨顺、五谷丰登。由于祭祀社稷是由北向南设祭，所以其总体形制与太庙相反，即享殿、拜殿及正门均在北，以正门、享殿、拜殿、五色土方坛为序，由北向南展开。

天坛。始建于明永乐年间，是明清皇帝祭天和祈祷丰年的地方，是中国礼制建筑中规模最大、等级最高的建筑群。在布局上，天坛按照使用性质的不同划分为五组建筑：在内墙内沿南北的轴线，南部有祭天的圜丘坛；中部有存放上天和诸神灵位的皇穹宇；北部有祈祷丰年的祈年殿；内墙西门南侧是皇帝祭祀前斋宿的宫殿斋宫；外墙西门以内有饲养祭祀用牲畜的牺牲所和培训舞乐人员的神乐署。圜丘坛和祈年殿是建筑群的主体，中间以400米长砖铺砌的甬道相连，称“丹陛桥”。天坛的设计采用象征表现手法来展示中国传统文化的寓意。北圆南方的坛墙和圆形建筑搭配方形外墙的设计，都寓意着“天圆地方”的宇宙观。

地坛。位于北京，始建于明嘉靖年间，是明清两朝帝王祭祀“后土皇地祇”的场所，也是我国现存最大的祭地之坛。坛呈方形，地坛现存有方泽坛、皇祇室等古建筑。天坛和地坛从整体到局部都是遵照我国古代“天圆地方”“天青地黄”“天南地北”等传统观念和象征传说构思设计。

曲阜孔庙。位于山东省曲阜市，是第一座祭祀孔子的庙宇。曲阜孔庙原为孔子故宅，鲁哀公时立庙，历代增修，至明中叶扩至现存规模，其面积之大，时间之久，气魄之雄伟，保存之完好，被中国古建筑学家称为世界建筑史之奇迹“唯一的孤例”，不仅是儒家文化的载体，更是一座屹立于世界东方的文化艺术殿堂。孔庙平面呈长方形，建筑群以中轴线贯穿，左右对称，布局严谨，共有九进院落，分成三路，著名的建筑有棂星门、奎文阁、杏坛、大成殿、诗礼堂等。孔庙与孔府、孔林并称“三孔”。

第三节 古城、古镇古村与古长城

古城、古镇古村与古长城是古建筑中体量最大的建筑实体，历经朝代交替、世事沧桑，记载下了历史与文明的脚步。

一、古城

1. 城池的含义

城池指的是城和池两部分。

城，即城墙。旧时在都邑四周用作防御的城垣。一般有两重：里面的称城，外面的称郭。城墙上有城楼、角楼、垛口等防御工事，构成一套坚固的防御体系。

池，即护城河。是城垣外的壕沟。是都邑的又一道防御屏障。

2. 城池的主要组成部分

城池建筑经过各朝代实践经验的总结不断完善，日趋坚固，易于防守，城墙、敌楼、角楼、垛口、城门、城楼、瓮城、箭楼、千斤闸、护城河、吊桥等组成了一个完整的防御体系，宛如铜墙铁壁，拒敌于城外。

3. 我国现存的著名古城

现存的著名古代城池有江苏南京古城、陕西西安古城、山西平遥古城和云南丽江古城等。

南京古城。城墙修筑于明朝，是明太祖朱元璋经过3年准备，历经21年建成的。原建宫城、皇城、外郭已毁，仅剩都城城垣。城垣内侧周长33公里，为世界第一。城垣用巨大的条石砌基，上筑夯土，外砌巨砖，砖缝用石灰和糯米浆浇灌，墙用桐油和拌和料结顶，十分坚固。原有城门13座，其中聚宝（中华）、石城、神策、清凉四门保存至今。聚宝门规模最大，是我国现存最大、最为完整的堡垒瓮城，在我国城垣建筑史上占有极其重要的地位。

西安古城。城墙是中国现存规模最大、保存最完整的古代城垣。现存城墙为明代建筑，全长13.7公里，城墙用黄土分层夯筑。西安城墙有四座古城门，每座门外设箭楼，以利射击，内建城楼，两楼之间建瓮城。从民国开始为方便出入古城区，先后新辟了多座城门，至今西安古城城墙已有城门18座。

平遥古城。位于山西平遥县，建于明洪武年间。城外表全部用青砖砌筑，内墙为土筑。周辟六门。东西门外又筑瓮城，以利防守。城门上原建有高数丈的城门楼，四周各筑角楼，每隔50米筑城台一座，连同角楼，共计94座，今大多已残坏。城外有护城河。城内街道、集市、楼房、商店均保留原有形制，是研究我国明代县城建置的实物资料。

丽江古城。位于云南西北部，是融合纳西民族传统建筑及外来建筑特色的唯一城镇。始建于南宋末年。丽江古城未受中原建城礼制影响，城中道路网不规则，没有森严的城墙。黑龙潭是古城的主要水源，潭水在双石桥处被分为东、中、西三条支流，各支流再分为条条细流入墙绕户，形成水网。

二、古镇古村

古镇古村是中国文化遗产的重要组成部分，它反映了不同地域、不同民族、不同经济社会发展阶段聚落形成和演变的历史过程，真实记录了传统建筑风貌、优秀建筑艺术、传统民俗民风和原始空间形态。

中国历史文化名镇名村，是由建设部和国家文物局从2003年起共同组织评选的，目的是保存具有重大历史价值或纪念意义的、能较完整地反映一些历史时期传统风貌和地方民族特色的镇和村。截至2014年3月，入选中国历史文化名镇名村的共有528个，分布在全国25个省份，包括太湖流域水乡古镇群、皖南古村落群、川黔渝交界古村镇群、晋中南古村镇群、粤中古村镇群等。这些名镇名村中，既有乡土民俗型、传统文化型、革命历史型，又有民族特色型、商贸交通型，基本反映了中国不同地域历史文化村镇的传统风貌。

截至2014年，入选中国历史文化名镇名录的古镇共有252个。首批入选中国历史文化名镇的共有10个：山西省灵石县静升镇、江苏省昆山市周庄镇、江苏省吴江市同里镇、江苏省苏州市吴中区甪直镇、浙江省嘉善县西塘镇、浙江省桐乡市乌镇、福建省上杭县古田镇、重庆市合川区涞滩镇、重庆市石柱县西沱镇、重庆市潼南县双江镇。

截至2014年，入选中国历史文化名村的共有276个。首批入选中国历史文化名村共有12个：北京市门头沟区斋堂镇爨底下村、山西省临县碛口镇西湾村、浙江省武义县俞源乡俞源村、浙江省武义县武阳镇郭洞村、安徽省黟县西递镇西递村、安徽省黟县宏村镇宏村、江西省乐安县牛田镇流坑村、福建省南靖县书洋镇田螺坑村、湖南省岳阳县张谷镇张谷英村、广东省佛山市三水区乐平镇大旗头村、广东省深圳市龙岗区大鹏镇鹏城村、陕西省韩城市西庄镇党家村。

三、古长城

1. 长城的历史演变

长城是中国古代规模最宏大的防御工程，它是历代修筑者为防御外来侵略，保卫整个国家而修建的。它以浩大的工程，雄伟的气魄和悠久的历史著称于世，被誉为古代人类建筑史上的一大奇迹。

据文献记载，春秋时楚国最早修筑长城数百里，称“方城”。

战国时期，齐、魏、燕、赵、秦等国也相继兴筑长城。

秦始皇统一六国后，以秦、赵、燕三国的北方长城作为基础，修缮增筑，成为西起临洮、东至辽东的长城。

此后，直至明代又先后有许多朝代曾在北边与游牧民族接境地带筑过长城。其中以汉长城规模最大，东起辽东，西迄蒲昌海（今新疆罗布泊），长1万公里，是汉武帝在三次征服匈奴的基础上修筑而成的，不仅抵御了匈奴南下，而且保护了通往西域的陆上交通——丝绸之路。

明代为了防御鞑靼、瓦剌的侵扰，曾多次修筑长城，西起甘肃嘉峪关，东至辽宁丹东虎山，全长6000余公里。

2. 长城的结构

长城的结构较复杂，其设施因时代而异。它包括城墙、敌台、烽火台、关隘等，其功能各异而相互辅佐，彼此呼应，组成了完整的军事防御工程体系。

（1）城墙。为长城的建筑主体。多建于高山峻岭或平原险阻之处，其建造往往依照“因地而异、就地取材、因材施用”的原则。城墙外侧一面设垛口墙，上部有望口，下部有射洞和礌石孔。

（2）敌台。是骑跨城墙突兀于墙外的建筑，可以从侧向射击敌人，达到二台互相策应，不使敌人有登城的可能。敌台如上有重楼则称敌楼，上层同样环以垛口，中层四面开箭窗，下层可发火炮。楼中既可遮风、防雨、休息，又可储存武器。

（3）烽火台。是利用举火和燃烟来传达军情的高台建筑。一般都筑在长城附近的小山包上，如遇敌情，白天燃烟，夜间放火，并以鸣炮的数目告知来敌的大致数目，这样台台相传，通报敌情消息。

（4）关隘。是长城沿线的重要据点，通常设在交通要冲，并且有几道关墙，设置关门等。扼守着出入长城的咽喉要道。历史上著名的关隘有阳关、玉门关、山海关、居庸关、嘉峪关、雁门关、平型关、娘子关、黄崖关等。

3. 现存著名的长城景观

长城沿线形成了众多著名的景观，有老龙头、山海关、居庸关、八达岭、嘉峪关、玉门关、慕田峪、九门口、大同长城等。此外，浙江临海有“江南长城”，湖南湘西有“苗疆长城”。

八达岭长城。位于北京西北，是明长城中保存最完好、最具代表性的一段。这里是重要关口居庸关的前哨，海拔1015米，地势险要，历来是兵家必争之地，是明代重要的军事关隘和首都北京的重要屏障。登上这里的长城，可以居高临下，尽览崇山峻岭的壮丽景色。

居庸关。位于北京市昌平区境内。居庸关的得名始自秦代。相传秦始皇修筑长城时，将囚犯、士卒和强征来的民夫徙居于此，取“徙居庸徒”之意。现存的关城是明太祖朱元璋派遣大将军徐达督建的。为北京西北的门户。

山海关。位于河北省山海关境内，其北踞燕山，南抵渤海，全长26公里，位居东北、华北间的咽喉要冲，自古为兵家必争之地。山海关筑于明代洪武年间，关城平面呈方形，有城门四座，各门之上筑高城，现仅有东门保存完好。老龙头长城是长城入海的端头部分，有“中华之魂”的盛誉。

嘉峪关。位于甘肃省嘉峪关市西南隅，因建于嘉峪山麓而得名，是明朝万里长城西端的终点，建于明洪武年间，是目前保存最完整的一座城关，有“天下第一雄关”的美名，也是丝绸之路上的重要一站。城关是由内城、外城和城壕组成的完整军事防御体系。现在看到的城关以内城为主，由黄土夯筑而成，外面包以城砖，坚固雄伟。

第四节 陵墓

陵墓建筑是中国古代建筑的重要组成部分，中国古人基于人死而灵魂不灭的观念，普遍重视丧葬，因此，无论任何阶层对陵墓皆精心构筑。

一、封土的沿革

自产生灵魂观念以后，人们开始产生筑坟的念头。大约从周代开始，出现“封土为坟”的做法。按照官吏级别大小以决定封土的大小，当然天子、诸侯死了以后，其陵墓封土无疑是最大的。

（1）秦汉两代的“方上”。早期帝王的陵墓，是在地宫之上用黄土层层夯筑而成，呈覆斗形。因为陵墓的上部是方形平顶，犹如方形锥体被截去顶部，故名“方上”。现存秦代秦始皇陵以及汉代帝王陵墓，都取方上形式，其中尤以秦始皇陵为典型。

（2）唐代改为“以山为陵”。到了唐代，李世民认为平地筑起高坡太劳民伤财，同时为了防止水土流失和盗墓，即改为“以山为陵”的形式。唐乾陵即为典型的例子。

（3）宋代恢复“方上”。宋代恢复“方上”的形式，但不是简单重复，宋代的“方上”其规模要比秦汉时代小得多。

（4）明清两代的“宝城宝顶”。一般形式为，在地宫上砌筑高大的圆形砖城，城墙上设垛口和女儿墙，犹如一座小城，即为宝城；于砖城内填上土，使之高出城墙成一圆顶，这一圆顶即为宝顶。

二、陵园的建筑布局

早在商代，在王陵和贵族墓的墓室之上就出现了供祭祀用的房屋建筑。帝王陵的地面建筑主要有三部分：

第一部分为祭祀建筑区。为陵园建筑的重要部分，用来供祭祀之用。主要建筑物是祭殿，早期曾称作享殿、献殿、寝殿、陵殿等。秦始皇陵陵园的北部设有寝殿，开帝陵设寝的先例。

第二部分为神道。是通向祭殿和宝城的导引大道。唐以前，神道并不长，在道旁置少数石刻。到了唐朝，陵前的神道石刻有了很大的发展，大型的“石像生”仪仗队石刻已经形成。如唐乾陵的神道，全长约1公里。到明清时期，帝王陵神道发展到了高峰。明十三陵的神道全长达7公里，清东陵的神道长5公里。

第三部分为护陵监。护陵监是专门保护和管理陵园的机构，为了防止被盗掘和破坏，每个皇帝的陵都设有护陵监。监的外面有围墙，里面有衙署、住宅等建筑。

三、墓室结构

（1）土穴墓。在原始社会早期，墓穴形式很简单，只在地下挖一土坑，墓坑一般都小而浅，仅能容纳尸体。

（2）木椁墓。进入阶级社会后，墓葬制度中存在着严格的阶级和等级的差别，统治阶级的陵墓有着十分宏大的规模，贵族的墓都用木材筑成椁室。椁是盛放棺木的“宫室”，即棺外的套棺，用砍伐整齐的大木枋子或厚板用榫卯构成一个扁平的大套箱，下有底盘，上有大盖。在椁内分成数格，正中放棺，两旁和上下围绕着几个方格，称为厢，分别安放随葬品，湖南长沙马王堆的西汉墓其棺椁形式即如此。

（3）砖石墓。从汉代开始，普遍采用砖石筑墓室，木椁墓室逐渐被取代，这是中国古代陵墓制度一次划时代的大变化。西汉晚期开始出现石室墓，墓室中雕刻着画像，故称“画像石墓”。墓室的结构和布局也是仿照现实生活中的住宅。

从汉到隋、唐、宋、元、明、清各代，砖石砌筑的墓室和地宫不断发展，最著名的地下宫殿是明代万历皇帝的定陵。

四、中国现存著名古代陵寝

秦始皇陵。是中国历史上第一个皇帝嬴政的陵墓，位于陕西省西安市临潼区骊山脚下，是中国古代最大的一座帝王陵墓，也是世界上最大的一座陵墓。秦始皇陵筑有内外两重夯土城垣，象征着都城的皇城和宫城。陵园总面积为56.25平方公里。陵冢位于内城南部，呈覆斗形，现高51米，底边周长

1700余米。秦始皇陵四周分布着大量形制不同、内涵各异的陪葬坑和墓葬。1974年春在此发现兵马俑坑，先后发掘了三处。俑坑坐西向东，呈“品”字形排列，坑内有陶俑、陶马8000多件，还有4万多件青铜兵器。这些按当时军阵编组的陶俑、陶马为秦代军事编制、作战方式、骑兵步卒装备的研究提供了形象的实物资料。

汉茂陵。是汉武帝刘彻的陵墓，位于陕西省兴平市，是西汉帝王陵中规模最大的一座，始建于武帝即位后的第二年，历时53年才修成，是“汉兴厚葬”的典型。陵园四周呈方形，平顶，上小下大，形如覆斗，显得庄严稳重。茂陵周围还有霍去病、卫青等20余个陪葬墓。

唐乾陵。是唐高宗李治和女皇武则天的合葬墓，位于陕西省乾县。乾陵采用依山为陵的建造方式，乾陵最著名的是它气势磅礴的陵园规划，以及地表上大量的唐代石刻。其中东侧的“无字碑”很著名，据说武则天“功高业大”，难以用文字表达；另一说武则天认为自己功过是非应让后人评价，所以无字。乾陵神道两侧列有当时曾参加高宗葬礼的少数民族首领和外国使臣的石刻碑像61尊，背上刻有国名、官职和姓名，因年久风化，大部分已经剥蚀不清。乾陵的周围有主要家族、臣僚的陪葬墓17座。

北宋陵。位于河南省巩义市，北宋九个皇帝，除徽、钦二帝被金虏后囚死漠北外，均葬于此处，共七帝八陵（包括赵匡胤父亲赵宏殷墓）。附葬皇后20余座；陪葬宗室及王公大臣，如寇凖、包拯等墓300多座。宋陵面朝嵩山，背负洛水，各陵建制、布局基本相同，四周筑以夯土墙，四面正中辟一神门，四隅建角阙。园内正中是陵台，夯土筑成，呈覆斗形，台南置石雕宫人一对。南神门外的神道两侧排列有文臣武将、驭手以及石兽等石像生。

明孝陵、明十三陵、明显陵。明孝陵在南京市东郊紫金山南麓，明朝开国皇帝朱元璋和皇后马氏合葬于此。作为中国明陵之首的明孝陵壮观宏伟，代表了明初建筑和石刻艺术的最高成就，直接影响了明清两代500多年帝王陵寝的形制。明孝陵从起点下马坊至地宫所在地的宝顶，纵深达2600多米，沿途分布着30多处不同风格、用途各异的建筑物和石雕艺术品，整体布局宏大有序，单体建筑厚重雄伟，细部装饰工艺精湛。明十三陵位于北京市昌平区北天寿山南麓，陵区方圆40平方公里，环葬着明代的十三位皇帝。长陵为朱棣之陵墓，位居陵区正中。各陵共设一个神道与牌坊、石像生等，整体布局由神道和陵园两部分组成。在明十三陵中，长陵是永乐帝朱棣与皇后徐氏的合葬墓，以其宏伟的地面建筑闻名于世；定陵是明代第十三帝神宗朱翊钧及其二后的陵墓，1956 年经过考古发掘，揭开了其地宫之谜。明显陵位于湖北省钟祥市，是明世宗嘉靖皇帝的父亲恭睿献皇帝和母亲章圣皇太后的合葬墓。明显陵规划布局和建筑手法独特，在明代帝陵规制中具有承上启下的作用。尤其是“一陵两冢”的陵寝结构为历代帝王陵墓所绝无仅有。

清陵。清代帝王陵墓主要集中在四个地区：永陵在今辽宁新宾，为努尔哈赤以前的肇、兴、景、显四陵；努尔哈赤的福陵与皇太极的昭陵在今辽宁沈阳附近；清东陵位于河北遵化；清西陵位于河北易县。清东陵及清西陵的平面布置沿袭了明代诸陵的旧制。

第五节　古楼阁、古塔和古石桥

一、古楼阁

中国古代楼阁系多层木构建筑。西汉以后逐渐发展并取代了春秋以来盛行的高台建筑。

1. 古楼阁的类型

（1）宗教楼阁。楼阁内常供奉高大佛像，是寺院的中心建筑，如天津市蓟县独乐寺观音阁、承德普宁寺大乘之阁等。某些大组群的配殿也常是楼阁，以其高直的体形与大殿的横平体形取得对比。

（2）文化楼阁。以楼阁作为储藏图书、经卷之用。如明代浙江宁波天一阁，储存四库全书的清代皇家藏书楼文渊阁、文津阁、文澜阁、文溯阁、文汇阁等。

（3）军事性楼阁。如城楼、箭楼、敌楼等。

（4）游赏性楼阁。取其高耸，可登临远眺，观赏风景，同时也可成景。

（5）居住建筑中的楼阁。作为居住建筑的一部分，其用途多种多样。大部分楼阁并不是只具有一种功能。

2. 我国现存著名楼阁

黄鹤楼。位于湖北武汉。相传创建于三国吴黄武年间，1700 多年来屡毁屡建。历代名人如崔颢、李白、白居易、陆游等都曾先后到这里游览、吟诗、作赋。如今重建的黄鹤楼在距旧址约1公里的蛇山峰岭上。楼共5层，高51.4米，攒尖顶，层层飞檐，新楼屋面全部采用黄瓦，是为了附会“黄鹤之意”。

岳阳楼。位于湖南岳阳，始建于三国东吴时期，自古有“洞庭天下水，岳阳天下楼”之誉，北宋范仲淹脍炙人口的《岳阳楼记》更使岳阳楼著称于世。现在的岳阳楼是清光绪年间的建筑，坐东向西，面临洞庭湖，遥见君山。屋顶为四坡盔顶，屋面上凸下凹，为中国现存最大盔顶建筑。

滕王阁。位于江西南昌，建于唐朝，因滕王李元婴始建而得名。滕王阁载誉古今，是与王勃《滕王阁序》分不开的，其经典语句“落霞与孤鹜齐飞，秋水共长天一色”广为流传。滕王阁历代屡毁屡建，现在的建筑为1989年按照梁思成绘制的《重建滕王阁计划草图》重建的，主体建筑为宋式仿木结构，共九层，濒临赣江，面对西山，视野开阔，突出背城临江、瑰玮奇特的气势。

二、古塔

塔源于古印度，中国的古塔是随着佛教从古代印度传入的。

1. 古塔的主要类型

在我国，塔的种类很多，从塔的造型看，主要有楼阁式塔、密檐式塔、覆钵式塔、金刚宝座塔等。

（1）楼阁式塔。源于中国传统建筑中的楼阁形式，可以登高远眺。这种形式的塔为数众多、历史最久，形式也最为壮观。其从木塔起源，隋唐以后多为砖石仿木结构，千姿百态。从平面形式分，有正方、六角、八角以及十二角等多种形体。

（2）密檐式塔。以外檐层数多且间隔小而得名。塔下部第一层塔身特别高，以上各层则塔檐层层重叠，距离很近。密檐式塔大都是实心的，一般不能登临。

（3）覆钵式塔。又称喇嘛塔，是藏传佛教的一种独特的建筑形式，与印度“窣堵坡”很相近。其主要特点是：台基与塔刹造型讲究，一个高大基座上安置一个巨大的圆形塔肚，其上竖立着塔刹，塔刹上刻有许多相轮，顶部有华盖、仰月、日轮和宝珠（火焰珠）。

（4）金刚宝座塔。该类塔的形式一般在高大的台基座上建筑五座密檐方形石塔（象征五方五佛）和一个圆顶小佛殿。虽然这种建筑在敦煌石窟的隋代壁画中已经出现，然而最早的实物始见于明代。中国式的金刚宝座塔比印度提高了塔基座，缩小了基座上的小塔，尤其在塔座和塔身的装饰雕刻中，掺入大量藏传佛教的题材和风格。

2. 我国现存的著名古塔

西安大雁塔（楼阁式）。位于西安市南郊大慈恩寺门前广场，故又名慈恩寺塔，是全国著名的古代建筑，被视为古都西安的象征。大雁塔初建于唐高宗永徽三年（652 年），是由玄奘设计建造的仿印度窣堵坡式佛塔，50 余年后塔身逐渐塌损。武则天长安年间（701~704 年），武则天和王公贵族施钱在原址上重新建造，新建为七层楼阁式青砖塔（一说原为十层），高 64 米。自第一层以上逐层内收，形如方锥体，非常稳固。塔内设木梯楼板，可以逐层上登，远眺四方。大雁塔是玄奘西行求法、归国译经的纪念建筑物，具有重要的历史价值。

应县木塔（楼阁式）。即佛宫寺释迦塔，坐落于山西省应县佛宫寺内。木塔建于辽代，平面呈八角形，外观 5 层，夹有暗层 4 层，实为 9 层，通高 67.13 米。塔内明层均有塑像。应县木塔是我国现存最古、最高的一座木结构大塔。

泉州开元寺双塔（楼阁式）。位于福建省泉州市。东塔称镇国塔，西塔名仁寿塔，两塔相距 200 米。东塔始建于唐咸通年间，为木塔，宋代两次改建，先为砖砌，后为石砌，高 48.24 米。塔基四周有佛本生故事浮雕。西塔初亦为木塔，建于五代后梁年间，北宋时改为砖砌，南宋时再改为石塔，高 44 米。双塔忠实地模仿了木楼阁式样，5 层塔檐起翘甚大，气魄宏伟，呈现出南方建筑风格。

嵩岳寺塔（密檐式）。位于河南省登封市城西北 5 公里处嵩山南麓峻极峰下嵩岳寺内，初建于北魏，是中国现存最早的砖塔。塔高约 39.5 米，平面呈十二角形，底层直径约 10.6 米，外部以密檐分为 15 层。塔身每层各面均砌出拱形门和小窗，这些门窗多为装饰性的，共计门窗 500 余个。整个塔身线条清晰流畅，造型雄伟秀丽。

西安小雁塔（方形密檐式）。是唐代著名佛寺荐福寺的佛塔，是中国早期方形密檐式砖塔的典型作品。该塔建于唐中宗景龙年间，是为保存佛教大师义净从印度带回的佛经、佛像而建。塔高43.3米，原为15层，现为13层，最上两层已震坍。塔基平面呈正方形，底层边长11米，底层特别高，以上逐层递减，玲珑秀气，别具风采。

崇圣寺三塔（密檐式）。位于云南大理，呈三足鼎立之势。崇圣寺初建于南诏丰祐年间，大塔先建，南北小塔后建，寺中立塔，故塔以寺名。寺的庙宇在清代咸丰同治年间已毁，只有三塔完好地保留下来。崇圣寺三塔是大理“文献名邦”的象征，是云南古代历史文化的象征，也是中国南方最古老、最雄伟的建筑之一。

妙应寺白塔（覆钵式）。位于北京，是中国现存年代最早、规模最大的藏传佛塔，是元至元年间，忽必烈敕令建造的一座藏传佛塔，由当时入仕元朝的尼泊尔匠师阿尼哥主持，经过8年建成。白塔由塔基、塔身和塔刹三部分组成。台基高9米，塔高50.9米，底座面积1422平方米。

北京真觉寺塔（金刚宝座式）。位于海淀区白石桥以东的长河北岸，是我国同类塔中年代最早、雕刻最精美的一座。此塔于明成化年间竣工，由汉白玉石和砖砌筑而成，总高17米，分塔座和五塔两部分。宝座为正方形，高7.7米，前后辟门，门内有阶梯，盘旋上升可达宝座顶部。顶部有5座石塔。此塔以精美的雕刻艺术而著称，塔座和五塔上遍刻绚丽多姿的佛像、花草、鸟兽等图案。

三、古桥

桥梁，指架在水上或空中以便通行的建筑物。中国古桥的历史悠久，早在原始社会时期，我们的先民为了解决水陆交通问题就开始人工建造桥梁。以后，随着工程技术的提高，古代工匠们创造了各式各样结构、材料和造型的桥梁。

1. 古桥的类型

若以桥梁的结构及外观形式分，主要有梁桥、浮桥、索桥、拱桥4种基本类型。

（1）梁桥。又称平桥、跨空梁桥，是以桥墩做水平距离承托，然后架梁并平铺桥面的桥。这是应用得最为普遍的一种桥，在历史上也较其他桥形出现得早。

（2）浮桥。又称舟桥，因其架设便易，常用于军事目的，故也称“战桥”。是一种用数艘木船（也有用木筏或竹筏连横于水面上的）连起来并列于水面、船上铺木板供人马往来通行的桥。浮桥两岸多设柱桩或铁牛、铁山、石囷、石狮等以系缆。

（3）索桥。也称吊桥、悬索桥等，是用竹索或藤索、铁索等为骨干相拼悬吊起的大桥。多建于水流急、不易做桥墩的陡岸险谷，主要见于西南地区。

（4）拱桥。指在竖直平面内以拱作为主要承重构件的桥梁。拱桥在我国桥梁史上出现较晚，但拱桥结构一经采用，便快速发展，成为古桥中最富有生命力的一种桥型。

2. 我国现存的著名古桥

安济桥。又名赵州桥，横跨在河北赵县城南的洨河上，建于隋开皇年间，由著名工匠李春设计建造。桥身为单拱，弧形，全长50.82米，宽9.6米，跨度为37.37米。桥拱肩敞开，拱肩两端各建两个小拱，即敞肩拱。开创了桥梁的新类型，是世界桥梁工程中的首创，也是世界上现存最大的敞肩桥。它既减轻了桥身自重，省工省料；又有利于洪水的宣泄，减少洪水对石桥的冲击。

苏州宝带桥。位于苏州市，建于唐代，是我国孔数最多的联拱石桥，长318米，宽4.1米，共53个孔。桥沿运河岸，跨越澹台河，为纤道桥，因此桥栏不设栏板。桥处两河交汇处，水面浩渺，长虹卧波，极富水乡风光特色。

泉州洛阳桥。又名万安桥，位于泉州市东，建于北宋。桥原长1200米，宽约5米，有46座桥墩，规模宏大，是我国古代著名的梁式石桥。桥为当年郡守蔡襄主持建造，工程十分艰难。为使桥基和桥墩石胶结牢固，采用了“种蛎固基法”，独具匠心，为我国古代的重要科学创新。

潮州湘子桥。又称广济桥，位于潮州古城的东门外，初建于宋代，距今已有800余年的历史，是我国第一座启闭式桥梁。湘子桥全长500余米，共有24座桥墩（东岸13座，西岸11座）。由于“中流警湍尤深，不可为墩”，中间只能用18只梭船并排构成一列横队，用铁索连成浮桥。每遇洪水或要通船，可解掉系船铁索，移开梭船，变成开闭式浮梁桥。这就是“十八梭船廿四洲”的由来。

卢沟桥。位于北京市丰台区永定河上，始建于金代，明、清两代曾进行过较大规模的修葺、重建，是北京现存最古老的联拱石桥。卢沟桥全长266.5米，宽7.5米，桥身下分11孔涵洞。桥身两侧石雕护栏有望柱140根，柱头上均雕刻伏卧石狮，大小共501个。“卢沟晓月”是“燕京八景”之一。

程阳永济桥。又名程阳风雨桥，位于广西三江侗族自治县。始建于1912年。长76米，宽3.7米，木石结构，5个石砌的桥墩上建有侗族风格的楼亭5座。整座桥梁用大木凿榫接合，大小木条斜穿直套，纵横交错，一丝不差，结构精密，优美壮观，是侗族文化在建筑艺术上的结晶。

第六章
中国古典园林

本章导读

【本章概述】 本章首先从发展历史、基本特征、分类方法和浏览方法等方面简要介绍了中国古典园林的基本概况，然后重点介绍了中国古典园林的组成要素和造园艺术、中国古典园林的构景手法和中国现存著名古典园林。

【学习要求】 了解中国古典园林的起源与发展。熟悉中国古典园林的特色和分类。掌握中国古典园林的构成要素、造园艺术、构景手段和代表性园林。

世界园林经过数千年的发展，由于受到多方因素的影响，各地园林风格特点不同，所表达的思想文化各异，形成了以欧洲、西亚、中国为代表的三大园林体系。

欧洲园林体系以“规则和有序”为园林的艺术特色，整齐一律，均衡对称，通过人工美追求几何美，体现人文的力量。

西亚园林体系强调水法，在平面布置上把园林建成“田”字，用纵横轴线分作四区，十字林荫路交叉处设置中心水池，把水作为园林的灵魂，使水在园林中尽量发挥作用。

以中国山水园林为代表的东方园林与西方园林截然不同。中国山水园林表现的是自然美。布局形式以自由、变化、曲折为特点，要求景物源于自然，又高于自然，使人工美和自然美融为一体，做到“虽由人作，宛自天开”。

在世界三大园林体系里，中国园林艺术独树一帜，有自己独特的美学和艺术特点。它既收入了自然山水美的千姿百态，又凝集了社会美和艺术美的精华，体现了人与自然的和谐之美。

第一节　中国古典园林概述

一、中国古典园林发展简史

中国古典园林有着悠久的历史。根据文献记载，早在商周时期我们的先人就已经开始利用自然的山泽、水泉、树木、鸟兽进行初期的造园活动。最初的形式为囿。囿是指在圈定的范围内让草木和鸟兽滋生繁育；还挖池筑台，供帝王和贵族们狩猎和享乐。公元前 11 世纪，周文王曾建“灵囿”。

春秋战国时期的园林已经有了成组的风景，既有土山又有池沼或台。自然山水园林已经萌芽，而且在园林中构亭营桥，种植花木。园林的组成要素都已具备，不再是简单的囿了。

秦汉时期出现了以宫室建筑为主的宫苑。上林苑始建于秦始皇时期，阿房宫就位于其中。汉武帝建元三年（前 138 年）加以扩建。既有优美的自然景物，又有华美的宫室组群分布其中，是秦汉时期宫苑的典型代表。上林苑，还用太液池所挖之土堆成岛，象征东海三仙山，树立了皇家园林一池三山的模式，开创了人为造山的先例。

魏晋南北朝时期是中国园林发展的转折点。佛教的传入及老庄哲学的流行，使园林转向崇尚自然。私家园林逐渐增加。

唐宋时期园林达到成熟阶段，官僚及文人墨客自建园林或参与造园工作，将诗与画融入园林的布局与造景中，反映了当时社会上层地主阶级的诗意化生活要求。另外，唐宋写意山水园在体现自然美的技巧上也取得了很大的成就。

明清时期，园林艺术进入精深发展阶段，无论是江南的私家园林，还是北方的帝王宫苑，在设计和建造上都达到了高峰。现代保存下来的园林大多属于明清时期，这些园林充分表现了中国古典园林的独特风格和高超的造园艺术。

二、中国古典园林的特征

（1）顺应自然的指导思想。中国古典园林深受传统儒道思想自然审美观的影响，追求“天人合一”，即在尊重自然的前提下改造自然，创造和谐的园林形态。营造高于自然的艺术空间，无论是山水地形，还是花草树木都要求达到“虽由人作，宛自天开”的效果，所以也被称为是自然山水式园林。

（2）诗情画意的艺术风格。中国古典园林在师法自然的同时，更致力于营造一个充满诗情画意的艺术空间，这是造园者更高、更内在的追求。造园的叠山理水之法，无不受到山水画“外师造化，中得心源”写意原则的启发。园林中随处可见的园名、景题、匾额、楹联等无不浸染着园林的情调，烘托着园林的内涵和意境。

（3）力求含蓄的造园手法。中国古典园林多封闭，以有限面积造无限空间，小中见大，重视分隔空间、虚实对比，含蓄不尽，追求一种意的幽静和境的深邃，给人无尽的遐思。

三、中国古典园林的分类

中国古代园林的分类，从不同角度看，可以有不同的分类方法。一般有以下两种分类法。

1. 按占有者身份分类

（1）皇家园林。皇家园林是专供帝王休憩享乐的园林。其特点是规模宏大，真山真水较多，园中建筑色彩金碧辉煌，建筑体型高大，表现了封建帝王拥有四海的权威。现存著名皇家园林有北京的颐和园、北海公园，河北承德的避暑山庄等。

（2）私家园林。私家园林是供皇家宗室外戚、王公官吏、富商大贾等休闲的园林。其特点是规模较小，常用假山假水，园中建筑色彩淡雅素净，建筑体型小巧玲珑，且居住和游览合一，表现园主人悠游林下，寄情山水的心态。现存的私家园林有：北京的恭王府，苏州的拙政园、留园，上海的豫园，绍兴的沈园等。

2. 按园林所处地理位置分类

（1）北方类型。北方类型的园林也称黄河类型。按气候带划分也可称温带园林。因北方地域宽广，所以范围较大；又因大多为古都所在，故而建筑富丽堂皇。但受自然条件所局限，河川湖泊、园石和常绿树木较少。园林风格粗犷，秀丽媚美略显不足。北方园林的代表大多集中于北京、西安、洛阳、开封，其中尤以北京为代表。

（2）江南类型。江南类型的园林也称南方类型或扬子江类型，按气候带划分也可称亚热带园林。因南方人口较密集，所以园林地域范围小；又因多为私家所有，故而建筑淡雅朴素。自然条件较好，河湖、园石、常绿树木较多。园林景致细腻精美，明媚秀丽。但毕竟面积小，略感局促。南方园林的代表大都集中于南京、上海、无锡、苏州、杭州、扬州等地，其中尤以苏州为代表。

（3）岭南类型。岭南类型的园林也称广东类型，按气候带划分可归类于热带园林。这里终年常绿，又多河川，所以造园条件比北方、江南都好。其明显的特点是具有热带风光，建筑物都较高而宽敞。岭南类型园林较著名的有广东顺德的清晖园、东莞的可园、番禺的余荫山房等。

四、古典园林的游览方法

游览古典园林讲究“游”（漫步游览）与“停”（驻足观赏）的结合。

（1）从“游”的角度讲，一般可顺着路、径、廊漫步游览，因为它们的走向与园林的观赏线路相一致，可以综观整个园林的风景。中国古典园林中的路、径、廊往往是曲折的，在漫步游览时具有步移景异的效果。

（2）从“停”的角度讲，遇到厅、堂、亭、榭等重要建筑时，最好驻步停留，以便细细观赏。如厅、堂类建筑，可以说是全园的野境、画境、意境的汇集点，堪称情景交融的理想境界，是大可驻足停留的重要游览点。“亭”，古代就有停止的意思，亭的四周景色往往相当优美，是观赏景色的佳境。但每一亭的作用往往又有不同，进了亭，最好先看一下“亭名”，以便知晓设亭主旨。此外，还可以先了解一下该亭的建造年代、匾额、楹联，以及有关的历史典故，这既可以加深对亭的认识，增长知识，还可以激发更浓的游兴。又如榭，也是园林中重要的休息场所，往往临水而建，因而最适宜观赏水景。

（3）从心理的角度讲，一般情况下，年轻好动的游人喜欢穿越小桥流水，可以为他们选择登山越水的路径；年龄大的游人则偏爱进廊游览，既可避雨雪烈日之苦，又能体现平稳和安全，可以为他们选择进廊游览。

总之，在园林中游览，“游”与“停”要得当，该“游”的时候就顺着路、径、廊漫步游览，该“停”的时候就停下来细细观赏。

第二节 中国古典园林的组成要素与造园艺术

中国古典园林有着丰富多彩而又深沉含蓄的美。古代园艺专家和工匠们运用传统造园手法，将山、水、植物、动物、建筑、匾额、楹联、刻石八大要素，按照中国传统艺术规律进行设计与组合，从而营造出能反映中国古典园林艺术精神和园主人审美情趣的园林景观。

一、叠山

我国古典园林的叠山艺术由来已久。它的根本目的是起到一个登高望远、扩大空间的作用。园林中的假山一般有石山、土山和土石混合三种。叠山的石材主要有两种：一是黄石，因其质地坚硬，不易受风雨的侵蚀，用于假山的基础部分，称叠脚。二是太湖石，因其具有皱、瘦、漏、透四大特点，置于假山的上部，供游人玩赏品味，称收顶。此外还有宣石、灵璧石等。苏州环秀山庄的假山是江南私家园林叠山的典型代表，有危崖、峭壁、峡谷、溪涧、曲磴、飞梁、山洞等，几乎把世间山水的灵气都融合进去了。连园林专家也惊叹：“造园者未见此山，正如学诗者不知李杜。”另外，被称为“江南三大奇石”的上海豫园的玉玲珑、苏州留园的冠云峰、杭州竹素园的绉云峰，都是假山中的佼佼者。

二、理水

为表现自然，理水也是造园最主要的因素之一。无论哪一种类型的园林，水是最富有生气的因素，无水不活。自然式园林以表现静态的水景为主，以表现水面平静如镜或烟波浩渺、寂静深远的意境取胜。人们或观赏山水景物在水中的倒影，或观赏水中怡然自得的游鱼，或观赏水中芙蕖睡莲，或观赏水中皎洁的明月……古典园林理水之法，一般有三种：一是掩，以建筑和花木将池岸加以掩映，使其与周边的美景浑然一体。二是隔，对于较大的水面，用堤、桥、水廊等分隔，以增加景深和空间层次，使水面有幽深之感。三是破，当水面较小时，可用乱石为岸，犬牙交错，并植以细竹野藤，使一洼水池也有深邃山野风致的审美感觉。

三、植物

植物是山水的肌肤，风景的容颜。山水如果离开花木也就没有了美感。中国古典园林着意表现自然美，对花木的选择标准，一讲姿美，树冠的形态、树枝的疏密曲直、树皮的质感、树叶的形状，都追求自然优美；二讲色美，树叶、树干、花都要求有各种自然的色彩美，如红枫、翠竹、紫薇等；三讲味香，要求自然淡雅和清幽，其中尤以梅花最为淡雅、兰花最为清幽。

花木除了对山石景观起衬托作用外，又往往和园主人追求的精神境界有关。如竹子象征人品清逸，气节高尚；松柏象征坚强和长寿；莲花象征洁净无瑕；玉兰、牡丹、桂花象征荣华富贵；石榴象征多子多孙；紫薇象征高官厚禄等。

古树名木对营造园林气氛非常重要。古木繁花，可形成古朴幽深的意境。

四、动物

中国古典园林重视饲养动物。最早的苑囿中，以动物作为观赏、娱乐对象。唐代王维在辋川别业中养鹿放鹤，以寄托“一生几经伤心事，不向空门何处销”的解脱情趣。宋徽宗所建艮岳，集天下珍禽异兽数以万计，经过训练的鸟兽，在徽宗驾到时，能乖巧地排列在仪仗队里。明清时园林中有白鹤、鸳鸯、金鱼，还有天然鸟蝉等。

园中动物可以观赏娱乐，扩大和深化自然境界，寄予美好寓意。

五、建筑

园林中的建筑可以满足人们享受生活和观赏风景的愿望。一方面要可行、可观、可居、可游，另一方面起着得景、点景、引景、隔景的作用。

（1）厅堂。厅堂是待客与集会活动的场所，也是园林中的主体建筑。

"凡园圃立基，定厅堂为主。"厅堂的位置确定后，全园的景色布局才依次衍生变化，造成各种各样的园林景致。厅堂建筑的体量较大，空间环境相对开阔。

（2）楼阁。楼阁是园林中属较高层的建筑。它们不仅体量较大，而且造型丰富，在园林中起到重要的点景作用。楼阁可以用来观赏风景、储藏书画，还可供佛。

（3）书房馆斋。馆可供宴客之用，其体量有大有小，与厅堂稍有区别。斋供读书用，环境当隐蔽清幽，尽可能避开园林中主要游览线路。建筑式样简朴，常附以小院，植芭蕉、梧桐等树木花卉，以创造清静、淡泊的情趣。

（4）榭。榭建于水边或花畔，借以成景。平面常为长方形，一般多开敞或设窗扇，以供人们游憩眺望。水榭是在水边架起平台，平台一部分架在岸上，一部分伸入水中，平台临水围绕低平的栏杆，或设鹅颈靠椅供坐憩凭依。

（5）轩。在园林中，轩一般指地处高旷、环境幽静的建筑物。轩的规模不及厅堂，其位置也不同于厅堂那样讲究中轴线。轩形式优美，不讲究对称布局，相对来说总是比较轻快，不甚拘束。

（6）舫。舫是仿造舟船造型的建筑，常建于水际或池中。舫大多将船的造型建筑化，在形体上模仿船头、船舱的形式，便于与周围环境相协调，也便于内部建筑空间的使用。

（7）亭。亭是一种开敞的小型建筑物，形式多样。除供人休憩、纳凉、避雨与观赏四周景色外，亭在园林中还起着"点景"与"引景"的作用，既美化了风景，还可以作为游览的"向导"。

（8）廊。园林中的廊实际上是一条带屋顶的路，是我国古代园林中一种既"引"且"观"的建筑，不仅有交通的功能，更有观赏的用途。廊按结构形式可分为：双面空廊（两侧均为列柱，没有实墙，在廊中可以观赏两面景色）、单面空廊（又称"单廊"，一侧为列柱，一侧为实墙）、复廊（在双面空廊的中间夹一道墙，墙上开有各种式样的漏窗）等。按廊的总体造型及其与地形、环境的关系可分为直廊、曲廊、爬山廊、水廊、桥廊等。著名的廊有北京颐和园700多米的长廊（双面空廊）。苏州沧浪亭的复廊、拙政园的水廊、留园的曲廊被誉为"江南三大名廊"。

（9）桥。园林中的桥，一般采用拱桥、平桥、廊桥、曲桥等类型，有石质、竹质、木质的，富有民族特色，不但有增添景色的作用，而且用以隔景。

（10）围墙。围墙是围合空间的构件。围墙在园林中起着划分内外范围、分隔内部空间和遮挡劣景的作用，精巧的围墙还可以装饰园景。迎风摇曳的竹，参差高下的树，窈窕玲珑的湖石，被日光或月光映在粉墙之上，往往就是一幅绝妙的图画。

六、匾额、楹联与刻石

匾额是指悬置于门楣之上的题字牌，楹联是指两侧柱上的竖牌，刻石指山石上的题诗刻字。

园林中的匾额、楹联及刻石的内容，多数是直接引用前人已有的现成诗句，或略作变通，还有一些是即兴创作的。

不论是匾额、楹联，还是刻石，不仅能够陶冶情操，抒发胸臆，还能够起到点景的作用，为园中景点增添诗意，拓宽意境。

第三节　中国古典园林之构景手法

景是园林的主体，是欣赏的对象。构景手法的巧妙运用，使得园林景色更加美不胜收，园林意境更加回味无穷。

一、抑景

中国传统艺术历来讲究含蓄，所以园林造景也不会一走进门就看到最好的景色，最好的景色往往藏在后面，这叫“先藏后露”“欲扬先抑”。抑景又有山抑、树抑、曲抑之分。如园林入口处常迎门挡以假山，这种处理叫作山抑。杭州花港观鱼东大门的雪松，就是树抑的范例。“山重水复疑无路，柳暗花明又一村”是曲抑的体现。

二、夹景

当甲风景点在远方，如果视线的两侧大而无挡，就显得单调乏味；如果两侧用建筑物或树木花卉屏障起来，使甲风景点更显得有诗情画意，这种构景手法即为夹景。如在颐和园后山的苏州河中划船，远方的苏州桥主景，为两岸起伏的土山和美丽的林带所夹峙，构成了明媚动人的景色，便是夹景。

三、添景

当甲风景点在远方，或自然的山，或人文的塔等，如没有其他景点在中间、近处作过渡，就显得虚空而没有层次；如果在中间、近处有乔木、花卉作中间、近处的过渡景，景色就显得有层次美，这中间的乔木和近处的花卉，便叫作添景。如在杭州白堤观赏雷峰塔或保俶塔远景时，西湖美景往往因为近处盛开的桃花和倒挂的柳丝作为过渡景而更显生动。

四、对景

在园林中，从甲风景点可观赏乙风景点，从乙风景点可观赏甲风景点的构景方法，叫对景。杭州西湖北面的保俶塔，与南面重建的雷峰塔，就是一组绝妙的对景。

五、框景

园林建筑中的门、窗、洞，或乔木树枝抱合成的景框，往往把山水美景或人文景观包含其中框起来，使人产生风景如画的感觉，这便是框景。

六、漏景

园林的围墙上，或走廊一侧或两侧的墙上，常常设以漏窗，或雕有带民族特色的各种几何图形，或雕以民间喜闻乐见的葡萄、石榴、老梅、修竹等植物，或雕以鹿、鹤、兔等动物。透过漏窗的窗隙，可见园外或院内的美景，叫作漏景。杭州三潭印月有雕以梅、兰、竹、菊，分别喻义春、夏、秋、冬的一组漏窗，用的就是漏景法。

七、借景

借景是将园外的景色和风光，巧妙地收进园内游人眼中，以丰富园内景色，使园内外景色融为一体，让游人扩展视觉和联想，以小见大。

计成在《园冶》中指出,“园林巧于因借”。

借景有远借、近借、仰借、俯借、应时而借之分。在北京颐和园东堤一带可遥望西边园外的玉泉山及其宝塔，是远借手法的范例。登上杭州花港观鱼的藏山阁，远处的南屏山、西山尽入眼帘，这也是远借。苏州沧浪亭不用围墙用假山，巧借了园外的流水，这就是近借。借空中的飞鸟，叫仰借；借池塘中的鱼，叫俯借；借四季的花或其他自然景象，叫应时而借。

八、障景

任何园林中，总有一些不足之处，或者是必须遮挡之物。用山、石、花木加以掩盖和处理，也可以形成一种美景，这叫障景。上海豫园鱼乐榭有一上实下空的墙，遮挡了原来流水较近的短处，产生了源远流长的效果，这是障景的神来之笔。

第四节　中国著名古典园林

中国现存著名古典园林多是明、清两代的遗物。中国古典园林的精华集中在江南。前人有所谓“江南园林甲天下，苏州园林甲江南”的说法。现存古典园林以其独特的方式向人们展示着其主人曾经有过的人生辉煌、追求和情感寄托，更代表了那些久远年代的科学、文化与艺术。

河北承德避暑山庄、北京颐和园、江苏苏州拙政园与留园，被称为我国“四大园林”。苏州的沧浪亭、狮子林、拙政园和留园，分别代表着宋、元、明、清四个朝代的艺术风格，被称为苏州“四大园林”。清代广东“四大园林”也被称为岭南“四大园林”，分别是顺德清晖园、东莞可园、番禺余荫山房、佛山梁园。

承德避暑山庄。又名承德离宫或热河行宫，位于河北省承德市，是清代皇帝夏天避暑和处理政务的场所。始建于康熙年间，建成于乾隆年间，占地564万平方米，是中国现存最大的古典皇家园林。避暑山庄按照地形地貌特征选址和总体设计，完全借助于自然地势，因山就水，顺其自然，同时融南北造园艺术的精华于一身。避暑山庄分宫殿区和苑景区。宫殿区是皇帝处理朝政、举行庆典和生活起居的地方，由正宫、松鹤斋、万壑松风和东宫四组建筑组成。殿宇和围墙多采用青砖灰瓦、原木本色，淡雅庄重，简朴适度。苑景区包括湖泊区、平原区、山峦区三部分，有七十二景之说。避暑山庄之外，半环于山庄的是雄伟的寺庙群，俗称“外八庙”，如众星捧月，环绕山庄，它象征民族团结和中央集权。

北京颐和园。位于北京市海淀区，是中国目前保存最完整的皇家园林。其前身是“清漪园”，乾隆皇帝为庆祝母亲六十寿辰下旨建成。清咸丰十年（1860 年）清漪园被英法联军焚毁。1886 年光绪皇帝和慈禧太后重建，取“颐养太和”之意，改名颐和园。颐和园造园艺术高超，巧借天然山水，体现自然之趣，高度表现出中国皇家园林壮丽、恢宏的气势。全园分为三个区域：以仁寿殿为中心的政治活动区；以乐寿堂、玉澜堂为主体的生活区；由昆明湖、万寿山组成的风景游览区。风景游览区是颐和园的核心，分万寿山前山、昆明湖、后山后湖三部分。园中的长廊、石舫、佛香阁、大戏楼、十七孔桥等建筑，堪称世界建筑文化中的珍品，在中外园林艺术史上有极高的地位。

苏州拙政园。位于苏州市东北隅，明正德年间，由明代御史王献臣弃官回乡后拓建而成。取晋代文学家潘岳《闲居赋》中“筑室种树，逍遥自得……灌园鬻蔬，以供朝夕之膳……此亦拙者之为政也”句意，将此园命名为拙政园。王献臣曾请吴门画派的代表人物文徵明为其设计蓝图，形成以水为主，疏朗平淡，近乎自然的风景。拙政园占地 5.2 万平方米，是苏州现存最大的古典园林，也是苏州园林的代表作。全园以水为中心，山水萦绕，厅榭精美，花木繁茂，充满诗情画意，具有浓郁的江南水乡特色。全园分东、中、西三部分，各具特色。拙政园主要建筑有远香堂、雪香云蔚亭、留听阁、十八曼陀罗花馆、卅六鸳鸯馆等，布局疏落相宜、构思巧妙，风格清新秀雅、朴素自然。

苏州留园。位于苏州姑苏区，原是明嘉靖年间太仆寺卿徐泰时的东园。清嘉庆年间，刘恕以故园改筑，名寒碧山庄，又称刘园。光绪初年为盛旭人所得，修葺拓建，易名留园。留园以建筑布置精巧、奇石众多而著称。全园用建筑来划分空间，可分中、东、西、北四个景区：中部以水景见长，是全园的精华所在，池水明洁，峰峦环抱；东部以建筑取胜，重檐叠楼，曲院回廊，并有名石冠云峰及瑞云、岫云三座石峰；西部环境僻静，富有山林野趣；北部则是田园风光。全园四区皆有曲廊相连，廊长700多米。

苏州网师园。地处旧城东南隅，始建于南宋，旧为侍郎史正志的“万卷堂”故址，花园名为“渔隐”。清乾隆年间，光禄寺少卿宋宗元购得此园并重建，定园名为“网师园”。网师乃渔夫、渔翁之意，又与“渔隐”同意，含有隐居江湖的意思，网师园便意为“渔父钓叟之园”，园内的山水布置和景点题名蕴含着浓郁的隐逸气息。网师园面积仅5300平方米，但小中见大，布局严谨，主次分明又富于变化，园内有园，景外有景，精巧幽深之至。建筑虽多却不见拥塞，山池虽小却不觉局促。全园清新有韵味。陈从周先生誉其为“苏州园林小园极则，在全国园林中亦居上选，是以少胜多的典范”。

扬州个园。位于扬州市老城区，建于清嘉庆年间，是两淮盐商商总黄至筠在明代寿芝园旧址的基础上所建的私家园林。园主特别爱竹，园内翠竹成林，故取清袁枚“月映竹成千个字”之句命名。个园小巧玲珑，以假山堆叠精巧著名，采取分峰叠石的手法，运用笋石、湖石、黄石、宣石表现春、夏、秋、冬四季景色，号称“四季假山”，融造园法则与山水画理于一体，随候异色，被陈从周先生誉为“国内孤例”。

上海豫园。位于上海老街城隍庙的北面，是明代四川布政使潘允端于嘉靖年间动工建造的，豫园之名乃取“豫（愉）悦老亲”之意。整个园林规模宏伟，景色佳丽，兼有明清两代南方园林建筑风格，被誉为“奇秀甲于东南”。五条龙墙将全园40余处亭、台、楼、阁分割为各具特色的六大景区，以有限的空间表现无穷宇宙的意境，体现了中国古典园林“壶中天地”的境界。玉华堂前的太湖石“玉玲珑”为“江南三大奇石”之冠。

无锡寄畅园。坐落于无锡市西郊惠山东麓，是明嘉靖初年曾任南京兵部尚书的秦金（号凤山）所建，名“凤谷山庄”。万历年间，取王羲之“取欢仁智乐，寄畅山水阴”句中的“寄畅”两字命名。寄畅园是中国山麓别墅园林的代表，园林虽小，却能利用山水地形，巧妙运用借景，将惠山、锡山秀色揽入院内，以有限的空间营造无限的意境，在江南园林中别具一格。清康熙、乾隆二帝曾多次游历此处，一再题诗。北京颐和园内的谐趣园、圆明园内的廓然大公（后来也称双鹤斋）均为仿无锡惠山寄畅园而建。

顺德清晖园。位于广东佛山顺德区，原为明末状元黄士俊所建的黄氏花园，后为乾隆年间进士龙应时购得，经龙家数代人经营方列晚清名园之列。现存建筑主要建于清嘉庆年间。园取名“清晖”，意为和煦普照之日光，喻父母之恩德。清晖园是岭南园林的代表作，为适合南方炎热气候，形成前疏后密，前低后高的独特布局，但疏而不空，密而不塞，建筑造型轻巧灵活，开敞通透。

番禺余荫山房。又称余荫园，位于广州市番禺区，为清代举人邬彬的私家花园，始建于清同治年间。占地面积约1598平方米，吸收了苏杭庭院建筑的艺术风格，整座园林布局以灵巧精致的艺术特色著称。它以“藏而不露”和“缩龙成寸”的手法，在面积并不大的山林里，浓缩了园林的主要设施和景致，使有限的空间注入了幽深广阔的无限佳境。余荫山房是广东“四大园林”中保存原貌最好的古典园林。

第七章
中国饮食文化

本章导读

【本章概述】 本章主要介绍了中国饮食文化的发展简史、主要菜系、特色风味菜、中国名茶与名酒的基本概况和相关知识。

【学习要求】 了解中国饮食文化的发展历史及风味流派的形成。熟悉中国风味特色菜—官廷菜、官府菜、寺院菜的特点和代表菜品。掌握中国“四大菜系”的形成、特点及代表性菜品；中国传统名茶、名酒的分类与特点等相关知识。

中国烹饪与法国烹饪、土耳其烹饪被认为是世界三大烹饪流派的代表。中国烹饪由于历史悠久、文化内涵博大精深、食用人口最多而独具特色。中国饮食文化源远流长。在漫长的历史发展过程中，用火加工食物是人类饮食文化的起点；陶器的发明是烹饪技术的第一次飞跃，人类真正进入烹饪时代。中国烹饪经历了夏商周的“铜烹时期”、西汉以后的“铁烹时期”，发展到现在，烹饪工艺不断改进和完善，形成了富有中国特色的风味体系。不少菜系和菜品在对外交流中走向世界。作为导游人员，应了解各地富有地方特色的菜肴，并能在旅游活动中讲解好中国饮食文化，利用好中国饮食文化。

第一节 中国主要菜系

一、中国菜系的划分

菜系，是指在选料、切配、烹饪等技艺方面，经长期演变而自成体系，具有鲜明的地方风味特色，并为社会所公认的中国的菜肴流派。

早在明清时期，我国就形成了鲁、苏（淮扬）、粤、川“四大菜系”。那时人们称为“帮口”或“帮口菜”。后来，在“四大菜系”的基础上又增加了徽（安徽）、浙（浙江）、闽（福建）、湘（湖南）四个菜系，形成了“八大菜系”；此后又增加了京（北京）、沪（上海）菜系，称为“十大菜系”；增加豫（河南）、秦（陕西）菜系后，称为“十二大菜系”。

二、中国四大菜系简介

1. 鲁菜

鲁菜即山东菜，是我国北方历史悠久、影响最大的一个菜系，有北方代表菜之称。鲁菜源远流长，其菜系的形成可以追溯到春秋战国时期。南北朝时已粗具规模。到唐宋时期，山东菜已经成为北方地区菜肴的主要代表，并流传到全国各地。元、明、清各代，山东菜进入宫廷，并成为御膳支柱。现代北京的仿膳菜仍具有鲁菜特色。

鲁菜的主要特点是：讲究调味醇正，口味偏于咸鲜，具有鲜、嫩、香、脆的特色。烹调技法以爆、扒技法独特而专长，颇具特色的是善用酱、葱、蒜调味和用清汤、奶汤增鲜。鲁菜以其风味独特、制作精细享誉海内外，它对其他菜系的产生有重要的影响，因此鲁菜为八大菜系之首。鲁菜由济南菜（齐鲁风味）、青岛菜（胶辽风味）组成，孔府菜也自成体系。

鲁菜的代表名菜有糖醋鲤鱼、九转大肠、德州扒鸡、油爆双脆、葱烧海参、清蒸加吉鱼、清汤燕菜、炸蛎黄、油爆海螺、原壳鲍鱼、海米珍珠笋、燕窝四大件等。

2. 苏菜

苏菜又称淮扬菜。江苏省地理位置优越，气候寒暖适宜，素有“鱼米之乡”之称。“春有刀鲚夏有鲥，秋有肥鸭冬有蔬”，一年四季水产畜禽菜蔬连续上市，为烹饪技术发展提供了优越的物质条件。

苏菜的主要特点是：用料广泛，以江河湖海水鲜为主；刀工精细，烹调方法多样，擅长炖、焖、煨、焐；追求本味，清鲜平和，适应性强；菜品风格雅丽，形质均美。苏菜是由淮扬菜（扬州、淮安）、江宁菜（南京、镇江）、苏锡菜（苏州、无锡）等几部分组成，以淮扬菜为代表。

苏菜的代表名菜有松鼠鳜鱼、碧螺虾仁、响油鳝糊、叫花鸡、太湖银鱼、清炖蟹粉狮子头、大煮干丝、三套鸭、水晶肴肉、盐水鸭、霸王别姬、羊方藏鱼等。

3. 粤菜

粤菜的形成和发展有着悠久的历史。由于广州地处珠江三角洲，水陆交通四通八达，所以很早便是岭南政治、经济、文化中心，饮食文化比较发达。同时，广东是我国最早对外通商的口岸之一，在长期与西方经济往来和文化交流中，汲取了外来的各种烹饪原料和烹饪技艺，使粤菜日渐完善。加之旅居海外的华侨把欧美、东南亚的烹调技术传回家乡，丰富了粤菜菜谱的内容，促进了粤菜的发展。

粤菜历来以选料广博奇杂、菜肴新颖奇异而闻名全国。广东各地对鱼虾、禽畜、野味烹制均有专长，尤其对“蛇”的制作有独到之处。同时，广东属亚热带，天气炎热，这也给食俗带来很大的影响，其口味清淡，重汤菜。粤菜由广府（以广州菜为代表）、客家（又称东江风味，以惠州菜为代表）、潮汕（以潮州菜为代表）三种风味组成，以广府风味为代表。

粤菜的代表名菜有龙虎斗、白灼海虾、脆皮乳猪、白云猪手、太爷鸡、香芋扣肉、黄埔炒蛋、炖禾虫、五彩炒蛇丝、东江盐焗鸡、爽口牛丸、油泡鲜虾仁等。

4. 川菜

川菜起源于古代的巴国和蜀国，历史悠久。从秦朝到三国时期，成都逐渐成为四川政治、经济、文化中心，使川菜得到不断发展，逐渐成为我国一个主要地方菜系，蜚声海内外，有“食在中国，味在四川”之说。

川菜发展至今，已具有用料广博、味道多样、菜肴适应面广三个特征，其中尤以味型多样、变化巧妙而著称。川菜调味多用三椒（辣椒、花椒、胡椒）和鲜姜、豆瓣酱等，不同的配比，化出了麻辣、酸辣、椒麻、麻酱、蒜泥、芥末、红油、糖醋、鱼香、怪味等各种味型，无不厚实醇浓，具有“一菜一格”“百菜百味”的特殊风味。川菜包括重庆、成都和乐山、内江、自贡等地方菜，主要分为蓉派（成都、乐山）、渝派（重庆、达州）和盐帮（自贡、内江）菜三类。

川菜的代表名菜有鱼香肉丝、宫保鸡丁、夫妻肺片、麻婆豆腐、回锅肉、灯影牛肉、樟茶鸭子、干煸牛肉丝、酸菜鱼、毛血旺、辣子鸡、水煮鱼、怪味鸡等。

第二节　特色风味菜

一、宫廷菜

宫廷菜是皇宫内御膳房制作、专供帝王后妃等皇室成员们享用的菜肴。尽管因建都地点的影响而分为南味和北味两大风格，但历代宫廷肴馔的风味都具有共同的特点，即华贵珍奇、配菜讲究典式规格。具体表现在以下几个方面。

（1）选料考究，配料严格。宫廷菜在原料选择上有其他风味菜系无法与之相比的得天独厚的优越条件。它可以广收博取天下万物中的稀世之珍，并对之有严格的要求。

（2）烹调细腻，讲究刀工。宫廷菜在原料切配操作上，要求原料的规格不大不小，不多不少，入口恰好；在刀法运用上除要根据原料的特性进行造型的因素外，还要注重烹制时使原料便于入味。

（3）造型美观，寓意吉祥。宫廷菜十分讲究菜肴的造型艺术，图案造型要求做到像盆景一样美观悦目。在造型手段上主要动用“围、配、镶、酿”等工艺方法，使菜肴的外形更加完整饱满，滋味更加醇郁鲜美，呈现出与众不同的造型要求。宫廷菜的菜名寓意吉祥且具有丰富的文化内涵；使用的餐具都色形华贵、造型古雅特异，既有金、银、玉石、水晶、玛瑙、珊瑚、犀角、玳瑁、象牙等材质的餐具，更有大量官窑特制的精美瓷器。

现在人们所说的宫廷菜，一般是指清代的宫廷风味菜。清代宫廷菜主要是在山东风味、满族风味和苏杭风味这三种各具特色的风味菜的基础上发展而来的。其特点是选料严格，制作精细，形色美观，口味以清、鲜、酥、嫩见长。

北京的仿膳宫廷菜保留了清代宫廷菜的传统风味。北京北海公园仿膳饭庄、颐和园听鹂馆所经营的宫廷菜肴包括凤尾鱼翅、金蟾玉鲍、一品官燕、油攒大虾、宫门奉鱼、金鱼鸭掌、熘鸡脯等名菜以及豌豆黄、芸豆卷、小窝头、肉末烧饼等名点。此外，西安仿唐菜有辋川小样、驼蹄羹、遍地锦装鳖等；开封仿宋菜有两色腰子、东华鲊、水晶脍等；杭州仿宋菜有东坡脯、莲花鸡签、蟹酿橙等。

二、官府菜

官府菜是古代官宦之家所制的馔肴。许多文武官员官高禄厚，生活奢侈，他们不惜重金聘请名厨，吸收全国各地风味菜，创造了许多传世的烹调技艺和名菜，可谓“家蓄美厨，竞比成风”，因此形成官府菜。

官府菜讲究用料广博益寿，制作奇巧精致，味道中庸平和，菜名典雅得趣，筵席名目繁多且用餐环境古朴高贵。官府菜在规格上一般不得超过宫廷菜，而又与庶民菜有极大的差别。有的官府菜以其独特的风味流传至今。

1. 孔府菜

孔府菜是我国延续时间最长的典型官府菜。其烹调技艺和传统名菜都是代代承袭，世世相传。自西汉以来，随着孔子后裔政治地位的提升，皇帝朝圣及祭祀活动频繁。皇室成员每次到曲阜，必以盛宴接驾。高官要员纷至沓来，孔府也要设高级宴席接风。孔府内眷多来自各地的官宦之家，他们之间的礼尚往来，使众家名馔佳肴得以荟萃一堂，各呈特色，互为补益。孔府这种广泛的社交活动和内、外厨之间的频繁更替，促使了孔府和宫廷、孔府与官府、孔府同民间的烹饪技艺的不断交流。加之千百年来孔府名厨巧师们的潜心切磋，师承旧制，在继承传统技艺的基础上进行创新，从而逐渐自成一格，名馔珍馐齐备，品类丰盛完美，色、香、味、形、器俱佳的孔府菜成为一份珍贵的文化遗产。孔府菜的烹饪技艺和风味特色，对我国的烹饪文化，特别是对鲁菜的形成和发展都有着重大的影响。

孔府菜具有以下特点：其一，用料极其广泛，高至山珍海味，低到瓜、果、菜、椒或山林野菜等，都可烹制出佳蔬美味。其二，做工精细，善于调味，讲究盛器，烹调技法全面。其三，命名极为讲究，寓意深远，有些系沿用传统名称，有的取名古朴典雅，富有诗意。

孔府菜的代表名菜有诗礼银杏、八仙过海、怀抱鲤鱼、孔府一品锅、御笔猴头等。

2. 谭家菜

谭家菜产生于中国清朝末年的官人谭宗浚家中。谭宗浚父子酷爱珍馐美食，谭家女主人都善烹调，而且不惜重金聘请京城名厨学艺，不断吸收各派烹饪名厨所长，久而久之，独创一派谭家风味菜肴。由于谭家菜选料考究，制作精细，尤其重火功和调味，因而深受各界食客的赞赏与推崇，当时作为一种家庭菜肴就已闻名北京。以后由于谭家官运不佳，家道中落，不得不以经营谭家菜为生，从而使谭家菜得以进一步发展。

谭家菜在烹调中往往是糖、盐各半，以甜提鲜，以咸提香，做出的菜肴口味适中，鲜美可口，无论南方人、北方人都爱吃。谭家菜的另一个特点是讲究原汁原味。谭家菜是家庭菜肴，讲究慢火细做，追求香醇软烂，采用较多的烹饪方法有烧、烩、焖、蒸、扒、煎、烤以及羹汤等。

谭家菜以燕窝和鱼翅的烹制最为有名。在谭家菜中，鱼翅的烹制方法即有十几种之多，如“三丝鱼翅”“蟹黄鱼翅”“砂锅鱼翅”“清炖鱼翅”“浓汤鱼翅”等。而在所有鱼翅菜中，以“黄焖鱼翅”最为上乘。

谭家菜的代表名菜有清汤燕窝、黄焖鱼翅、红烧鲍鱼、扒大乌参、草菇蒸鸡等。

3. 红楼菜

红楼菜是依据《红楼梦》所记述的贾府的肴馔饮食所研制的菜肴，具有官府菜的特点。红楼菜的研制，一是根据书中写有具体做法的菜，照法仿制，如茄鲞等；二是对那些只列有菜名或原料名而无做法的菜，结合现代烹饪技艺加以研制并定名。

红楼菜的代表名菜有糟鹅掌、火腿炖肘子、乌龙戏珠、炸鹌鹑、老蚌怀珠、怡红祝寿等。

4. 随园菜

随园菜是因清代袁枚的《随园食单》而得名的官府菜。随园菜的特色是：十分讲究原料选择；加工、烹调精细而卫生；讲究色、香、味、形、器；注重筵席的制作艺术。

随园菜的代表名菜有素燕鱼翅、鳆鱼炖鸭、白玉虾圆、雪梨鸡片等。

三、素菜

中国的素菜源远流长，产生于春秋战国时期，主要用于祭祀和重大典礼。随着佛教传入我国，汉族僧侣“持斋吃素”，寺院素食烹饪的发展推动了民间的素食风俗，也推动了素菜的发展。从此，素菜便自成体系，独树一帜，成为丰富多彩的中国饮食文化的一个重要组成部分。

素食风味通常指用植物油、蔬菜、豆制品、菌类和干鲜果品等植物性原料烹制的菜肴。素菜的特点主要有：一是原料全素，时鲜为主，清爽素净；二是营养独特，健身疗疾；三是模仿荤菜，形态逼真，口味相似。

中国素菜以寺院菜、宫廷素菜、民间素菜三大派系著称。

寺院菜泛指道教宫观、佛教寺院烹饪的素食菜肴。寺院菜大多就地取材，烹饪简单，品种不繁，但质量求精。厦门南普陀寺、杭州灵隐寺、上海玉佛寺、成都宝光寺、湖北武当山的素菜享有盛名。

宫廷素菜是素菜中的精品。宫廷中御膳房内专设“素局”，负责皇帝“斋戒”素食。宫廷素菜制作考究复杂、品种繁多，如散烩八宝、炒豆腐脑等著名素菜曾得到慈禧太后的赞赏。

民间素菜与当地民俗密切相关。我国著名的素餐馆有上海功德林、北京功德林、天津真素园等。

第三节　名茶与名酒

一、名茶

中国是茶树的原产地，又是最早发现茶叶功效、栽培茶树和制成茶叶的国家。唐代茶圣陆羽的《茶经》是中国也是世界第一部茶叶科学专著。它记述了茶的起源、品质、种植方法、产地、采制、烹饮及器具等。茶叶、咖啡与可可现已成为世界三大饮料。

茶叶是以茶树新梢上的芽叶嫩梢为原料加工制成的产品。茶叶按初加工方式可以分为绿茶、红茶、青茶（乌龙茶）、黑茶、黄茶、白茶六大类毛茶。再加工茶类有压制成型的紧压茶和鲜花窨制的花茶。紧压茶主要以黑茶或红茶或绿茶为原料，经过蒸压处理，加工成茶块，深受西北、西南少数民族的喜爱，也称边销茶；花茶出现于宋代，以精制后的茶叶和鲜花为原料，经过窨花工艺制成，尤其受我国北方人民的喜爱。

1. 绿茶

绿茶是最古老的茶叶品种。绿茶是不发酵的茶叶，初制时采用高温杀青，以保持鲜叶原有的嫩绿。绿叶绿汤，色泽光润，汤澄碧绿，清香芬芳，味爽鲜醇。绿茶产量大，品种多，其中以西湖龙井茶、太湖碧螺春茶、黄山毛峰茶最为著名。

西湖龙井。产于浙江杭州，居中国名茶之冠。龙井茶外形挺直削尖、扁平俊秀、色泽绿中显黄。冲泡后，香气清高，汤色杏绿，叶底嫩绿，匀齐成朵，有“色绿，香郁，味醇，形美”四绝之说。

太湖碧螺春。产于江苏吴县（今吴中区）太湖上的洞庭山，又名洞庭碧螺春。原名为“吓煞人香”。后经康熙皇帝改名为“碧螺春”。碧螺春茶的特点是条索纤细，卷曲成螺，绒毛遍布，花香果味。

黄山毛峰。产于安徽黄山，是毛峰茶中的佳品。其特点是芽叶肥壮，大小均匀，银毫形如雀舌，油润光滑，绿中微黄，冲泡入口醇香鲜爽，回味甘甜沁人心脾。特级黄山毛峰又称黄山云雾茶，产量极少。

2. 红茶

红茶出现于清朝，用全发酵法制成。制作关键是渥红（发酵）以促进酶活性，使多酚类充分氧化。红茶红叶红汤，香甜味醇，具有水果香气和醇厚的滋味，还具有耐泡的特点。红茶多以产地命名，以安徽祁红、云南滇红尤为出众。

祁红。又称祁门红茶，是祁门工夫红茶的简称，主要产于安徽祁门。祁红茶条索紧细秀长，色泽乌润，毫色金黄，汤色红艳透明，叶底鲜红明亮，入口醇和，回味隽厚，味中有浓郁的既似果香又似兰花香的香气，清鲜持久，国外誉为“祁门香”。

滇红。云南红茶的统称，分滇红工夫茶和滇红碎茶两种。滇红工夫茶芽叶肥壮，金毫显露，汤色红艳，香气高醇，滋味浓厚。滇红工夫茶中，品质最优的是“滇红特级礼茶”，以一芽一叶为主制造而成，成品茶条索紧直肥壮，苗锋秀丽完整，金毫多而显露，色泽乌黑油润，汤色红浓透明，滋味浓厚鲜爽，香气高醇持久，叶底红匀明亮。滇红碎茶是经萎凋、揉切、发酵、干燥而制成。工夫茶是条形茶，红碎茶是颗粒型碎茶。前者滋味醇和，后者滋味强烈。

3. 青茶（乌龙茶）

青茶也称乌龙茶，属半发酵茶，介于红茶与绿茶之间。特点是叶色青绿，汤色金黄，绿叶红镶边，香气芬芳浓醇，既具有红茶的醇厚，又具有绿茶的清香。乌龙茶的产地主要集中在福建、广东、台湾一带，名品有福建的武夷岩茶、铁观音，广东的凤凰单枞，台湾的乌龙等。

武夷岩茶。产于闽北武夷山岩上的乌龙茶类的总称。武夷岩茶外形为条索形，紧实匀整，色泽绿褐鲜润，冲泡后茶汤呈深橙黄色，清澈艳丽；叶底软亮，叶缘朱红，叶心淡绿带黄；兼有红茶的甘醇、绿茶的清香；茶性和而不寒，久藏不坏，香久益清，味久益醇。泡饮时常用小壶小杯，因其香味浓郁，冲泡五六次后余韵犹存。武夷岩茶按产品分，有大红袍、名枞、肉桂、水仙、奇种五类。

铁观音。因树种而得名，产于福建省安溪等县，也称为安溪铁观音。茶叶色泽褐绿，重实如铁，香气特异，传说是观音菩萨所赐，便取名铁观音（另一说是乾隆皇帝赐名）。冲泡后呈螺旋形，身骨沉重；色泽砂绿翠润，红点明显，内质香气清高，持久馥郁，滋味醇厚甘鲜，有天然的兰花香，俗称“观音韵”。

4. 黄茶

加工过程中采用杀青、焖黄的方法，使鲜叶进行非酶性氧化。黄叶黄汤，香气清悦醇和。黄茶按芽叶嫩度分为黄芽茶、黄小茶和黄大茶。著名品种有君山银针等。

君山银针。产于湖南省岳阳市洞庭湖中君山岛，特点是芽头茁壮紧实，挺直不曲，长短大小匀齐，茸毛密盖，芽身金黄，称为“金镶玉”。汤色浅黄，叶底明亮，滋味甘醇，香气清雅。若以玻璃杯冲泡，可见芽尖冲上水面，悬空竖立，下沉时如雪花下坠，沉入杯底，状似刀剑林立。再冲泡再竖起，能够三起三落。

5. 白茶

白茶是我国的特产，主要分为两大类：一类是指用白茶树的鲜叶为原料制成的茶叶，采用绿茶加工工艺制作，其芽叶满披白毫，呈银白色。严格地说，未经萎凋工序的白茶应属绿茶类的白茶，如浙江安吉白茶、太湖白茶等。另一类是指采用“鲜叶—萎凋—轻微发酵—自然干燥或文火微焙”的工序与方法制作的轻度发酵的白茶（发酵度为10%~20%），如白毫银针、白牡丹、贡眉等。白茶茶性寒凉，有退热祛暑之功效。冲泡后，茶汤呈象牙色，味道清鲜爽口，甘醇，香气较强。著名的白茶有白毫银针、白牡丹等。

白毫银针。产于福建省东北部。白毫银针外形单芽肥硕，满披白毫，茸毛莹亮，色泽银白或银灰。冲泡时，“满盏浮茶乳”，银针挺立，上下交错，非常美观；汤色黄亮清澈，滋味清香甜爽。白毫银针的形、色、质、趣是名茶中绝无仅有的，品尝泡饮，别有风味。白毫银针味温性凉，有健胃提神之效，祛湿退热之功，常作为药用。

白牡丹。产于福建，以绿叶夹银色白毫，芽形似花朵，冲泡之后，绿叶托着嫩芽，宛若蓓蕾初开，故名白牡丹。白牡丹两叶抱一芽，叶态自然，色泽深灰绿或暗青苔色，叶张肥嫩，呈波纹隆起，叶背遍布洁白茸毛，叶缘向叶背微卷，芽叶连枝。汤色杏黄或橙黄，叶底浅灰，叶脉微红，汤味鲜醇，有退热祛暑的功效，是夏日佳饮。

6. 黑茶

黑茶属于后发酵茶，随时间的不同，发酵程度会发生变化。干茶颜色为青褐色，泡茶后，汤色橙黄或褐色，有陈香，滋味醇厚回甘。黑茶花色品种丰富，茶性温和，可久藏不坏，耐煮泡。黑茶主要分布在湖南、四川、云南、湖北，名品有云南普洱茶等。

普洱茶。因产于云南普洱而得名。以云南大叶种晒青毛茶为原料，经过发酵加工成散茶和紧压茶。普洱茶色泽褐红，汤色红浓明亮，香气独特陈香，滋味醇厚回甘。“越陈越香”被公认为是普洱茶区别于其他茶类的最大特点，还有一定的减肥降脂功效。

二、名酒

中国名酒是由国家有关部门组织的评酒机构间隔一定时期经过严格的评定程序确定的，它代表了我国酿酒行业酒类产品的精华。

1. 白酒类名酒

白酒也称“烧酒”，是中国特有的一种蒸馏酒，它以酒曲、酵母为糖化发酵剂，利用淀粉质原料，经发酵蒸馏而成。白酒中的名酒是按香型评定的，分为酱香型、浓香型、米香型、清香型、兼香型等。

酱香型酒。所谓酱香，就是有一股类似豆类发酵时发出的酱香味。这种酒的特征是酱香突出，幽雅细腻，酒体丰富醇厚，回味悠长，香而不艳，低而不淡。贵州茅台酒是此类酒的典型代表。茅台酒在历次国家名酒评选中都荣获名酒称号。茅台酒还是许多重大外事活动的见证人，因而被誉为“国酒”“外交酒”。

浓香型酒。主要特征是窖香浓郁，绵甜甘洌，香味协调，尾净余长。泸州老窖特曲、五粮液酒为此类酒的代表。泸州老窖特曲酒作为浓香型大曲酒的典型代表，以“醇香浓郁，清洌甘爽，饮后尤香，回味悠长”的独特风格闻名于世。五粮液酒，喷香浓郁，醇厚甘美，回味悠长，以优质糯米、大米、高粱、小麦、玉米五种粮食为原料酿制而得名。此外，贵阳大曲、习水大曲、洋河大曲等都属于浓香型白酒。

米香型酒。主要特征是蜜香清雅，入口柔绵，落口爽洌，回味悠长。桂林三花酒属于此类白酒的代表。三花酒采用清澈澄碧的漓江水、优质大米和精选的酒曲酿造。酒酿成后，一般要装入陶瓷缸内，存放在石山岩洞中，过一两年，让它变成陈酿，使酒质更加醇和、芳香，然后才分装出厂。桂林冬暖夏凉的岩洞所构成的特有的贮存条件，使酒质愈加醇和芳香。

清香型酒。主要特征是清香醇正，诸味协调，醇甜柔和，余味爽净，甘润爽口，具有传统的老白干风格。山西杏花村汾酒是这类香型的代表。汾酒产于山西省汾阳杏花村汾酒（集团）公司。作为我国白酒类的名酒，山西汾酒可以说是我国历史上最早的名酒，素以入口绵、落口甜、饮后余香、回味悠长的特色而著称。

兼香型酒。指具有两种以上主体香型的白酒，具有一酒多香的风格，又称为复香型和混合香型酒。以贵州遵义董酒、陕西西凤酒为代表。董酒香气幽雅舒适，既有大曲酒的浓郁芳香，又有小曲酒的柔绵、醇和、回甜，还有淡雅舒适的药香和爽口的微酸，入口醇和浓郁，饮后甘爽味长。由于酒质芳香奇特，被人们誉为其他香型白酒中独树一帜的“药香型”或“董香型”的典型代表。西凤酒是以大麦、豌豆制曲，优质高粱为原料，配以天赋甘美的柳林井水，采用高温焙曲，土暗窖发酵，续渣混蒸混烧而得的新酒，需贮存3年，再经精心勾兑而成。西凤酒醇香芬芳，清而不淡，浓而不艳，集清香、浓香之优点于一体，风格独特。

2. 黄酒类名酒

黄酒，也称为米酒，以稻米、黍米、玉米、小麦等为主要原料经蒸煮，拌以麦曲、米曲或酒药，进行糖化和发酵酿造而成。黄酒酒精含量一般为16%~18%，因酒色黄亮或黄中带红而得名。

绍兴加饭酒。古称“山阴甜酒”“越酒”，距今已有2300多年的酿造历史。具有色泽橙黄清澈、香气芬芳浓郁、滋味鲜甜醇厚、越陈越香、久藏不坏的特点。

福建龙岩沉缸酒。历史悠久，是一种特甜型酒，酒度在14%~16%，总糖可达22.5%~25%。龙岩沉缸酒的酿法集我国黄酒酿造的各项传统精湛技术于一身。

3. 啤酒类名酒

啤酒是一种含有多种氨基酸、维生素、蛋白质和二氧化碳的饮料酒。它具有营养丰富、高热量、低酒度的特点，素有“液体面包”的美称。

啤酒主要有三种分类方式：按其色泽，可分为黄啤酒（淡色啤酒或浅色啤酒）和黑啤酒（浓色啤酒或绿色啤酒）。按其加工时是否经过均衡程序及杀菌，可分为生啤酒和熟啤酒。按其麦芽汁的浓度，可分为低浓度啤酒（原麦汁浓度6°~8°，酒精含量2%左右）、中浓度啤酒（原麦汁浓度10°~12°，酒精含量3.1%~3.8%）和高浓度啤酒（原麦汁浓度14°~20°，酒精含量4.9%~5.6%）。

中国最著名的啤酒是青岛啤酒，系山东青岛啤酒厂出品。酒度3.5%，麦芽浓度12°，酒色呈米黄、淡而透亮、泡沫洁白细腻，具有显著的酒花、麦芽的清香和特有的苦味，口感柔和、清爽纯净。

4. 果酒类名酒

果酒是用水果本身的糖分被酵母菌发酵而成的酒。如李子酒、葡萄酒、苹果酒等。尤以葡萄酒最为著名。葡萄酒是以新鲜葡萄或葡萄汁为原料，经酵母发酵酿制而成的各类酒的总称。按酒的色泽，葡萄酒分为红葡萄酒、白葡萄酒、桃红葡萄酒三大类。根据葡萄酒的含糖量，分为干红葡萄酒、半干红葡萄酒、半甜红葡萄酒和甜红葡萄酒。

葡萄酒原产于西亚地区，汉代经“丝绸之路”传入中原。被评为国家名酒的葡萄酒有张裕公司的红葡萄酒、金奖白兰地等。

第八章 中国工艺美术

本章导读

【本章概述】本章主要介绍了陶瓷的发展简史及主要名品、四大刺绣、著名漆器、玉器以及文房四宝、年画、剪纸、风筝等中国工艺美术的相关知识。

【学习要求】了解中国陶器、瓷器的发展简史。熟悉我国陶器、瓷器、漆器、玉器的主要产地和特色。掌握中国四大刺绣及其代表作；我国文房四宝、年画、剪纸和风筝的主要产地和特色。

第一节 陶瓷器

一、陶瓷发展简史

陶瓷器是陶器制品和瓷器制品的总称。陶器是用黏土成型，经700℃~800℃的炉温焙烧而成的无釉或上釉的日用品和陈设品。

中国是陶瓷的故乡。早在新石器时代，我国先民就已经开始制作陶器。由于当时的社会生产力极其低下，这一时期的陶器具有粗糙、古朴的制作特点。在新石器时代晚期的仰韶、河姆渡、大汶口等文化遗址中出土了大量的灰陶、彩陶、黑陶和印纹陶等。原始陶器的彩绘纹饰多以几何图形出现，手法粗糙，构图新颖，表现出当时中国制陶的工艺水平。

商朝陶器大体上继承了新石器时代的样式，种类上也没有多大的发展。

周代是陶器发展的重要阶段，陶器大量被应用到建筑上，如版瓦、筒瓦、瓦当、瓦钉、阑干砖等。两汉时期，釉陶大量替代铜质日用品，使陶器得到了迅速发展。东汉时釉陶已发展到了较高水平，陶器开始向瓷器过渡。西晋时期，越窑青瓷的烧造技艺又有了提高。

隋唐时期是我国封建社会经济文化高度繁荣的时期，陶瓷业也进入了一个迅猛发展的阶段，唐三彩就是其标志，它是一种低温铅釉陶器，因经常使用黄、绿、褐三种色彩而得名，一般作为陪葬品，分为器皿、人物、动物，是我国古代陶瓷工艺的精品。

宋代是中国制瓷业极其辉煌的时期。这一时期涌现出许多驰名中外的瓷窑，其中以五大名窑——定、汝、官、哥、钧最为著名。定窑以烧白瓷而著称；汝窑专为宫廷烧制御用青瓷器，烧造工艺达到了中国陶瓷史上的极致；官窑瓷器釉色胎骨坚薄，釉色翠美清新，腴润如脂；哥窑瓷器造型端庄古朴，传世者弥足珍贵；钧窑以烧制乳浊釉瓷为主，以其“入窑一色，出窑万彩”的神奇“窑变”而闻名。宋瓷在工艺上取得较高成就，形成品种丰富多彩、造型简洁优美、装饰方法多种多样的特点。

元代由于战乱一度限制了制瓷业的发展，但制瓷工艺仍有创新，出现了青花瓷和釉里红技法。明代以前陶瓷釉色以青为主，明代以后则以白瓷为大宗，为瓷器的装饰创造了物质条件，尤其在康乾盛世我国制瓷工艺达到了历史高峰，制瓷技艺有更大进步，凡是明代已有的工艺和品种，大多有所提高或创新。元、明、清瓷器的主流是青花瓷。

现代最著名的“瓷都”是江西景德镇。湖南醴陵、福建德化、浙江龙泉、山东淄博和河北唐山也是中国瓷器的主要产地。

二、陶瓷名品简介

1. 景德镇青花瓷

江西省景德镇是我国的“瓷都”，自五代时期开始生产瓷器，至今已有千年历史。景德镇瓷器造型优美、品种繁多、装饰丰富、风格独特，以“白如玉，明如镜，薄如纸，声如磬”的独特风格蜚声海内外。青花瓷、玲珑瓷、粉彩瓷、颜色釉瓷并称为景德镇四大传统名瓷。其中的青花瓷，烧造历史最为悠久，位居四大名瓷之首，享有“瓷国明珠”之美誉。其主要是以色料在胚胎上描绘纹样，然后上透明釉，施釉后经1300℃左右高温一次烧成，釉色晶莹，透彻素净，明净雅致。画以墨为韵，瓷以青为贵。青花瓷，至美至纯，透着一种素净、低调而又奢华的古韵。

2. 洛阳唐三彩

“唐三彩”是一种盛行于唐代的陶器，以黄、绿、褐为基本釉色，后来人们习惯地把这类陶器称为“唐三彩”。它以造型生动、色泽艳丽和富有生活气息而著称。迄今为止，“唐三彩”精品多出土于洛阳地区，而洛阳出产的仿“唐三彩”器物精美逼真，所以人们称其为“洛阳唐三彩”。“唐三彩”的复制和仿制，在洛阳已有近百年的历史。中华人民共和国成立后，建立了洛阳美术陶瓷厂，并设立专门机构研究“唐三彩”的制作工艺，使“洛阳唐三彩”的工艺技巧和艺术水平得以继承和发扬光大。目前，“洛阳唐三彩”是中国传统出口商品。

3. 龙泉青瓷

龙泉位于浙江西南部，龙泉青瓷是中国汉族传统制瓷珍品。南北朝时期，浙江龙泉人利用当地优越的自然条件制造青瓷。龙泉市境内烧制青瓷的古代窑址有360多处，史称龙泉窑。龙泉青瓷在南宋时达到巅峰，其烧制出的青瓷产品具有“青如玉、明如镜、薄如纸、声如磬”的特点。现代的龙泉青瓷忠实地继承了中国传统的艺术风格，在继承和仿古的基础上更有新的突破。龙泉青瓷传统烧制技艺于2009年9月30日正式入选联合国教科文组织世界非物质文化遗产保护名录。龙泉青瓷产品有两种：一种是白胎和朱砂胎青瓷，称“弟窑”。“弟窑”青瓷釉层丰润，釉色青碧，光泽柔和，晶莹滋润，胜似翡翠。有梅子青、粉青、月白、豆青、淡蓝、灰黄等不同釉色。另一种是釉面开片的黑胎青瓷，称“哥窑”。“哥窑”青瓷以瑰丽、古朴的纹片为装饰手段，如冰裂纹、蟹爪纹、牛毛纹、流水纹、鱼子纹、膳血纹、百圾碎等加之其釉层饱满、莹洁，素有“紫口铁足”之称，与釉面纹片相映，更显古朴、典雅，堪称瓷中珍品。

4. 宜兴紫砂器

江苏宜兴被认为是中国的“陶都”，宜兴紫砂器享有天下“神品”之称。紫砂器是用质地细腻、含铁量高的特殊陶土制成的无釉细陶器，呈赤褐、浅黄或紫黑色。紫砂茶具造型美观，色彩古朴，胎壁无釉多孔，有较强的吸附力，泡茶数天后不馊且仍能保持茶香。

5. 醴陵釉下彩瓷

湖南醴陵瓷器起源于清朝雍正年间，迄今已有250多年的历史。该瓷器釉面犹如罩上一层透明的玻璃罩，无铅毒、耐酸碱、耐摩擦，洁白如玉，晶莹润泽，虽长期存放，花纹始终保持原来色彩。这是由于釉下彩的釉是一种很坚硬的玻璃质，它耐摩擦、耐高温、耐酸碱腐蚀，保护着画面能始终保持原来色彩。醴陵釉下彩瓷是醴陵日用瓷中具有独特艺术风格的传统产品。

6. 淄博美术陶瓷

山东淄博陶瓷生产历史悠久，汉代已能生产翠绿、栗黄、茶黄、淡绿四种颜色釉陶。现代以生产传统的名贵色釉——雨点釉、茶叶末釉等美术陶瓷著称。雨点釉瓷又名油滴瓷，在黑色的釉面上均匀地布满了银白色的小圆点。圆点小如米粒，盛茶时金光闪闪，盛酒则银光熠熠，映日视之，晶莹夺目，曾有“尺瓶寸盂视为无上之品，茗瓯酒盏叹为不世之珍”之说。茶叶末釉是一种含有结晶矿物的无光釉。古人称赞说：“茶叶末，黄杂绿色，娇嫩而不俗，艳于花，美如玉，最养目。”用这种釉制作的各种文具、瓶、罐，釉色纯正，古朴典雅。

7. 德化白瓷

福建德化是我国白瓷著名产地，德化窑是我国古代南方著名瓷窑，因窑址位于德化县而得名。此处瓷土资源丰富，水源充足，交通运输方便，是烧制瓷器的理想之地。德化窑历史悠久，历经了千年的历史，在中国陶瓷史上留下了光辉的一笔，在世界陶瓷史上“中国白”一词也成了德化白瓷的代名词。

第二节　四大刺绣

刺绣都属于织绣工艺品，它是以蚕丝为原料的纺织品和刺绣品的总称。刺绣起源于中国，是中国著名的三大特产之一，并于汉代之后由“丝绸之路”远销中亚、西亚和地中海沿岸各地。

刺绣是用针引线在绣料上穿刺出一定图案和色彩花纹的装饰织物。明代上海顾名世家的刺绣品“顾绣”尤其闻名。苏州苏绣、湖南湘绣、广东粤绣、四川蜀绣被誉为我国四大名绣。

一、苏绣

主要产地在江苏苏州、南通一带。在长期的历史发展过程中，苏绣在艺术上形成了图案秀丽、色彩和谐、线条明快、针法活泼、绣工精细的地方风格，被誉为“东方明珠”。最能体现苏绣艺术特征的是“双面绣”，可以从两面观赏。双面绣《猫》是苏绣现代作品的代表作。

二、湘绣

湘绣是以湖南长沙为中心，在湖南民间刺绣工艺的基础上，汲取了苏绣和粤绣的精华而发展起来的刺绣工艺品，以着色富有层次、绣品若画为特点。湘绣以狮、虎为代表作，有“苏猫湘虎”的说法。

三、粤绣

粤绣是产于广东地区的刺绣品。据传始创于少数民族，明中后期形成特色。它以布局饱满、图案繁茂、场面热烈、用色明快，对比强烈，讲求华丽效果著称。粤绣的另一个独特现象就是绣工多为男工。粤绣多用金线作刺绣花纹的轮廓线，金银线垫绣是粤绣中具有特色的手法之一，它使绣上的景物形象富有立体感。粤绣的代表作有《百鸟朝凤》，形象逼真，生机盎然。

四、蜀绣

蜀绣是以四川成都为中心的刺绣品的总称。蜀绣以软缎、彩丝为主要原料，其刺绣技法甚为独特，有100种以上精巧的针法绣技，如五彩缤纷的衣锦纹满绣、绣画合一的线条绣、精巧细腻的双面绣和晕针、纱针、点针、覆盖针等都是十分独特而精湛的技法。蜀绣的代表作有《蜀宫乐女演乐图》挂屏、双面异色的《水草鲤鱼》座屏、《熊猫》座屏和陈列在北京人民大会堂四川厅的巨幅作品《芙蓉鲤鱼》。

第三节　漆器、玉器

一、漆器

用漆涂在各种器物的表面上所制成的日常器具及工艺品等，一般称为漆器。生漆是从漆树上割取的天然液汁，主要由漆酚、漆酶、树胶质及水分构成。用它作涂料，有耐潮、耐高温、耐腐蚀等特殊功能，又可以配制出不同色漆，光彩照人。在中国，从新石器时代起就认识了漆的性能并用以制器。历经商周直至明清，中国的漆器工艺不断发展，达到了相当高的水平。当代漆器主要分布于北京、福建福州、江苏扬州、四川成都、山西平遥、贵州大方、甘肃天水等地。

北京雕漆。以雕刻见长，在漆胎上涂几十层到几百层漆，厚15~25毫米，再用刀进行雕刻，故称“雕漆”。在古代的雕漆制品中主要是以红、绿颜色为主，在史书上雕漆又称为“剔红”。此外，还有剔黑、剔黄、剔绿等，均属于雕漆范畴，只是所涂颜色和表现方法有所不同。目前，北京雕漆以剔红、剔黑为主，其他如红底黑花、黑底红花、黄底红花、绿底红花以及黄、绿、红三色的剔彩也常见。

福州脱胎漆器。是具有独特民族风格和浓郁地方特色的艺术珍品。福州脱胎漆器制作，先用泥土塑出模型，然后在模型外面裱上夏布，涂上青漆，等漆干了之后脱去土模，再行髹漆加工上色。其质地坚固轻巧、造型别致，装饰技法丰富多样，色彩明丽和谐，可谓集众美于一身，具有非凡的艺术魅力。

扬州镶嵌漆器。历史悠久，其产品以镶嵌螺钿最具特色，造型古朴典雅，做工精巧细致，纹样优美多姿，色彩和谐绚丽。

二、玉器

玉器，又称玉雕，是我国的特种工艺品之一。距今7000年的新石器时代晚期就出现了玉质工具，玉器是从玉质工具发展而来的。广义的玉器是指以硬玉、软玉、碧玉、蛇纹石、水晶以及珊瑚等为原料而制作的工具、装饰品、祭器和陈设品等。中国的玉主要产于新疆维吾尔自治区和田市、河南省南阳市的独山、辽宁省鞍山市的岫岩满族自治县等地。

和田玉，产于新疆维吾尔自治区和田市。因采自塔里木盆地南缘的昆仑山中，古称昆山玉，简称昆玉。该玉属软玉，有韧性，质地细腻，光泽柔润。尤其是被称为羊脂玉的白玉，为和田玉中最佳品。北京故宫的清朝玉雕《大禹治水玉山》就是用整块和田玉雕琢而成的。

中国的玉石雕刻原材料还有很多，如江苏省连云港市东海县和海南省的水晶以及台湾省和海南省的珊瑚等。东海县水晶的储量、产量和质量均位居全国第一，素有“水晶之乡”“水晶王国”之称。所产水晶杂质少、品种全。台湾珊瑚，产于台湾周围的海域，以桃色珊瑚品种为最优。目前其产量占世界产量的80%，其中澎湖占70%，故有“珊瑚之乡”的美称。

玉雕大致可分为件活（炉、瓶、茶具、人物、花卉等）和零碎活（小活，包括别针、戒指、印章、烟嘴等）两类。主要产地有北京、江苏、上海、广东、甘肃、新疆、辽宁、黑龙江等。

1. 北京玉雕

产于北京市。采用贵重而坚硬的玉石材料雕琢而成。清代不断有南方匠人到北京传艺，有些高手在北京落户，因此北京玉雕集南北技艺之长，形成了自己的独特风格。其产品造型古朴典雅，结构严谨，章法得体，生动传神，用色绝俏，工艺精湛。其价值以每件作品玉质优劣、作品质量的高低以及市场的需求而定，故有“金银有价玉无价”之谓。

2. 扬州玉雕

产于江苏省扬州市，选用优质白玉、翡翠、珊瑚、芙蓉石及岫岩石等为原料制成。制作技艺上讲究立雕、浮雕、镂空雕相结合，因材施艺，度势造型，成品雄浑古朴，圆润典雅且秀丽精细、玲珑剔透。总体风格以“南方之秀”为主，兼具“北方之雄”的独特形式。扬州地理位置优越，自古经济繁荣，百业兴旺。早在夏商时期匠人便已能识别玉石，雕琢成器。至隋唐，波斯大食的胡商携来宝石、玛瑙、象牙、猫眼等商品进行交易，更为当地琢玉技艺增辟材料来源；元代又创山子雕，将三雕技术结合为一体；清乾隆年间定玉雕为“扬州八贡”之一，供宫廷享用，如《会昌九老图》《大禹治水玉山》等均为当年扬州玉雕珍品。

3. 苏州玉雕

产于江苏省苏州市，因其加工精巧，历史悠久，素以“苏帮”而著称。始于宋代，历宋、元、明、清数代，均作为贡品进献皇室。“良玉虽集京师，工巧则推吴郡。”至晚清时期，当地玉器作坊达800余家。苏州玉雕沿用传统技艺，选材严密，设计强调因材施艺，量料取材，循其规律，讲究造型。有炉瓶、花卉、人物、禽兽、杂件等品种。

第四节　文房四宝、年画、剪纸和风筝

一、文房四宝

笔、墨、纸、砚素称文房四宝，湖笔、徽墨、宣纸、端砚，被称为文房四宝之首。

湖笔。湖笔产于浙江省湖州市善琏镇，善琏古属湖州府，故称湖笔。湖笔自元代以后取代了宣笔的地位，分羊毫、狼毫、紫毫、兼毫四大类，具有尖、齐、圆、健四大特点。湖笔选料严格，如羊毫主要选用山羊腋下毛，所取毫料须多晒，除去污垢，然后根据毫料扁圆、曲直、长短、有无锋颖等特点，浸于水中进行分类组合，一般要经过浸、拔、并、梳等70余道工序。被誉为“笔中之冠”。

徽墨。徽墨是以松烟、桐油烟、漆烟、胶为主要原料制作而成的一种主要供传统书法、绘画使用的特种颜料，因产于古徽州府而得名。徽墨经点烟、和料、压磨、晾干、挫边、描金、装盒等工序精制而成。成品具有色泽黑润、坚而有光、入纸不晕、舔笔不胶、经久不褪、馨香浓郁、防蛀防虫等特点，是书画艺术的珍品。徽墨有高、中、低三种规格。高档墨有超顶漆烟、桐油烟、特级松烟等。

宣纸。宣纸产于安徽南部泾县，因历史上属宣州府，故名。宣纸最早产于唐代，它的原料是青檀皮。清代才掺和稻草，改变了用料比例。宣纸分生熟两种，生宣渍水渗化，作写意画最好，熟宣经过胶矾浸染，不渗化，宜于工笔，细描细写，为书画最理想的用纸。宣纸具有纸质柔韧、洁白平滑、细腻匀整、不起皱、不掉毛、不怕舒卷、抗老化、久不变色、不蛀不腐、卷折

无损等特点，便于收藏，有“纸寿千年”之说法。

端砚。产于广东省肇庆市，因隋在肇庆设端州府，所以称端砚。端石是一种水层岩，开采于唐，宋代已为世人所重视，其特点是石质细、易发墨、墨汁细稠而不滞、不易干涸。端石以紫色为主，名贵的石品有青花、鱼脑冻、蕉叶白、苏青、冰纹等。端砚贵有石眼，它是天然生长在砚石上的石核形状的眼，人们利用石眼花纹雕刻的砚台尤为名贵，有“端石一斤，价值千金”之说。端石块大的不多，故多随形雕刻，追求气韵。端砚与歙砚、洮河砚、澄泥砚被誉为中国的四大名砚。

二、年画

年画是我国传统的民俗艺术品。大都用于新年时张贴，装饰环境，含有祝福新年吉祥喜庆之意，故名。木版年画出现于雕版印刷术发明之后的宋代，明代中叶起已成为一种独立的艺术形式，著名年画产地应运而生，清乾隆年间更为盛行。传统民间年画多用木版水印制作。苏州桃花坞、天津杨柳青、山东潍坊杨家埠和四川绵竹，是我国著名的四大民间木刻年画产地。

苏州桃花坞年画。是我国南方流传最广、影响最大的一种民间木刻画。因产于江苏苏州桃花坞而得名。桃花坞年画以门画、中堂、条屏为主要形式，以木版雕刻，用一版一色传统水印法印刷，不仅色彩绚丽夺目，而且构图精巧，形象突出，主次分明，富于装饰性，形成了一种优美清秀、严密工整的独特风格，民间画坛称为“姑苏版”。

天津杨柳青年画。产于天津市杨柳青地区。始于明崇祯年间，到清中后期最为风行，有“家家会刻版，人人善丹青”之誉。杨柳青年画的特点：木刻水印和手工彩绘相结合，保留了民间绘画的技法，并受清代画院的影响，多取材于旧戏剧、美女、胖娃娃等，构图丰满，线条工整，色彩艳丽，人物的头脸多粉金晕染，极富装饰性。与南方著名的苏州桃花坞年画并称“南桃北柳”。

山东潍坊杨家埠年画。兴起于明代，全以手工操作并用传统方式制作，发展初期受到杨柳青年画的影响，清代达到鼎盛期，杨家埠年画题材广泛，想象丰富，重用原色，线条粗犷，风格淳朴。

四川绵竹年画。以彩绘见长，具有浓厚的民族特征和鲜明的地方特色。绵竹年画构图讲求对称、完整、饱满，主次分明，多样统一。色彩上采用对比手法，设色单纯、艳丽，强烈明快，构成红火、热烈的艺术效果。

三、剪纸

中国剪纸是用剪刀或刻刀在纸上剪刻花纹，用于装点生活或配合其他民俗活动的一种民间艺术。在中国，剪纸具有广泛的群众基础，交融于各族人民的社会生活，是各种民俗活动的重要组成部分。其传承赓续的视觉形象和造型风格，蕴含了丰富的文化历史信息，表达了广大民众的道德观念、实践经验、生活理想和审美情趣，具有认知、教化、表意、抒情、娱乐、交往等多重社会价值。2006 年 5 月，剪纸艺术遗产经国务院批准列入第一批国家级非物质文化遗产名录。2009 年 10 月，中国剪纸项目被联合国教科文组织列入“人类非物质文化遗产代表作名录”。

1. 中国剪纸的用途

从具体用途看大致可以分为四类：一是用于张贴，即直接张贴于门窗、墙壁、灯彩、彩扎之上以为装饰，如窗花、墙花、顶棚花、烟格子、灯笼花、纸扎花、门笺；二是用于摆衬，即用于点缀礼品、嫁妆、祭品、供品，如喜花、供花、礼花、烛台花、斗香花、重阳旗；三是用于刺绣底样，如衣饰、鞋帽、枕头，如鞋花、枕头花、帽花、围涎花、衣袖花、背带花；四是用于印染，即作为蓝印花布的印版，用于衣料、被面、门帘、包袱、围兜、头巾等。

窗花。张贴在窗户上作装饰的剪纸。以北方为普遍，北方农家窗户多是木格窗，有竖格、方格或带有几何形花格，上面张糊一层洁白的“皮纸”，逢年过节便更换窗纸并贴上新窗花，以示除旧迎新。窗花的形式有装饰窗格四角的角花，也有折枝团花，更有自由的各式适合花样，如动物、花草、人物，还有连续成套的戏文或传说故事窗花。

喜花。婚嫁喜庆时装点各种器物用品和室内陈设用的剪纸。一般是将剪纸摆衬在茶具、皂盒、面盆等日用品上，还有的可以贴在梳妆镜上。喜花图案题材多是强调吉祥如意、喜气洋洋的寓意。色彩为大红，外形样式有圆形、方形、菱花形、桃形、石榴形等，配置以各种吉祥的纹样，如龙凤、鸳鸯、喜鹊、花草、牡丹等。

礼花。摆附在糕饼、寿面、鸡蛋等礼品上的剪纸。在广东潮州一带称作“糕饼花”“果花”，浙江平阳一带称作“圈盆花”。礼花题材多取吉祥喜气的图案。在山东为庆贺生子的“喜蛋”上贴剪纸，或将蛋染红露出白色花纹。在福建农村互相馈赠寿礼用乌龟图案以象征长寿。有龟形糕饼，也有龟形剪纸。

鞋花。用作布鞋鞋面刺绣底样的剪纸。其形式一般有三：一是剪成小团花或小散花，绣于鞋头，称“鞋头花”；二是合着鞋面的形状剪成月牙形，称“鞋面花”；三是由鞋头花的两端延伸而至鞋帮，称“鞋帮花”。还有一种“鞋底花”，旧时多用于“寿鞋”。或绣于布袜底上。鞋花布局一般多疏朗，题材有花草、小鸟等。有的鞋花在局部剪开而不镂空，此称“暗刀”，是绣花时套针换色的依据所在。

门笺。又称“挂笺”“吊钱”“红笺”“喜笺”“门彩”“斋牒”。一般用于门楣上或堂屋的二梁上。其样式多为锦旗形，天头大、两边宽，下作流苏。多以红纸刻成，也有其他颜色的或套色的。图案多作几何纹或嵌以人物、花卉、龙凤及吉祥文字的，如“普天同庆”“国泰民安”“连年有余”“风调雨顺”“金玉满堂”“喜鹊登梅”“福禄寿喜财”等。张贴时或一张一字，或一张一个内容，成套悬挂，一般以贴5张为多。贴门笺除有迎春除旧之意外，也有祈福驱邪之意。

斗香花。一种套色剪纸，多用于祭祀祖先与神灵等民俗活动时的装饰，题材多选用戏文、历史故事、民间传说、花卉、人物等吉祥图案。配色一般用金色和大红、桃红、绿、蓝、橘黄、淡黄、黑等蜡光纸组成，颜色丰富，效果强烈。

2. 中国剪纸的地域分布

中国剪纸地域分布十分广泛，形成各种流派和地方特色，主要有以下几处的剪纸较为有名。

扬州剪纸。扬州是中国剪纸流行最早的地区之一。早在唐代，扬州已有剪纸迎春的风俗。立春之日，民间剪纸为花、春蝶、春钱等，或悬于佳人之首，或缀于花木之下，相观以取乐。据传，嘉庆、道光年间，著名艺人包钧的剪纸，花、鸟、鱼、蝶无不神形兼备，故有“神剪”之称。扬州剪纸题材广泛，有人物花卉、鸟兽虫鱼、奇山异景、名胜古迹等，尤以四时花卉见长。1955年，扬州成立了民间工艺社。1979年剪纸艺人张永寿被国家授予“中国工艺美术大师”称号，20世纪50年代的《百花齐放》、70年代的《百菊图》和80年代的《百蝶恋花图》三部剪纸集为其代表作。

浙江剪纸。据《武林梵志》记载，五代时就有了“用彩纸剪人马以代”的宏大剪纸景观。浙江省的窗花剪纸各地都有，以金华地区的永康、浦江、磐安，温州地区的乐清、平阳，杭州地区的桐庐、富阳等地较为著名，风格各有不同，用途亦各异。金华地区多为窗花和灯花，乐清的细纹刻纸主要用于装饰龙盘灯，平阳一带送礼时放在礼物上的“圈盆花”最有特色。各地均有用以衣裙、鞋帽的花样。浙江剪纸中的戏曲窗花也有独到之处，其擅取戏中典型的场面情节，充分体现人物的身段之美。

山西剪纸。具有北方地区粗犷、雄壮、简练、淳朴的风格特点。但是，因地域环境、生活习俗、审美观念的不同，各地剪纸又有差异。如晋南、晋中、晋东南、晋西北、吕梁山区的剪纸多为单色剪纸，风格质朴、粗犷，而流行于雁北地区的染色剪纸，则婉约典雅、富丽堂皇。山西剪纸中最常见的是窗花，它的大小根据窗格的形状来定。如晋北一带窗户格式有菱形、圆形、多角形等样式，窗花也随窗而异，小的寸许，大者有四角、六角、八角呼应的“团花”。

陕西剪纸。有“活化石”之称，它较完整地传承了中华民族阴阳哲学思想与生殖繁衍崇拜的观念。如古老的造型纹样“鱼身人面”“狮身人面”，与周文化相似的“髽髻娃娃”，与汉画像相似的“牛耕图”等。陕西剪纸因地区不同而风格各异。陕北剪纸淳厚、粗壮，线条有力，剪纹简洁；定边、靖边剪纸较细致，线条多直线，流利奔放；关中剪纸线条粗似针尖，风格别致。总的来看，陕西剪纸造型古拙、风格粗犷、寓意明朗、形式多样，包含着浓郁的泥土气息和鲜明的地域特色。

四、风筝

中国风筝的发明距今已有2000余年的历史。大约在12世纪，中国风筝传到了西方，此后经过不断发展，逐渐形成各具特色的东西方风筝文化。在风筝的发展过程中，具有悠久历史的中国传统文化开始与风筝工艺相融合，将神话故事、花鸟瑞兽、吉祥寓意等表现在风筝上，从而形成了独具地方特色的风筝文化。

根据史书记载，风筝最初是用于军事。到了唐中期，社会进入了繁荣稳定的发展阶段，风筝的功用开始从军事转向娱乐。由于当时纸业的发展，风筝的制作材料也由丝绢转而开始使用纸张。风筝逐渐走向民间，类型也丰富起来。到了宋代，风筝的流传更为广泛。由于文人的加入，风筝在扎制和装饰上都有了很大的发展，制作风筝成为一种专门的职业。明清时期，是中国风筝发展的鼎盛时期，明清风筝在大小、样式、扎制技术、装饰和放飞技艺上都有了超越前代的巨大进步。当时的文人亲手扎绘风筝，除自己放飞外，还赠送亲友，并认为这是一种极为风雅的活动。近年来，中国的风筝事业得到了长足的发展，放风筝开始作为体育运动项目和健身娱乐活动普及起来。

中国风筝有着悠久的历史和高超的技艺。中国风筝以细竹扎成骨架，再糊以纸或绢制作而成。中国风筝的技艺概括起来只有四个字：扎、糊、绘、放。简称“四艺”，即扎架子，糊纸面，绘花彩，放风筝。但实际上这四字的内涵要广泛得多，几乎包含了全部传统中国风筝的技艺内容。如“扎”，包括选、劈、弯、削、接，而且要扎得对称，使风筝左右两侧的受风面积相当；“糊”包括选、裁、糊、边、校，而且要保证整体平整，干净利落；“绘”包括色、底、描、染、修，而且要做到远眺清楚，近看真实的效果；“放”包括风、线、放、调、收，而且要依据风力调整提线角度。风筝的种类主要分为“硬翅”和“软翅”两类。“硬翅”风筝翅膀坚硬，吃风大，飞得高。“软翅”风筝柔软，飞不高，但飞得远。在样式上，除传统的禽、兽、虫、鱼外，近代还发展出了人物风筝等新样式。风筝作为中国的传统民间艺术，在长期发展过程中，产生出许多具有不同地域特色的种类、样式和流派。其中以北京、天津、山东潍坊、四川、广东所制的风筝最为著名。

第九章
中国民族与宗教知识

本章导读

【本章概述】本章前两节分别介绍了中国民族的基本概况、中国的民族政策、汉族的基本概况及传统节日；后五节介绍了我国的宗教政策，以及佛教、道教、基督教和伊斯兰教的基本概况及宗教景观知识。

【学习要求】熟悉我国各民族的基本概况和地理分布；我国佛教、道教、基督教和伊斯兰教的基本概况。掌握我国民族政策和宗教政策；宗教旅游景观的相关知识。

第一节　中国民族与民族政策

一、民族的定义、人口与分布特点

1. 什么是民族

“民族”有狭义和广义两种概念。狭义上的民族，是指人们在一定的历史发展阶段形成的具有共同语言、共同地域、共同经济生活以及表现于共同文化上的共同心理素质的稳定的共同体，如汉族、壮族等；广义上的民族，是指处于不同社会发展阶段的各种人的共同体，如古代民族、现代民族，或者用以指一个国家或一个地区的各种人的共同体，如中华民族是中国境内 56 个民族的总体。

2. 中国民族的族称和人口

民族的名称，简称为族称。我国汉族是人数最多的民族，其他 55 个民族为壮族、满族、回族、苗族、维吾尔族、彝族、土家族、蒙古族、藏族、布依族、侗族、瑶族、朝鲜族、白族、哈尼族、哈萨克族、黎族、傣族、畲族、傈僳族、仡佬族、拉祜族、东乡族、佤族、水族、纳西族、羌族、土族、锡伯族、仫佬族、柯尔克孜族、达斡尔族、景颇族、撒拉族、布朗族、毛南族、塔吉克族、普米族、阿昌族、怒族、鄂温克族、京族、基诺族、德昂族、乌孜别克族、俄罗斯族、裕固族、保安族、门巴族、鄂伦春族、独龙族、塔塔尔族、赫哲族、高山族和珞巴族。

根据 2010 年全国第六次人口普查的数据，中国内地总人口为 13.71 亿。其中，汉族人口占全国总人口的 91.51%，其他 55 个少数民族人口占总人口的 8.49%。在少数民族中，人口数量最多的是壮族。

3. 中国民族的分布特点

中国人口的分布呈现东南密、西北疏的特点。汉族多聚居在人口稠密的东南部，少数民族多居住在人口稀疏的边疆地区，但两者之间并无明显界限。在少数民族聚居区，一般都有一定数量的汉族居民，从而形成了以汉族为主体的大杂居、小聚居、交错居住的格局。我国少数民族人口所占的比例虽小，但分布地区很广，占全国总面积的 60% 以上。这种居住格局决定了中国各民族之间，特别是汉族和少数民族之间，在政治、经济、文化等方面相互依赖的密切关系。

4. 中国民族的语言文字

语言是民族文化的主要组成部分，同时也是民族文化的表现形式。除汉、回族使用汉语外，其余 54 个民族都有各自的语言，大体上分属于汉藏、阿尔泰、南亚、南岛和印欧五大语系，共有 10 个语族、16 个语支、60 多种语言。

除了一部分少数民族外，大部分民族都有自己使用的文字。我们可以将这些文字分为非拼音文字和拼音文字两大类。前者包括汉字、音节文字（如彝文）；后者可以按字母形式和来源分为印度字母变体体系（如藏文、傣文）、阿拉伯字母体系（老维文、老哈萨克文）、回鹘字母体系（蒙古文、满文、锡伯文）、朝鲜文字母体系、拉丁文字母体系和斯拉夫字母体系（俄文）。

二、中国的民族政策

中华人民共和国是统一的多民族国家，有56个民族。为促进少数民族政治、经济、文化等各项事业的全面发展，中国政府制定了一系列民族政策，主要有：

1. 坚持民族平等团结

在中国，民族平等是指各民族不论人口多少，经济社会发展程度高低，风俗习惯和宗教信仰异同，都是中华民族大家庭的平等一员，具有同等的地位，在国家社会生活的一切方面，依法享有相同的权利，履行相同的义务，反对一切形式的民族压迫和民族歧视。民族团结是指各民族在社会生活和交往中平等相待、友好相处、互相尊重、互相帮助。民族平等是民族团结的前提和基础，没有民族平等就不会实现民族团结；民族团结则是民族平等的必然结果，是促进各民族真正平等的保障。

民族平等和民族团结作为我国解决民族问题的政策，在中国的宪法和有关法律中有明确规定。《中华人民共和国宪法》规定："中华人民共和国各民族一律平等。国家保障各少数民族的合法权利和利益，维护和发展各民族的平等、团结、互助关系。禁止对任何民族的歧视和压迫"。

2. 民族区域自治

民族区域自治，是中国政府解决民族问题采取的一项基本政策，也是中国的一项重要政治制度。民族区域自治是在国家的统一领导下，各少数民族聚居的地方实行民族区域自治，设立自治机关，行使自治权，使少数民族人民当家做主，自己管理本自治地方的内部事务。

实行民族区域自治，保障了少数民族在政治上的平等地位和平等权利，极大地满足了各少数民族积极参与国家政治生活的愿望。根据民族区域自治的原则，一个民族可以在本民族聚居的地区内单独建立一个自治地方，也可以根据它分布的情况在全国其他地方建立不同行政单位的多个民族自治地方。

中国的民族区域自治制度有如下两个显著的特色：一是在国家统一领导下的自治，各民族自治地方都是中国不可分离的部分，各民族自治地方的自治机关都是中央政府领导下的一级地方政权，都必须服从中央集中统一的领导。上级国家机关在制定各项政策和计划、进行国家经济文化建设时，必须充分考虑各民族自治地方的具体情况和需要，动员各方面的力量予以帮助和支持。二是不只是单纯的民族自治或地方自治，而是民族因素与区域因素的结合，是政治因素和经济因素的结合。实行民族区域自治，既要有利于国家统一、社会稳定、民族团结，又要有利于实行自治的民族的发展和进步，有利于国家的建设。截至目前，中国有民族自治地方155个，其中自治区5个、自治州30个、自治县（旗）120个。

3. 发展少数民族地区经济文化事业

中华人民共和国成立后，国家尽一切努力，促进各民族的共同发展和共同繁荣。国家根据民族地区的实际情况，制定和采取了一系列特殊的政策和措施，帮助、扶持民族地区发展经济，并动员和组织汉族发达地区支援民族地区。《中华人民共和国民族区域自治法》中，有十三条规定了上级国家机关帮助民族自治地方发展的义务。国家在制定国民经济和社会发展计划时，有计划地在少数民族地区安排一些重点工程，调整少数民族地区的经济结构，发展多种产业，提高综合经济实力。特别是近年来，随着改革开放的不断深入发展，国家加大了对少数民族地区的投资力度，加快了少数民族地区对外开放的步伐，使少数民族地区的经济发展呈现新的活力。

近年来，为加快少数民族和民族地区的发展，国家采取了以下三项措施：

一是实施西部大开发战略。西部是少数民族的主要聚居区，有40多个民族，人口占全国少数民族人口的71%；全国155个民族自治地方中，有5个自治区，27个自治州，84个自治县（旗）在西部，占西部地区总面积的86.4%。云南、贵州、青海三个多民族省也在西部；湖南的湘西土家族苗族自治州、湖北的恩施土家族苗族自治州及吉林的延边朝鲜族自治州虽不在西部，但也享受西部大开发优惠政策的待遇。因此，西部大开发就是民族地区大开发，就是加快民族地区发展。

二是开展“兴边富民行动”。这一行动是国家民委落实中央提出的西部大开发的战略，加快边境少数民族和民族地区发展的举措。

三是重点扶持人口较少民族的发展。人口较少民族指人口在10万人以下的民族，全国有22个，总人口不足60万人。由于历史、地理等方面的原因，这22个民族发育程度比较低。国家每年投入资金帮助发展。

4. 培养少数民族干部

大力培养少数民族干部，是实行民族区域自治、解决民族问题的关键。中国共产党和中国政府历来十分重视对少数民族干部的培养，根据不同历史时期的实际情况，采取了一系列行之有效的措施：

一是根据民族工作以及社会发展的需要，通过各级各类院校培训学习，全面提高少数民族干部素质。二是注重实践锻炼，各地、各部门有计划地开展干部交流、岗位轮换，选派少数民族干部到中央、国家机关和经济相对发达地区挂职锻炼，培养了大批少数民族干部，促进了少数民族地区经济社会的快速发展。三是在坚持德才兼备原则的前提下，同等条件优先选拔和使用少数民族干部，使少数民族干部在各级党委、政府、人大和政协等领导班子中占有适当比例。

5. 发展少数民族科教文卫等事业

在发展少数民族教育事业方面，国家坚持从少数民族的特点和民族地区的实际出发，积极支持和帮助少数民族发展教育事业。如赋予和尊重少数民族自治地方自主发展民族教育的权利，重视民族语文教学和双语教学，加强少数民族师资队伍建设，在经费上给予特殊照顾，积极开展内地省市对少数民族地区教育的对口支援等。

在发展少数民族科技事业方面，国家采取了许多特殊措施，如重点培养、培训少数民族科技人员，在普通高等院校有计划地招收少数民族学生或举办民族班；帮助少数民族和民族地区引进人才和先进技术设备，改造传统产业和传统产品，扶植提高传统科技，提高经济效益等。

对少数民族地区的卫生事业，国家有关政策强调，要加强少数民族地区卫生队伍的建设，切实做好防病治病和妇幼卫生工作，大力扶持发展民族医药事业等。

在繁荣少数民族文化政策方面，国家扶持和帮助少数民族发展文化事业，组建民族文化艺术团体，培养少数民族文艺人才，繁荣民族文艺创作。

6. 使用和发展少数民族语言文字

《中华人民共和国宪法》规定："各民族都有使用和发展自己语言文字的自由。""民族自治地方的自治机关在执行公务的时候，依照本民族自治地方自治条例的规定，使用当地通用的一种或者几种语言文字。"

《中华人民共和国民族区域自治法》第十条规定:“民族自治地方的自治机关保障本地方各民族都有使用和发展自己的语言文字的自由。”第二十一条规定:“民族自治地方的自治机关在执行职务的时候,依照本民族自治地方自治条例的规定,使用当地通用的一种或者几种语言文字;同时使用几种通用的语言文字执行职务的,可以实行区域自治的民族的语言文字为主。”第三十七条规定:“招收少数民族学生为主的学校(班级)和其他教育机构,有条件的应当采用少数民族文字的课本,并用少数民族语言讲课。”“各级人民政府要在财政方面扶持少数民族文字的教材和出版物的编译和出版工作。”第四十七条规定:“保障各民族公民都有使用本民族语言文字进行诉讼的权利。”

7. 尊重少数民族风俗习惯

中国各少数民族都有自己的风俗习惯,表现在服饰、饮食、居住、婚姻、礼仪、丧葬等多方面。国家尊重少数民族的风俗习惯,少数民族享有保持或改革本民族风俗习惯的权利。在社会生活的各方面,政府对少数民族保持或改革本民族风俗习惯的权利加以保护。①尊重少数民族的饮食习惯;②尊重和照顾少数民族年节习惯;③尊重少数民族婚姻习惯;④尊重少数民族丧葬习俗;⑤在大众传播媒介中,防止侵犯少数民族风俗习惯的事情发生;⑥尊重少数民族改革自己风俗习惯的自由。

8. 尊重和保护少数民族宗教信仰自由

中国是一个有着多种宗教的国家,主要有佛教、道教、伊斯兰教、基督教等。中国少数民族群众大多有宗教信仰,有的民族群众性信仰某种宗教,如藏族群众信仰藏传佛教。有一些民族信仰同一种宗教,如我国有10个民族信仰伊斯兰教。我国宪法规定:“中华人民共和国公民有宗教信仰自由。”在中国,宗教信仰自由,即每个公民有信仰宗教的自由,也有不信仰宗教的自由;有信仰这种宗教的自由,也有信仰那种宗教的自由;在一种宗教里面,有信仰这个教派的自由,也有信仰那个教派的自由;有过去不信教现在信教的自由,也有过去信教现在不信教的自由。

实践证明,我国的民族政策是成功的,走出了一条符合自己国情的解决民族问题和实现各民族共同发展、共同繁荣的正确道路。我们相信,随着国家改革开放和现代化建设事业的发展,中国各民族必将得到更快、更好的发展,中国各民族平等、团结、互助的关系必将得到进一步巩固和发展。

第二节　汉族及其传统节日

一、汉族概况

汉族是世界上文明发达最早的民族之一，主要源于黄炎、东夷等部落联盟，同时吸取了周围的部分荆蛮、百越、戎狄等部落联盟的成分而逐渐形成。其先民经夏、商、周三代，至春秋战国时已形成以“华”“夏”单称或“华夏”连称的族体，以与周边各族相区别。汉代以后，周边的各族即以“汉人”称呼中原人。逐渐地，汉族成为中国主体民族百世不易的族称。

汉族是以先秦华夏为核心，在秦汉时形成的统一的、稳定的民族，又经秦汉以来2000余年的繁衍生息，并不断吸收其他民族的血统与文化，得以发展成为拥有灿烂的古代文明、众多人口的民族。汉族不仅是中国，也是全世界人口最多的民族。

历史上，汉族是典型的以家庭种植和养殖为主的农业民族，形成了悠久的农耕文化。汉族聚居的全国广大地区，资源众多，物产丰饶。

汉族的语言简称汉语，属汉藏语系，是世界上历时最悠久、最丰富的语言之一。汉字是记录汉语的符号，属表意文字。

天命崇拜、祖先崇拜是汉族宗教信仰的传统观念。汉族对各种宗教采取兼容并蓄的态度，道教是中国土生土长、具有汉民族特色的宗教，域外传入的佛教、基督教、伊斯兰教等，也能在汉文化的土壤中植根发展、广为传布。

汉族的饮食结构以粮食作物为主食，以鱼肉、蔬菜为副食。南方和北方种植稻米的地区以米食为主，种植小麦的地区则以面食为主。此外，其他的粮食作物如玉米、高粱、谷类、薯类等杂粮也都成为不同地区主食的组成部分。汉族的菜肴极其丰富，因气候条件、地理环境、地方特产、生活方式、烹调方法、审美爱好等的差异，形成了众多的地方菜系。汉族的饮食文化讲究色、香、味、形、器、意的完美结合，在世界上享有盛誉，酒文化和茶文化内涵深厚，独树一帜。

汉族的服饰文化源远流长，据有迹可循的考古发现，迄今至少已有上万年的历史。在这一过程中，纺织技术的发展，审美观念的变化，外族服饰的冲击，诱发和促进了汉族服饰的演进与更新。汉族的服饰在式样上主要有上衣下裳和衣裳相连两种基本的形式，大襟右衽是其服装始终保留的鲜明特点。汉族的染织工艺，以其历史悠久、技术先进、制作精美而独步世界。

民居是人们的生活空间。汉族人数众多，分布广泛，由于受各自所处的特殊地域环境的限制，呈现出不同的民居式样。北方以北京的四合院为主要代表，黄土高原上是错落有致的窑洞，南方以天井式瓦房居多，闽赣粤地区的客家人则是居住大围楼，另有徽派建筑、江南的水乡民居、上海的石库门等，都具有鲜明的地域文化特征。长期以来，对汉族民居影响最大的莫过于“风水术”定下的范式。“风水术”为中国之独创，其核心内容是人们对居住环境进行的选择和处理，体现了中华民族崇尚的人与自然和谐统一的传统理念。

二、汉族主要传统节日

根据国务院令，从2008年1月1日起，除春节外，清明节、端午节、中秋节等传统节日也成为全国性法定节日。

1. 春节

春节俗称“新年”，即农历正月初一，是中国最隆重的传统节日。除汉族外，蒙古、壮、布依、朝鲜、侗、瑶等族都过此节。

春节起源于原始社会的腊祭。我国古代居民在岁尾年初之际，用一年收获物来祭祀众神和祖先，并歌舞戏耍，举行各种娱乐活动，逐渐形成了新春佳节。

春节活动从腊月二十三过小年开始，经过除夕、春节，直到正月十五元宵节结束。春节活动因时因地而异，主要有以下内容：操办年货、做新衣、掸尘、祭灶、祀祖、吃团圆饭、守岁、贴春联、挂年画、饮屠苏酒、给压岁钱等。节日期间人们还互相拜年，放爆竹，吃年糕，饺子、元宵，舞狮，扭秧歌，玩花灯等。

除夕之夜，即年三十晚，家家团聚，吃团圆饭，闭门团坐待旦，谓之守岁。北方地区有吃饺子的习俗，寓“更岁交子”之意，南方多吃年糕，象征生活步步高。

贴春联、挂年画起源于古代的桃符。

拜年是我国民间的传统习俗，是人们相互走访祝贺新春佳节，表示辞旧迎新的一种形式。

2. 元宵节

正月十五为每年第一个望月，称为上元节，也称元宵节，是春节活动的高潮和结束。元宵节之夜有放花灯、观花灯、耍社火、打太平鼓、猜灯谜、踩高跷、舞狮子、扭秧歌、唱大戏等活动，热闹非凡，故有“闹元宵”之说。元宵耍灯起源于汉代，后来逐渐演变成为民间的盛大活动。吃元宵寄托着人们祈求新的一年圆满甜美的心愿。

每到元宵节，很多地方都要举行灯展。展出的彩灯有宫灯、壁灯、人物灯、花卉灯、走马灯、飞禽走兽灯和各种玩具灯。在北方的寒冷地区，人们还制作出千姿百态的冰灯，给元宵节的夜晚增添了新的光彩。

3. 清明节

清明节又称踏青节，汉族民间传统节日，流行于全国各地。除汉族外，彝、壮、布依、满、侗、瑶、白等族皆过此节。节期在农历三月间，即公历4月5日前后。

清明原是二十四节气之一，由于它在一年的季节变化中占有特殊的地位，加之又有古代的寒食、上巳等节日风俗融入其中，使之成为一个重要的传统节日。

清明节的前一天为寒食节，寒食节又称冷节、禁烟节，它的设立据说是为了纪念春秋时代晋国公子重耳的臣属介子推。

清明节的习俗活动主要有扫墓、插柳、踏青、射柳、蹴鞠、放风筝、荡秋千等。其中扫墓秦以前已有，唐代成为定俗，宋代得到沿袭，一直延续至今。踏青又叫春游，古代叫探春，起源于唐代，宋代以后盛行不衰，其意义不仅在于为人们追念祖先、寄托哀思提供了合适的时机，而且也给人们亲近自然、回归田野创造了有利的条件。

4. 端午节

农历五月初五为端午节。端午节又名端阳节、天中节、女儿节、五月节等。汉族民间传统节日，流行于全国大多数地区。除汉族外，蒙古、回、藏、苗、彝、壮、布依等族也过此节。节期为每年农历五月初五。端午节起源说法众多，其中以纪念爱国诗人屈原说影响最为广泛，相传屈原于农历五月初五投汨罗江而死。

节日期间主要有赛龙舟、吃粽子、挂钟馗像、挂香袋、饮雄黄酒、插菖蒲、采药等活动，或煮水沐身以祛暑避邪。农历五月，气温逐渐升高，百虫纷纷出现，病毒也滋长起来，所以避毒除害也是端午节的主要内容。各地的避毒方式多样，做布老虎、佩戴香囊等皆是应节的驱毒佳方。

赛龙舟是端午节中一项重要活动，主要流行于我国南方水乡之地。端午节吃粽子的风俗，魏晋时已很盛行，到了唐宋已成为端午节的名食。钟馗原是岁暮时张挂的门神，清代成为端午之神。

5. 中秋节

八月十五中秋节又名团圆节、仲秋节及八月节。汉族民间传统节日。除汉族外，蒙古、回、彝、壮、布依、朝鲜等族也过此节。中秋节的时间在每年阴历八月十五，恰值三秋之中，故名。在中国人心目中，中秋节是象征团圆的传统节日。

中秋节的起源，与古代的秋祀、祭月习俗有关。中国古代有帝王春天祭日、秋天祭月的礼制。祭月赏月活动始于周代，北宋始定为中秋节，南宋成为普遍的活动，明清以来盛行不衰。中秋佳节，民间有祭月、赏月、吃月饼、吃团圆饭及舞龙灯等活动。

中秋节除赏月、祭月、吃月饼等风俗外，江南历来有观潮的习俗，一年之中，以农历八月十五前后的潮汛最大。

中秋时节，秋高气爽，民间还有赏桂花、斗蟋蟀等各种活动。

6. 重阳节

农历九月初九为重阳节。古人以“九”为阳数之极，两阳数相重谓之“重阳”。重阳节起源于民间登高避灾的习俗。

重阳节的习俗主要有登高、插茱萸、饮菊花酒等，应景食品是重阳糕。江南地区，持蟹赏菊也是重阳节的美事。

九九重阳，又与“久久”谐音，有祝愿长久长寿的含义，1989年，我国把每年的重阳节定为老人节，成为尊老、爱老、敬老、助老的节日，赋予了传统节日时代的新意。

第三节 中国的宗教政策

我国各民族信仰的宗教主要有佛教、道教、基督教和伊斯兰教，称为中国四大宗教。我国宗教政策的基本内容主要有以下几个方面：

（1）公民有信仰宗教和不信仰宗教的自由。依据我国宪法，信教的公民与不信教的公民享有同等的权利和义务，任何国家机关、社会团体和个人不得限制公民信仰宗教或者不信仰宗教，不得歧视信仰宗教的公民和不信仰宗教的公民。对不尊重公民宗教信仰自由和损害宗教界合法权益的错误行为，必须坚决予以纠正。

（2）宗教必须在宪法、法律和政策范围内活动。公民在行使宗教信仰自由权利的同时，有遵守宪法和法律的义务。任何国家机关、社会团体和个人不得损害宗教界的合法权益，干预正常的宗教活动。但宗教信仰自由不等于宗教活动可以不受任何约束。宗教界人士和信教群众首先是中华人民共和国的公民，要把国家和人民的根本利益放在首位，任何人都不能利用宗教破坏社会秩序、损害公民身心健康，更不允许利用宗教进行反对党的领导和社会主义制度的非法活动，破坏国家统一和民族团结。

（3）各宗教一律平等。在我国，佛教、道教、伊斯兰教、基督教不论信众多寡、影响大小，在法律面前一律平等，没有占统治地位的宗教。政府对这些宗教一视同仁。

（4）宗教与国家政权分离。按照这一原则，任何人都不得利用宗教干预国家的行政、司法、学校教育和社会公共教育；不得干预婚姻、计划生育等。国家政权也不能被用来推行或禁止某种宗教。

（5）国家保护一切在宪法、法律和政策范围内的正常的宗教活动。各宗教团体自主地办理各自的教务，并根据需要开办宗教院校、印发宗教经典，出版宗教刊物，举办各种社会公益服务事业。在登记的宗教活动场所内或按宗教习惯在教徒自己家里进行的正常宗教活动，受到国家法律保护，任何人不得加以干涉。国家保护宗教团体的合法权益，保护宗教教职人员履行正常教务的权利。

（6）无神论与有神论支持者之间相互尊重。任何人都不应到宗教活动场所进行无神论的宣传，或者在信教群众中展开有神还是无神的辩论；任何宗教组织和教徒也不应在宗教活动场所外布道，传教，宣传有神论，散发宗教传单和其他未经政府主管部门批准出版发行的宗教书刊。

（7）宗教团体和宗教事务不受外国势力的支配。我国宗教事务由中国人自己来办，不受外国势力的干涉和控制，这是我国各宗教共同遵循的一个原则。我国的宗教团体在坚持独立自主自办的方针下，实行自治、自养、自传。独立自主自办的方针并不排斥在互相尊重、平等友好的基础上与世界各国宗教组织或宗教人士进行交往。对出于宗教感情的外来援助、捐赠等只要不附带干涉我国内部事务包括宗教事务的条件，宗教组织可以接受。

第四节　佛教

一、印度佛教的创立与发展简史

佛教约创立于公元前6世纪。在世界各大宗教中，佛教创立的时间最早。创始人名悉达多，姓乔答摩，佛教徒尊称其为“释迦牟尼”（意即“释迦族的圣人”）。释迦牟尼生活的年代大约与中国孔子同时。他是古印度迦毗罗卫国（今尼泊尔南部提罗拉科特附近）净饭王的太子，其母是摩耶夫人。相传他诞生于蓝毗尼花园。释迦牟尼长大后深感人间的苦恼，所以29岁时出家苦修6年。35岁时他发觉苦行并不是达到解脱之路，于是弃而至菩提伽耶的一棵菩提树下打坐，静思人生真谛，终于在一天晚上大彻大悟而成道。得道后，他在鹿野苑初转法轮，弘扬佛教。传教45年后，80岁时在拘尸那迦圆寂（涅槃）。释迦牟尼出生地蓝毗尼花园（今尼泊尔境内）、成道地菩提伽耶、初转法轮地鹿野苑、涅槃地拘尸那迦是举世闻名的佛祖四大圣迹。

佛教在其发祥地印度的发展，公元前6世纪至公元12世纪大约有1800年的历史，大致可以分为三个时期三个600年：初600年为原始佛教时期及部派佛教时期；中600年为大乘佛教时期；后600年为密乘佛教时期。

1. 原始佛教时期及部派佛教时期（公元前6世纪～公元1世纪中叶）

这一时期前200年为原始佛教阶段，后400年为部派佛教阶段。前200

年为释迦牟尼创教及其弟子传教阶段。释迦牟尼涅槃后，其弟子们有过多次集会，对原始佛教教义、戒律发生争议。后分裂为两大派系，其中较为传统的一派称为上座部佛教；较为改革的一派称为大众部佛教。

2. 大乘佛教时期（公元 1 世纪中叶 ~7 世纪）

这一阶段从大众部佛教演化而成的大乘佛教在印度急剧发展，教化地区亦随之扩张。原上座部佛教被贬称为小乘佛教（“乘”原为“车辆”之意）。

大乘佛教认为十方世界都有佛，修行果位分为罗汉、菩萨、佛三级，修行的最终目的在于成佛。该教派弘扬菩萨和“菩萨行”（即寓自我解脱于救苦救难、普度众生的践行之中）。

小乘佛教又名上座部佛教，在理论和实践的基础体系上仍接近于原始佛教。小乘佛教认为世上只有一个佛，即佛祖释迦牟尼。教义重自我解脱，修行的最高果位为罗汉。“小乘”原为大乘佛教对其贬称，近代学者习惯上也沿用大乘、小乘称呼，但已不具有褒贬之意。

3. 密乘佛教时期（7~12 世纪）

这一阶段密宗在印度佛教中占统治和主导地位。印度密教是大乘佛教部分派别吸收婆罗门——印度教及民间信仰诸神因素而形成的特殊宗教形态。它以高度组织化了的咒术、仪轨、世俗信仰为其特征。密宗自称受法身佛大日如来深奥秘密教旨传授，为“真实”言教，故名密教。相对而言，其他大乘教派被称为显宗（显教），即受应身佛释迦牟尼所说的种种经典的传授。

12 世纪末至 13 世纪初，随着伊斯兰教的侵入，佛教基本上被逐出了印度国境。

二、佛教的传播

1. 佛教在世界的传播

从世界范围来说，佛教的传播分为三条路线。

（1）北传佛教。从古印度向北传入中国，再由中国传入朝鲜、日本、越南等国。以大乘佛教为主，也包括密乘佛教。其经典主要属于汉语，亦称汉语系佛教。

（2）南传佛教。从古印度向南，传入斯里兰卡、缅甸、泰国、老挝、柬埔寨等南亚、东南亚国家以及中国云南傣族等少数民族地区。以小乘佛教

（上座部佛教）为主。其经典主要属于巴利语，亦称巴利语系佛教。

（3）藏传佛教。主要是印度密乘佛教与藏区本教融合而形成的具有西藏地方色彩的佛教。流传于中国的藏、蒙古、裕固、纳西等民族地区以及不丹、尼泊尔、蒙古和俄罗斯的布里亚特等国家和地区。近年来，在欧美地区也流传很广。它的经典属于藏语，故亦称藏语系佛教。

2. 佛教在中国的传播与发展

中国佛教包容了北传佛教、南传佛教和藏传佛教三大体系，全面继承了印度三个时期的佛教。世界上完整的佛教在中国，世界上完整的佛教经典也在中国。可以说，佛教诞生在印度，发展在中国。

（1）汉族地区佛教。西汉哀帝元寿元年（公元前2年），大月氏王使臣伊存向中国博士弟子景卢口授《浮屠经》，佛教开始传入中国。史称这一佛教初传历史标志为“伊存授经”。

佛教在中国的发展大致经历了译传、创造和融合三个阶段。

①两汉之际、魏晋、南北朝时期为译传阶段。中国先后译出大量的佛教经典，研究佛教的风气成为一时之盛。

②隋唐两代是中国佛教的创造阶段和鼎盛时期。中国僧人分别以一定的印度佛教经典为依据，开宗立派，创构了自己的理论体系，形成三论宗、天台宗、华严宗（贤首宗）、法相宗（慈恩宗）、律宗、净土宗、禅宗、密宗（真言宗）8个主要宗派，号称中国佛教的鼎盛时期。这一时期中国佛教各宗充分发挥了中国人的创造性和佛教内部各派的协调性，但与中国固有的思想协调不够，出现佛教与儒道对峙有余、相融不足的局面。

③宋元明清四朝中国佛教处于融合阶段。佛教在这900年间空前广泛、深入地与中国的文化全面结合。一方面，佛教与儒道融合，成为“三教合一”历史背景下的佛教；另一方面，佛教借助文学、绘画、雕塑、建筑等艺术形式，成为民间风俗习惯、民族心理与思维，乃至语言素材构成的重要有机成分。元明清三代，汉地精英佛教停滞衰退，而大众佛教取得长足发展，出现“家家观世音，户户阿弥陀”的局面。这一阶段从教派上说，主要流行禅宗和净土宗，其他各宗逐渐衰落。

禅宗是纯粹中国化的佛教，它以觉悟众生心性的本源（佛性）为主旨。禅宗奉菩提达摩为初祖。五祖弘忍创建“东山法门”，为禅宗的实际创始人。

弘忍门下出神秀、慧能两大弟子，分成南北两宗。北宗神秀一系不久衰落。南宗慧能一系成为禅宗主流，后发展成临济、沩仰、曹洞、云门、法眼五家，合称禅门五宗。禅宗是我国支派最多的佛教宗派，也是中国佛教史上流传最久远、对中国文化思想影响最广泛的宗派。净土宗以口念“南无阿弥陀佛”为修行方式，以往生西方极乐世界（教主阿弥陀佛，其左胁侍为观世音菩萨，右胁侍为大势至菩萨）为宗旨，是最简便的法门，故在民间影响最大。

近代汉地佛教，除少数律寺（律宗）和讲寺（天台宗）外，几乎都是禅宗丛林。而禅寺中绝大多数属临济宗，少量属曹洞宗。在修持方面，禅僧又都“禅净双修”，禅宗和净土宗的界限已十分模糊。

（2）云南上座部佛教。云南上座部佛教主要分布在西双版纳、德宏、普洱、临沧和保山等地州，为傣、布朗、德昂、阿昌等族和部分佤族群众信仰。信教人数70余万人。

上座部佛教对傣、布朗、德昂、阿昌等民族的文化、政治生活和习俗都有深刻影响。傣族和布朗族的男孩迄今沿袭古老的传统，在10岁左右由父母护送入寺，削发为僧，在寺院中学习文化知识，约在18岁离寺还俗。也有经本人自愿，留寺深造并按僧阶升为正式僧侣的。没当过和尚的男子被人瞧不起。

（3）藏传佛教。佛教没有传入西藏以前，藏民信奉原始的本教。藏传佛教在其发展过程中出现两次大高潮，即前弘期和后弘期。7世纪中叶到9世纪中叶的200年间为前弘期，佛教从印度、汉地两个方向传入西藏地区，为藏传佛教的形成时期。841年藏王朗达玛废佛，佛教传播中断136年。10世纪末到15世纪初的500年间为后弘期，这一阶段佛教再次从印度传入，是藏传佛教的大繁荣时期，产生许多互不隶属的教派。

藏传佛教源于印度，但吸收了原始本教的一些神祇和仪式。在教义上，是大、小乘兼容而以大乘为主；大乘中显密共修，先显后密，并以无上瑜伽密为最高修行次第，形成藏密。咒术性、对喇嘛异常尊崇、活佛转世思想和宗教与政治的结合，是藏传佛教的四个特色。

活佛转世制度为藏传佛教所特有。所谓“活佛”系汉族称谓，藏语为“朱古”，意谓神佛化现的肉身。按藏传佛教说法，一个活佛圆寂后，其灵魂转移，化身为另一肉体的人，即转世灵童。在清代顺治、康熙年间，清政府先后正式册封宗喀巴的再传弟子为达赖喇嘛和班禅额尔德尼，从此正式形成两大活佛转世制度。历代转世，必须经中央政府批准。

藏传佛教现在有四大教派，即宁玛派：因该派僧人穿戴红色袈裟、僧裙、僧帽，俗称红教；萨迦派：因该派寺院围墙涂有象征文殊、观音和金刚手菩萨的红白黑三色花纹，俗称花教；噶举派：因该派僧人穿白色僧裙和上衣，俗称白教；格鲁派：因该派僧人戴黄色桃形僧帽，俗称黄教。再加上当地原始宗教本教：因该派僧人穿黑色僧衣，俗称黑教，合称西藏五大教派。格鲁派是15世纪初宗喀巴创立的教派，其后世弟子形成达赖和班禅两大活佛转世体系。由于明清两朝的册封、扶持，格鲁派成为藏区执掌政权的教派，势力最大。

三、佛教的教义

“四谛”是佛教各派共同承认的基础教义。所谓“谛”，即“真理”的意思。“四谛”亦称“四圣谛”，即苦、集、灭、道。苦、集二谛说明人生的本质及其形成的原因；灭、道二谛指明人生解脱的归宿和解脱之路。

1. 苦谛

是把社会人生判定为“苦”，全无幸福欢乐可言。人生有“生”“老”“病”“死”等多种苦（佛典有四苦、五苦、八苦、九苦等多种分类法），还有108种烦恼。

2. 集谛

是对造成痛苦与烦恼原因的分析，大体可以概括为“五阴聚合”说、“十二因缘”说和“业报轮回”说。《四谛经》以“到处不断地追求快乐的渴爱”为苦的原因。

“五阴聚合”说。佛陀认为，宇宙间一切事物和现象都不是孤立的存在，而是由多种因素集合而成。“有情”（包括人类在内的一切有情识生物，即众生）则由色、受、想、行、识五阴（或“五蕴”）组成（其中“色阴”包括“四大”——风、火、水、土——等因素）。既然有情只是“五阴”的聚合，是多种因素的集合体，所以有情自身不是独立永存的实体，没有单独的“自性”（此即所谓“诸法无我”）；且有情和世上万事万物处在无休止地变迁之中（此即所谓“诸行无常”）。“五阴聚合说”构成了佛教空观的主要内容。

“十二因缘”说。涉历过去、现在、未来三世的因果链条。现世的果必然有过去世的因，现世的因必将引出未来世的果。过去一生的行为，决定今世一生的状况；今世一生的行为，决定未来世一生的状况，这就是因果报应。作为能够导致果报之因的行为，叫作“业”。“业”分身业（行动）、口业（言语）、意业（思想）三类，也就是人的一切身心活动。任何思想行为都会给行为者本人带来一定的后果（报应或业报）。

“业报轮回”说。按照善恶罪福的业报法则，有情（众生）流转在“六道”之中，即天道（天界众生）、人道、阿修罗道（一类专与天神战斗的众生）、畜生道、饿鬼道、地狱道，形成六道轮回。

3. 灭谛

提出了佛教出世间的最高理想——涅槃。“涅槃”是梵文nirvana的音译，意译作“灭度”“圆寂”等。涅槃的根本特点是达到熄灭一切“烦恼”、超越时空、超越生死轮回的境界。

4. 道谛

即解脱之路，通向涅槃的修行方法。主要是“六度”和“八正道”。“六度”又称“六波罗蜜”，即布施、持戒、忍辱、精进、禅定、智慧。“八正道”为：正见、正思维、正语、正业、正命、正精进、正念、正定。

但后世佛教世俗化的结果，佛徒大都倾向用简便的方法求解脱（如禅宗、净土宗）。“诸法无我”“诸行无常”及“涅槃寂静”被称为“三法印”（即佛法之特征）。当代中国佛教界将佛教的宗旨归纳为“诸恶莫做，众善奉行，庄严国土，利乐有情”。

四、佛教的经典和标记

大乘佛教和小乘佛教的经典，包括经藏（释迦牟尼说法的言论汇集）、律藏（佛教戒律和规章制度的汇集）、论藏（释迦牟尼后来大弟子对其理论、思想的阐述汇集），故称三藏经，或称“大藏经”。藏传佛教大藏经称为《甘珠尔》和《丹珠尔》。《甘珠尔》意为佛语部;《丹珠尔》意为论部。

佛教的旗帜或佛像的胸间，往往有“卍”（也有画成“卐”的）的标记，表示吉祥万德。

佛教的标志往往以法轮表示。因为佛之法轮如车轮辗转可摧破众生烦恼。

五、佛教供奉的对象

1. 佛

所谓佛，即自觉、觉他、觉行圆满者。寺院经常供奉的佛有：

（1）三身佛

释迦牟尼佛—毗卢遮那佛—卢舍那佛

或

卢舍那佛—毗卢遮那佛—释迦牟尼佛

据天台宗说法，佛（释迦牟尼）有三身，即法身佛毗卢遮那佛（梵名 Vairocana），代表佛教真理（佛法）凝聚所成的佛身；报身佛卢舍那佛（梵名 Losana），指以法身为因，经过修习得到佛果、享有佛国（净土）之身；应身佛（又称化身佛）释迦牟尼佛（梵名 Sakyamuni），指佛为超度众生，来到众生之中，随缘应机而呈现的各种化身，特指释迦牟尼之生身。

（2）三方佛（又名横三世佛）

西方极乐世界教主 阿弥陀佛	—	娑婆世界教主 释迦牟尼佛	—	东方净琉璃世界教主 药师佛

三方佛体现净土信仰。佛教称世界有秽土（凡人所居）和净土（圣人所居佛国）之分，每个世界有一佛二菩萨负责教化。世界十方都有净土，但最著名的净土为西方极乐世界、东方净琉璃世界和上方弥勒净土。中国佛教徒大多愿往生西方极乐世界。“三方佛”正中为娑婆世界（即我们人类现住“秽土”，“娑婆”为“堪忍”之义）教主释迦牟尼佛，其左胁侍为文殊菩萨，右胁侍为普贤菩萨，合称“释迦三圣”。

普贤菩萨—释迦牟尼佛—文殊菩萨

左侧为东方净琉璃世界教主药师佛（梵名 Bhaisajyaguru），其左胁侍为日光菩萨，其右胁侍为月光菩萨，合称“东方三圣”，或称“药师三尊”。

月光菩萨—药师佛—日光菩萨

右侧为西方极乐世界教主阿弥陀佛（梵名 Amita），其左胁侍为观世音菩萨，右胁侍为大势至菩萨，合称“西方三圣”，或称“(阿）弥陀三尊”。

大势至菩萨—阿弥陀佛—观世音菩萨

（3）三世佛（又名竖三世佛）

未来世弥勒佛—现在世释迦牟尼佛—过去世燃灯佛

三世佛从时间上体现佛的传承关系，表示佛法永存，世代不息。正中为现在世佛，即释迦牟尼佛。左侧为过去世佛，以燃灯佛（梵名 Dipamkara）为代表。佛经上说，约 3900 亿年以前，释迦牟尼前世未成佛时曾借花献给燃灯佛，燃灯佛为他“授记”（预言他将来要成佛接班）。右侧为未来世佛，即弥勒佛（梵名 Maitreya）。弥勒现在还是菩萨，据佛经说，他还在兜率天内院中（即弥勒净土）修行，释迦牟尼预言弥勒将在 56.7 亿年以后降生印度，在华林园龙华树下得道成佛接班，并分批超度一切众生，故称未来世佛。寺院中弥勒造像有佛像、菩萨像（天冠弥勒）和化身像（大肚弥勒）三种。“大肚弥勒”名契此，相传为五代梁朝时明州（今宁波）奉化人，他两耳垂肩，袒胸露肚，开口常笑；但出语无定，寝卧随处，常以杖荷一布袋，终日奔走，劝化人信佛，人称布袋和尚。五代后梁贞明二年（916 年），在岳林寺圆寂时口念一偈：“弥勒真弥勒，分身千百亿，时时示世人，世人自不识。”这时人们才醒悟其为弥勒的化身。常有“开口常笑笑天下可笑之人，大肚能容容天下难容之事”等楹联描绘其皆大欢喜的形象。相传其道场在奉化岳林寺。他的表法意义为：学佛者要生平等心，要呈喜悦相。对待任何人、任何事物，都要欢欢喜喜、平平静静，不跟任何人计较。

（4）华严三圣

普贤菩萨—华藏世界教主毗卢遮那佛—文殊菩萨

华严宗经典《华严经》特别推崇法身佛毗卢遮那佛。认为无限的宇宙是华藏世界（又称“莲花藏世界”，它又包含多层次世界），法身佛毗卢遮那

佛是华藏世界的教主、主宰和本体。毗卢遮那佛无所不在，整个华藏世界不过是毗卢遮那佛的显现，一切佛菩萨也全是毗卢遮那佛的应化身。毗卢遮那佛有两个最亲密的助手，即文殊菩萨和普贤菩萨（也是其化身），三者合称“华严三圣”。华严宗对毗卢遮那佛的崇拜取代了对他佛的崇拜。故有的寺院专门供奉“华严三圣”。

2. 菩萨

所谓菩萨，即指自觉、觉他者。寺院中常见的菩萨有文殊菩萨、普贤菩萨、观世音菩萨、地藏菩萨、大势至菩萨。他们又分别组合为“三大士”（文殊、普贤、观世音）、“四大士”（文殊、普贤、观世音、地藏，又称“四大菩萨”）和“五大士”（文殊、普贤、观世音、地藏、大势至）。

（1）文殊师利菩萨（梵名 Manjusri）。简称文殊菩萨，意译为“妙德”“妙吉祥”。手持宝剑（或宝卷），象征智慧锐利；身骑狮子，象征智慧威猛，人称大智菩萨，相传其道场在山西五台山。

（2）普贤菩萨（梵名 Samantabhara）。手持如意棒，身骑六牙大象（表示六度），人称大行菩萨。相传其道场在四川峨眉山。

（3）观世音菩萨（梵名 Avalokitesvara）。也称为观自在、光世音等。为避唐太宗李世民讳，故又称观音。其左手持净瓶，右手持杨柳枝，因其大慈大悲，救苦救难，广大灵感，人称大悲菩萨。为普度众生，观音可以示现三十三身。观音作为菩萨本无性别，但在南朝后，为更好地体现大慈大悲和方便闺房小姐供奉，产生女身观音像。为中国老百姓所喜闻乐见的还有千手千眼观音，有两种：一种为四十只手，每只手上有一只眼睛，每只手和眼睛有二十五种功能，相乘后得千手千眼；一种为一面二百五十只手，四面则一千只手，每只手上一只眼睛，为实际的千手千眼。常见的还有海岛观音，又名渡海观音，此观音普度众生解脱苦海，其左胁侍为善财童子，其右胁侍为龙女。相传观音菩萨的道场在浙江普陀山。

（4）地藏菩萨（梵名 Ksitigarbha）。因其“安忍不动犹如大地，静虑深密犹如秘藏”（《地藏十轮经》），而称地藏王菩萨；又因其决心“众生度尽，方证菩提。地狱未空，誓不成佛”，也称大愿菩萨。他手持锡杖，或手捧如意珠。相传其道场在安徽九华山。

（5）大势至菩萨（梵名 Mahasthamaprapta）。《观无量寿经》载，他“以智慧光普照一切，令离三涂（指地狱、饿鬼、畜生‘三恶趋’）得无上力”，因此称为大势至菩萨。他头顶宝瓶内存智慧光，让智慧之光普照世间一切众生，使众生解脱血火刀兵之灾，得无上之力。相传其道场在江苏南通的狼山。

3. 罗汉

全称为阿罗汉，即自觉者，称已灭尽一切烦恼、应受天人供养者。他们永远进入涅槃不再生死轮回，并弘扬佛法。寺院中有十六罗汉、十八罗汉和五百罗汉。民间传说的济公也列在罗汉之中。

（1）十六罗汉。据玄奘译《法住记》，释迦牟尼令十六罗汉常住人间普度众生。

（2）十八罗汉。由十六罗汉发展而来。唐五代时张玄、贯休二和尚，在十六罗汉后加画两个罗汉，而后苏轼又作《赞十八罗汉》《十八罗汉颂》，故宋以后寺院大多供奉十八罗汉。其中前十六罗汉与“十六罗汉”同；另外两名则说法不一：一说是宾度罗跋罗度阇和《法住记》作者庆友；一说是迦叶、军屠钵叹；一说是庆友和《法住记》的译者玄奘；一说是达摩多罗和布袋和尚；一说是降龙和伏虎；一说是摩耶夫人和弥勒。

（3）五百罗汉。一说释迦牟尼涅槃后，其弟子迦叶召集众多比丘在王舍城共同忆诵佛教经典，系第一次结集；后由迦腻色迦王按胁尊者比丘建议，在迦湿弥罗（今克什米尔）召集五百罗汉，以世友为上座，论释经、律、论三藏，这是第四次结集。一说，释迦牟尼为五百罗汉传道（见《法华经·五百弟子授记品》）。一说，《法苑珠林》《耆弥跋谤佛缘》称：“过去久远九十一劫，有一婆罗门名延如达，好学广博，常教五百豪族童子，今五百罗汉是。”

（4）济公。南宋僧人道济，俗名李修缘，世称济公。他不守戒律，嗜好酒肉，如痴如狂，被称为“济癫僧”“济癫”。相传济公为罗汉转世，但去罗汉堂报到已晚，加上辈分不高，只得站在过道里，甚至让其蹲坐在梁上，一般供在罗汉堂。

4. 护法天神

本是古印度神话中惩恶护善的人物，佛教称为“天”，是护持佛法的天神。著名的护法天神有四大天王、韦驮、二王尊、伽蓝神关羽等。

（1）四大天王。佛经称，世界的中心为须弥山。须弥山四方有四大部洲，即东胜神洲、南赡部洲（即我们所居世界）、西牛贺洲、北俱卢洲。四大天王住须弥山山腰的犍陀罗山，其任务是各护一方天下，故又称“护世四天王”。四大天王是：东方持国天王，身白色，手持琵琶；南方增长天王，身青色，手握慧剑；西方广目天王，身红色，手缠龙或蛇，有的另一手持宝珠（取龙戏珠之意）；北方多闻天王，身绿色，右手持宝伞，有时左手握神鼠。四大天王的表法意义是：东方持国天王代表尽职尽力主持国家事务，意谓佛教徒应尽心尽力完成自己的社会职责，使社会和谐，国家富强；南方增长天王代表“天天进步”，意谓佛教徒的德行要增长，学问、智慧、才能也要增长，永远站在时代的前端；西方广目天王和北方多闻天王则分别代表“多看”和“多听”，代表“持国”和“增长”的方法，意谓佛教徒应读万卷书、行万里路，以成就自己的学问，并舍人之短，取人之长，建设好社会和国家。四大天王手持的法器也具有表法意义：琵琶代表做事要合乎中道、恰到好处，就像弹琴一样，琴弦松了，弹不出声，琴弦过紧则易断；慧剑代表斩断烦恼；缠龙（蛇）代表变化，象征世上一切人和事变化无常，佛教徒必须看清楚才能应付；宝伞代表遮挡世上的种种污垢，意谓佛教徒在广学多闻中要注意保持自己的清净心。

（2）韦驮（梵名 Skanda）。原为南方增长天王手下神将。韦驮曾亲受佛祖法旨，统东、西、南三洲巡游护法事宜，保护出家人，护持佛法，故称“三洲感应”（佛经称，北俱卢洲人不信佛教）。相传释迦牟尼涅槃后，帝释天手持七宝瓶准备取下佛牙舍利回去建塔供养，时有罗刹鬼躲在帝释天身后乘人不备突然窃去佛牙舍利，韦驮奋不顾身，急起直追，刹那间把罗刹鬼抓获并夺回佛牙舍利。汉化韦驮为身穿甲胄的少年武将形象，手持法器金刚杵，或双手合十将杵搁于肘间，或以杵拄地。通常置于天王殿大肚弥勒像背面，脸朝大雄宝殿。

（3）二王尊（二仁王）。指伽蓝守护神密迹金刚（梵名 Guhyapadavajra）和那罗延天（梵名 Narayana）。以金刚力士像置于山门殿空门内两侧，左尊开口、执杵，右尊合口、提棒。民间俗称为“哼哈二将”。

（4）伽蓝神关羽。在古印度伽蓝神有 18 位之多，地位相当于寺院的土地神。关羽是最著名的汉化伽蓝神。相传关羽被杀后托梦给湖北当阳玉泉寺普净大师：“还我头来，还我头来！”大师点化说，你过五关斩六将，这些人的头向谁去讨还？关羽顿然觉悟，皈依空门，成了伽蓝神（寺院守护神）。关平成了其左胁侍，周仓成了其右胁侍。

六、汉地佛教寺院的主要殿堂

中国佛寺建筑，原与印度相同，没有殿堂，建塔藏舍利。为表示敬重，塔位于寺的中央，作为寺的主体，四周围以僧房。后来佛像供奉于殿堂，殿堂与塔并重，塔一般仍在殿堂之前。唐宋时期，禅宗已不再风行建塔，佛寺发展以殿堂为主进行布局。完整的寺院一般皆为伽蓝七堂。伽蓝为梵语，即僧园或僧院。七堂，专指寺院的主要建筑，是佛寺建筑平面布局的一种制度。伽蓝七堂随宗派的不同而相异。以禅宗为例，七堂指山门、佛殿、法堂、僧堂、厨库、浴室、西净（厕所）。中国佛寺殿堂带有明显的民族特色，由数进四合院组成，具有中轴线，两偏殿对称，大型的寺院还有廊院。主要殿堂往往采用庑殿式或歇山式，其他殿堂也皆为中国传统的建筑屋顶形式。一般常见的殿堂有：

（1）山门（或三门）。因为寺院大多居于山林之处，故又称“山门殿”。现已成为专有名词，即使在平原也称山门。因有空门（中）、无相门（东）、无作门（西），象征三解脱，所以又称“三门”。通常空门两侧立有二王尊。

（2）钟楼。位于天王殿左（东）前侧，悬有洪钟。有的寺院钟下供奉地藏菩萨，道明为其左胁侍，闵公为其右胁侍。

（3）鼓楼。位于天王殿右（西）前侧，置有大鼓。有的寺院供有伽蓝神关羽，关平为其左胁侍，周仓为其右胁侍。

（4）天王殿。正中供奉大肚弥勒，两侧供奉四大天王，其背后供奉韦驮天王。

（5）大雄宝殿。为佛寺正殿，又称“大殿”。有供奉一佛、三佛、五佛、七佛等情况。以三佛同殿居多。供一佛常见的为“释迦三圣”或“释迦三尊”，即释迦牟尼、左胁侍文殊菩萨、右胁侍普贤菩萨；也有的大殿供奉“西方三圣”或“华严三圣”。三佛同殿，常见的有“三方佛”“三时佛”和“三身佛”，也有的供奉“弥勒佛—释迦牟尼佛—阿弥陀佛”。供五佛（密宗的五方五佛）和七佛（释迦牟尼佛以前的六佛加上释迦牟尼）的较少，多为历史久远的寺院。释迦牟尼像背面一般为海岛观音壁塑图。大殿东西两侧，常供奉十六罗汉或十八罗汉。

（6）东西配殿。大雄宝殿两侧常有东西配殿，其供奉对象随教派不同而有变化，有设“三圣殿”（供奉西方三圣）的，有设“祖师殿”的（多为禅宗），有设“伽蓝殿”的，等等。

（7）法堂（亦称讲堂）。一般在大殿之后，是演说佛法皈戒集会之处。法堂内除一般性安置佛像外，另设法座、讲台、钟鼓。

（8）禅堂。是僧众打坐禅修之处。一般不对游客开放。

（9）罗汉堂。自唐代开始，一些大型寺院就修建五百罗汉堂。全国现存具有成组五百罗汉像的寺院在30所以上，其中著名的有：北京碧云寺罗汉堂，苏州西园罗汉堂，苏州寒山寺左右配殿（存有宋代樟木雕刻五百罗汉，为雕塑中佳品），五台山殊像寺文殊阁（为悬塑五百罗汉），成都宝光寺罗汉堂，武汉归元寺罗汉堂，昆明筇竹寺天台来阁（为清民间雕塑艺术佳作），北京雍和宫法轮殿（系用金银铜铁锡五种金属铸造），四川乌龙寺五百罗汉堂。

（10）方丈室。佛寺住持（方丈）居住、说法与接客之处，有的叫华林丈室（净土宗佛寺），有的叫般若丈室（禅宗寺院）。

（11）藏经楼。供奉佛教经典之处。

七、常用的称谓

一般有“四众弟子”“出家四众”“出家五众”“七众”之称。比丘、比丘尼为出家男女二众，优婆塞、优婆夷为在家男女二众，此为“四众弟子”。比丘、比丘尼、沙弥（俗称小和尚）、沙弥尼（俗称小尼姑），即为“出家四众”。如加上式叉摩那（学戒尼），则称为“出家五众”。出家五众加在家二众则称“七众”。

对较高水平的僧人，则根据具体情况称“法师”（通晓佛法的僧人）、“经师”（通晓经藏或善于诵读经文的僧人）、“论师”（精通论藏的僧人）、“律师”（通晓律藏的僧人）、“三藏法师”（精通经、律、论三藏的僧人）；“大师”，一般用于尊称著名僧人；“高僧”是对德行高的僧人的尊称。

还有的以职务相称，如“住持”（方丈）、“监院”（当家和尚）等。现在一般称和尚为“师父”，称尼姑为“师太”。

八、常用的礼仪

（1）合掌。这是佛教徒的普通常用礼节。亦称合十。左右合掌，十指并拢，置于胸前，以表由衷的敬意。

（2）绕佛。围绕佛而右转，即顺时针方向行走，一圈、三圈或百圈、千圈，表示对佛的尊敬。

（3）五体投地。也称五轮投地。“五体”（或称五轮）指两肘、两膝和头。五体都着地，为佛教最高礼节。先正立合掌，然后右手撩衣，接着膝着地，接着两肘着地，接着头着地，最后两手掌翻上承尊者之足。礼毕，起顶头，收两肘，收两膝，起立。藏传佛教的五体投地幅度更大。

九、佛教之旅

1. 佛教四大名山

山西五台山、浙江普陀山、四川峨眉山、安徽九华山合称佛教四大名山（又称四大道场），为明代以来禅僧和一般佛教徒集中参拜的地方。明代有“金五台，银普陀，铜峨眉，铁九华”之说，以区别四山在信徒心目中的不同地位。

文殊菩萨道场——五台山。位于山西五台县。自北魏创建大浮屠灵鹫寺后，即佛寺林立。元、明、清三代，藏传佛教传入五台山。五台山是我国唯一兼有汉地佛教和藏传佛教道场的佛教圣地。青庙与黄庙并存，显教与密教竞传，是500年来五台山佛教的最大特色。现在，五台山存有40余座寺庙。显通寺、塔院寺、菩萨顶寺、殊像寺和罗睺寺并称为五台山五大禅林。显通寺的前身是建于北魏的大浮屠灵鹫寺，因而是五台山历史最悠久、最负盛名的寺院，属全国重点文物保护单位。塔院寺的大白塔，通高75.3米，为尼泊尔阿尼哥设计的藏式白塔，为五台山的象征标志。菩萨顶寺系传说中的文殊菩萨居住处，为五台山黄庙（藏传佛教寺院）之首。

位于台外的南禅寺，建于唐建中三年（782年），其大雄宝殿是我国现存最古老的木结构建筑，属于全国重点文物保护单位。位于台外的佛光寺，其东大殿建于唐大中十一年（857年），亦是我国现存最古老的佛寺之一，建筑年代仅次于南禅寺，属全国重点文物保护单位。

观音菩萨道场——普陀山。是浙江舟山群岛中的一个小岛。自五代开始建佛寺“不肯去观音院”。现有寺院70余座。其中普济寺、法雨寺、慧济寺并称普陀三大寺。普济寺是普陀山规模最大的寺院和佛教中心，为供奉观音大士的主刹。普陀山在法系上，自南宋以来一直以禅宗为主。每逢观音菩萨的节日，普陀山都有香会，来自国内、日本、韩国和东南亚的佛教徒络绎不绝，成为近代中国佛教最大的国际性道场。

普贤菩萨道场——峨眉山。位于四川省峨眉山市。自东汉开始创建道观。唐宋以后成为佛教名山。现有主要寺庙和风景区10余处。其中重要的有：山下第一寺院报国寺，入山第一大寺伏虎寺，山上最大寺院万年寺，山顶（金顶）名寺普光殿。

报国寺位于山脚，为峨眉山出入门户，寺内高2.4米的明代彩釉瓷佛为稀世珍品。伏虎寺以屋瓦终年无败叶积落著称于世，康熙皇帝曾题额“无垢园”。万年寺内的拱顶无梁殿，供奉北宋铸普贤骑白象铜像，是峨眉山最著名佛像和“镇山之宝”，被列为全国重点文物保护单位。金顶附近的睹光台，为观看峨眉山三大奇观（日出、云海、佛光）之地。峨眉山在法系上以禅宗为主。

地藏菩萨道场——九华山。位于安徽池州市青阳县。传说唐代时，被视为地藏菩萨化身的新罗国王宗室金乔觉曾栖止九华山，九华山乃成为地藏菩萨道场。现有寺庙80余座。其中，化城寺是九华山的开山寺、总丛林。祇园寺、百岁宫（又名万年寺）、东崖寺和甘露寺并称为九华山四大丛林。此外，位于老爷岭上的月（肉）身宝殿因殿内有地藏墓塔（即金乔觉墓塔）而闻名。化城寺于唐至德二年（757年）建寺，传为金地藏居处。祇园寺系九华山规模最大的寺院，也是九华山唯一宫殿式建筑的寺院。九华山在法系上以禅宗为主。

2. 著名佛教石窟和摩崖造像

遍布于我国各地的佛教石窟寺和摩崖造像群，拥有极其丰富的石雕、泥塑和壁画。它是我们民族的艺术宝库。我国佛教石刻有三个高潮时期。第一个高潮时期是北朝，这个时期的代表是山西大同云冈石窟和河南洛阳龙门石窟中的北魏窟。第二个高潮时期是盛唐，这个时期的代表是龙门石窟中的唐代龛窟。第三个高潮时期是两宋时期，这个时期的代表是重庆大足石刻中的宋代造像。

敦煌石窟。位于甘肃敦煌，敦煌石窟以莫高窟规模最大、内容最丰富、最为著名，保存有自北凉、北魏至元朝各代的壁画（4.5万平方米）和彩塑（2000多躯），是我国也是世界上现有规模最大的佛教艺术宝库。敦煌石窟尤以唐代壁画艺术著称于世。

云冈石窟。位于山西大同，存有北魏时期石造像5.1万余尊。其艺术风格既继承了秦汉以来石刻传统技法，又有较多印度犍陀罗式、笈多式雕刻的影响。以造像粗犷古朴、气魄雄伟、内容丰富多彩著称。云冈石窟以昙曜五窟最为著名，其中第20窟露天大佛（释迦牟尼像）是云冈石窟最宏伟雕像，也是云冈石窟的象征。

龙门石窟。位于河南洛阳，存有北魏至隋、唐、北宋石造像9.7万余尊。以盛唐石造像为代表。盛唐石造像的艺术风格逐渐脱离印度影响，向民族化、世俗化发展；造像身躯健美，丰满端庄。龙门石窟以奉先寺石窟最著名。奉先寺中的卢舍那大佛为龙门石窟最大造像，也是龙门石窟的象征。

大足石刻。位于重庆市大足区境内，存有晚唐、五代、两宋摩崖造像5万多躯，分布于40多处。以两宋石造像为代表。大足宋代石刻，其造像审美意趣完全汉化、世俗化，造像典雅、精致、秀丽，肌体很少裸露，穿着较厚重汉化衣裳。大足石刻以北山和宝顶山最为集中。北山的转轮经藏窟（原称心神车窟）为宋代石刻的精华和代表。宝顶山在南宋时期是佛教密宗成都瑜伽本尊教的总持寺院。宝顶山摩崖造像构成密宗瑜伽部体系，也有禅宗造像，以经变故事的连环组雕为其特色。

克孜尔千佛洞。位于新疆阿克苏地区拜城县克孜尔镇东南，为古代龟兹佛教艺术的典型代表，是新疆地区规模最大、保存最好的佛教石窟群。约开建于公元3世纪，在唐代吐蕃时期废弃。克孜尔千佛洞以74个窟尚存的精美壁画著称于世，有“戈壁明珠”之誉。克孜尔石窟呈现许多与汉地佛教石窟显著不同的特点，主要表现在：壁画内容反映了小乘佛教经典内容；出现了大量裸体人物形象，女性比重尤大，且丰乳肥臀；其建筑形制与壁画艺术受到印度、希腊、（波斯）萨珊等外来文化的影响。

麦积山石窟。位于甘肃天水市，保存有北魏至清各代洞窟。以数以千计的敷彩泥塑造像著称于世，有塑像馆之誉。

乐山大佛。位于四川乐山市东，系唐代依山岩凿成的一尊弥勒坐像，通高 70.7 米，是我国也是世界最大的石刻佛像。

3. 汉地佛教其他重要名寺

法门寺。位于陕西扶风，为唐代皇家密宗内道场。1987 年 4 月，考古工作者在法门寺真身宝塔地宫发掘出土释迦牟尼佛指舍利和举世仅存的唐密佛骨舍利供养曼荼罗（坛场）。这是具有世界意义的两项极为重要的发现。

白马寺。位于河南洛阳，传说创于东汉永平十一年（68 年），为中国第一座佛教寺庙，历来有"释源"之誉。史载东汉明帝于永平七年（64 年）派蔡愔、秦景西行求佛经。蔡愔等偕印度僧人摄摩腾、竺法兰入华，以白马驮佛经等至洛阳。永平十一年（68 年）敕建白马寺供西僧寓此译经。史称这一事件为"永平求法"，与"伊存授经"同为佛教初传中国的两大历史事件。

4. 著名藏传佛教寺院

藏传佛教格鲁派（黄教）六大寺。甘丹寺——拉萨三大寺之一，为格鲁派创始人宗喀巴兴建。是格鲁派第一座寺院和祖庭。以宗喀巴肉身灵塔最著名。属全国重点文物保护单位。哲蚌寺——拉萨三大寺之一，现为藏传佛教规模最大的寺院，也是中国最大的寺院。属全国重点文物保护单位。色拉寺——拉萨三大寺之一，属全国重点文物保护单位。扎什伦布寺——位于西藏日喀则，为后藏佛教中心，历世班禅驻锡之地。属全国重点文物保护单位。拉卜楞寺——位于甘肃夏河县，为我国西北地区藏、蒙古等民族的宗教中心，对其社会生活产生过十分重大的影响。属全国重点文物保护单位。塔尔寺——位于青海西宁市湟中县，系格鲁派创始人宗喀巴的诞生地。为我国西北地区藏、蒙古等民族的宗教中心。酥油花、堆绣和绘画为塔尔寺的艺术三绝。属全国重点文物保护单位。

五当召。位于内蒙古包头市，是内蒙古地区现有唯一完整的藏传佛教寺院。

雍和宫。位于北京，是北京地区藏传佛教活动中心，我国内地城市中最大的一座藏传佛教寺院。原为清代雍亲王胤禛的府邸，雍正即位后改为雍和宫，清乾隆九年（1744 年）正式改为藏传佛教寺。属全国重点文物保护单位。寺内五百罗汉山、檀木大佛和金丝楠木佛龛并称"雍和宫三绝"。

第五节　道教

一、道教的创立和发展简史

1. 原始道教阶段

东汉末年，即东汉顺帝时（126~144 年），在蜀中鹤鸣山（今四川省大邑县境内），张陵（又称张道陵）倡导五斗米道，因信徒入教必须交五斗米，故名之。张陵之孙张鲁继续弘扬其教，奉老子为教主，以《老子五千文》为主要经典，并亲自作《老子想尔注》解释《老子五千文》。因老子宣扬“道”，所以“五斗米道”即为早期的道教。后来，倡导道教的张陵被称为张天师，被尊为道教的创始者。稍后的张角创《太平道》，也属于早期道教。

2. 道教上升为理论化阶段

以东晋道士葛洪、北朝嵩山道士寇谦之、南朝宋庐山道士陆修静、南朝齐梁间茅山道士陶弘景为代表。

3. 道教形成两大派系阶段

金元以来至今，全国道教形成全真道与正一道两大教派。

全真道为金初创立的道教宗派。主要创派人为王重阳。全真道以《道德经》（道经）、《般若波罗蜜多心经》（佛经）和《孝经》（儒经）为主要经典，主张道、佛、儒三教合一。在修行方法上，重内丹修炼，不尚符箓，不事黄白之术（冶炼金银之术），以修身养性为正道。全真道士必须出家住宫观，不得蓄妻室，并制定了严格的清规戒律。全真道仿佛教建立了丛林制度，各地全真道士云游至全真十方丛林，均可栖息学道。在元代，王重阳的七大弟子又分别开创全真道七个支派，其中以长春子丘处机开创的龙门派势力最大，至今全真道仍以龙门派人数最多。

正一道是元代形成的道教宗派。元成宗大德八年（1304 年）授江西龙虎山三十八代天师张与材“正一教主，主领三山符箓”。三山符箓指江南的龙虎山（正一派本山）、阁皂山（灵宝派本山）和茅山（上清派本山）等以符箓为主的道教三大宗。正一道的形成，事实上就是江南道教的统一命名，统归龙虎山天师府的领导，并以此与北方的全真道相对。正一道集符箓派之大成，以行符箓为主要特征（画符念咒、驱鬼降妖、祈福禳灾），奉持的主要经典为《正一经》。道士可以有家室，可不出家，不住宫观，清规戒律也不如全真道严格。

目前全国道教宫观大部属全真派，正一道主要流行在江南和台湾。

二、道教的基本教义

1.“道”

“道”是生化宇宙万物的原动力，造化之根，是先天地而存在的。“道”是神明之本，道气化为“三清”。“道”有最伟大的德行。

2.“气化宇宙”的学说

老子《道德经》称:“道生一,一生二,二生三,三生万物。”

道教的宇宙演化图式为：最初，由“道”在虚无中产生一团“混沌元气”（又称“太乙真气”“一炁”）；然后，这团原始祖气内部分化为阴阳二气；后来，阴阳二气的冲和，产生天、地、水三气；最后，天、地、水三气混合生成万物。

3. 自然无为

《道德经》中说:“人法地，地法天，天法道，道法自然。”“道”的本性就是自然。而人修真道，就当效法“道”的自然之本性，顺应天地自然变化的规律，尊重自然界一切生命的特性，致力于维护自然界的和谐。对于人世间的一切东西，不要强求，要顺应事物发生发展的自然规律。要知足、知止、知常，以使心神平和，精神得到升华。

《道德经》又说:“道常无为而无不为。”要真正达到“自然”的境界，就要践行“无为”的处世方法。所谓“无为”，并不是消极不为，而是反对胡乱“有为”，强调遵循自然之规律，不要对事物的自然发生和发展强行进行干预。

4. 柔弱不争

道教以柔弱为用，主张一切行为都不要太刚强，刚者容易先受摧残，强者容易先受挫折。修道就应是以静待动，守柔弱而不妄动，从而开阔自我容让的胸怀。所谓“不争”，强调不与人争名利荣华，以柔克刚。

5. 清静寡欲

《道德经》称："清静为天下正。"学道修道应做到没有自己的私自嗜欲，乐好清静，这样才符合"道"的体性。

6. 仙道贵生，返璞归真

道教追求得道成仙。通过自我修行，达到长生不老。道教修行主张"性命双修"，即心性品德（性）的修养和身体生命（命）的修炼。通过"性命双修"，使心性和生命返归到淳朴纯真的状态，即"道"的质朴状态，从而肉身成仙。身体生命的炼养有炼形术、炼气术、炼神术和内丹术等（教外人士称其为"道教气功"），主要是通过对人体内的精、气、神三宝的修炼，结成内丹（产生一种圆形白色发光体的幻觉），从而得道成仙。

三、道教的法术

道教的法术众多，自古以来有"无术不成道"之说。道教法术的主要类别有：

（1）服食与外丹。包含服食术（食疗法）、辟谷术、外丹术等。

（2）内丹术。教外人士称其为"道教气功"，主要是通过对人体内的精、气、神三宝的修炼，结成内丹。

（3）符箓与咒语。通过神秘的图文（符箓）和语言（咒语）役使鬼神，达到降妖镇魔、治病除灾的目的。

（4）禹步和手诀。"禹步"又称"步罡踏斗"，"手诀"即结手印。步罡踏斗是道教祷神仪式中常用的步伐动作。禹步与符咒、手诀相结合，达到与神沟通而降妖除魔的目的。

（5）占验术。俗称算命术，道教占验术包含易占、梦占、测字、星占、相术、风水术、灵签、扶乩等。

此外，道教文化还包含阴阳五行、八卦、九宫等内容（简称"五八九"）。我国大部分传统节日也与道教有关。道士对中医中药的发展也做出了重要贡献。道教在中国传统文化中具有重要的地位和影响。鲁迅先生曾说"中国根柢全在道教"，"以此读史，有许多问题可以迎刃而解"（《1918 年 8 月 20 日致许寿裳》）。

四、道教的经典和标记

《道藏》是道教经籍的总集，是中国古代文化遗产的重要组成部分。唐代编出第一部《道藏》。北宋编纂《大宋天宫宝藏》。明代《正统道藏》和《万历续道藏》共5485卷，收有1476种著作，除道教经书外，还收集有诸子百家和医学、化学、生物、体育、保健以及天文地理等其他方面论著，是中国现存最早的《道藏》。

道教的标记为太极八卦图。

五、供奉的主要对象

1. 先天尊神

（1）三清。是道教最高层神团。指：玉清元始天尊，住清微天之玉清宫；上清灵宝天尊，住禹余天之上清宫；太清道德天尊（即太上老君），则无世不在，无世不存，住大赤天之太清宫。

（2）四御。是仅次于三清、辅佐三清的四位天帝。流行的说法指：玉皇大帝，为总执天道之神；中天紫微北极大帝，协助玉皇大帝执掌天地经纬、日月星辰和四时气候；勾陈上宫天皇大帝，协助玉皇大帝执掌南北极和天地人三才，统御众星，并主持人间兵革之事；承天效法后土皇地祇（女神），执掌阴阳生育、万物之美与大地山河之秀（故有人称为“大地母亲”），与执掌天道的玉皇大帝相配套。有的宫观供奉的四御为中天紫微北极大帝、南极长生大帝、勾陈上宫天皇大帝、承天效法后土皇地祇。

（3）三官（三元大帝）。指天官、地官、水官，系元始天尊所吐“三元真气”所化，是元始天尊的三个儿子。道教称，天官赐福（民间视为“福神”，近代又将天官与员外郎文昌帝君、南极仙翁合在一起，称福、禄、寿三星）；地官赦罪；水官解厄。因道教将三官的诞辰日编在三元日，即上元正月十五，中元七月十五，下元十月十五，故三官大帝又称“三元大帝”。由于三官职能与民众利害密切相关，故而知名度很高。旧时，各地遍布供奉三官的三官庙、三元庵、三官堂、三官殿等。其中最负盛名的是广州的三元宫。道教还称：三官曾奉元始天尊之命化身为尧、舜、禹。

2. 神仙

“老而不死曰仙”，仙又有人仙、地仙、天仙和神仙之分。道教神仙的队伍十分庞大。最常见的神仙有真武大帝、文昌帝君、魁星、八仙、天妃娘娘（妈祖）等。

（1）真武大帝。传真武为远古净乐国太子，后在武当山修炼，得道飞升，威镇北方。真武原指黄道圈上二十八宿中的北方七宿玄武，呈龟蛇形象，为星宿神。宋代玄武被人格化，成为道教大神，龟蛇亦变成真武手下两员大将。为避赵宋所谓始祖赵玄朗之讳，改称真武。元世祖忽必烈营建大都、与南宋对抗时，传西直门外有龟蛇显现，真武被尊为北方最高神，世祖下诏建庙祀真武。明代朱棣发动“靖难之变”向南京进攻时，传真武曾显像助威。朱棣（明成祖）即位后，在武当山大力营建宫观，历时7年，真武信仰达到鼎盛，全国各地掀起修建真武庙的高潮。武当山亦成为全国各地真武庙的祖庭。因北方在五行中属水，故真武又是水神，有防止火灾之威力。全国著名的真武庙还有：广东佛山祖庙（始建于北宋），云南昆明太和宫（其建于清初的金殿，俗称铜瓦寺，为全国最大铜殿，属全国重点文物保护单位），广西容县经略台真武阁（为古建筑杰作，属全国重点文物保护单位）。

（2）文昌帝君。文昌原是星官名。宋元间道士称，天上文昌星曾于西晋末降生四川梓潼七曲山为张亚子，以后历代转世，玉皇大帝命他掌管人世功名利禄，遂成为道教大神文昌帝君，备受读书人的崇拜。自元代起全国各地均兴建文昌庙、文昌祠、文昌阁等供奉文昌帝君。七曲山文昌宫（梓潼大庙）是全国文昌庙的祖庙。贵州贵阳文昌阁，主楼是九角三层宝塔形建筑，国内罕见。

（3）魁星。指北斗七星中组成斗形的前四颗星。道教称其为文昌帝君部属，主文运（“魁”有“首”之意），故与文昌帝君一样，备受读书人崇拜。旧时魁星阁、魁星楼亦遍布各地。魁星典型塑像为一赤发蓝面鬼，一足立于鳌头之上，一手捧斗，一手执笔（“魁”字由“鬼”“斗”组成）。“魁星点斗，独占鳌头”被视为读书人应试获中之征。

（4）八仙。是民间最熟悉的神仙群体。八仙传说故事先后见于唐代文人记载，至明代最后定型。八仙指李铁拐（也称铁拐李）、汉钟离（也称钟离权）、张果老、何仙姑、蓝采和、吕洞宾、韩湘子、曹国舅。以“八仙过海，各显神通”的故事流传最广。山东蓬莱传为八仙过海故事发生地，当地建有蓬莱阁。

（5）天妃娘娘（妈祖）。妈祖原名林默，生于北宋建隆元年（960年）。传她生而神异，救助过不少海上遇难渔民和船只，后在福建莆田湄洲岛羽化升天。当地渔民在岛上盖庙祭祀。道教继承民间传说，把妈祖列为道教女神（海上保护神）。妈祖得到宋元明清历代皇帝褒封。全国沿海城市均建有妈祖庙、天后宫、天妃宫、朝天宫等供奉妈祖。妈祖信仰并随华侨传至海外。据统计，世界十多个国家和地区共有1500多座妈祖庙。湄洲岛妈祖庙为妈祖庙的祖庭。湄洲岛妈祖庙、天津天后宫和台湾北港朝天宫并列为我国三大妈祖庙。

3. 护法神将

（1）关圣帝君。即关羽（关云长），河东解良人（今山西运城盐湖区解州镇），东汉末年投奔刘备，后在湖北当阳战败被杀，且身首异处。关羽在宋代以后才名声大振，因其为“忠、孝、义、节”的楷模而屡受皇帝褒封，佛、道两家（包括藏传佛教）也争相把关羽拉进自己教门。儒家尊其为“武圣人”；佛家尊其为伽蓝神；道教则尊其为关圣帝君。关公遂成为唯一受到儒、释、道三教共同尊崇的偶像。道教称，关圣帝君具有司命禄，佑科举，治病除灾，驱邪避恶，乃至招财进宝，庇佑商贾等“全能”法力。旧时关帝庙数量之多，居全国诸庙宇之首。山西运城解州关帝庙是全国规模最大、最为壮观、保存最完好的关帝庙。河南洛阳的关林，传为埋葬关羽头颅之处，也是著名的关帝庙。

（2）王灵官。道教一般认为，王灵官名王善，是宋朝萨真人（萨守坚）的弟子。后成为道教重要护法神将，专门镇守道观山门，镇妖压魔。其地位相当于佛教的韦驮。从明代起王灵官地位开始显赫，许多地方建灵官庙。

六、道观的主要殿堂

道观的名称有宫、观、庙、道院等。称“宫”的为有特殊地位的道观。道观主要殿堂有山门殿、灵官殿、三清殿、玉皇殿、三官殿等。

（1）山门殿。一般供奉青龙神和白虎神，相当于佛寺的二王尊。有的道观山门殿即为灵官殿。

（2）灵官殿。相当于佛教的天王殿。供奉王灵官。

（3）三清殿。相当于佛教的大雄宝殿。供奉道教最高神三清。

（4）玉皇殿。供奉玉皇大帝，有的供奉四御。

（5）三官殿。供奉天官、地官、水官。

七、道教主要称谓

男教徒称道士、乾道，又称道士先生，可称方士、道人、羽人、羽客、羽衣、黄冠，又可尊称为天师、炼师等。

女教徒称道姑、坤道，也可称女冠。

全真道道观的最高负责人为方丈，正一道道观的最高负责人为住持。方丈（住持）之下有监院，负责宫观的实际事务。

教外人对道士、道姑一般都可统称为道长。

八、斋醮

即供斋醮神，是道教常见的一种法事，有日常的持诵和忏法。所谓持诵，即受持而咏读之，俗称念经。所谓忏法，即拜忏的方法与仪式，用以忏悔。斋醮常配有烛灯和音乐吹打，颇具民族特色。

九、道教之旅

1. 道教发祥地

青城山。位于四川都江堰市西南，为蜚声海内外的道教名山。传道教创始人张道陵在四川鹤鸣山得道后至青城山传五斗米道，降魔治鬼，造福于人，故青城山为道教发祥地之一。常道观、祖师殿和上清宫为青城山主要道观。常道观为青城山道教中心，观后的天师洞传为张道陵在青城山结茅传道之处。青城山道教属全真道。

终南山。位于陕西西安市南，为北方道教名山。山内有楼观、老子墓、重阳宫等道教圣迹。楼观位于周至县终南山北麓，相传西周康王时，关令尹喜在今楼观处建草楼观，老子在说经台上为之口授第一部道教经典《道德经》。故这里被视为道教发祥地之一，草楼观亦成为中国第一座道观，楼观遂有“道观之祖”之美誉。重阳宫在户县祖庵镇北终南山下，是全真道创始人王重阳的埋骨处。金代在该处建重阳宫，与北京白云观、山西芮城永乐宫并称全真道三大祖庭。

2. 符箓派三名山

龙虎山。位于江西贵溪市。为正一道祖庭。它是道教创始人张道陵最初修道炼丹肇基之所。龙虎山天师府是第四代后历代张道陵子孙起居之所。龙虎山上清宫是历代张天师的道场和祀神之处。

阁皂山。位于江西樟树市。为灵宝派祖庭。宫观元以后大多毁于战火，现仅存遗迹多处。

茅山。位于江苏句容市。为上清派祖庭。道教称西汉时有茅盈、茅固、茅衷三兄弟先后至大茅峰、二茅峰、三茅峰修炼得道成仙，合称三茅真君。以后此地改称三茅山，简称茅山。茅山道观都把三茅真君作为主神奉祀，取代三清地位，为他处少见。抗日战争期间茅山道观大部被毁，近年修复元符万宁宫和九霄万福宫。元符万宁宫始建于唐，为上清派茅山宗开山祖、南朝道教大师陶弘景修道处。

3. 丹鼎派名山

道教中以炼丹（外丹）求长生成仙的一派叫丹鼎派。

葛仙岭和抱朴道院。位于浙江杭州。为东晋葛洪结庐炼丹处。葛洪是中国道教史上著名炼丹家、医药学家、气功师和养生家，其代表作《抱朴子》为道教重要经典。抱朴道院始建于唐代，为供奉葛仙翁道院，道院内外有葛洪炼丹台、炼丹井等古迹。

罗浮山和冲虚古观。位于广东博罗县。传东晋葛洪晚年在罗浮山结庐炼丹，最后在此羽化升仙。冲虚古观传为葛洪初建，是他修道炼丹之所。罗浮山被视为岭南道教圣地。

4. 道教神仙祖庭

武当山。位于湖北丹江口市西南。为道教真武大帝道场。武当山主要宫观有六宫二观。其中，明代建的紫霄宫为武当山现存规模最大的道观，属全国重点文物保护单位；金殿（俗称金顶）是铜铸仿木建筑，属全国重点文物保护单位。武当道派后划归全真道。

平都山。位于重庆丰都县。道教传为冥府阴王酆都大帝世居之地，故平都山成为酆都大帝祖庭和鬼国都城。山上有阴间天子殿、钟馗殿、奈何桥、孟婆茶楼等建筑。现为长江三峡重要旅游景点。

5.其他道教名山大观

北京白云观。是全真道第一丛林，全真道最大派别龙门派祖庭，全真道三大祖庭之一。观内丘祖殿下埋有龙门派创始人、元代道士丘处机遗骨。现为中国道教协会所在地。

崂山。位于山东青岛市东，为全真道随山派祖庭，全真道第二丛林。主要宫观有太清宫和太平宫。

成都青羊宫。位于四川成都市郊，始建于唐，为成都最大、最古老道观。汉扬雄《蜀王本纪》称："老子为关令尹喜著道德经，临别曰：'子行道千日后，于成都青羊肆寻吾。'"故后世视青羊宫为老子圣迹。

苏州玄妙观。位于江苏苏州，始建于东晋，南宋重建。历来是正一道的主要道观。主殿三清殿是江南一带现存最大的宋代木构建筑，属全国重点文物保护单位。

沈阳太清宫。始建于清康熙二年（1663年），是我国东北地区最大的道观。为全真道龙门派十方丛林之一。

广州三元宫。传东晋葛洪的妻子鲍姑曾在越秀山结庐修道行医，后羽化。当地人民建鲍仙姑祠纪念。明代加建三元殿供奉三官，并改祠为三元宫。清代为全真道丛林之一。是岭南香火最盛、信众最多的道观。

武汉长春观。始建于元代，传全真道龙门派祖师丘处机（号长春子）曾于此修道，所以观名"长春"。为全真道著名丛林之一。

台北指南宫。位于台北市指南山，是台湾道教大本山。

第六节　基督教

一、基督教的创立与发展简史

基督为"基利斯督"的简称，意指上帝所差遣的救世主，为基督教对耶稣的专称。所谓基督教，即信奉耶稣基督为救世主之各教派的统称。该教与佛教、伊斯兰教并称为世界三大宗教，1世纪由巴勒斯坦拿撒勒人耶稣创立。相传耶稣是上帝的独生子，为圣灵降孕童贞女马利亚生养成人。传说耶稣掌握许多神术，使瞎子复明、跛子行走、死人复活，因而得罪当权者被钉死在十字架上。据传死后第三天复活，显现于诸门徒，复活后第40日升天。据称，将来会再度下降人间，审判世界，在地上按上帝的意志拯救人类。耶稣的受难是因12门徒中犹大的出卖造成的，受难之日为星期五。最后的晚餐连耶稣在内有13人，所以有些西方人忌讳数字“13”，并将13日与星期五视为凶日。

在基督教发展的历史上，发生过两次大的分裂，因而形成了三大教派。

第一次分裂由争夺教权而引发，发生在11世纪中叶。分裂为西部的天主教和东部的正教（即东正教）。天主教又称公教、加特力教。

第二次分裂由宗教改革而引发，发生在16世纪。从天主教内部脱离出新的宗派——抗罗宗，我国称为新教。新教反对教皇的绝对权威，不接受教皇支配；不承认天主教某些教义。在中国又称为基督教（狭义）。

二、基督教传入中国简况

历史上有基督教四传中国之说。

（1）基督教一传中国。指流行于中亚的基督教聂斯脱利派从波斯来华传教，时逢唐朝“贞观之治”。获得“景教”之名的聂斯脱利派很快取得“法流十道”“寺满百城”的成功。然后在845年唐武宗崇道毁佛的风云中，被作为“胡教”与其他外来宗教一起遭到厄运。

（2）基督教二传中国。指景教在元朝的复兴和罗马天主教来华传教。被蒙古人称为“也里可温”（意即“有福缘之人”）的基督教，主要是对蒙古民族产生了文化影响。随着元朝的灭亡，其传播也迅即消失。

（3）基督教三传中国。指明清之际以天主教耶稣会士为首的西方传教士在华展开的广泛而深入的传教活动。利玛窦等耶稣会士努力向中国文化“趋同”，主张将中国的孔孟之道和宗法敬祖思想与天主教的教义体系相融合，以求基督教文化在中国的生存与发展，于是引起其他恪守天主教传统的教士的反感，天主教会内部爆发“中国礼仪之争”。后因罗马教皇和康熙皇帝的各自干预，导致了双方的直接冲突，并产生康熙宣布禁教、驱逐传教士的结局。

（4）基督教四传中国。指鸦片战争后西方基督教各派传教士蜂拥来华，在不平等条约保护下强行传教，并取得成功。

中华人民共和国成立后，基督教（即新教）倡导自治、自传、自养的三自爱国运动；天主教和东正教也倡导自主自办的爱国活动；东正教成立中华东正教会。从此基督教各教派走上健康发展道路。

三、基督教的教义

基督教中，不论天主教、东正教、新教，尽管教义上有所差异，但基本教义是相同的。

（1）上帝创世说。在《圣经·创世记》中，基督教认为，在宇宙造出之前，没有任何物质存在，包括时间和空间，只存在上帝及其“道”。上帝就是通过“道”创造一切，包括创造地球和人。故上帝是全能的，是真善美的最高体现者，是人类的赏赐者。人们必须无条件地敬奉和顺从上帝，否则就要受到上帝的惩罚。

（2）原罪救赎说。基督教宣称，上帝创造人类的始祖亚当和夏娃，并被安置在伊甸园中过着无忧无虑的生活。但夏娃和亚当经不起蛇的引诱，偷吃伊甸园里的知善恶树上的禁果，因而被驱逐出园。亚当和夏娃的罪世世代代相传，成为整个人类的原始罪，也是人类一切罪恶和灾难的根源。即使刚生下即死去的婴儿也有原始罪。这种原罪，人类无法自救，只有忏悔，基督即可为之赎罪。

（3）天堂地狱说。天堂是个极乐世界，信仰上帝而灵魂得救，都能升入天堂。不信仰上帝，不思改悔的罪人，死后灵魂受惩罚下地狱。天主教和东正教还为既不能升天堂又不能下地狱者设炼狱，暂时受苦，炼净灵魂，罪恶赎完，可再升入天堂。

四、基督教的经典和标志

基督教的经典为《圣经》，由《旧约全书》（简称《旧约》）和《新约全书》（简称《新经》）两部分组成。

基督教标志为十字架（传耶稣为替世人赎罪，被钉于十字架而死）。

五、基督教信奉的对象

在中国，基督教新教对其所信奉之神译称为“上帝”或“神”；天主教则译称为“天主”。基督教宣称，上帝（天主）只有一个，但包括圣父、圣子、圣灵（圣神）三个位格。三者虽各有特定位分，却完全同具一个本体，同为一个独一真神，而不是三个神，故三位一体。

六、基督教主要称谓

天主教最高首领称“教皇”或“教宗”；最高级主教称“枢机主教”（俗称“红衣主教”）；管理一个教省的负责人称“大主教”；管理一个教区的负责人称“主教”；管理一个堂区的负责人称“神父”（司铎）；离家进修会的男教徒称“修士”；离家进修会的女教徒称“修女”。

新教称教区负责人为“主教”，教堂负责人为“牧师”。修士修女称呼同天主教。

东正教最高首领称“牧首”；重要城市的主教称“都主教”；地位低于都主教的称“大主教”；教堂负责人也有称主教或神父的。修士修女称呼同天主教。

七、基督教主要节日

（1）复活节。每年3月21日~4月25日，春分月圆后第一个星期日，纪念耶稣钉死十字架后第三日“复活”。

（2）圣诞节。每年12月25日，纪念耶稣诞辰。

八、基督教之旅

1. 著名天主教教堂和遗迹

北京南堂。是北京最古老的天主教堂。明万历三十三年（1605年）意大利耶稣会传教士利玛窦始建经堂。清顺治七年（1650年）德国耶稣会传教士汤若望改建大堂，为朴素的巴洛克式建筑，现为中国天主教北京主教座堂。

北京北堂。又名西什库天主教堂。清康熙年间原建于府右街，光绪年间迁建现址。是北京地区最大的天主教堂。属哥特式建筑。

利玛窦墓。位于北京车公庄大街北京市委党校院内。利玛窦为意大利耶稣会著名传教士，于明万历十年（1582年）来华，后任在华耶稣会会长。1610年死于北京，明神宗诏以陪臣礼葬。利玛窦墓两侧分别有汤若望和南怀仁的墓及碑。汤若望为德国耶稣会著名传教士，明天启年间来华，曾任钦天监监正。南怀仁系比利时耶稣会著名传教士，清顺治年间来华，曾任工部右侍郎。

天津老西开教堂。天津最大天主教堂，天津天主教会中心。由总堂（建于 1914 年）和大教堂（建于 1917 年）组成，为法国罗曼式建筑，故又名法国教堂。

上海徐家汇天主堂。1847 年上海天主教耶稣会将主院安置于徐家汇。1851 年兴建希腊式圣依纳爵堂。1905 年兴建法国哥特式大教堂，成为上海地区最大教堂，也是远东地区最大教堂之一。现为天主教上海教区主教座堂。

上海佘山圣母大教堂。位于上海松江佘山。1871 年天主教耶稣会在佘山顶初建。其外部为以罗马风格为主的折中式，内部则为哥特式。因教区原有“全大赦”的规定（教徒按仪规来佘山朝圣可赦免灵魂上所有罪孽），故上海天主教徒素有“五月佘山朝圣”的习俗宗教活动，当地人涌如潮。

广州圣心大教堂。又名“石室”。始建于清同治二年（1863 年），由法国普行善会建造，属法国哥特式建筑，高 58.5 米，是国内最大的哥特式教堂之一。

2. 著名新教教堂

历史上，上海一直是基督教新教中心，故著名新教教堂亦集中在上海地区。

上海国际礼拜堂。建于 1924 年，为上海地区最大新教教堂，属德国哥特式建筑。由于教徒来自新教不同教派，故原名“协和礼拜堂”，后称国际礼拜堂。

上海沐恩堂。原名慕尔堂，建于 1929~1931 年，属美国学院哥特式风格，为典型的“社交堂”。第一次世界大战后，美国教会发起社交堂运动，教堂除星期日礼拜外，天天敞开大门，供教徒进行各种社会活动。慕尔堂曾另有小学、幼儿园、女子宿舍、女校、夜校、操场、阅览室、健身房等设施，其宗教和社交活动在上海基督教徒中产生了深远影响。

上海圣三一堂。1848 年，英国圣公会建造，供英侨礼拜用，是英国在华建造的最大教堂。1875 年由英国坎特伯雷大主教直接掌管，大大提高了圣三一堂的地位。该堂的哥特式钟塔建于 1891 年，由当时驰名世界的教堂建筑师司考特爵士设计，为闻名远东的著名建筑。

上海景灵堂。原名景林堂，建于1923年。景灵堂建筑设施并不出色，但因与宋氏家族的关联而著名。宋庆龄之父宋耀如曾任此堂牧师，故宋氏家族都在该堂做礼拜。宋美龄为该堂唱诗班成员。蒋介石与宋美龄结婚后，列入景灵堂教徒名册。蒋介石亦不时去景灵堂做礼拜。现为上海沪东地区新教徒活动中心。

3. 著名东正教教堂

东正教传入中国后，传教中心分别在北京、哈尔滨、上海、天津和新疆地区。现存东正教堂主要集中在哈尔滨和上海。

哈尔滨圣索菲亚教堂。始建于1907年，是哈尔滨现存最大的东正教堂，属俄罗斯拜占庭建筑。也是哈尔滨著名景点。此外，哈尔滨还有圣母蚧蠓教堂。

上海圣母大教堂。位于上海襄阳北路，建于1933年。当时为东正教上海教区主教座堂，是俄侨的礼拜处。属俄罗斯拜占庭式建筑。1965年随主教病故，上海东正教宗教活动自然结束。

此外，上海尚存新乐路圣母大教堂及皋兰路分堂两座属俄罗斯拜占庭式东正教堂，但已作他用。

第七节　伊斯兰教

一、伊斯兰教的创立和传播

1. 伊斯兰教的创立

伊斯兰为阿拉伯语的音译，本意为“顺服”，即顺服唯一的安拉。中国曾称“清真教”“天方教”“回教”等。其教徒称穆斯林；穆斯林为阿拉伯语的音译，本意为“顺服者”，即顺服安拉意志的人。伊斯兰教与佛教、基督教并称为世界三大宗教。创建于7世纪初，创始人为穆罕默德，穆罕默德是一位宗教家、思想家、政治家和军事家，生于阿拉伯半岛麦加，40岁时开始传教。622年他迁往麦地那，建立政教合一的宗教公社。630年，他亲自率领万人组成的穆斯林大军攻克麦加城，并以麦地那为中心，统一了阿拉伯半岛，建立了政教合一的国家。632 年 6 月 8 日，穆罕默德于麦地那归真（即逝世），葬于该城清真寺。

2. 伊斯兰教在世界的传播

伊斯兰教主要分布在西亚、北非、中亚、南亚和东南亚等地区，在伊朗等国被定为国教。

3. 伊斯兰教在中国的传播

唐永徽二年（651 年）传入中国，传入中国的路线有两条：

（1）丝绸之路（陆路）。即从大食（今阿拉伯），经波斯（今伊朗），过天山南北，穿过河西走廊，进入中原，沿着丝绸之路而传入。

（2）香料之路（海路）。即从大食（今阿拉伯），经印度洋，到天竺（今印度），经马六甲海峡，到东南沿海广州和泉州等地，沿着香料之路而传入。

4. 伊斯兰教主要宗派

伊斯兰教主要分为以下三大派：

（1）逊尼派。是伊斯兰教中人数最多的一派，中国穆斯林大多属于逊尼派。

（2）什叶派。是伊斯兰教中人数较少的一派，主要分布在伊朗、伊拉克、叙利亚、巴基斯坦、印度、也门等地。中国新疆塔吉克族信仰什叶派。

（3）苏菲派。是伊斯兰教内部的神秘主义派别。在我国新疆南疆地区称依禅派。在我国西北地区形成虎夫耶、卡迪林耶、哲合忍耶、库布林耶四大门宦，属中国化的苏菲派。

二、伊斯兰教的教义

伊斯兰教的教义由以下三部分组成：

1. 六大信仰

（1）信安拉。信安拉（即真主）为唯一的主宰。

（2）信使者。使者隶属于安拉，是安拉的忠诚使者和人类的朋友。穆罕默德为使者之集大成者，是封印使者。他专门传达主意、开导世人，因此服从安拉的人，应无条件地服从穆罕默德。

（3）信天使。天使是安拉用光创造出来的一种纯粹的精灵和妙体，无性别之分，人的肉眼看不见；他们长有翅膀，飞行神速，神通广大，遍布天上人间。如有传授“天启”的迦伯利天使，观察宇宙、掌管人间衣食供养的米卡伊勒天使，等等。

（4）信经典。《古兰经》是该教的根本经典，也是伊斯兰国家立法、道德规范和思想学说的基础，必须无条件信仰，并以此作为最高办事准则。

（5）信前定。世间一切事物均由安拉前定，无法改变，承认和顺从是唯一的出路。

（6）信后世。在今世和后世之间，为世界末日。世界末日来到时，所有死去的人灵魂复活。安拉根据天使的记录，表现好的入天国，表现坏的下火狱。

2. 五功

（1）念功。念诵“万物非主，唯有真主；穆罕默德是主的使者”，以表白自身信仰。中国穆斯林称其为“清真言”。

（2）礼功。一日五次礼拜，即晨拜、晌拜、晡拜、昏拜、宵拜。礼拜必须面向沙特阿拉伯境内的圣城麦加，在中国即朝西方。

（3）斋功。每年伊斯兰教历9月（莱麦丹月）全月斋戒，昼间禁止饮食，并禁房事，病人、旅行者、孕妇、哺乳者，或延缓补斋，或施舍罚赎。

（4）课功。缴纳定量课税。当今，有的国家以自由施舍代之；有的国家以一定税率征收国家宗教税，比如应缴全年结余的2.5%，用以救济穷人等。

（5）朝功。凡身体健康，旅途方便，并具有经济能力的穆斯林，一生中至少应去麦加克尔白（天房）朝拜一次；也可由别人代朝拜。

3. 善行

指穆斯林必须遵循的道德规范。

上述“六大信仰”，属于世界观、理论和思想方面；“五功”“善行”则属于实践和行为方面；这两方面的结合构成基本教义。

三、伊斯兰教的经典和标记

伊斯兰教的经典为《古兰经》和《圣训》。《古兰经》是伊斯兰教最基本的经典。“古兰”系阿拉伯语的译音，意为“诵读”“读本”。中国旧称“天经”“天方国经”“宝命真经”。其中包括伊斯兰教基本信仰，宗教制度，对社会状况分析，社会主张，道德伦理规范，早期制定的各项政策，穆罕默德及其传教活动，当时流行的历史传说和寓言、神话、谚语等。《圣训》又名

《哈迪斯》，是穆罕默德的言行录，系《古兰经》的补充和注释。

伊斯兰教的标记为新月。

四、信奉的最主要对象

安拉（即真主），是伊斯兰教信奉的独一无二的主宰，唯一的创造宇宙万物、主宰一切、无所不在、永恒唯一的真主。伊斯兰教不设偶像。

五、主要节日和习俗

参见《地方导游基础知识》（中国旅游出版社，2019 年 7 月出版）第三章第七节“宁夏回族自治区”中的【回族简介】。

六、伊斯兰教主要称谓

伊玛目，即教长。逊尼派用以称穆斯林的领袖，什叶派用以称所拥戴的政教领袖；一般常称清真寺的教长。

阿訇，指主持清真寺教务者，一般有数名。其中担任教坊最高首领和经文大师的分别称作“教长阿訇”“开学阿訇”。

毛拉，对伊斯兰学者的尊称。新疆地区有些穆斯林也称阿訇为“毛拉”。

哈吉，对参加过麦加朝圣的穆斯林的尊称。

七、清真寺建筑

清真寺是穆斯林举行宗教仪式、传授宗教知识的寺院的通称，也称礼拜寺。中国清真寺建筑有中国传统式建筑和阿拉伯风格建筑两种。

中国传统式建筑清真寺分几进四合院，有明显中轴线。主要建筑有大殿（礼拜正殿）、经堂、浴堂（作大、小净用）等。少数大型清真寺有望月楼（斋月观察新月用，以定斋月起讫的确定日期）和宣礼楼（又名“邦克楼”，是宣礼员按时登高召唤穆斯林进行每日五次礼拜的地方）。依照伊斯兰教规定，不管清真寺中轴线朝向如何，礼拜正殿和殿内壁龛（圣龛）必须背向麦加（在中国为背向西方），以示跪拜朝向。清真寺建筑内部不得设偶像，也不以动物形象作装饰，多以阿拉伯文经文和花草为饰。

阿拉伯式建筑清真寺没有明显的中轴线，大多有圆形拱顶的正殿和尖塔式宣礼楼，另有望月楼、经堂、浴堂等建筑。正殿也必须背向麦加。

八、伊斯兰教之旅

泉州清净寺。位于福建泉州，又名“圣友寺”“麒麟寺”，与广州怀圣寺、杭州真教寺、扬州仙鹤寺合称中国沿海伊斯兰教四大古寺。清净寺建于北宋祥符年间，是我国现存最古老的典型阿拉伯式清真寺，也是沿海清真古寺中规模最大、建筑艺术最好的一座清真寺。属于全国重点文物保护单位。

广州怀圣寺。又名“狮子寺”，俗称“光塔寺”。始建年代尚无定论（部分历史学家认为是南宋时代建筑）。该寺尤以高 36.6 米仿阿拉伯式邦克塔“光塔”著称于世。属于全国重点文物保护单位。

杭州真教寺。因原建筑群布局状似凤凰，故又名“凤凰寺”。南宋时已建此寺，元明清历经重修。以现存元代大殿著称于世。大殿为砖砌，顶作穹隆式，俗称无梁殿。属于全国重点文物保护单位。

扬州仙鹤寺。传南宋时期，教主穆罕默德十六世孙普哈丁来扬州传教时兴建此寺，明清时重建。寺院属于中国传统式建筑，但按仙鹤形布局以体现寺名。

北京牛街清真寺。始建于辽圣宗统和十四年（996 年），元明清均有续建。是北京地区规模最大、历史最悠久的清真大寺，也是中国北方最古老的清真寺之一。明代奉敕赐名“礼拜寺”。为我国传统式建筑的清真寺，属于全国重点文物保护单位。

西安化觉寺。位于陕西西安化觉巷，原名“清修寺”，俗称“东大寺”。始建年代无定论，一说建于明初。该寺为中国传统式建筑，规模宏大，是我国现存规模最大、保存最完整的清真寺，属于全国重点文物保护单位。

喀什艾提尕尔清真寺。位于新疆喀什。传始建于 1426 年，系阿拉伯式建筑，是新疆地区最大的清真寺，也是新疆伊斯兰教最高学府所在地。

第十章 中国旅游景观

本章导读

【本章概述】 本章首先介绍了我国常见的8种地貌类型及其景观特点，然后着重介绍了以“五岳”为代表的山地景观，以海滨、河流、湖泊、瀑布和名泉为主的水体景观，以及天象与动植物景观的相关知识。

【学习内容】 了解中国自然地理相关基础知识。熟悉中国主要地貌类型及代表性地貌景观；山、水、动物、植物、天象等自然景观知识。

中国地域辽阔，资源丰富，文化发达。各种自然与人文要素的分布与组合千差万别，造就了我国丰富多彩的自然与人文景观。旅游景观是指自然与人文环境各要素中，能使人们产生美感或情趣、具有旅游与休闲功能的景物与事象。本章主要介绍自然旅游景观，主要包括地貌景观、水体景观、气象气候景观、生物景观等，同时也简要介绍世界遗产与中国的世界遗产概况。

第一节　山地旅游景观

一、常见地貌类型

1. 花岗岩地貌

中国是世界上拥有花岗岩地貌景区最多的国家之一。花岗岩属于岩浆岩中的深层侵入岩，岩性坚硬，岩体造型丰富。一般来说，花岗岩垂直节理发育，名山常有群峰簇拥、峭拔危立、雄伟险峻的特点。花岗岩易发生球状风化，形成巨大的“石蛋”造型或浑圆多姿的巨石兀立形态。

著名的花岗岩地貌景观有山东泰山、崂山，安徽黄山、九华山，陕西华山，江西三清山，浙江普陀山，福建鼓浪屿等。

2. 丹霞地貌

丹霞地貌是在巨厚的红色沙砾岩层上，由内外地质营力作用形成的顶平、身陡、麓缓的方山、石墙、石峰、石柱等奇特的地貌形态，这种地貌以广东丹霞山最为典型，因此得名。

我国著名的丹霞地貌景观有广东丹霞山、福建武夷山、江西龙虎山、浙江江郎山、安徽齐云山、湖南崀山、贵州赤水、甘肃张掖等。

3. 岩溶地貌

岩溶地貌又称喀斯特地貌，是指地下水和地表水对以碳酸岩为代表的可溶性岩石进行破坏和改造而形成的地貌。喀斯特地貌有各种类型，一般可以分为地表喀斯特和地下喀斯特两种，喀斯特景观有峰林、峰丛、石林、溶洞、峡谷、天坑、天生桥、地表钙华堆积、桌山等。

中国是世界上喀斯特地貌分布最广泛、发育最充分、类型最齐全的国家，以广西、云贵高原最为集中。代表性景观有广西桂林山水，云南石林，贵州织金洞、贵州荔波喀斯特，重庆武隆喀斯特、重庆金佛山、重庆奉节天坑—地缝景观，四川九寨沟、黄龙，湖南张家界黄龙洞，北京石花洞等。

4. 流纹岩地貌

流纹岩地貌是火山喷发出的岩浆、火山灰等在流动冷却过程中形成的流纹状构造。在岩体节理和裂隙特别发育的部位，易形成奇峰异洞、峭壁幽谷等丰富奇特的造型地貌。随着观者步移景迁，同一景物从不同角度呈现出多种不同的形象特征。

著名的流纹岩地貌景观有浙江雁荡山、神仙居、仙都峰，杭州西湖宝石山等。

5. 石英砂岩峰林地貌

石英砂岩峰林地貌是在夹有薄层砂质页岩的石英砂岩地层中，由于地壳稳定上升，岩石垂直节理发育，经长期风化和重力作用而发生断裂和崩塌，同时充沛的地表流水又对其进行强烈的侵蚀而形成的密度和规模很大、千姿百态的砂岩石峰。

湖南张家界是世界上最典型的石英砂岩峰林峡谷地貌，景区内有形态各异的数千座岩峰。

6. 海岸地貌

海岸地貌主要是指海岸地带受波浪、潮汐、海流以及生物等作用而形成的地貌。著名的海岸地貌景观有台湾野柳、海南东寨港红树林、山东成山头、河北昌黎黄金海岸等。

7. 荒漠地貌

荒漠地貌形成于环境恶劣的极端干旱地区，风力作用是塑造其形态的最主要地质营力。著名的荒漠地貌有新疆乌尔禾、甘肃鸣沙山、宁夏沙坡头等。

8. 冰川地貌

冰川地貌景观主要指冰川侵蚀和堆积作用形成的地貌景观，是高山和高纬度地区具有的特殊形态特征的地貌景观，分为冰川侵蚀地貌景观和冰川堆积地貌景观。冰川侵蚀地貌景观一般分布在雪线以上位置，包括冰斗、角峰、羊背石等；冰川堆积地貌景观则大多分布在雪线以下，包括冰瀑、冰塔林等。

我国已开发的冰川风景区有四川贡嘎山的海螺沟冰川、新疆阿尔泰山的喀纳斯冰川湖、云南丽江的玉龙雪山冰川等。

二、山地旅游景观

东岳泰山。位于山东省泰安市境内，古称“岱山”“岱宗”。泰山主要为片麻岩和花岗岩组成的山体，主峰玉皇顶海拔1532.7米。泰山同衡山、恒山、华山、嵩山合称五岳，因地处东部，故称东岳，以雄伟著称。历代诸多帝王把泰山看成是国家统一、权力的象征，常到泰山封禅祭祀，使得泰山享有“五岳独尊”“五岳之首”的盛誉。泰山是优美的自然风光和人文景观巧妙融合的风景名胜区。既有旭日东升、晚霞夕照、黄河金带、云海玉盘四大自然名景，又有众多人文奇观，以岱庙、石刻最具代表性。岱庙旧称“东岳庙”，又叫泰庙，主祀“东岳泰山之神”，也是古代帝王来泰山封禅告祭时居住和举行大典的地方。与北京故宫、山东曲阜三孔、河北承德避暑山庄并称我国四大古建筑群。其中天贶殿同北京故宫的太和殿、曲阜孔庙的大成殿并称中国古代三大宫殿式建筑。泰山石刻可以说是中国文化史中的一朵奇葩。历代帝王到泰山祭天告地，儒家释道传教授经，文化名士登攀览胜，留下了琳琅满目的碑碣、摩崖、楹联石刻，泰山摩崖石刻居各名山之最。它不仅是中国书法艺术品的一座宝库，而且是中华民族的文化珍品。

西岳华山。位于陕西省华阴市境内，为花岗岩山体，由中（玉女）、东（朝阳）、西（莲花）、南（落雁）、北（五云）5个山峰组成，南峰海拔2154.9米，是华山最高主峰，也是五岳最高峰。华山壁立千仞，群峰挺秀，以险峻著称，自古以来就有“华山天下险”“奇险天下第一山”等说法，有凌空架设的长空栈道，三面临空的鹞子翻身，以及在峭壁绝崖上凿出的千尺幢、百尺峡、老君犁沟等，都是闻名天下的险峻之道。华山的名胜古迹也很多，道观神庙、亭台楼阁、雕像石刻随处可见。华山上比较著名的古迹有玉泉院等景点。华山西岳庙是古时祭祀西岳华山神的庙宇，有“陕西故宫”之称。

南岳衡山。位于湖南省衡阳市境内，又名“寿岳”，为花岗岩山体，72峰挺拔巍峨，祝融峰是衡山最高峰，海拔1300.2米。衡山古木参天，终年苍翠，以秀丽著称。南岳四绝是“祝融峰之高，方广寺之深，藏经殿之秀，水帘洞之奇”。南岳是一座天然的植物园和动物园，动植物种类丰富，多稀有物种。这里有神庙建筑群南岳庙、女道士魏华存修道成仙的黄庭观，佛寺丛林祝圣寺等。衡山历史上是读书人聚集讲学之地，先后在此出现了邺侯书院、文定书院、集贤书院等10余所书院。

北岳恒山。位于山西省浑源县境内，为高压麻粒岩山体，有天峰岭与翠屏峰东西两大山峰，天峰岭最高，海拔2016.1米。恒山具有扼关带水、地险山雄的特殊地理环境，成为历代兵家必争之地。恒山上怪石争奇，古树参天，苍松翠柏间散布着楼台殿宇，以幽静著称。文物古迹星罗棋布。悬空寺为恒山景观之最，距地面高约50米，其建筑特色可以概括为“奇、悬、巧”三个字。明代大旅行家徐霞客称悬空寺为“天下巨观”，三教殿内，释迦牟尼、老子、孔子共居一室，耐人寻味，堪称中国宗教史上的一段佳话。

中岳嵩山。位于河南省登封市境内，群峰挺拔，气势磅礴，景象万千，以峻著称，主峰峻极峰海拔1491.7米，古有“峻极于天”之说。嵩山岩石演变完整，岩浆岩、沉积岩、变质岩的出露，构成了中国最古老的岩系——“登封朵岩”，是世界上稀有的自然地质宝库。主体由坚硬的石英岩构成，花岗岩、片麻岩和石灰岩等呈局部分布。嵩山除优美的自然风光外，更以星罗棋布的名胜古迹、亭台楼阁著称。著名的有北魏嵩岳寺塔、汉代嵩山三阙、元代观星台、少林寺、中岳庙、嵩阳书院等。

黄山。位于安徽省南部黄山市境内，秦时称黟山。相传轩辕黄帝曾来此炼丹，唐玄宗敕改黟山为黄山。黄山主要为花岗岩山体，莲花峰、光明顶、天都峰为黄山三大主峰，其中莲花峰最高，海拔 1864.8 米。黄山集名山之长，兼有泰山之雄伟，华山之险峻，衡山之烟云，庐山之飞瀑，雁荡山之巧石，峨眉山之清凉，尤以奇松、怪石、云海、温泉四绝著称于世。明代旅行家、地理学家徐霞客留下“五岳归来不看山，黄山归来不看岳”的赞誉。

武夷山。位于福建省武夷山市，属典型的丹霞地貌，素有“碧水丹山”“奇秀甲东南”之美誉。曲折萦回的九曲溪贯穿于丹崖群峰之间，如玉带串珍珠，人称“三三秀水清如玉，六六奇峰翠插天”，构成了奇幻百出的武夷山水之胜。武夷山西部是全球生物多样性保护的关键地区，分布着世界同纬度带现存最完整、最典型、面积最大的中亚热带原生性森林生态系统；东部山与水完美结合，人文与自然有机相融，架壑船棺、书院遗址、摩崖石刻、寺院宫观镶嵌于武夷山的溪畔山涧、峰麓山巅、岩穴崖壁，给人以浑然天成的和谐美感。

庐山。位于江西省九江市境内，又称匡山、匡庐。庐山是一座地垒式断块山，主峰大汉阳峰，海拔 1474 米。庐山素有“匡庐奇秀甲天下”之美誉。巍峨挺拔的青峰秀峦、喷雪鸣雷的银泉飞瀑、瞬息万变的云海奇观、俊奇巧秀的园林建筑，一展庐山的无穷魅力。庐山尤以盛夏如春的凉爽气候为中外游客所向往，是国内久负盛名的风景名胜区和避暑游览胜地。主要旅游景点有美庐别墅、庐山会议会址、花径、仙人洞、含鄱口、三叠泉、五老峰等。

三清山。位于江西省上饶市境内，因有三峰如道教三清神列坐其巅，故名。主峰玉京峰海拔 1819.9 米。三清山为花岗岩山体，不同成因的花岗岩微地貌密集分布，形成了世界上已知花岗岩地貌中分布最密集、形态最多样的峰林，出现了世界罕见的司春女神、巨蟒出山等山岳奇观；2000 多种高等植物、1700 多种野生动物，构成了东亚最具生物多样性的环境；1600 余年的道教历史孕育了丰厚的道教文化内涵，按八卦布局的三清宫古建筑群，被誉为“中国古代道教建筑的露天博物馆”。

武陵源。位于湖南省西北部张家界市境内，由各具特色的四大风景区组成，分别是张家界国家森林公园、索溪峪自然保护区、天子山自然保护区、杨家界自然保护区。武陵源独特的石英砂岩峰林在国内外均属罕见，素有“奇峰三千，秀水八百”之称。这里的风景没有经过任何的人工雕琢，到处是石柱石峰、断崖绝壁、古树名木、云气烟雾、流泉飞瀑、珍禽异兽。“奇峰、幽谷、秀水、深林、溶洞”被称为武陵源“五绝”。

九寨沟。位于四川省九寨沟县境内，以有9个藏族村寨而得名。九寨沟海拔在2000米以上，遍布原始森林，沟内分布有108个湖泊。九寨沟以高原钙华湖群、钙华瀑群和钙华滩流等水景为主体，其水景规模之巨、景型之多、数量之众、形态之美、布局之精和环境之佳等指标经综合鉴定，位居中国风景名胜区水景之冠。“黄山归来不看山，九寨归来不看水。”翠海、叠瀑、彩林、雪峰、藏情、蓝冰被称为“九寨沟六绝”。

黄龙。位于四川省松潘县境内，地表钙华是黄龙景观的最大特色。黄龙钙华景观类型齐全，钙华石坝彩池、钙华滩、钙华扇、钙华湖、钙华塌陷湖坑，以及钙华瀑布、钙华洞穴、钙华泉、钙华台、钙华盆景等一应俱全，是一座名副其实的天然钙华博物馆。巨型的地表钙华坡谷，呈梯田状蜿蜒于天然林海和石山冰峰之间，宛若金色巨龙腾游天地。黄龙以彩池、雪山、峡谷、森林“四绝”著称于世，有着“圣地仙境，人间瑶池”的美誉，是中国唯一保护完好的高原湿地。

桂林山水。位于广西东北部，桂林至阳朔的漓江两岸是世界上规模最大、风景最优美的岩溶风景区。几百座石峰呈现出“平地涌千峰”的景观，是我国喀斯特峰林和峰丛地貌发育最典型的地区，象鼻山、骆驼山等孤峰造型逼真，沿江洞穴300余处，石灰岩沉积物琳琅满目，可谓山清、水秀、洞奇、石美，素有“桂林山水甲天下”之誉。唐朝诗人韩愈的“江作青罗带，山如碧玉簪”的诗句，是桂林山水的最佳写照。

天山。是位于中亚东部的一条大山脉，是世界上最大的独立纬向山系，同时也是世界上距离海洋最远的山系和全球干旱地区最大的山系，最高峰托木尔峰海拔7443米。天山横贯新疆中部，处于我国地形第二阶梯，却在塔里木盆地和准噶尔盆地之间拔地而起。天山集中展现了独特的地质地貌、植被类型、生态系统、植物多样性的自然美。著名景点有博格达峰、托木尔峰、天山天池、汗腾格里冰川等，还有迷人的夏季牧场，以及天山雪莲等特产。

五大连池。位于黑龙江省五大连池市境内。5个互相连通的火山堰塞湖如串珠般排列，五大连池也因此而得名。五大连池是一处著名的火山景观和以矿泉为特色的疗养胜地，这里拥有世界上保存最完整、分布最集中、品类最齐全、状貌最典型的新老时期火山地质地貌，14座新老时期火山，喷发年代跨越200多万年，被誉为“天然火山博物馆”和“打开的火山教科书”。

长白山。位于吉林省东南部，为东北山地最高部分，由粗面岩组成，夏季白岩裸露，冬季白雪皑皑，终年常白，是多次火山喷发而成。主峰白云峰海拔2691米。以长白山天池为代表，集瀑布、温泉、峡谷、地下森林、火山熔岩林、高山大花园、地下河、原始森林、云雾、冰雪等旅游景观于一身，构成了一道亮丽迷人的风景线，有“关东第一山”之誉。

雁荡山。位于浙江省温州市东北部海滨，小部在台州市温岭南境。因山顶有湖，芦苇茂密，结草为荡，南归秋雁多宿于此，故名雁荡。素以独特的奇峰怪石、飞瀑流泉、古洞畸穴、雄嶂胜门和凝翠碧潭扬名海内外，被誉为“海上名山，寰中绝胜”，史称“东南第一山”。其中，灵峰、灵岩、大龙湫三个景区被称为“雁荡三绝”；灵峰夜景、灵岩飞渡是其两大特别景观。

苍山。位于云南洱海之西，是云岭山脉南端的主峰。苍山，又名点苍山，因其山色苍翠，山顶点白而得名，是欧亚板块和印度板块碰撞隆起的杰作，独特的高原山岳地貌景观，是一本孕育了20多亿年的“天然地质天书”，也是大理石和大理冰期的命名地。经夏不消的苍山雪，是素负盛名的大理“风花雪月”四景之一，也是苍山景观中的一绝。

第二节　水体旅游景观

我国水域面积广阔，构成水体旅游资源的海滨、河流、湖泊、瀑布、涌泉等水体类型齐全、内涵丰富，是旅游资源中一道亮丽的风景。

一、海滨

我国海岸线总长度约3.2万公里，其中大陆海岸线北起中朝边境的鸭绿江口，南到中越边境的北仑河口，全长1.8万公里；岛屿海岸线1.4万公里。海滨处于海陆之间，属于陆地的延伸部分。蓝天、阳光、沙滩、海水（4S，即Sky、Sun、Sand、Sea）被称为最具吸引力的旅游资源。我国各地的海滨充满了特有的风韵。

大连海滨—旅顺口海滨。位于辽东半岛南端，包括大连海滨与旅顺口风景区。大连依山濒海，景色秀丽，气候宜人，是著名的海滨疗养、旅游和避暑胜地，是一处以山、海、礁、岛自然景观为主的风景名胜区。旅顺口是我国历史上的海上门户，著名的军港，是进行爱国主义教育的课堂。旅顺口外礁岛棋布，其中以距离旅顺区20多海里、面积0.8平方公里的蛇岛最为著名。

北戴河海滨。地处河北省秦皇岛市中心的西部。这里气候宜人，10公里长、曲折平坦的沙质海滩，以滩缓、沙细、浪小、潮平著称。海蚀地貌发育，各种形态的岩石栩栩如生，是著名的海滨避暑胜地。

青岛海滨。位于山东半岛南部，城市依山就势，“青山、碧海、绿树、红瓦”，鳞次栉比的优美建筑成为青岛独占鳌头的风光特色，青岛海滨因此也成为享誉海内外的著名旅游胜地。作为第29届奥运会帆船比赛的举办地，更使青岛增添多彩魅力。

舟山群岛。位于浙江省东北部海域，是中国第一大群岛，是中国第一个以群岛建制的地级市，也是国务院批准的中国首个以海洋经济为主题的国家战略层面新区。著名岛景有海天佛国普陀山、海上雁荡朱家尖、海上蓬莱岱山等。

厦门海滨。位于福建东南沿岸，是一座风姿绰约的“海上花园”，“城在海上，海在城中”。厦门空气清新，栖息着成千上万的白鹭，形成了厦门独特的自然景观，又因为厦门的地形就像一只白鹭，所以它被称为“鹭岛”。岛、礁、岩、寺、花、木相互映衬，侨乡风情、闽台习俗与异国风情建筑融为一体，四季如春的气候更为厦门锦上添花。

三亚海滨。位于海南岛南端，由海棠湾、亚龙湾、大东海、天涯海角、落笔洞、大小洞天等景区组成。椰林、波涛、渔帆、鸥燕辉映点衬，形成南国特有的“椰风海韵”热带海滨风光。

二、河流

河流具有独特的观光价值。河流与沿岸景观共同构成立体画廊似的河流风光；河流两岸易形成丰富的人文景观资源；河流最利于游客作舒缓的走廊式游船观光。

长江。中国第一长河，世界第三长河，全长6300多公里。它发源于青藏高原唐古拉山的主峰各拉丹冬雪山，干流所经省级行政区总共有11个，自西至东依次为青海、四川、西藏、云南、重庆、湖北、湖南、江西、安徽、江苏和上海，注入东海。长江支流和湖泊众多，旅游景观十分丰富。位于万里长江第一湾的虎跳峡是世界上落差最大的峡谷之一，具有"狂涛卷地、飞瀑撼天"的雄伟气势。

长江在重庆奉节以下至湖北宜昌为雄伟险峻的三峡江段，自西向东分别是瞿塘峡、巫峡、西陵峡。瞿塘峡是三峡中最短的一个，以雄伟险峻著称，有"夔门天下雄"之称。巫峡绵延曲折，奇峰突兀，峭壁屏列，以幽深秀丽著称，特别是巫山十二峰，千姿百态，留下了许多神奇的传说。西陵峡是长江三峡中最长的峡，整个峡区由高山峡谷和险滩礁石组成，以滩多水急著称。世界最大的水利枢纽工程三峡工程就位于西陵峡中段。三峡景区保留了众多的历史名胜古迹，如白帝城、古栈道遗迹、巴人悬棺、屈原故里、昭君故里、三游洞等。

长江下游特别是三角洲地区，湖荡棋布，城镇毗连，是有名的水乡泽国和鱼米之乡。

黄河。是中国第二长河，发源于青海巴颜喀拉山，全长5464公里。其干流贯穿9省、自治区，自西向东依次是青海、四川、甘肃、宁夏、内蒙古、陕西、山西、河南、山东，注入渤海。由于河流中段流经中国黄土高原地区，因此夹带了大量的泥沙，使它成为世界上含沙量最高的河流。沿着黄河旅游，可以领略到大河磅礴的气势和黄土高原的独特风光。黄河中游的晋陕大峡谷长达725公里，壁立千仞，浊浪排空，是我国最美的峡谷之一。峡谷下段有著名的壶口瀑布，有"黄河之水天上来"之势。由于泥沙量大，黄河下游河段长期淤积抬升形成举世闻名的"地上悬河"。

黄河是中华民族的母亲河，历史上黄河流域长期是中国的政治、经济和文化中心，保留了众多的古代文化遗存，包括古人类遗址、古都城遗迹、帝王陵墓、宗教圣迹等，是发展历史文化旅游的理想之地。

三江并流。指金沙江、澜沧江和怒江这三条发源于青藏高原的大江在云南省境内自北向南并行奔流170多公里，穿越在崇山峻岭之间，形成世界上罕见的“江水并流而不交汇”的奇特自然地理景观。其间澜沧江与金沙江最短直线距离为66公里，澜沧江与怒江的最短直线距离不到19公里。奇特的三江并流，雄伟的高山雪峰，险要的峡谷险滩，秀丽的林海雪原，幽静的冰蚀湖泊，少见的板块碰撞，广阔的雪山花甸，丰富的珍稀动植物，独特的民族风情，旅游景观十分丰富。

京杭大运河。是世界上里程最长、工程最大、最古老的运河，全长约1794公里，北起北京，南到杭州，途经北京、天津、河北、山东、江苏、浙江六省市，沟通了海河、黄河、淮河、长江、钱塘江五大水系。大运河始凿于春秋时期。隋朝大运河以洛阳为中心，北达涿郡（今北京南），南至余杭。元朝翻修时弃洛阳而取直至北京。历史上，京杭大运河对中国南北地区之间的经济、文化发展与交流，特别是对沿河地区工农业的发展起到了巨大的作用。

钱塘江。是浙江省第一大河，发源于安徽省黄山市休宁县境内，流经安徽、浙江二省，古名“浙江”，亦名“折江”或“之江”，河流全长688公里。钱塘江潮被誉为“天下第一潮”，是世界一大自然奇观，它是天体引力和地球自转的离心作用，加上杭州湾喇叭口的特殊地形所造成的特大涌潮。

珠江。又名粤江，是一个由西江、北江、东江及珠江三角洲诸河汇聚而成的复合水系，发源于云贵高原乌蒙山系马雄山，流经云南、贵州、广西、广东、湖南、江西六省（区）和越南的北部，在下游从8个入海口注入南海。珠江全长2214公里，居全国第四位。年径流量3300多亿立方米，居全国江河水系的第二位，仅次于长江。珠江流域旅游资源丰富，著名的黄果树瀑布、桂林山水都在珠江流域。

三、湖泊

湖泊是陆地表面洼地积水形成的比较宽广的水域。我国是一个多湖泊的国家，湖泊分布以青藏高原和东部平原最为密集。

1. 湖泊类型

按成因划分，湖泊主要有以下类型：

（1）潟湖：由于泥沙沉积使得浅水海湾与海洋分割而成，如杭州西湖、太湖。

（2）构造湖：由地壳运动产生断裂凹陷经储水而成，如滇池、洱海、日月潭。

（3）火山口湖：由火山喷口休眠以后积水而成，湖岸陡峭，湖水深不可测，如长白山天池平均水深204米，最深处达373米，为我国第一深水湖泊。

（4）堰塞湖：由火山喷出的岩浆、地震引起的山崩或泥石流引起的滑坡体等壅塞河床，积水成湖，如五大连池、镜泊湖等。

（5）岩溶湖：由碳酸盐类地层经流水的长期溶蚀形成岩溶洼地，积水成湖，如贵州省威宁县的草海。

（6）冰川湖：由冰川刨蚀形成的凹地积水成湖，如新疆喀纳斯湖。

（7）风成湖：沙漠中低于潜水面的丘间洼地，经其四周沙丘渗流汇集而成，如敦煌的月牙泉。

（8）河成湖：由于河流摆动而形成的湖泊，如鄱阳湖、洞庭湖等。

（9）人工湖：由人工修筑的蓄水区域，如千岛湖。

2. 风景名湖

青海湖。位于青海省境内，古称“西海”，是我国第一大内陆湖泊，也是我国最大的咸水湖。四周雪山高耸，草原如茵，拥有山、湖、草原相映成趣的壮美风光和绮丽景色。青海湖鸟岛是我国重要的鸟类自然保护区。

鄱阳湖。位于江西北部，是我国最大的淡水湖，与湖南洞庭湖、江苏和浙江相邻的太湖、江苏洪泽湖、安徽巢湖并称我国五大淡水湖。鄱阳湖上烟波浩渺、水草丰美，名山秀屿，比比皆是。湖中有大量长江流域的珍贵鱼类，每年还有许多珍贵的鸟类栖息在这里，被称为“白鹤世界”“珍禽王国”。

杭州西湖。位于浙江省杭州市西面，是中国大陆主要的观赏性淡水湖泊之一，也是现今《世界遗产名录》中少数几个和中国唯一一个湖泊类文化遗产。“杭州西湖文化景观”是文化景观的一个杰出典范，极为清晰地展现了中国景观的美学思想，对中国乃至世界的园林设计影响深远。

泸沽湖。为川滇两省界湖，青山环抱，湖岸曲折，水清岛美，有“高原明珠”的美称。泸沽湖将自然景观和人文景观融为一体，尤其是以摩梭人独特的文化和民族风俗而具有独特、丰富的内涵。

洱海。位于云南大理郊区，为云南省第二大淡水湖。洱海是大理“风花雪月”四景之一“洱海月”之所在，据说因形状像一只耳朵而取名为“洱海”。洱海水质优良，水产资源丰富，同时也是一个有着旖旎风光的风景区。洱海，虽然称为海，但其实是一个湖泊，据说是因为白族人民没有见过海，为表示对海的向往，称之为洱海。

镜泊湖。位于黑龙江省牡丹江市，是中国最大的火山堰塞湖。镜泊湖以湖光山色为主，兼有火山口地下原始森林、地下熔岩隧道等地质奇观，以及以唐代渤海国遗址为代表的历史人文景观。吊水楼瀑布是镜泊湖一道亮丽的风景。

喀纳斯湖。位于新疆阿勒泰地区，是典型的冰川湖泊。湖面海拔1375米，湖形如弯月，最深188米。湖面碧波万顷，群峰倒映，还会随着季节和天气的变化而时时变换颜色，是有名的“变色湖”。这里是我国唯一的南西伯利亚区系动植物分布区，既具北国风光之雄浑，又具江南山水之娇秀。

纳木错。被称为“天湖”，位于西藏中部，为断陷构造湖，并具冰川作用的痕迹。湖面海拔4718米，为世界上海拔最高的大型湖泊，也是中国第二大咸水湖。纳木错湖水清澈透明，湖面呈天蓝色，水天相融，与四周雪山相映，远离现代文明的污染，保持着自然原始的生态，是朝圣者心目中的圣地。

长白山天池。坐落在吉林省东南部，是中国和朝鲜的界湖，还是松花江、图们江、鸭绿江三条大江的源头。长白山天池位于长白山主峰火山锥体的顶部，海拔2100多米，是我国最大的火山口湖；也是中国最深的湖泊，平均水深204米，中心深处达370多米。湖周峭壁百丈，环湖群峰环抱。这里气候多变，常有蒸汽弥漫，瞬间风雨雾霭，宛若缥缈仙境。

四、瀑布

瀑布是从悬崖或河流纵断面陡坡倾泻而下的水流。

黄果树瀑布。位于贵州省安顺市。周围岩溶广布，河宽水急，重峦叠嶂。黄果树瀑布以其雄奇壮阔的大瀑布、连环密布的瀑布群而闻名海内外，是世界著名大瀑布之一。它是由18个风韵各异的大小瀑布组成的，享有“中华第一瀑”之盛誉。

壶口瀑布。位于陕西省宜川县和山西省吉县之间的黄河之上，滚滚黄河水至此，300余米宽的洪流骤然被两岸所束缚，上宽下窄，在50米的落差中翻腾倾涌，河水似从巨大无比的壶中倾出，故名“壶口瀑布”。它是我国水流量最大的瀑布。

诺日朗瀑布。位于四川省九寨沟，是大型钙华瀑布之一，瀑面最宽时达300多米，是我国最宽的瀑布。它多级下跌，崖顶与崖壁上长满繁茂青翠的树木，水流从林木中穿流下泻，形成罕见的“森林瀑布”奇观。

蛟龙瀑布。位于台湾省嘉义县梅山乡，是一座因断层形成的瀑布，是台湾最高的瀑布，也是中国落差最大的瀑布。蛟龙瀑布高800米，雄伟壮观、气势磅礴，在雨水丰沛的夏季，如千军万马直泻而下，又似白玉巨柱擎天，或若白龙冲天入云，为旷世奇观。

德天瀑布。位于中越边境广西大新县，为亚洲第一大跨国瀑布。瀑布三级跌落，最大宽度200多米，落差70余米。德天瀑布雄奇瑰丽，变幻多姿，碧水长流，蔚为大观。

五、泉

地下水的天然露头称泉。

1. 温泉

习惯上，人们把泉口水温明显高于当地年平均气温的地下水的天然露头称为温泉。温泉终年具有舒适的沐浴、游泳与保健等康乐度假旅游功能。

台湾、广东、福建、云南、西藏等地温泉较多。著名温泉有云南安宁温泉、西安华清池温泉、黄山温泉、台湾北投和草山温泉、广东从化温泉等。福州市区温泉群占地5平方公里，有“温泉城”之称。

2. 冷泉

冷泉一般以水质清醇甘洌而供人们饮用或作为酿酒的水源。历史上有“天下第一泉”之称的四大名泉是：镇江中泠泉（唐刘伯刍）、庐山谷帘泉（唐陆羽）、北京玉泉（清乾隆帝）、济南趵突泉（清乾隆帝）。此外，无锡惠山泉、杭州虎跑泉、苏州观音泉也都在名泉之列。济南有七十二泉，“家家泉水，户户垂杨”，有“泉城”之誉。

3. 奇特泉

奇特泉是景观奇特、具有观赏价值的泉。如云南大理的蝴蝶泉、安徽寿县的喊泉、四川广元的含羞泉、广西桂平的喷乳泉、台湾台南的水火泉。

第三节　气象、气候和天象旅游景观

气象、气候和天象本身就是一项旅游资源，它们有直接造景的旅游功能，如吉林雾凇、黄山云海、峨眉佛光、日食、月食等。

一、气象、气候景观

1. 云雾、云海景观

云雾是大气中一种水汽凝结景象。当气温下降时，空气中所含的水蒸气凝结成小水滴，浮在靠近地面的空气中称为雾。云雾在名山胜景中极为奇妙，当潮湿气流沿山坡上升到一定高度时，水汽冷却凝结形成坡地雾，形成云雾景观，它与山景相映成趣，使群山富有生命，使游人心潮起伏。云海是指在一定条件下形成的云层，并且云顶高度低于山顶高度，当人们在山顶俯瞰漫无边际的云，如临大海之滨，波起峰涌。我国著名的云海景观有黄山云海、庐山云海、峨眉云海、衡山云海。

2. 雾凇、雨凇景观

雾凇俗称“树挂”，是雾气在低于0℃时附着在物体上面直接凝华生成的白色絮状凝结物。它集聚包裹在附着物外围，漫挂于树枝、树丛等景物上。我国雾凇出现最多的是吉林省吉林市。

雨凇是在低温条件下，小雨滴附着于景物之上冻结的半透明、透明的冰层与冰块。雨凇的产生，必须是低层空气有逆温现象，小水滴从上层气温高于0℃的空气中下降至下层气温低于0℃的空气中，处于过冷却状态，过冷却水滴附着在寒冷的物体表面，立即冻结成雨凇。我国峨眉山雨凇最多，庐山雨凇誉称“玻璃世界”。

3. 冰雪景观

冰雪是纬度较高地区的寒冷季节或海拔较高的高山地区才能见到的气象景观。我国江南在冬季寒潮来临之际才可能降雪，断桥残雪是西湖胜景之一。降雪往往使大自然形成银装素裹的冰雪世界，如果配以高山、森林等自然景观，可构成奇异的冰雪风光，如东北“林海雪原”、关中“太白积雪”、长沙“江天暮雪”等。冰雪运动有“白色旅游”之称。素有“冰城”之称的哈尔滨，每年冰雪节都举办大型冰雕、冰灯、雪雕的展出活动。

4. 烟雨景观

烟雨是指像烟雾那样的细雨，在特定地理环境和人们的心境下，观赏和品味降雨过程也有无穷韵味，如诗如梦。我国著名雨景有江南烟雨、巴山夜雨等。江南烟雨是指江南地区春秋季降落的丝丝细雨，呈细雨霏霏、烟雾缭绕景象。“巴山夜雨”现象是指渝陕交界大巴山地的山间谷地，气温高、湿度大，谷地中湿热空气不易扩散，夜间降温后湿热的空气上升使水汽凝结而出现的细雨蒙蒙的景象。

5. 佛光景观

佛光是光线衍射作用中产生的一种特殊自然景观。佛光一般出现于中低纬度地区及高山上茫茫云海之中，人站在山上，若光线从背后射来，当太阳、人与云幕在一条直线上时，会在前面云幕上出现人影或头影，其外围绕彩色光环，似佛像头上的光圈，故称佛光。峨眉山佛光出现次数最多，因峨眉山多云雾，且湿度大、风速小，故峨眉山佛光最精彩，有“峨眉宝光”“金顶祥光”之誉。著名佛光景观地还有庐山、泰山、黄山、五台山等。

6. 蜃景景观

蜃景也称海市或海市蜃楼。蜃景成因是气温在垂直方向剧烈变化，使空气密度在垂向上出现显著差异，从而产生光线折射和全反射现象，导致远处景物在眼前呈现出奇幻景观。它有上现蜃景与下现蜃景之分。一般上现蜃景多出现在海滨地区，下现蜃景多出现在沙漠地区。山东蓬莱蜃景出现次数最多。

二、天象景观

日出日落景观。著名观景地有泰山日观峰、峨眉山金顶、北戴河鹰角亭等。日出日落均有霞景相伴，霞景有朝霞和晚霞。“夕阳无限好”也是美好享受，如西湖“雷峰夕照”、泰山“晚霞夕照”，庐山天池亭是夕阳景观最佳观赏之地。

月色景观。在我国诗词歌赋中，对月亮的描写不胜枚举，无论中秋圆月还是弯弯残月，文人雅士都赋予它生命。如西湖十景中的“平湖秋月”“三潭印月”，岳阳的“洞庭秋月”，避暑山庄的“梨花伴月”，无锡的“二泉映月”，都以月亮为主题，除让游人欣赏月色迷人的自然美景外，还反映了造园者寄情山水日月之情。

极光景观。极光是高纬度地区高空出现的一种发光现象。它是太阳发出的高速带电微粒子流，发射到地球磁场势力范围时，受地球磁场影响，从高纬度进入地球高空稀薄大气层时，使高层空气分子或原子被激发而造成的发光现象，多呈带状、弧形等。在我国黑龙江漠河和新疆阿勒泰都有极光出现。

日食、月食。日食和月食都是罕见的天象奇观，引起了人们的普遍关注。日食是月球遮掩太阳的一种天象。只有朔日，地球才可能位于月球的背日方向，因之日食只发生于朔日。月食是地球遮掩太阳后，月球因没有可被反射的阳光而失去光明的一种天象。只有望日，月球才可能位于地球的背日方向，因之月食只发生于望日。

第四节 动植物旅游景观

动植物作为自然界的生命现象，既是人类生存最重要的自然物质基础，同时也是美化、活化、净化人类环境的主角。

一、植物旅游资源

植物是山水的肌肤，风景的容颜。除了美化环境外，植物还以其独特的魅力吸引着游客。植物旅游资源有的是在自然保护区、植物园的基础上被旅游开发利用，还有一些具有地方特色植物的游览地更为游客所喜爱。

北京香山红叶。每到秋天，北京香山漫山遍野的黄栌树叶红得像火焰一样。这些黄栌树是清代乾隆年间栽植的，200 多年来，逐渐形成了拥有

94000株的黄栌树林区。每年的10月中旬到11月上旬是观赏红叶的最好季节，红叶延续时间通常为1个月左右。

杭州满陇桂雨。满陇桂雨，新西湖十景之一。满觉陇位于西湖之西南，植有7000多株桂花，有金桂、银桂、丹桂、四季桂等品种，每当金秋季节，香飘数里，沁人肺腑。人行桂树丛中，沐“雨”披香，别有一番意趣，故名为“满陇桂雨”。

蜀南竹海。翠甲天下的蜀南竹海，位于四川南部的宜宾市境内。蜀南竹海可谓是竹的海洋，7万余亩翠竹覆盖了27条峻岭、500多座峰峦。这里生长着15属58种竹子。除盛产常见的楠竹、水竹、慈竹外，还有紫竹、罗汉竹、人面竹、鸳鸯竹等珍稀竹种。这里不仅是一个天然的大氧吧，而且可以欣赏到竹根雕、竹黄雕、竹编、竹制家具等品种繁多、技艺精湛的竹工艺品，品尝到竹荪、竹笋、竹海豆花、竹熏腊肉等天然绿色食品。

除此之外，各地各类园艺博览会、花会、花展同样吸引着众多观赏的游人。

二、动物旅游资源

我国动物资源十分丰富，其中不乏众多具有观赏价值的珍禽异兽。重要的珍稀动物保护区和著名的海洋公园有：

四川卧龙。卧龙国家级自然保护区位于中国四川省汶川县西南部，区内建有相当规模的大熊猫、小熊猫、金丝猴等国家保护动物繁殖场；有世界著名的“五一棚”大熊猫野外观测站；建有大熊猫博物馆。卧龙自然保护区以“熊猫之乡”享誉中外，是国家和四川省命名的“科普教育基地”“爱国主义教育基地”。

黑龙江扎龙。扎龙国家级自然保护区位于齐齐哈尔市东南，扎龙自然保护区内芦苇沼泽广袤辽远，湖泊星罗棋布，鱼虾肥美，为众多水鸟尤其是丹顶鹤提供了栖息繁殖的优良环境，是我国以鹤类等大型水禽为主的珍稀水禽分布区，是世界上最大的丹顶鹤繁殖地。每年4~5月，约300只丹顶鹤来此处栖息繁衍，白枕鹤、白鹤、白头鹤、蓑羽鹤、灰鹤等水禽亦云集于此。它们飘逸的姿态，与芦花一道为扎龙湿地描绘了一幅优雅的图画。

青海湖鸟岛。青海湖国家级自然保护区西北角的鸟岛，因岛上栖息着数以万计的候鸟而得名。面积不足1平方公里。每年4月来自中国南方云贵一带及印度洋岛国的斑头雁、鱼鸥、棕头鸥等十多种候鸟在此筑巢栖息。每年的5月是观鸟的最好季节。届时，各式各样的鸟巢密密麻麻，五光十色的鸟蛋遍地皆是，令人眼花缭乱，群鸟翩然飞翔，遮天蔽日，甚为壮观，可谓天下一奇。

西双版纳野象谷。位于西双版纳傣族自治州景洪市以北36公里处，是我国最大的亚洲象聚集地。区内河谷纵横，森林茂密，一片热带雨林风光，生长着亚洲野象、野牛、绿孔雀、猕猴等珍奇动物。

大连老虎滩极地海洋馆。这里有世界最大的展示极地海洋动物及极地体验的场馆——极地馆，在这里，白鲸、海豚、海狮等大型海洋哺乳类动物将为您奉上精彩表演；亚洲最大以展示珊瑚礁生物群为主的大型海洋生物馆——珊瑚馆，在表演场中，可以欣赏到精彩的水中芭蕾、水下梦幻婚礼等多项表演。

香港海洋公园。位于香港港岛南区黄竹坑。这里拥有全东南亚最大的海洋水族馆及主题游乐园，凭山临海，旖旎多姿，是访港游客最爱光顾的地方。在这里不仅可以看到趣味十足的露天游乐场、海豚表演，还有千奇百怪的海洋性鱼类、高耸入云的海洋摩天塔，更有惊险刺激的越矿飞车、极速之旅，堪称科普、观光、娱乐的完美组合。

此外，各地的野生动物园、动物园等，都是吸引游客的风景线。

第十一章 中国主要客源国概况

本章导读

【本章概述】 本章分别介绍了我国在亚洲的主要客源国：日本、韩国、新加坡、泰国、印度、马来西亚、菲律宾、印度尼西亚等国家的概况、著名旅游城市及景点；欧洲的主要客源国：英国、法国、德国、意大利、俄罗斯、西班牙、荷兰、瑞士、土耳其等国家的概况、著名旅游城市及景点；美洲主要客源国：加拿大、美国、巴西等国家的概况、著名旅游城市及景点；大洋洲和非洲的主要客源国：澳大利亚、南非和埃及三国的国家概况、著名旅游城市及景点。

【学习要求】 了解中国主要旅游客源国的基本情况、风俗习惯、主要城市与景点。

第一节　亚洲主要客源国概况

一、日本（Japan）

1. 国家概况

日本位于亚洲东部，国土由北海道、本州、四国、九州四个岛屿和沿海7000多个小岛组成，陆域面积约37.79万平方公里。首都是位于本州中部的东京。日本大部分地区属于温带海洋性季风气候，降水丰富，四季分明。日本国土将近70%为山地，69%的陆地面积为森林覆盖，有108个活火山，是地震多发国，被称为“火山、地震之国”。

日本人口约1.282亿（截至2015年），高度发达的制造业是其国民经济的支柱产业，银行业、金融业、航运业、保险业以及商业服务业等占GDP比重的3/4。2014年，日本的GDP总量为4.616万亿美元，位居世界第三。日本的货币为日本元。

日本国名意为“日出之国”。国家政体为议会君主立宪制。天皇为国家象征，无权参与国政。内阁总理大臣（首相）为政府首脑。日本是单一民族国家，以大和族为主，通用语言是日本语，主要宗教有神道教和佛教。国旗为太阳旗，国花是樱花。日本的传统文化以“三道”，即茶道、花道、书道为代表，还包括武术、折纸、艺伎、游戏等。日本的主食是大米，主菜是鱼，生鱼片、寿司最受欢迎。日本人最爱喝啤酒，日本清酒可以热喝或冷喝。

日本人禁忌很多，他们最忌讳绿色，认为绿色是不祥之色；他们忌讳荷花，认为荷花是丧花，在探望病人时忌用山茶花及淡黄色、白色的花；他们不愿接受有菊花或菊花图案的礼物，因为它是皇室家族的标志。日本人也有不少语言忌讳，如“苦”和“死”，就连谐音的一些词语也在忌讳之列，如数字“4”的发音与死相同，“42”的发音是死的动词形，所以医院一般没有4和42的房间和病床，用户的电话也忌讳用“42”，“13”也是忌讳的数字，许多宾馆没有“13”楼层和“13”号房间，羽田机场也没有“13”号停机坪。日本的风物特产主要有和服、珍珠、竹编工艺品、版画、日本娃娃、京都油纸伞（“京和伞”）和果子等，此外日本的电器、电子产品、相机、化妆品等也是深受游客喜爱的热门购物商品。

2. 著名旅游城市与景点

东京（Tokyo）。是日本的首都，人口约1200万，面积2187平方公里，时差上比北京时间早1小时。东京创建于1457年，古称江户。1868年明治维新后，明治天皇从京都迁都江户，改称东京。东京是日本的商业、金融中心。相扑、歌舞伎、能剧是东京都最重要的传统技艺。东京的重要旅游景点有银座、东京塔、富士山、东京迪士尼度假区、上野公园、浅草寺等。其中最为著名的是富士山，它是日本的最高峰，海拔3776米，被日本人尊称为“圣岳”，是世界著名火山及风景游览区，成为日本的象征。

京都（Kyoto）。位于东京西南500公里处，面积827.90平方公里，人口约150万，在全日本位列第七，与大阪、神户共同成为“京都阪神大城市圈”。京都是日本著名的旅游观光城市，其代表景点有清水寺、金阁寺、岚山、京都御苑等。

奈良（Nara）。是日本历史文化遗产的宝库，县政府所在地的奈良市是日本著名的旅游城市。从6世纪开始这里就是日本佛教文化的中心，也是日本的古都。奈良市和中国古都长安关系密切，奈良市的唐招提寺是日本的佛教律宗的总寺院，是由中国唐代鉴真和尚亲自建造的，保留着中国唐代的建筑风格，现已被确定为日本国宝和世界文化遗产。

北海道（Hokkaido）。位于日本最北部，濒临日本海、鄂尔霍次克海和太平洋，面积8.35万平方公里，人口约600万。北海道冬季冰封千里，可观赏冰雪节、流冰和滑雪；夏季原野鲜花盛开，气候凉爽，是著名的避暑胜地。北海道的主要景点有大雪山国立公园、知床半岛、支笏洞爷国立公园等。北海道还有登别、定山溪、层云峡等许多温泉区，游客在这里可以放松身心，洗去旅途的疲劳。北海道全年有1200多个节庆活动，冬季的札幌冰雪节，夏季的薰衣草节以及沿岸各城市为祈祷渔业丰收和安全而举行的渔港节等各具特色，共同构成了一幅幅不同季节的风情画。北海道美食有札幌啤酒、拉面、毛蟹海鲜等，深受人们喜爱。

二、韩国（Korea）

1. 国家概况

韩国位于东亚朝鲜半岛的南半部，三面环海，西临黄海，与中国的胶东半岛隔海相望，东南是朝鲜海峡，东边是日本海，北面与朝鲜接壤。作为半岛国家，海岸线较长，国土面积10万平方公里。首都是位于西北部汉江流域的首尔。韩国北部属温带季风气候，南部属亚热带气候，四季分明，春、秋两季较短；夏季炎热、潮湿；冬季寒冷、干燥。

韩国人口约5041.8万（截至2014年），是“亚洲四小龙”之一，也是世界上经济发展速度最快的国家之一，韩国创造的经济繁荣被称为“汉江奇迹”。韩国是世界造船大国，钢铁、汽车、造船、电子、纺织等是韩国的支柱产业。韩国的货币是韩元。

韩国国家政体为总统内阁制，实行三权分立，总统为政府首脑。韩国是单一民族国家，以朝鲜族（韩国称为韩族）为主，通用语言是朝鲜语（韩国称为韩国语），主要宗教有佛教、基督教新教和天主教。国旗为太极旗，国花是木槿花。韩国食物以泡菜文化为特色，一日三餐都离不开泡菜，韩国的主食是大米，传统名菜有烤肉、泡菜、冷面。

韩国素称“礼仪之邦”“君子之国”，客人进门前必问“有人吗？”并在屋外脱鞋。主客双方都使用敬语；请客吃饭，一定有汤；节庆日饮食，多与邻居分享；到韩国家庭做客，一般可以带水果或巧克力、鲜花；“4”被认为是不吉利的数字，“7”被认为是幸运的数字；红色和黄色是皇家的颜色，象征着幸福；送礼不用绿色、白色和黑色纸包装；接受礼物不应当面打开。韩国的风物特产主要有高丽参、化妆品、泡菜、紫菜、海苔等。此外，画阁工艺、木工艺品、韩纸工艺品、七宝工艺、螺细漆器制品、刺绣、陶瓷、着韩服的玩偶、扣饰、小家电、服装等，也是旅游购物的热门商品。

2. 著名旅游城市与景点

首尔（Seoul）。是韩国的首都，人口约1014万（截至2014年），面积605.77平方公里，时差上比北京时间早1小时。首尔在公元前18年由三国时代之一的百济国建立，距今已有2000多年历史。首尔是韩国金融和商业中心，也是“世界经济实力最强的城市”之一。首尔有四处世界遗产：昌德宫、水原华城、宗庙神殿和朝鲜王朝的皇家陵墓。其中昌德宫是首尔规模最大、最古老的宫殿之一，是韩国封建社会后期的政治中心。昌德宫是韩国的“故宫”。崇礼门叫南大门，是首尔乃至韩国的主要地标，也是首尔留存历史最悠久的木制建筑。

釜山（Busan）。是韩国的第二大城市和最大的港口城市，也是世界第五大集装箱港，面积768.41平方公里，人口约400万。它是韩国海陆空交通的枢纽，又是金融和商业中心。釜山观光大致分为海岸观光和内陆观光两部分。海岸观光主要指海水浴场、岛屿、海岸公园等，内陆观光则指釜山市内、历史遗址、金井山城、梵鱼寺、龙头山公园等。1996年至今釜山创办的电影节，成为亚洲乃至全球电影商和明星、媒体热衷光顾的电影盛会。

济州岛（Jeju Island）。位于韩国最南端的北太平洋上，是个火山岛，也是韩国第一大岛，面积1845.5平方公里，人口超过60万。济州岛有着与众不同的景观，一直以“三多、三无、三丽”著称。“三多”指石多、风多、女人多；“三无”是指无小偷、无大门、无乞丐；“三丽”也称“三宝”，是指济州美丽的自然、民俗和传统工艺，也指农作物、水产品和旅游三大资源。岛上的著名景点有火山口、汉拿山、龙头岩等，其中汉拿山是济州岛的象征。

三、新加坡（Singapore）

1. 国家概况

新加坡是东南亚的一个岛国，北与马来西亚为邻，南与印度尼西亚相望，毗邻马六甲海峡南口，面积 719.1 平方公里，由新加坡岛、圣约翰岛、龟屿、圣淘沙等 60 多个岛屿组成，是世界上最袖珍的国家之一。首都新加坡市位于新加坡岛的南岸，整个国家也即是一座城市，有“花园城市”的美誉，是该国的经济、政治和文化中心。新加坡地势平坦，平均海拔 17 米，最高的武吉知马山海拔也仅 170 米。新加坡属于典型的热带雨林气候，常年高温多雨，年温差小。

新加坡人口约 553.5 万（截至 2015 年），是世界上最富裕的国家之一，为“亚洲四小龙”之一。新加坡是继纽约、伦敦、中国香港之后的第四大国际金融中心，也是亚洲重要的航运和服务中心。新加坡的货币是新加坡元。

新加坡别称“狮城”，国家政体为议会共和制，总统为国家元首。新加坡是个多元文化的国家，华人占 77% 左右，此外还有马来人、印度人及欧亚人等其他种族。国旗为星月旗，国花是胡姬花。新加坡的官方语言为英语、汉语、马来语和泰米尔语。主要宗教有佛教、伊斯兰教、基督教和印度教。新加坡是美食的天堂，不但有中国、马来西亚、印度三大民族各自的代表风味，还兼具日本、法国、意大利、西班牙等其他各国美味佳肴。

在新加坡，全面禁售、禁食口香糖，在封闭的公共场所吸烟是违法的，忌讳随地吐痰、扔垃圾等，这将受到严厉的处罚。忌讳男人留胡须、长发，认为是不雅的行为。在新加坡，用食指指人或用紧握的拳头打在另一只张开的掌心上，被认为是极端无礼的动作。双手不要随便叉腰。他们最讨厌数字“7”，视黑色为倒霉之色，紫色也不受欢迎，偏爱红色。忌讳说“恭喜发财”之类的话。马来族为穆斯林，不食猪肉、贝壳类食品，不饮酒。忌用左手吃东西、递物品。不可摸别人的头，不可露出脚底或鞋底。新加坡是购物的天堂，其特色商品主要有鳄鱼皮制品、胡姬花饰品、锡器、美珍香猪肉脯、肉骨茶等，此外名表、香烟、名品时装、化妆品等也是旅游购物的首选商品。

2. 著名旅游城市与景点

新加坡市（Singapore City）。是新加坡的首都，一个城市就是一个国家。市中心区在新加坡河口的南北两岸。南岸是绿树环绕、高楼林立的繁华商业区，著名的华人街——牛车水也在此区。北岸是花草树木与楼宇交错的行政区，有国会、政府大厦、高等法院、维多利亚纪念堂以及皇后坊大厦等，具有英国建筑风格。市内主要景点有鱼尾狮公园、新加坡国家博物馆、亚洲文明博物馆、牛车水（新加坡唐人街）、乌节路（购物区）、新加坡金沙娱乐城等，还建有天福宫、粤海清庙、苏丹伊斯兰教堂等寺庙。鱼尾狮坐落于新加坡河畔，高 8 米，是新加坡的标志。裕廊鸟类公园是世界最大的鸟类公园。

圣淘沙岛（Sentosa）。是新加坡最为迷人的度假小岛，占地 500 公顷，是新加坡本岛以外的第三大岛，有着多姿多彩的娱乐设施和休闲活动区域，被誉为欢乐宝石。圣淘沙南面长达 3.2 公里的海滩包括西罗索海滩和丹戎海滩，西面安置着第二次世界大战中英军留下的西罗索炮台、两个高尔夫球场及 7 家酒店。代表景点有圣淘沙名胜世界、新加坡环球影城、蝴蝶馆、海豚世界、昆虫王国等。

四、泰国（Thailand）

1. 国家概况

泰国全称泰王国，旧名暹罗，位于中南半岛中部，东北与老挝相邻，西北与缅甸接壤，东南是柬埔寨，南边狭长的半岛与马来西亚相连。面积约 51.3 万平方公里，首都是曼谷。泰国大部分地区属于热带季风气候，全年分热季、雨季和凉季，年平均气温 24~30℃。泰国的一般大众习惯将国家的疆域比作大象的头部，将北部视为“象冠”，东北地区代表“象耳”，暹罗湾代表“象口”，而南方的狭长地带则代表了“象鼻”。

泰国人口约 6450 万（截至 2014 年），20 世纪 90 年代经济发展较快，泰国跻身成为“亚洲四小虎”之一，是世界的新兴工业国家和世界新兴市场经济体之一。制造业、农业和旅游业是经济的主要产业。泰国是亚洲唯一的粮食净出口国，世界五大农产品出口国之一，还是天然橡胶的最大出口国。泰国的货币为泰铢。

1949年，泰国人把“暹罗”改为“泰”，取其“自由”之意。泰国国家政体为君主立宪制，国王为国家元首，总理为政府首脑。泰国是一个多民族国家，共有30多个民族。泰族为主要民族，占人口总数的40%。通用语言是泰语，英语是第二通用语言。泰国的国花是金链花（2001年确定）。泰国是著名的佛教国家，佛教是泰国的国教，佛教徒占全国人口的90%以上，泰国随处可见身披黄色袈裟的僧侣，以及富丽堂皇的寺院，因此泰国又有“黄袍佛国”的美名。泰国人最喜欢的食物是咖喱饭。泰国人不喝热茶，不喜欢吃酱，不爱吃红烧、甜味的菜肴。

因受佛教影响，泰国和尚绝对不能与女性有任何身体接触，女性在任何情况下都不能触摸和尚，否则会带来很大麻烦。在公众场合，任何亲昵的举动都是不道德的。除和尚外，任何人不能触摸别人头部。泰国人见面和分手时，习惯稍低头，行合十礼。进入寺庙及进入他人房间前要脱鞋，忌讳左手服务或用左手吃东西。忌讳拍打对方肩膀，泰国人特别尊重父母、长辈，一年一度的宋干节，人们都习惯向自己尊敬的长辈、上级洒圣水祝福。泰国人对于不认识的长辈都习惯叫叔、伯、姑、姨或爷爷、奶奶，同辈之间也称兄道弟或姐妹相称。

泰国人妖（SHEMALE）是泰国最为独特的文化现象。“人妖”是港台人的叫法。“人”者，说明他是人，“妖”者，说明他是由人变的，妖里妖气。主要指在泰国旅游胜地专事表演的从小服用雌性激素而发育变态的男性。部分是变性人（切除了男性外生殖器），而大部分仍是“男人”，只是胸部隆起，腰肢纤细，完全丧失了生育能力。人妖都很漂亮，外表上和女性的区别通常是手脚大，并可以通过声音鉴别。和有心理需要而要求变性的人不同，人妖是在缺乏内在心理需要的情况下对身体的强制扭曲。泰国人妖一般寿命为40多岁。由于特殊的社会环境和原因，人妖沦为供人欣赏的取乐对象。泰国物产丰富，除了各色热带水果、各类海产品、稻米等产品外，著名特产还有鳄鱼皮、鸵鸟皮、蜥蜴皮、蛇皮、珍珠鱼皮制品，燕窝、鱼翅、鳄鱼肉等土产珍品，还有锡制品等。

2. 著名旅游城市与景点

曼谷（Bangkok）。原意为“天使之城”，是泰国的首都，也是中南半岛最大的城市，东南亚第二大城市。曼谷位于湄南河畔，距泰国湾4公里，全市面积1568平方公里，人口900多万，曼谷作为泰国的经济中心，也是贵金属和宝石的交易中心，曼谷港是泰国和世界著名的稻米输出港。曼谷被誉为“佛教之都”，是“世界佛教联谊会”总部所在地。曼谷也是世界上佛寺最多的地方，有大小寺院400多个，尤以大皇宫、玉佛寺、卧佛寺、金佛寺和郑王庙最为著名。大皇宫是泰国艺术的巨作，也是历代王宫保存最完美、规模最大、最有民族特色的王宫，现除了用于举行加冕典礼、宫廷庆祝等仪式和活动外，平时对外开放，成为泰国著名的旅游景点。玉佛寺、卧佛寺、金佛寺被称为泰国三大国宝，其中玉佛寺是泰国唯一没有和尚居住的佛寺。

芭堤雅（Pattaya）。位于泰国首都曼谷东南154公里处，市区面积20多平方公里，是泰国的一处著名海景度假胜地，已成为“海滩度假天堂”的代名词。素以阳光、沙滩、海鲜名扬世界，这里的海滩既是著名的海水浴场，也是水上运动的理想场所。最吸引游客的旅游项目有东芭乐园文化村、海滩、珊瑚岛、大象表演、人妖歌舞表演、小人国（微缩景观）等。

清迈（Chiang Mai）。位于曼谷北方海拔305米的山谷中，城区面积40平方公里，是泰国第二大城市，著名的避暑胜地，有“北方玫瑰”之称。清迈曾长期作为泰王国的首都，是佛教圣地，全城有寺庙约100座，著名景点有帕烘寺、布帕壤寺、柴迪隆寺、兰花园等。清迈的丝绸、纺织品等也著称于世，是泰国制造业的重要支柱。

普吉岛（Phuket Island）。作为泰国境内唯一受封为省级地位的岛屿，位于泰国西南方，安达曼海东南部海面之上，是一座南北较长、东西稍窄的狭长状岛屿，是泰国最大的岛，也是泰国最小的府。普吉岛以其迷人的热带风光和丰富的旅游资源被称为“安达曼海上的一颗明珠”，而且自然资源十分丰富，有“珍宝岛”“金银岛”的美称。普吉岛呈锯齿状的西海岸上散布着芭东、卡伦和卡塔等著名海滩，普吉岛还是泰国潜水行业的主要中心，也是世界排名前十位的潜水目的地之一。

五、印度（India）

印度位于亚洲大陆突出印度洋的南亚次大陆，形状像倒三角形，是南亚地区最大的国家，国土面积约为298万平方公里，居世界第七位。印度三面临海，东临孟加拉湾，西濒阿拉伯海，南连印度洋，北倚喜马拉雅山，时差比北京时间晚 2 小时 30 分。印度大部分地区属于热带季风气候，一年分热季、雨季和凉季。印度 83% 以上的国民信奉印度教，信奉伊斯兰教的占 11% 左右。印度的官方语言为印地语和英语。印度的货币是卢比。

古印度是世界四大文明古国之一，公元前 2500 年至前 1500 年创造了印度河文明。1950 年 1 月 26 日，印度共和国成立，为英联邦成员国。印度作为金砖国家，是世界上经济发展最快的国家之一，已成为全球软件、金融等服务业重要出口国。印度人口约为 12.74 亿（截至 2015 年），是世界人口第二大国。

印度首都新德里，位于印度西北部，是一座既有现代气息又有古代风貌的花园城市，城区分历史悠久的旧城区及新规划的新城区。旧城区目前仍保留有许多重要古迹，新城区部分则是印度现代化的象征。孟买是印度最大的海港，素有印度“商业首都”和“金融首都”之称，其地位相当于中国的上海。加尔各答是印度最大的城市，是西孟加拉邦首府。此外还有有印度“硅谷”和“花园城市”之誉的班加罗尔，著名的避暑胜地克什米尔（喀什米尔）等。新德里、斋浦尔和阿格拉是印度著名的旅游金三角，其中著名的旅游景点有新德里的红堡、胡马雍陵、甘地陵园、贾玛清真寺、库杜布塔等；阿格拉的阿格拉城堡、泰姬陵、法塔赫布尔西格里等；斋浦尔的琥珀堡、水宫、英国殖民时期总督府等。尤以泰姬陵最为著名，是世界七大奇迹之一，由莫卧儿王朝皇帝夏杰汗为死去的妃子泰姬・玛哈尔建造。泰姬陵建造历时 22 年，外形端庄宏伟，是具有伊斯兰风格的建筑，寝宫门窗及围屏都用白色大理石镂雕成菱形带花边的小格，墙上用翡翠、水晶、玛瑙、红绿宝石镶嵌着色彩艳丽的藤蔓花朵，成为印度的标志。印度妇女额头上常点有吉祥痣，表示喜庆、吉祥之意，纱丽是妇女的传统服饰，印度男性则大多包头巾。印度人饮食口味特点淡而清滑，印度烙饼和咖喱大米饭是印度人喜欢的主食。印度教徒禁食牛肉，进餐前有洗澡的习惯。印度的手工艺品和特产，富有浓厚的民俗色彩。特色产品有黄铜制品、香料、神油、克什米尔地区的地毯和披肩、木制品、首饰、大吉岭红茶、咖喱等。

六、马来西亚（Malaysia）

马来西亚位于东南亚的中心，地处太平洋与印度洋的交汇处，被南中国海分为东马来西亚和西马来西亚。西马来西亚为马来亚地区，北与泰国接壤，西临马六甲海峡，东濒南中国海，南临柔佛海峡与新加坡毗邻。东马来西亚包括沙捞越和沙巴地区，国土面积33万平方公里。马来西亚属于热带雨林气候，无明显四季之分，终年炎热多雨。5~9月为最佳旅游季节。伊斯兰教是马来西亚的国教，其他宗教有佛教、印度教和基督教，其官方语言是马来语，英语和华语为通用语言，货币是马币。

马来西亚是亚洲新兴的工业国之一，是世界上最大的天然橡胶、棕榈油及锡的出产国。兰花、巨猿、蝴蝶被誉为马来西亚的三大珍宝。马来西亚人口约为3000万（截至2015年），是由30多个民族组成的多民族国家，其中55%为马来人，华人占24%。马来西亚人普遍穿蜡染花布做的“巴迪”服，被称为“国服”。马来人饮食以米饭、椰浆、咖啡为主，马来风味的食物以沙嗲尤为出名。

马来西亚首都吉隆坡，马来语的意思是“泥泞的河口”，位于马来半岛中央偏西海岸，是马来西亚最大的城市，有“世界锡都、胶都”之美誉。其著名景点有雀鸟公园、黑风洞、云顶高原、王宫、双子塔、国家清真寺、独立广场等。其中，双子塔是吉隆坡的标志性建筑，共88层，高451.9米，是马来西亚国家石油公司用20亿马币建成的。在第40~41层之间有一座长58.4米、距地面170米高的空中天桥，故又名双峰大厦，是目前世界上最高的双子楼和第四高的建筑物。云顶高原是东南亚最大的高原避暑胜地，也是马来西亚唯一的合法赌场。布特拉贾亚（太子城）是马来西亚新政府行政中心，位于吉隆坡以南25公里处，是个“智慧型花园城市”。首相府和联邦行政中心于1999年6月迁入，2005年前搬迁完毕。马六甲位于马来半岛的东南海滨，距吉隆坡160公里，是马来西亚最古老的城市。马来西亚的特产有锡制品、蝴蝶标本、风筝、豆蔻膏、巴迪布、兰卡威水晶、蜡染工艺品、热带水果、三叔公牌点心等。

七、菲律宾（Philippines）

菲律宾是东南亚的一个群岛国家，东临太平洋，西濒南海，南部和西南部隔苏拉威西海、巴拉巴克海峡与印度尼西亚、马来西亚相望，北部隔巴士海峡与中国台湾遥遥相对，由7000多个大小岛屿组成，总面积为29.97万平方公里，划分为吕宋、维萨亚和棉兰老三大部分。菲律宾属于热带雨林气候，高温、多雨、湿度大、台风多。菲律宾 90% 以上的人信奉天主教，官方语言为菲律宾语和英语，货币为菲律宾比索。

1521 年，麦哲伦探险队首次环球航海时抵达菲律宾群岛，1565 年，西班牙殖民者统治菲律宾，并以西班牙王储菲利普的名字命名该群岛为“菲律宾”，从此西班牙对菲律宾统治长达 300 多年。菲律宾曾经历数次经济快速成长，但由于政治因素阻碍其经济发展，现作为发展中国家，实行出口导向型经济模式，贫富差距很大，旅游业是菲律宾外汇收入的重要来源之一。菲律宾是一个多民族国家，现人口已突破 1 亿，成为世界上第 12 个人口过亿的国家。

菲律宾首都马尼拉，位于吕宋岛西岸，马尼拉湾畔，也称“小吕宋”，是全国政治、经济、文化和宗教中心，有“热带花园之都”之称，是最大的港口。大马尼拉市面积 920 平方公里，人口超 1000 万，是亚洲最欧化的城市，被称为“亚洲的纽约”。马尼拉是一座具有悠久历史的城市。马尼拉港以南，有一块填海造地而成的 70 公顷土地，建有国际会议中心、文化中心、民间艺术剧院、国际贸易展览中心、椰子宫等现代化建筑。市区还有华侨区中国城、马拉卡南宫等旅游景点。宿务市是菲律宾的第二大城市，也是最早开发的城市，被誉为“南方皇后市”。宿务位于维萨亚群岛的中心位置，全州人口 180 万，由 167 个岛屿构成，是菲律宾与国际衔接的第二大通道。圣奥古斯汀教堂是宿务的著名景点，自建造以来即被当作天主教传教的据点。此外还有圣佩德罗古堡、菲律宾第三任总统纪念碑等。长滩岛是位于菲律宾中部的一个小岛，是世界最美丽的十大海滩之一。这里蔚蓝的天空、白色的沙滩、婆娑的棕榈树、色彩鲜艳的热带植物和斑斓的海底世界成为海岛独有的迷人资源。菲律宾男子的国服叫“巴隆他加禄”衬衣，女子的国服称为“特尔诺”。菲律宾人的主食是米饭，无论是主菜还是汤，都喜用少量的食醋和香辣调味品。菲律宾的特产有吕宋雪茄、木吉他、椰壳制品、木刻工艺品及刺绣、杧果干等。

八、印度尼西亚（Indonesia）

印度尼西亚简称印尼，位于亚洲东南部，地跨赤道，与巴布亚新几内亚、东帝汶、马来西亚接壤，与泰国、新加坡、菲律宾、澳大利亚等国隔海相望。国土面积约 190.4 万平方公里，由约 17508 个岛屿组成，是全世界最大的群岛国家，疆域横跨亚洲及大洋洲，别称“千岛之国”。印度尼西亚是多火山、多地震的国家，属于典型的热带雨林气候，年平均温度 25~27℃，没有四季之分。87% 以上的印度尼西亚人信奉伊斯兰教，其官方语言是印度尼西亚语，法定货币是印度尼西亚盾。

印度尼西亚受荷兰殖民统治长达近 300 年，1945 年 8 月宣告独立。人口超过 2.48 亿（截至 2013 年），位居世界第四，仅次于中国、印度、美国。印度尼西亚是东南亚国家联盟创立国之一，也是东南亚最大经济体及二十国集团成员国。根据印度尼西亚政府 2014 年公布的数字，印度尼西亚有 300 多个民族，其中爪哇族人口最多，占总数的 45%。

印度尼西亚首都雅加达，称为“椰城”，位于爪哇岛西北部海岸，是东南亚最大的城市，世界著名的海港，有清真寺 200 余座，教堂 100 多座，佛教寺庙、道教宫观数十座。著名景点有中央博物馆、独立广场、水族馆、印度尼西亚缩影公园等。巴厘岛是印度尼西亚著名的旅游区，有“诗之岛”的美誉，距离首都雅加达 1000 多公里，与雅加达所在的爪哇岛隔海相望。巴厘岛面积约为 5630 平方公里，岛上大部分为山地，最高峰阿贡火山海拔 3142 米。蓝天、沙滩、海水构成巴厘岛美丽画卷，巴厘岛是印度尼西亚唯一信奉印度教的地区，有寺院 4000 多座，故称“千庙之岛”。巴厘岛还享有花之岛、艺术之岛、神明之岛、罗曼斯岛、天堂岛等别称。著名景点有圣泉寺、乌布王宫、库塔海滩、海神庙等。此外，婆罗浮屠位于印度尼西亚爪哇岛中部马吉冷婆罗浮屠村，是举世闻名的佛教千年古迹，它与中国的长城、印度的泰姬陵、柬埔寨的吴哥古迹、埃及的金字塔齐名，被世人誉为古代东方的五大奇迹。印度尼西亚人的日常服装简朴轻便。印尼菜的特点多辛辣味香，大米是印度尼西亚人的主食，玉米、薯类、面食也较普遍，什锦黄饭是印度尼西亚人喜欢的一种米饭。印度尼西亚人吃饭不用筷子，喜欢用手抓。印度尼西亚的风物特产主要有巴迪布、格里斯短剑、木雕、银制品、铜或铜合金神像、皮影戏傀儡、彩贝制品、龙目岛瓷壶等，印度尼西亚咖啡也是游客喜爱的商品。

第二节　欧洲主要客源国概况

一、英国（England）

1. 国家概况

英国全称大不列颠及北爱尔兰联合王国，是位于西欧的一个岛国，被北海、英吉利海峡、凯尔特海、爱尔兰海和大西洋包围。由大不列颠岛上英格兰、苏格兰、威尔士以及爱尔兰岛东北部的北爱尔兰共同组成。国土面积24.41万平方公里（包括内陆水域）。英国地势西北高，东南低，分四部分：英格兰东南部平原、中西部山区、苏格兰山区、北爱尔兰高原和山区。首都是位于英格兰东南部的伦敦。英国属温带海洋性气候，冬暖夏凉，全年温和，年均气温较高，温差较小，多雨雾，日照时间少。

英国人口超过6400万，是世界上第一个完成工业革命的国家，也是全球最富裕、经济最发达和生活水准最高的国家之一。英国是欧盟成员国，但没有加入欧元区，也不是申根（签证）协定成员国。英国服务业产值约占国内生产总值的3/4。截至2014年8月，英国旅游业收入居世界第五位，仅次于美国、西班牙、法国和意大利，旅游业是英国最重要的经济部门之一。英国的货币为英镑。

英国古称日不落帝国，国家政体是议会制君主立宪制，女王是国家元首，拥有象征性的地位，内阁首相拥有最高政治权力。英国以英格兰人为主体民族，占85%以上，还包括苏格兰人、威尔士人和爱尔兰人。主要语言是英语，居民多信奉基督教新教，主要分英格兰教会（亦称英国国教圣公会）和苏格兰教会（亦称长老会）。英国国旗为米字旗，国花是玫瑰。英国人的饮食习惯一般是一日三餐加茶点，英国人尤其喜欢喝下午茶。英国的食物以牛肉、羊肉和土豆为主，炸鱼、薯条和三明治是英国人的发明，也是现代快餐的标志。英国人注重餐桌礼仪，“绅士风度”“女士优先”体现在生活的许多方面。

英国通行西方礼仪，忌讳数字“13”，不喜欢星期五，尤其视“13日星期五”为不祥日子。到英国人家里做客时，不要提前到，最好是约定时间后

10分钟到达。送礼时忌送百合花、菊花，因为百合花象征死亡，而菊花在欧洲只用于万圣节和葬礼；花朵枝数不能是“13”或双数；鲜花不要用纸包扎。英国人忌用山羊、大象和孔雀图案，认为山羊有不正经男子和坏人的意思，大象代表愚蠢，孔雀则视为祸鸟。英国人讨厌墨绿色，这是纳粹军服的颜色，与英国人见面常以谈论天气代替通常的问候，交谈时双方距离不要太近，切忌谈及家庭状况、年龄、职业、收入、宗教信仰等个人隐私问题。见面时相互握手、道安，男子间忌讳拥抱。英国的特色购物产品有银器、泰迪熊、烟斗、陶瓷、皮革制品、羊毛制品，被誉为“液体黄金”的威士忌，以及英国红茶、英国巧克力、英国雪利酒等。

2. 著名旅游城市与景点

伦敦（London）。是英国的首都，位于英格兰东南部的平原上，跨泰晤士河。人口约860万（截至2015年），面积1577.3平方公里，时差上比北京时间晚8小时。早在11世纪英格兰的首都设于伦敦西南部的温彻斯特，在诺曼人的统治下，伦敦在12世纪成为英格兰的首都。伦敦是欧洲最大的都会区，世界三大金融中心之一。作为多元化的大都市，不同种族、宗教和文化在此交融，仅使用的语言就超过300种。伦敦有2000年的悠久历史，是历代王朝建都之所在，名胜古迹众多。主要景点有白金汉宫、唐宁街10号、议会大厦、大英博物馆、圣保罗教堂、威斯敏斯特教堂、伦敦塔、伦敦塔桥、大本钟、温莎城堡、格林尼治天文台、中国城、海德公园等。

白金汉宫是英国王宫，位于伦敦威斯敏斯特城内，是英国王室成员生活和工作的地方，也是英国重大国事活动的场所。始建于1703年，至1837年维多利亚女王登基后，白金汉宫成为英王正式寝宫。唐宁街10号自1937年后，成为历任首相办公和居住的地方，其地上建筑包括首相办公室、接待室、会议室和寝宫，地下室有通道通往政府各重要部门。大英博物馆建于18世纪，1759年正式对公众开放，是世界上历史最悠久、规模最大的博物馆，集中了英国和世界各国许多的古代文物，藏品丰富，种类繁多，为全世界博物馆所罕见，共拥有藏品800多万件。伦敦塔桥建于1894年，是一座上开悬索桥，横跨泰晤士河，因在伦敦塔附近而得名，属维多利亚时代的哥特式建筑，也是伦敦的象征，塔桥桥面可根据需要升起，可达40米高，60米宽。大本钟也叫伊丽莎白塔或威斯敏斯特宫钟塔，坐落于英国伦敦泰晤士河畔，

1858年建成，是伦敦的标志性建筑之一，也是英国最大的钟，每15分钟响一次。

爱丁堡（Edinburgh）。爱丁堡是苏格兰首府，位于苏格兰中部低地的福斯湾南岸。面积260平方公里。爱丁堡是目前英国仅次于伦敦的第二大金融中心和旅游城市，也是英国著名的文化古城，素有“北方雅典”“欧洲最有气势的城市”之称，2004年爱丁堡成为世界第一座文学之城。英国最古老的大学之一爱丁堡大学就坐落于此。爱丁堡的旧城和新城一起被列为世界遗产。著名景点有爱丁堡城堡、荷里路德宫、圣吉尔斯大教堂等。

利物浦（Liverpool）。利物浦是英格兰西北部的一个港口城市，位于伦敦西北325公里，是英国著名的商业中心，也是第二大商港，市内建有欧洲最古老的中国城。利物浦是英国国家旅游局认定的英国最佳旅游城市，市内建筑独具风格，有著名的大教堂、市政厅、圣乔治大厅、大剧院和Philharmonic音乐厅等。利物浦还是令流行乐迷倾倒的披头士乐队的故乡，也是体育运动之城，利物浦足球俱乐部和埃弗顿足球俱乐部享誉世界。

二、法国（France）

1. 国家概况

法国位于欧洲西部，西临大西洋，西北隔拉芒什海峡与英国相望，东北比邻比利时、卢森堡和德国，东与瑞士相依，东南与意大利相连，南与地中海并和西班牙接壤。本土面积55万平方公里。首都是位于北部的巴黎。法国地势东南高西北低，平原占总面积的2/3。法国西部为温带海洋性气候，冬季温和，夏季凉爽，降水均匀，东南部濒临地中海，为亚热带地中海气候，夏季炎热干燥，冬季温和多雨，中部和东部为大陆性气候，温差相对较大。

法国人口约为6600万（截至2014年），作为世界上第二个完成工业革命的国家，是世界主要发达国家和欧洲四大经济体之一，2014年国内生产总值被英国赶超而居世界第六位。法国还是世界第二大农产品出口国，葡萄酒的出口量占世界出口量的一半。法国是世界第一旅游接待国，服务业产值占国内生产总值的75%以上。法国作为欧盟成员国，通用货币是欧元。

法国是典型的半总统制半议会制的共和制国家。总统为国家元首，总理为政府首脑。法国是一个以法兰西民族为主体的国家，通用语言是法语，主要宗教为天主教。法国的国花是香根鸢尾花。法国是世界著名的三大烹饪王国之一，法国人最爱吃的菜是蜗牛和青蛙腿，最名贵的菜是鹅肝，法国人爱好甜食，在就餐过程中美酒贯穿始终，主要是葡萄酒和香槟酒。

法国是时尚之都、浪漫之都，法国人讲究服饰美，法国妇女是世界上最爱打扮的。法国人的礼节主要有握手礼、拥抱礼、贴面礼和吻手礼，法国是世界上最早公开行亲吻礼的国家，也是使用亲吻礼频率最多的国家。法国人做什么事都需要提前预约，准时赴约是有礼貌的表示，但不要提前。法国人忌讳黄色的花，认为是不忠诚的表现。忌讳黑桃图案，认为不吉祥；忌讳数字“13”，不喜欢星期五，尤其视“13日星期五”为不祥日子，也忌讳墨绿色，还忌讳孔雀图案（视为淫鸟）和仙鹤图案（象征蠢汉与淫妇）。在法国一般不宜送菊花、玫瑰、水仙花和金盏花，菊花是丧花，玫瑰花是送情人的，水仙花代表冷酷无情，金盏花表示悲伤。法国人送花枝数不能为双数。在法国，接受礼物要当面打开，否则是无礼的表现。法国的特色商品有巴黎时装、格拉斯香水、古董、巴卡拉水晶、玻璃精工、花边编织、波尔多的红葡萄酒、康涅克白兰地、勃艮第的香槟等。

2. 著名旅游城市与景点

巴黎（Paris）。是法国的首都，位于法国北部巴黎盆地的中央，塞纳河把巴黎一分为二，河北为右岸，河南为左岸。右岸代表贸易和商业、国家级文物古迹和高级时装店，左岸则是知名大学和咖啡馆。时差上比北京时间晚7小时。巴黎作为有2000多年历史的文化名城，从12世纪开始就一直是历代王朝的首都，如今是世界四大国际化都市之一，被称为“世界花都”“时装之都”“香水之都”，还是一座“世界会议城”。巴黎圣母院、凯旋门和埃菲尔铁塔是巴黎的三大地标，此外凡尔赛宫、协和广场、香榭丽舍大道等也是游人必去的景点。巴黎圣母院始建于1163年，被称为“法国最伟大的艺术杰作”，其完美的哥特式建筑、精美的雕刻和大量艺术珍品，成为古老巴黎的象征。凯旋门位于巴黎戴高乐星形广场的中央，是法国为纪念拿破仑在奥斯特利兹战役中打败俄奥联军而建的，于1836年建成，是世界上最大的凯旋门。埃菲尔铁塔是一座建于1889年的镂空结构铁塔，是世界上第一座钢铁结构的高塔，也是巴黎最高的建筑物，成为巴黎和法国的象征。卢浮宫始建于1204年，是法国最大的王宫建筑，也是世界上最大、最古老、最著名的博物馆之一，名画《蒙娜丽莎》、雕像《爱神维纳斯》和《胜利女神》是著名的宫中三宝。

马赛（Marseille）。位于法国南部，是法国第二大城市，地中海最大的港口。马赛建于公元前6世纪的古希腊时代，距今已有2500多年的历史，是法国最古老的城市。主要的景点有伊夫岛、贾尔德圣母院、马赛美术馆、马赛旧港。最著名的景点是伊夫岛，岛上有一座高大而阴森的城堡，因大仲马的小说《基督山伯爵》而吸引众多游客慕名前来。

尼斯（Nice）。位于法国东南部，是仅次于巴黎的法国第二大旅游城市，也是欧洲乃至全世界最具魅力的黄金海岸，蔚蓝的地中海与巍峨的阿尔卑斯山是这座城市永恒的地标。尼斯是法国大陆最温暖的城市之一，冬暖夏凉，属于典型的地中海气候，这里是“世界富豪聚集的中心”，也是游客心中的度假天堂。主要景点有尼斯歌剧院、古罗马大剧院、海洋学博物馆、蒙特卡洛（属摩纳哥公国的赌城）。

戛纳（Cannes）。因每年国际电影节而闻名于世，位于法国南部，拥有世界上洁白、漂亮的海滩。戛纳与尼斯、蒙特卡洛并称为南欧三大游览中心。这里气候温和，冬暖夏凉，是欧洲人冬日度假、夏日避暑的首选之地，主要景点有海滨大道、老城区、建于11世纪的城堡等。

三、德国（Germany）

1. 国家概况

德国位于欧洲中部，东邻波兰、捷克，南接奥地利、瑞士，西接荷兰、比利时、卢森堡、法国，北接丹麦，濒临北海和波罗的海，是欧洲邻国最多的国家。德国面积为35.7万平方公里。首都是位于德国东北部的柏林。德国西北部海洋性气候较明显，相对于南部较暖和，往东、南部逐渐向大陆性气候过渡。德国的地形变化多端，地势北低南高，可分为四个地形区：北德平原、中德山地、西南部莱茵断裂谷地区、南部的巴伐利亚高原和阿尔卑斯山区。

德国人口约8110万（截至2015年）。德国是世界第四经济大国，全球最大的汽车生产国之一，是欧洲最大经济体，被称为“欧洲经济的火车头”。德国是欧洲货币联盟的创建成员，欧洲中央银行总部设在法兰克福。德国的通用货币是欧元。

德国是联邦制国家，国家政体为议会共和制，联邦总统为国家元首。德国以德意志人为主，有少数丹麦人和索布族人，还有约700万的外籍人，以土耳其人为最多。官方语言为德语，主要宗教有基督教新教、罗马天主教等。国花是矢车菊。德国人喜欢肉类和啤酒，尤其爱吃猪肉，每年猪肉的消耗量居世界首位。

德意志是一个严谨的民族，德国人的规则和法律意识很强，同德国人打交道比较干脆、直接。德国人时间观念强，凡事喜欢提前预约。德国人讲究礼仪，到别人家做客，一般都会送礼物。鲜花、葡萄酒等是比较常见的礼物，送花时忌讳送菊花、玫瑰和蔷薇，蔷薇只在悼亡时用。礼物一般当着送礼者的面打开。德国人不喜欢红色、红黑相间色以及褐色，尤其是忌墨绿色（为纳粹军服色）。德国人忌讳“13”，最不吉利的是“13日星期五”。德国的特产有望远镜、照相机、刀具、皮革制品、锡蜡制品、瓷器、手表、羊毛制品、木刻、小提琴、黑森林香肠等。

2. 著名旅游城市与景点

柏林（Berlin）。是德国的首都，位于德国东北部，四面被勃兰登堡州环绕，是德国“最翠绿”的大都市。人口约350万，面积891平方公里，时差上比北京时间晚7小时。柏林始建于1237年，是欧洲著名的古都，1871年，柏林成为德意志帝国的首都。第二次世界大战后，柏林墙把柏林一分为二，分别为东柏林和西柏林，直到1990年，柏林墙被拆除，德国重新统一，柏林获得全德国首都的地位。柏林的著名景点有勃兰登堡门、国会大厦、波茨坦广场、柏林墙遗迹、柏林大教堂、菩提树下大街等。勃兰登堡门是为纪念普鲁士在七年战争中取得的胜利而建的，1791年竣工，是德国的象征。

慕尼黑（Munich）。位于德国南部，是巴伐利亚州的首府，德国第三大城市，拥有“欧洲建筑博物馆”之名。慕尼黑保留着原巴伐利亚王国都城的古朴风情，因此被人们称作“百万人的村庄”。慕尼黑是宝马汽车的故乡，一年一度的慕尼黑啤酒节吸引着世界各地的游客。慕尼黑的著名景点有新天鹅堡、玛利亚广场、宝马汽车博物馆、奥林匹克中心、圣母教堂、皇宫及皇宫博物馆等。

科隆（Cologne）。位于德国西部莱茵河畔，是德国最古老、历史最悠久的城市，也是德国第四大城市，与北京是姐妹城市。香水、狂欢节和教堂被称为科隆三宝。著名景点有科隆大教堂、莱茵河、科布伦茨、瓦尔拉特博物馆等。科隆大教堂有两座哥特式尖塔，是目前世界上最高的双塔教堂，始建于1248年，竣工于1880年，现已成为科隆市的象征和游客们向往的旅游胜地。

法兰克福（Frankfurt）。位于德国西部的黑森州境内，是德国第五大城市，也是德国乃至欧洲重要的工商业、金融服务业和交通中心，拥有德国最大的航空和铁路枢纽，法兰克福国际机场（FRA）是欧洲第三大机场，也是全球最重要的国际机场。法兰克福拥有“德国最大的书柜”德意志图书馆，是世界图书业的中心，也是欧洲最繁忙的展览场所。法兰克福的主要景点有歌德故居、法兰克福大教堂、罗马贝格广场、德国电影博物馆等。

海德堡（Heidelberg）。位于法兰克福南约80公里处，是德国著名的旅游文化之都。德国最古老的大学海德堡大学成立于1386年。如今，海德堡仍是德国乃至欧洲的大学科研基地，马克·吐温称海德堡是他到过的最美的地方。海德堡最著名的旅游景点当数位于内卡河畔的红褐色古城堡——海德堡城堡。

四、意大利（Italy）

1. 国家概况

意大利地处欧洲南部地中海北岸，主要由南欧的亚平宁半岛及两个位于地中海中的岛屿西西里岛与萨丁岛所组成，北方的阿尔卑斯山地区与法国、瑞士、奥地利以及斯洛文尼亚接壤，其领土还包围着两个微型国家——圣马力诺与梵蒂冈，面积30.1万平方公里。首都罗马位于意大利半岛中西部。意大利大部分地区属亚热带地中海气候，全国分为三个气候区：南部半岛和岛屿区、马丹平原区、阿尔卑斯山区，阿尔卑斯山区是全国气温最低的地区。意大利地形狭长，境内多山。

意大利人口约6104.9万（截至2013年）。意大利是发达的工业国家，以私有经济为主体，98%以上的企业为中小企业，堪称“中小企业王国”。意大利国内各大区经济差距较大，南北差距明显。意大利的汽车工业居欧洲第五位，高级时装和鞋类定制在世界上有很高声誉，素有“制鞋王国”之誉。2015年，意大利超过法国，跃居为世界上最大的葡萄酒生产国。意大利旅游业高度发达。意大利作为欧盟成员国，货币为欧元。

意大利是世界文明古国，文艺复兴运动的发祥地。国家政体为议会制共和制，总统是国家元首，内阁是国家权力的核心。94% 的居民为意大利人，还有少数法国人、拉丁人等。官方语言是意大利语，大部分居民信奉天主教。意大利的国花是雏菊。意大利人喜爱面食、喜欢喝葡萄酒，拥有全世界最悠久的起泡酒酿造历史。

意大利是崇尚自由的国度，开朗、乐观、热情是意大利人的特点，但他们守时观念较差，活动迟到习以为常。意大利人忌讳送十字架形的礼物；忌送手帕，认为手帕是亲人离别时擦眼泪用的不祥之物；送花时忌送菊花，因为菊花一般在葬礼时使用；送花的花枝、花朵应为单数；喜爱绿、蓝、黄三色，忌用紫色。意大利人忌讳数字“13”。凡住房号、剧院座位号等都不准有 13 的字样。在正式场合，穿着十分讲究。无论男士、女士都不得穿短裤、短裙或无袖衬衫到教堂或天主教博物馆参观。意大利的特色产品很多，大到古玩、皮具、丝绸、家居用品、金银饰品，小到时装、佩饰、化妆品、水晶玻璃制品、纸工艺品等，此外还有罗马的画册、明信片、梵蒂冈的邮票和钱币、威尼斯的玻璃制品以及米兰的时装。

2. 著名旅游城市与景点

罗马（Rome/Roma）。是意大利的首都，位于意大利半岛中西部，人口约 283.3 万（截至 2013 年），面积 1507.6 平方公里，时差上比北京时间晚 6 小时。罗马是有着辉煌历史的欧洲文明古城，公元前 753 年建城，至今已有 2700 多年，因罗马建在 7 座山丘之上，因此被称为“七丘城”和“永恒之城”。1871 年，意大利首都由佛罗伦萨迁往罗马。罗马有三多：雕塑多、教堂多、喷泉多。罗马被喻为全球最大的“露天历史博物馆”。世界八大名胜之一的古罗马露天竞技场，也称斗兽场，建于公元 1 世纪，是古罗马帝国的象征。万神庙是迄今保存最完整的古罗马时代的建筑，内部为圆形，四面无窗，仅顶部有一扇直径 9 米的天窗作为内部唯一的采光源，万神殿、斗兽场和地下墓穴并称为罗马三大古迹。此外，罗马还有最大的广场——威尼斯广场；著名的许愿池（又名为“特莱维喷泉”）等著名景点。

佛罗伦萨（Florence）。位于意大利中部，是世界闻名的文化古城，这里以博物馆、画廊、宫殿和教堂著称，被称为“博物馆之城”，是世界上文艺复兴时期艺术作品保存最丰富的地区之一，也是艺术与建筑的摇篮。但丁、达·芬奇、米开朗琪罗等名人在此诞生。主要景点有比萨斜塔、洗礼堂、市政广场、圣十字教堂、乌菲兹美术馆、花之圣母大教堂（圣母百花大教堂）等。比萨斜塔距离佛罗伦萨约1小时车程，建于1173年，是比萨大教堂的钟楼，修建时发现塔身倾斜，随着时间的推移，比萨塔的倾斜程度不断增大，目前已达到4.5米，而且倾斜度还以每年1毫米的速度继续增加。

威尼斯（Venice）。位于意大利北部，亚得里亚海滨，城市建在离海岸线4公里远的118个小岛上，已有1000多年历史。城市的“大街小巷”就是各小岛之间的大小运河，故有“水上都市”和“百岛之城”之称，也是世界上唯一没有汽车的城市，城市的主要交通工具是贡多拉。威尼斯全城有近180条运河，运河上有400多座桥梁，其中最著名的当数建于16世纪的阿尔托桥和叹息桥。圣马可广场是城市活动的中心，广场周围有圣马可教堂、总督宫、圣马可图书馆等拜占庭和文艺复兴时期的建筑。

米兰（Milan/Milano）。位于意大利北部，是意大利第二大城市，也是意大利最重要的经济中心，有“经济首都”之称。米兰是连接地中海及中欧的主要交通枢纽，是意大利商业及金融中心，也是世界时装之都。市中心的杜奥莫教堂是世界第二大教堂，也是米兰的象征，它与罗马的圣彼得大教堂、佛罗伦萨的佛罗伦萨大教堂并称为欧洲三大教堂。1980年圣玛丽亚感恩教堂被列入世界遗产名录，达·芬奇的巨画《最后的晚餐》就画在这座教堂旁的修道院餐厅的墙壁上。

梵蒂冈（Vatican City）。是世界上最小的国家，面积0.44平方公里，在罗马城的西北角，是一个“国中国”，也是全世界天主教的中心——以教皇为首的教廷的所在地。著名景点有可容纳50万人的圣彼得广场、世界上最大的教堂——圣彼得大教堂及梵蒂冈博物馆等。

五、俄罗斯（Russia）

1. 国家概况

俄罗斯位于欧洲东部、亚洲北部，其欧洲领土的大部分是东欧平原。北邻北冰洋，东濒太平洋，西接大西洋，西北临波罗的海、芬兰湾。面积1709.82万平方公里，是世界上面积最大的国家。首都莫斯科地处俄罗斯欧洲部分中部、东欧平原中部。俄罗斯跨越北寒带、亚寒带、北温带和亚温带

4个气候带，各地气候差别很大。大部分地区处于北温带，以大陆性气候为主，夏季短暂凉爽，冬季漫长寒冷。俄罗斯地形以平原和高原为主，地势南高北低，西低东高。

俄罗斯人口约1.431亿（截至2012年）。俄罗斯是世界经济大国，工业和科技基础雄厚，航空航天和核工业具有世界先进水平。苏联曾是世界第二大经济强国，苏联解体后俄罗斯经济一度严重衰退，2000年后，俄罗斯经济得到快速回升，居民生活水平有所提升。俄罗斯的货币为卢布。

1990年苏联解体，俄罗斯联邦成为完全独立的国家。1992年，俄罗斯决定使用两个同等地位的正式国名"俄罗斯联邦"和"俄罗斯"。俄罗斯联邦实行的是联邦民主制，总统是国家元首。俄罗斯共有民族193个，其中俄罗斯族占77%。通用语言是俄语，主要宗教为东正教，约有91%的居民信奉东正教，其次为伊斯兰教。国花为向日葵。俄罗斯人一般以面包为主食，喜爱牛、羊肉，喜欢饮酒，伏特加特别受大众欢迎。俄罗斯人对盐十分崇拜，将盐视为珍宝和祭祀用的供品。因此他们用"面包加盐"的方式迎接贵宾，以示最热烈的欢迎。

俄罗斯融合东西方两种文化。用餐时多用刀叉，忌讳发出声响，不能直接用汤匙饮茶，或让其直立在杯中。如果有人不慎打翻盐罐或将盐撒在地上，被认为是家庭不和的征兆。他们会把盐拾起来撒在头上，以示摆脱凶兆。俄罗斯数字禁忌跟西方人一样，也忌讳"13"，他们常用"7"这个数字，认为这是幸福和成功的象征。俄罗斯人送花数量宜为单数。镜子被俄罗斯人视为神圣的物品，打碎镜子意味着灵魂的毁灭。但如果打碎杯、碟、盘则意味着富贵和幸福，因此在喜筵、寿筵等隆重场合，俄罗斯人会特意打碎碟盘表示庆贺。俄罗斯的主要购物产品有裘皮服装、皮靴、围巾、大披肩、木制套娃、珠宝首饰、铜版画、邮票、玻璃制品以及当地的土特产品，如琥珀、黄金、皮毛、鱼子酱、伏特加酒等。

2. 著名旅游城市与景点

莫斯科（Moscow）。是俄罗斯的首都，也是俄罗斯政治、经济、科技、文化和交通中心。人口约为1151万，时差上比北京时间晚5小时。莫斯科自1147年建城，迄今已有870多年历史，是世界上绿化最好的城市之一。莫斯科是一座具有光荣传统的城市，以布局严整的克里姆林宫和红场为中心，向四周辐射伸展。著名景点有红场、克里姆林宫、圣瓦西里大教堂、列宁陵墓、克格勃博物馆等。克里姆林宫和红场是俄罗斯的标志，也是俄罗斯历史的见证。克里姆林宫是俄国历代沙皇的宫殿，现为俄罗斯联邦总统府等政府机关所在地，是世界上最大的建筑群之一。克里姆林宫城堡内有精美的教堂、宫殿、钟塔、塔楼，在克里姆林宫的中心教堂广场，有巍峨壮观的圣母升天大教堂，其东侧是红场。红场意为“美丽的广场”，是俄罗斯举行大型庆典和阅兵仪式的中心地点，红场内有列宁墓，北侧是国家历史博物馆，南端有圣瓦西里大教堂（瓦西里升天大教堂），东侧是古姆商场。

圣彼得堡（Saint Petersburg）。位于俄罗斯西北部，是俄罗斯第二大城市，面积1439平方公里，人口超过500万，是世界上人口超过百万的最北端城市，又被称为俄罗斯的“北方首都”。整个城市由40多个岛屿组成，多条河流穿越而过，故又有“北方威尼斯”之称。与莫斯科相比，圣彼得堡更具皇家风范，旅游资源丰富，著名景点有冬宫、夏宫、叶卡婕林娜宫、彼得保罗要塞、彼得保罗大教堂、喀山大教堂、涅瓦大街、普希金村等，其中位于十二月党人广场上的青铜骑士是圣彼得堡市标志性雕塑。

六、西班牙（Spain）

西班牙地处欧洲与非洲的交界处，绝大部分领土位于欧洲西南部伊比利亚半岛，西邻葡萄牙，北濒比斯开湾，东北部与法国和安道尔接壤，南隔直布罗陀海峡与非洲的摩洛哥相望。西班牙总面积50.59万平方公里。时差上比北京时间晚7小时。西班牙地势以高原为主，间以山脉，分为三大气候带：中部高原属大陆性气候，北部和西北部沿海属海洋性温带气候，南部和东南部属地中海型亚热带气候。西班牙全年阳光充足，气候宜人，有“太阳王国”之称。96%的西班牙人信奉天主教。西班牙的全国官方语言为西班牙语。货币是欧元。

西班牙是一个高度发达的资本主义国家，是欧盟和北约成员国，2014年国内生产总值居欧洲国家第六位，服务业是西班牙国民经济的重要支柱之一，尤以旅游和金融业较为发达。西班牙人口约4650.7万（截至2014年）。西班牙主体民族是卡斯蒂利亚人，还有加泰罗尼亚人、巴斯克人、加利西亚人等少数民族。西班牙民风奔放热情，以斗牛、弗拉门科舞蹈、吉他而闻名。斗牛是传统的民族文化，也是西班牙的“国粹”。

西班牙首都马德里，位于伊比利亚半岛梅塞塔高原中部，是欧洲地势最高的首都，海拔670米。马德里有400多年历史，是欧洲著名的历史名城。马德里著名的景点有马德里皇宫、普拉多博物馆、太阳门、大广场及圣伊西多罗大教堂等。巴塞罗那是西班牙第二大城市，位于西班牙东北部地中海沿岸，是加泰罗尼亚自治区首府。作为现代西班牙文化中心，是西班牙最大的海港，因其在伊比利亚半岛，是最具欧洲气质的城市，故有“伊比利亚半岛的明珠”之称。1992年成功举办第25届夏季奥运会。巴塞罗那的著名景点有圣家族大教堂、毕加索博物馆、巴特约之家、米拉之家、古伊尔公园、奥运村及奥运会主体育场等。斗牛士服饰、安达卢西亚长裙和萨拉曼卡地区传统服饰等是西班牙的传统民族服饰。西班牙的海鲜饭被誉为“西餐三大名菜”之一，西班牙还有三大特色小吃，分别是哈蒙（生火腿）、托尔大（鸡蛋土豆煎饼）和巧里索（肉肠）。西班牙的特产有刺绣披肩、油画、唱片、民族服装、陶瓷等手工艺品，高档时装、皮鞋和手袋等皮革制品，葡萄酒、雪利酒、利比里亚火腿、橄榄油等食品。

七、荷兰（Holland）

荷兰位于欧洲西部，是著名的亚欧大陆桥的欧洲始发点，东与德国接壤，南邻比利时，国土总面积41864平方公里。荷兰是世界有名的低地之国，其1/4国土海拔不到1米，1/4的土地低于海平面。时差上比北京时间晚7小时。荷兰属于温带海洋性气候，冬暖夏凉。对荷兰影响最大的宗教是天主教和新教。荷兰的官方语言是荷兰语。作为欧盟成员国，通用货币是欧元。

荷兰是发达的资本主义国家，风车、木鞋、奶酪、郁金香号称荷兰四宝，木鞋为四宝之首。花卉是荷兰的支柱性产业，有“欧洲花园”的称号。荷兰工业和农业特别发达，是世界主要造船国家之一，也是仅次于美国的世界第二大农产品出口国，是世界主要蛋、乳出口国之一。荷兰人口约为1685万（截至2014年），是世界上人口密度最大的国家之一。

首都阿姆斯特丹，位于荷兰西部，是荷兰最大的城市，西欧著名的海港。城区大部分低于海平面1~5米，称得上是一座“水下城市”。阿姆斯特丹较好保留着黄金时代的原貌，几乎是一座活的博物馆。阿姆斯特丹的主要景点有阿姆斯特丹运河、水坝广场、荷兰王宫、国立博物馆、凡·高博物馆等。鹿特丹为荷兰第二大城市，欧洲最大的海港，亚欧大陆桥的西桥头堡，鹿特丹的建筑基本是第二次世界大战后新建的，鹿特丹也是开展工业旅游较早的城市，游客可以了解马斯河三角洲工业基地的情况，看到电脑控制的卡车运输集装箱货柜的情景。鹿特丹的主要景点有：德夫哈芬，博曼斯美术馆，列入世界遗产名录的小孩堤防风车村，迄今为止世界最大、最为壮观的防潮工程三角洲工程等。此外，阿姆斯特丹钻石切工已成为完美切割与高品质钻石的代名词，因此，荷兰钻石也成为游客喜爱的购物商品。

八、瑞士（Switzerland）

瑞士是欧洲中南部的内陆国家，东邻奥地利和列支敦士登，西邻法国，南与意大利接壤，北邻德国，国土面积为41284平方公里。瑞士以高原和山地为主，分为中南部的阿尔卑斯山脉、西北部的汝拉山脉和中部高原三个自然地形区，有“欧洲屋脊”之称。时差上比北京时间晚7小时。瑞士地处北温带，各地气候差异很大。阿尔卑斯山区南部属地中海气候，夏季干旱、冬季温暖湿润。阿尔卑斯山以北地区则逐步向冬寒夏热的温带大陆性气候过渡。瑞士的宗教主要是天主教和新教。瑞士以德语、法语、意大利语及拉丁罗曼语4种语言为官方语言，货币是瑞士法郎。

瑞士是一个高度稳定发达的资本主义国家，人均国民生产总值一直位居世界前列，号称世界上“最富有”的国家。工业是瑞士国民经济的主体，主要工业部门包括钟表、机械、化学、食品等，有“钟表王国”之称。瑞士拥有发达的金融业，服务业在瑞士经济中也占有十分重要的地位。瑞士人口约823.5万人（截至2014年）。

瑞士旅游资源丰富，有“世界公园”的美誉。首都伯尔尼是一个保护得十分完好的中世纪小城，位于西部高原中央，原意是“熊出没的地方”，建于1191年，1848年为瑞士联邦的正式首都，是瑞士行政中心，也是一个文化和旅游城市。市区人口约14万，伯尔尼老城被联合国教科文组织列为世界文化遗产。苏黎世是瑞士的第一大城市，也是欧洲最安全、最富裕和生活水准最高的城市之一。苏黎世是瑞士著名的经济、金融和文化中心，集中了120多家银行的全球及欧洲区总部，享有“欧洲百万富翁都市”的称号。苏黎世被誉为湖上的花园城，主要景点有格罗斯大教堂、圣母教堂、圣彼得大教堂、班霍夫大街、瑞士国家博物馆等。日内瓦是瑞士第二大城市，位于莱芒湖畔，北、西、南三面与法国交界。日内瓦是许多国际组织的所在地，最著名的景点当属万国宫，它原是国际联盟的所在地，现为联合国驻日内瓦办事处的总部，它是日内瓦作为一个国际城市的象征，也是世界近代史的一个缩影。瑞士的美食有香肠、奶油小牛肉意大利面，奶油汤及芝士火锅等。瑞士著名的购物产品有瑞士军刀、名表、军用包、八音盒、乳牛造型商品、雀巢咖啡和巧克力等。

九、土耳其（Turkey）

土耳其地跨亚、欧两大洲，国土包括西亚的小亚细亚半岛（安纳托利亚半岛）和南欧巴尔干半岛的东色雷斯地区。北临黑海，南临地中海，东南与叙利亚、伊拉克接壤，西临爱琴海，并与希腊以及保加利亚接壤，东部与伊朗等四国接壤。国土面积为 78.3 万平方公里。土耳其地形东高西低，大部分为高原和山地，仅沿海有狭长平原。时差上比北京时间晚 6 小时。土耳其的气候类型变化很大。南部沿海地区属亚热带地中海式气候，内陆为大陆性气候。土耳其 99% 信奉伊斯兰教，大多数属逊尼派。土耳其语为官方语言，货币是新土耳其里拉。土耳其自 20 世纪 80 年代中期起，实行国有经济私有化，经济得到发展。畜牧业较为发达。主要贸易伙伴是欧盟国家。土耳其人口约 7769 万（截至 2014 年），土耳其族占 80% 以上，库尔德族约占 15%。土耳其是个“鲜花的王国”，郁金香的真正原产地。

历史上的土耳其曾经是罗马帝国、拜占庭帝国、奥斯曼帝国的中心，有着 6500 年悠久历史和前后 13 个不同文明的历史遗产，被称为“文明的摇篮”。人文旅游资源非常丰富，以历史文物古迹和宗教建筑景观为特色。土耳其拥有世界七大奇迹中的两个：以弗所的阿耳忒弥斯神庙和位于哈利卡纳苏斯的摩索拉斯陵墓。首都安卡拉，是土耳其第二大城市，素有“土耳其的心脏”之称，是一座历史悠久的古城，著名的古迹有罗马时期的尤利阿奴斯之柱、奥古斯都神殿、罗马浴场、安卡拉城堡；拜占庭时期的城堡和墓地；塞尔柱时期的阿拉丁清真寺等。伊斯坦布尔是土耳其最大的城市，古代陆上丝绸之路的终点。城区内有 40 多座博物馆、20 多座教堂、450 多座清真寺，被称为“寺庙之城”。伊斯坦布尔不仅地理上横跨两洲，而且是东西方思想文化的一个重要交会点，其著名景观包括托普卡匹珀宫、圣索菲亚博物馆、苏丹艾哈迈德清真寺、蓝色清真寺、多尔马巴赫切宫、地下宫殿、博斯普鲁斯海峡大桥和贝莱贝伊宫等。此外还有格雷梅国家公园、内姆鲁特山、桑索斯和莱顿遗址、赫拉波利斯和斯帕姆科卡莱、桑美兰博卢城等。到土耳其旅游，有一种体验绝对不能错过，那就是闻名世界的土耳其浴。

土耳其人“注意着装，追逐潮流”，但东方游牧族的宽裆收脚灯笼裤等传统服饰仍有人穿着。土耳其菜肴以烤、炸、煎、煮为主，多肉食品。烤全羊是土耳其人招待贵宾的特色菜。土耳其的特色产品主要有地毯、羊剪绒皮衣、海泡石烟斗、恶魔眼、装饰瓷盘及彩蛋，还有皮毛制品、金饰、银具、铜器、瓷器、刺绣产品等。

第三节　美洲主要客源国概况

一、加拿大（Canada）

1. 国家概况

加拿大是北美洲最北的国家，东临大西洋，西抵太平洋，南与美国本土接壤，北至北冰洋，领土面积为998万平方公里，位居世界第二，是一个地广人稀的国家。加拿大海岸线24万多公里。加拿大人习惯称自己国家是“从海洋到海洋”的国家。首都是位于加拿大东南部的渥太华。加拿大大部分地区属大陆性温带针叶林气候。东部气温稍低，南部气候适中，西部气候温和湿润，北部为寒带苔原气候，约有1/5的领土位于北极圈内，终年严寒。

加拿大人口约3502.5万（截至2013年），因其丰富的自然资源和高度发达的科技，加拿大成为世界上拥有最高生活品质、社会最富裕、经济最发达的国家之一。资源工业、初级制造业和农业是国民经济的主要支柱。加拿大是世界上最大的钻石生产国之一，也是全球最重要的教育枢纽之一，每年吸引不少来自世界各地的留学生。加拿大的货币是加拿大元。

加拿大素有“枫叶之国”的美誉，是英联邦国家之一。国家政体为联邦议会制，英国女王是加拿大名义上的国家元首，任命总督为其代表，联邦总理为政府首脑。加拿大是个移民国家，以英裔和法裔居民为主，还有欧洲裔居民和亚洲、美洲等裔居民和土著居民等。英语和法语同属于加拿大的官方语言。主要宗教是天主教和基督教新教。枫树是加拿大的国树，也是加拿大民族的象征。加拿大人饮食以西餐为主，特别爱吃烤制食品，也喜欢中餐。

加拿大人的生活习性包含着英、法、美三国人的综合特点。他们视枫叶为国宝，把枫叶喻为友谊的象征，他们还偏爱白雪，视白雪为吉祥的象征。加拿大人请客吃饭一般都会在家里，礼貌的做法可以给女主人带些小礼物或鲜花，忌送白色的百合花，因百合花主要用于悼念死者。忌讳数字“13”和“星期五”。忌称人“老”“白”“胖”，年长者被称为“高龄公民”、养老院称为“保育院”。加拿大的特产有印第安人和因纽特人的手工艺品、枫糖浆、冰酒、熏鲑鱼等。

2. 著名旅游城市与景点

渥太华（Ottawa）。是加拿大的首都，位于安大略省东南部，是世界上最寒冷的首都。人口约 132 万（截至 2014 年），面积 2778 平方公里，时差上比北京时间晚 13 小时。1867 年，渥太华被英国维多利亚女王钦定为加拿大首都。加拿大人特别喜欢冰球运动，渥太华是“冰球之城”。渥太华风景优美，世界遗产里多运河贯穿全城，每年 2 月初，里多运河成为世界上最大的天然滑冰场，吸引着世界各地的滑冰爱好者。国会大厦是渥太华最著名的标志性建筑，也是加拿大的象征。此外，还有加拿大总督府、加拿大文明博物馆等景点。

多伦多（Toronto）。是安大略省省会城市，位于加拿大心脏地带，接近美国东部工业发达地区，是加拿大最大的城市，面积 7125 平方公里，人口约 279 万（截至 2014 年）。多伦多还是加拿大的经济中心，也是世界最大的金融中心之一。多伦多是世界上最具多元文化的城市，当地居民来自 100 多个民族，讲 140 多种不同的语言。多伦多的主要景点有国家电视塔、皇家安大略博物馆、卡萨罗玛城堡、安大略艺术馆、加登纳陶瓷艺术博物馆等。多伦多国家电视发射塔是多伦多市的标志性建筑。位于加拿大和美国的尼亚加拉瀑布是世界第一大跨国瀑布，距离多伦多 1 个多小时车程，位于加拿大境内的“马蹄瀑布”气势最大、最为惊险，是世界著名的奇观。

蒙特利尔（Montreal）。意为“皇家山”，位于加拿大魁北克西南部，是加拿大第二大城市，也是除法国巴黎以外的世界最大的法语城市，故有“小巴黎”之称。蒙特利尔有着悠久的历史，以法式建筑为主，称为“尖塔之城”。主要景点有旧城区、唐人街、圣母大教堂、皇家山公园等。

温哥华（Vancouver）。是加拿大不列颠哥伦比亚省低陆平原地区的一座沿岸城市，南部是美国的西雅图。温哥华是加拿大第三大都会，加拿大西海岸最大的港口、文化中心和国际贸易中心，被誉为加拿大的“西部天堂”。温哥华也是加拿大冬季最暖和的城市。温哥华旅游景点众多，包括全球最大的城市公园斯坦利公园、狮门大桥、加拿大广场、伊丽莎白女王公园、唐人街、惠斯勒滑雪场（2010 年冬奥会赛场）等。

魁北克市（Quebec City）。是魁北克省省会，加拿大最古老的城市，也是北美洲唯一一座拥有城墙的城市。魁北克老城区 1985 年被联合国教科文组织列入世界文化遗产名录。魁北克市是加拿大境内法兰西文化的发祥地，是加拿大第一座城市，1608 年由法国人第一个发现了这片土地，并在此建立了殖民地，因此被称为“新法兰西之父”。

二、美国（America）

1. 国家概况

美国位于北美洲中部，由华盛顿哥伦比亚特区、50 个州和关岛等众多海外领土组成，48 个州在美国本土，另有 2 个州即北美西北部的阿拉斯加和太平洋中部的夏威夷群岛位于美国本土以外。此外，波多黎各自由邦位于加勒比海。美国面积 937 万平方公里，位居世界第四。美国因幅员辽阔，各地气候差异较大，本土除佛罗里达半岛南端属热带外，大部分地区属暖温带和亚热带大陆性气候。美国地势东西高，中央低，绵延 5000 多公里的落基山脉将美国本土划分为东西两部分。西部约占本土面积的 1/3，以山地高原为主；东部以平原低地为主，中部的密西西比河是美国境内最长、流域面积最广、水量最大的巨型河。

美国人口约 3.21 亿（截至 2015 年），作为世界第一大经济体，其劳动生产率、国内生产总值和对外贸易额均位居世界第一。美国科技先进，工业和农业现代化水平高，汽车工业和建筑业是美国经济的两大支柱，航空和宇航工业位居世界第一，美国还是世界最大的农产品出口国。美国的货币为美元。

美国国家政体是总统内阁制，总统是国家元首兼政府首脑。国家结构为联邦制。行政、立法、司法三权分立。美国是世界各地移民融合组成的国家，白人占80%（包括拉美裔白人），其余分别为非洲裔、亚裔等。国旗是星条旗，国花是玫瑰花。美国没有法定的官方语言，英语成为事实上的国家语言。主要信奉基督教新教、天主教，此外还有犹太教、东正教、佛教等。美国是快餐文化的代名词，速食成为美国餐饮界的发展方向，热狗、汉堡包、三明治等成为人们最常吃的快餐。美国人的主食是肉、鱼、菜类，主要饮料是咖啡。

美国通行西方礼仪。见面和分手时行握手礼；无论约会或做客，都要事先安排；美国人送礼讲究单数。忌讳数字“13”，不喜欢“星期五”，忌讳象征死亡的黑色，不喜欢红色，忌讳象征吸血鬼的蝙蝠图案，象征不吉利的黑猫图案。喜欢白色、黄色和蓝色，喜欢白色秃鹰图案和白猫图案。美国人的肢体语言十分丰富，单用食指，一般用来招呼动物，因此表示挑衅或不礼貌的行为。美国的特产有概念产品、印第安人传统工艺品、时装、电脑产品、篮球用品、COACH包、赌场纪念品、花旗参、枫糖浆等。

2. 著名旅游城市与景点

华盛顿（Washington，D. C.）。位于美国的东北部，马里兰州和弗吉尼亚州交界处，全称为“华盛顿哥伦比亚特区”。人口64万，面积178平方公里，时差上比北京时间晚13小时。华盛顿被美国人称为“国家的心脏”。1791年，为了纪念开国元勋华盛顿和发现新大陆的哥伦布而命名并成为美国首都。华盛顿是美国标志性的旅游胜地。全城最高点“国会山”上的国会大厦是华盛顿的象征，美国国会参众两院都在此办公。国会大厦东侧的国家图书馆是世界上最大的图书馆之一。白宫是华盛顿之后美国历届总统办公和居住的地方，白宫部分建筑定期向公众开放。国会大厦和白宫之间有“联邦三角”建筑群，包括联邦政府机构以及国家美术馆、国家档案馆、史密森国家博物馆等。华盛顿面积最大的建筑是位于波托马克河河畔的美国国防部所在地五角大楼。此外，杰弗逊纪念堂和林肯纪念堂等也都是华盛顿著名的纪念性建筑物。

纽约（New York）。位于纽约州东南部，有“美国的门户”之称，是著名国际大都会，是美国最大的城市，也是联合国总部所在地。作为美国工业、商业、金融、出版、广播等行业的中心的纽约分为五大区，其中曼哈顿是纽约的核心和象征。纽约的旅游景点主要有自由女神像、帝国大厦、时报广场、中央公园、联合国总部大楼、百老汇、华尔街、大都会博物馆等。帝国大厦是纽约摩天大楼的象征，是纽约的标志性建筑之一。自由女神像位于纽约哈得逊河口的自由岛上，是法国送给美国独立100周年的礼物，自由女神像成为美国的象征。

旧金山（San Francisco）。又称“圣弗朗西斯科”，是19世纪美国淘金热的中心。也是华侨在美国的聚集地，有著名的中国城。旧金山是世界最重要的科教文化中心之一，拥有加州大学伯克利分校、斯坦福大学等世界著名高等学府。旧金山有世界知名的标志性景点金门大桥、伦巴第街、联合广场、渔人码头等。金门大桥全长2780米，是世界最大的单孔吊桥之一，被誉为近代桥梁工程的一项奇迹，是旧金山市的象征。

洛杉矶（Los Angeles）。地名的含义是“天使之城”（西班牙语），位于美国南加利福尼亚州，是美国第二大城市，也是美国西部最大的工业中心和港口，有“科技之城”的称号。洛杉矶还是重要的文化中心，有著名的好莱坞和迪士尼乐园。

拉斯维加斯（las Vegas）。是美国内华达州最大的城市，别称“世界娱乐之都”“赌城”。拉斯维加斯是一座在沙漠上建起的神奇城市，是世界知名的度假胜地之一。

夏威夷（Hawaii）。位于北太平洋，距离美国本土约5954公里，是美国最年轻的州。夏威夷拥有全世界最活跃的火山，是现代冲浪、草裙舞和夏威夷地方美食的发源地。

三、巴西（Brazil）

巴西位于南美洲东南部，东临南大西洋，北面和南面与除智利和厄瓜多尔外所有南美国家接壤，西与秘鲁、玻利维亚接壤，南接巴拉圭、阿根廷和乌拉圭。巴西是南美洲最大的国家，国土面积854.74万平方公里，居世界第五位。巴西南部主要是高原，北部和西部为平原，其中亚马孙平原约占全国面积的1/3。时差上比北京时间晚11小时。巴西大部分地区属热带气候，南部部分地区为亚热带气候。巴西是世界上天主教徒最多的国家，83%的居民信奉天主教，少数居民信奉基督教新教和犹太教。巴西的官方语言是葡萄牙语，货币是雷亚尔。

巴西经济实力居拉美首位，是农牧业大国，咖啡、可可、甘蔗等产量都居全球首位，畜牧牛的数量居世界第二位。巴西矿产资源丰富，是世界铁矿石生产和出口额最大的国家之一。巴西被称为“足球王国”，足球不仅是运动，也是一种文化。巴西人口约2.01亿，是世界人口第五大国。

巴西首都巴西利亚位于巴西高原中部，是世界上海拔最高的首都之一，1960年首都正式从旧都里约热内卢迁移至此，因此巴西利亚是南美洲建都时间最短的城市。巴西利亚也是世界上绿地最多的都市，著名景点有三权广场、总统纪念堂、巴西利亚大教堂等，其中三权广场是巴西标志性建筑。圣保罗是巴西最大的城市，也是巴西最大的工业中心、金融中心和文化中心。有南美洲最大的教堂天主教大教堂、伊比拉普埃拉公园、东方街等著名景点。巴西第二大城市里约热内卢位于巴西东南部，是巴西最大的旅游中心，集中了巴西最著名的博物馆、世界最大的足球场，以及全国最大的公园。2016年夏季奥运会在里约热内卢举行。科巴卡巴纳海滩和依巴内玛海滩是里约热内卢最著名的海滩。巴西人平常主要吃欧式西餐，肉类所占比重较大。巴西有“咖啡王国”之称，咖啡成为国人每天的必需品。巴西宝石种类繁多，有紫水晶、蛋白石、黄玉、钻石、翡翠、红宝石、蓝宝石等，此外皮制品、陶器、手工蕾丝、刺绣等工艺品，运动服饰、咖啡、红酒等也是主要购物商品。

第四节　大洋洲、非洲主要客源国概况

一、澳大利亚（Australia）

1. 国家概况

澳大利亚位于南半球，在南太平洋和印度洋之间，由澳大利亚大陆和塔斯马尼亚岛等岛屿和海外领土组成。它四面环海，东濒太平洋的珊瑚海和塔斯曼海，西、北、南三面临印度洋及其边缘海。是世界上唯一一个国土覆盖

整个大陆的国家，是世界6个大陆中最小的一个。其领土面积769万平方公里。首都堪培拉位于澳大利亚东南部。澳大利亚地形很有特色，东部山地，中部平原，西部高原，境内多沙漠和半沙漠，是全球最干燥的地区之一。北部属于热带气候，分雨季和旱季；南部属于温带气候，四季分明。

澳大利亚人口约2355万（截至2014年），作为后起的发达资本主义国家，是全球经济最发达、生活水平最高的国家之一。澳大利亚农牧业发达，自然资源丰富，有“骑在羊背上的国家”“坐在矿车上的国家”和“手持麦穗的国家”之称。澳大利亚黄金业发达，已经成为世界屈指可数的产金大国。旅游业和服务业占国内生产总值的70%左右。澳大利亚的货币是澳大利亚元。

澳大利亚全称澳大利亚联邦，澳大利亚政体是美英政治体制的混合体，国家结构为联邦制。澳大利亚为英联邦成员国，英国女王是澳大利亚名义上的国家元首，并任命总督为其代表。澳大利亚联邦总理是政府首脑，联邦议会是最高立法机构。澳大利亚是典型的移民国家，英国及爱尔兰后裔占绝大多数，此外还有亚裔、土著人和其他民族。官方语言为英语。主要宗教是基督教新教。国花是金合欢。澳大利亚家庭一般是三餐加茶点，喜欢中餐，鱼和海鲜是澳大利亚美食的特色。

澳大利亚通用西方礼仪，他们很注重礼貌修养，时间观念强，谈话很少大声喧哗。交谈时可以讲旅行、体育运动和见闻。不可竖大拇指表示赞扬，在澳大利亚这被视为下流动作。他们乘出租车喜欢和司机并排坐，认为这是对司机的尊重。澳大利亚人忌讳兔子，认为这是一种不吉利的动物，看到它会倒霉。澳大利亚特产主要有绵羊油、澳宝、羊毛皮、树皮画、蜂蜜、深海鱼油、牛初乳、鲨鱼软骨粉、鳄鱼肉、红酒等。

2. 著名旅游城市与景点

堪培拉（Canberra）。是澳大利亚的首都，意思是“汇合之地”，人口36.8万，面积2395平方公里，时差上比北京时间早3小时。堪培拉是一个年轻的花园城市，1927年联邦政府迁入此地。堪培拉是个纯粹的政治中心，被誉为“大洋洲的花园城市”。主要景点有国会大厦、格里芬湖等。

悉尼（Sydney）。位于澳大利亚东南部，是新南威尔士州的首府，澳大利亚第一大城市，也是经济、文化、金融、航运和旅游的中心，有“南半球的纽约”之称。悉尼是澳大利亚华侨和华人聚居最多的地区。拥有众多的名胜古迹，最著名的有悉尼歌剧院、海港大桥、悉尼塔、岩石区、唐人街、维多利亚皇后大厦、中央海岸、霍克伯里河等。悉尼歌剧院是一个大型综合性文艺演出中心，以建筑形象独特而著称于世，三组巨大的壳片，像海上的船帆，成为悉尼的标志。

墨尔本（Melbourne）。是澳大利亚第二大城市，是维多利亚州的首府，因曾是澳大利亚的首都，具有深厚的文化底蕴，保留着许多19世纪维多利亚式建筑，是澳大利亚最具有欧洲韵味的城市，被称为“澳大利亚的伦敦”。大洋路、菲利浦岛、墨尔本皇家植物园、皇家展览馆、唐人街、旧国会大厦等景点吸引着游人前往观光。

黄金海岸（Gold Coast）。位于澳大利亚东部海岸中段、布里斯班以南，因延绵42公里的金色沙滩而得名。这里一年中300天以上是晴天，气候宜人，日照充足，海浪险急，是冲浪者的天堂。

大堡礁（The Great Barrier Reef）。是世界上最大最长的珊瑚礁群，1981年被列入世界自然遗产名录，纵贯于澳大利亚的东北沿海，共有2011公里，最宽处161公里，有2900个大小珊瑚礁岛。落潮时，部分珊瑚礁露出水面形成珊瑚岛，被称为“透明清澈的海中野生王国”，吸引着世界各地游客来猎奇观赏最佳海底奇观。

二、新西兰（New Zealand）

新西兰位于太平洋西南部，介于南极洲和赤道之间，两大岛屿以库克海峡分隔，南岛邻近南极洲，北岛与斐济及汤加相望，是世界最南端的陆地之一，被誉为“世界边缘的国家”。国土面积27万平方公里，时差上比北京时间早4小时。新西兰绝大部分属温带海洋性气候，一年四季气候温和，阳光充足，雨量丰富。因新西兰位于南半球，季节刚好和位于北半球的国家相反。12月至次年2月为夏季，6~8月为冬季。主要宗教是基督教新教和天主教。新西兰现为英联邦成员国之一，官方语言是英语、毛利语和新西兰手语。新西兰的货币是新西兰元。

新西兰是世界上最年轻的移民国家之一，也是个高度发达的资本主义国家，是世界上最大的鹿茸生产国和出口国，羊肉、奶制品和粗羊毛的出口值皆为世界第一。新西兰渔产丰富，是世界第四大专属经济区。新西兰是大洋洲最美丽的国家之一，旅游业十分发达，其收入仅次于乳制品业，成为第二大创汇产业。新西兰人口 454 万（截至 2014 年）。

新西兰首都惠灵顿，位于北岛的南端，是新西兰第二大城市，三面环山，一面临海，是世界上最南端的首都，有“风城”之称。惠灵顿与悉尼、墨尔本一起成为大洋洲的文化中心。惠灵顿人均酒吧和咖啡馆数量超过纽约。新西兰国会大厦建筑群是惠灵顿最吸引游客的名胜，此外还有林姆塔卡森林公园、皇后码头、卡皮蒂岛自然保护区、惠灵顿植物园等。新西兰最大的城市是奥克兰，位于北岛中央偏北地带，整个城市除了西侧和南侧的狭长地带外，均被一片水泽环绕。奥克兰是新西兰的经济和贸易中心。奥克兰人均拥有的帆船数量为全球之冠，故有“千帆之都”的美誉。奥克兰的标志性建筑是天空塔，它也是南半球最高的建筑。奥克兰地处大片的火山区，拥有 48 个火山锥，闻名世界的伊甸山就位于奥克兰市郊，是奥克兰的象征。码头大楼、海港大桥、伊丽莎白女王广场、老海关大厦、独树山等也是奥克兰的著名旅游景点。基督城是南岛第一大城市，新西兰第三大城市，是英国之外最像英国的城市，也是进入南极的门户。新西兰的极限运动和探险旅行全世界知名，皇后镇是新西兰的“探险之都”，也是“新西兰最著名的户外活动天堂”。新西兰毛利人的传统服饰鲜艳而简洁，最常见的是毛利草裙。新西兰美食以天然新鲜著称，夏天通常以烧烤方式用餐，传统美食有羊肉、鹿肉、黑边鲍鱼、三文鱼、生蚝等。新西兰的风味特产丰富，有羊毛羊皮制品、毛利玉饰及鲍鱼壳、乳制品、蜂产品等，此外，绵羊油、火山泥化妆品、葡萄酒、婴儿用品等也是旅游购物的热门商品。

三、南非（South Africa）

南非位于非洲大陆的最南端，东、南、西三面濒临印度洋和大西洋，北面与纳米比亚、博茨瓦纳、莱索托、津巴布韦、莫桑比克和斯威士兰接壤。面积 121.9 万平方公里。时差上比北京时间晚 6 小时。南非大部分属于热带草原气候，东部沿海为热带季风气候，西南部沿海为地中海式气候，全国全年平均日照时数为 7.5~9.5 小时，故被称为“太阳之国”。南非人口约 5097 万（截至 2014 年），有黑人、白人、有色人（是南非一种混血人种）和亚裔四大种族，白人和大多数有色人种和60%的黑人信奉基督教新教或天主教，亚裔60%信奉印度教，20%信奉伊斯兰教，部分黑人信奉原始宗教。南非的官方语言有11种，其中前五大语言分别为祖鲁语、科萨语、阿非利卡语、斯佩迪语和英语。货币为南非兰特。

南非是非洲经济最发达的国家，有“非洲经济小巨人”之称，南非是世界上矿产最丰富的国家之一。南非是世界上唯一一个有3个首都的国家，行政首都是茨瓦内（原名比勒陀利亚），司法首都为布隆方丹，立法首都为开普敦。

开普敦位于非洲大陆西南端、好望角北端的狭长地带，是南非议会的所在地，故称为立法首都。开普敦是南非第二大城市，是欧裔白人在南非建立的第一座城市，集欧洲和非洲人文、自然景观特色于一身，是南非最受欢迎的观光都市，被誉为“非洲明珠”。开普敦环绕桌山而建，桌山山顶如桌面一样平坦，在山顶可以一览大西洋和印度洋交汇处的美景，是开普敦的地标。约翰内斯堡是南非最大的城市，原是一个探矿站，随金矿的发现和开采发展为城市。现为世界最大金矿区，素有“黄金之城”的美誉。主要景点有黄金城、兰德精炼厂、克鲁格国家公园等。约翰内斯堡西北140公里处还有一个豪华度假村，即太阳城市，是非洲的“拉斯维加斯”，全球第二大赌场。茨瓦内是南非的行政首都，原名比勒陀利亚，2005年改名为茨瓦内，是南非最大的文化中心，茨瓦内是一座欧化的城市，街头白人居多，城市街道的两旁种植着许多紫葳，故又名“紫葳城”。南非黑人的主食是玉米、薯类、豆类。一般不吃猪肉，也较少吃鱼。南非的特产有碗、泥罐、珠饰、非洲木雕、动物毛皮挂毯等传统工艺品、鸵鸟工艺品、鸵鸟蛋和非洲葡萄酒、大象酒等。此外，黄金和钻石是南非昂贵的特产，其价格便宜，品质高，成为游客青睐的商品。

四、埃及（Egypt）

埃及跨亚、非两洲，其领土大部分位于非洲东北部，小部分位于亚洲西南角的西奈半岛。埃及的疆土略呈不规则的四方形，东隔红海与巴勒斯坦相望，西与利比亚交界，南邻苏丹，北临地中海，面积约100.1万平方公里，时差上比北京时间晚6小时。埃及96%的地区是沙漠，属热带沙漠气候，全年干燥少雨，气候干热，尼罗河三角洲和北部沿海地区，属亚热带地中海气候，气候相对温和。伊斯兰教是埃及的国教，其信徒主要是逊尼派。官方语言是阿拉伯语。货币为埃及镑。

埃及在阿拉伯语中意为“辽阔的国家”，古埃及是世界四大文明古国之一，是世界上最早的王国，公元前3100年出现统一的奴隶制国家。但如今的埃及阿拉伯人是古埃及人吸收并融合了部分外来的征服者（主要是阿拉伯人）而形成的新的民族，文化也伊斯兰教化。埃及是非洲第三大经济体，在经济、科技领域长期处于非洲领先态势，其经济主要依赖农业、石油、旅游、劳务出口和苏伊士运河船运税收。埃及人口8670万（截至2014年），是中东人口最多的国家，也是非洲人口第二大国。

埃及首都开罗，是非洲最大的城市，也是世界上最古老的城市之一，位于埃及北部，尼罗河三角洲的顶端。开罗是一座名副其实的伊斯兰博物院，有800多座建于不同时期、不同形式的清真寺，600多处历史古迹和著名古建筑。开罗的著名景点有吉萨金字塔、开罗塔、埃及国家博物馆、萨拉丁城堡、阿慕尔清真寺和艾资哈尔清真寺等。埃及博物馆是世界上最著名、规模最大的古埃及文物博物馆，收藏了5000年前古埃及法老时代至公元6世纪的历史文物25万件，其中大多数展品年代超过3000年。金字塔在埃及共发现96座，最大的是开罗郊区吉萨的三座金字塔，是胡夫、哈夫拉和孟考拉祖孙三代的陵墓，其中最有名的是胡夫金字塔和狮身人面像，成为世界八大奇迹之一，也是埃及的象征。

世界第一长河尼罗河是世界文明的发祥地，埃及的生命线，也是埃及的“母亲河”，如今开罗的尼罗河上有许多仿法老时期的“法老船”，供游人观光游览。亚历山大是埃及的第二大城市和最大的海港，也是埃及最具有欧洲风格的历史名城、避暑胜地。城内最著名的景点是卡特巴城堡，它与开罗古城堡并称为埃及两大中世纪古城堡。卡特巴城堡的前身为世界七大古迹之一的亚历山大灯塔，1435年灯塔毁坏，1480年用其石块在原址修筑了卡特巴城堡。代表古埃及文明最繁盛时期的卢克索距开罗670公里，是古埃及帝国的首都，如今的卢克索是世界上最大的露天博物馆，有“宫殿之城”的美誉。主要景点有卢克索神庙、卡尔纳克神庙、孟农巨像等。阿斯旺是埃及的南大门，也是世界上最干燥的地方之一，有世界第七大水坝——阿斯旺大坝、菲莱神庙等著名景点。埃及人多穿宽大的长袍，不论寒暑，男子都扎头巾或戴毡帽，妇女则以黑纱蒙面。埃及人喜欢吃甜食，通常以“耶素”为主食，耶素就是不用酵母的平圆形埃及面包。埃及的特产有纸莎草画、石雕甲虫、水烟袋、象形文字雕刻饰品、刻花铜盘、香水香料、埃及棉织品、地毯、帐篷和挂毯、驼毛制品、亚历山大橄榄油、菲希克咸鱼、椰枣干货等。

参考文献

[1] 浙江省旅游局. 导游文化基础知识（浙江省全国导游人员资格考试教材）[M]. 北京：中国旅游出版社，2014.

[2] 吕龙根. 导游基础知识 [M]. 6版. 北京：旅游教育出版社，2013.

[3] 上海市旅游局. 饶华清. 中国出境旅游目的地概况 [M]. 北京：中国人民大学出版社，2014.

[4] 王志民，凌丽琴. 旅游客源国 [M]. 北京：国防工业出版社，2012.

[5] 王兴斌. 中国旅游客源国概况 [M]. 北京：旅游教育出版社，2005.

[6] 陈家刚. 中国旅游客源国概况 [M]. 天津：南开大学出版社，2005.

[7] 上海市旅游局. 导游基础知识（上）[M]. 上海：东方出版中心，2013.

[8] 熊国铭，邢伟. 客源国（地区）概况 [M]. 北京：电子工业出版社，2009.

[9] 浙江省旅游局. 浙江导游文化基础知识 [M]. 北京：中国旅游出版社，2014.

[10] 国家旅游局. 汉语言文学专题 [M]. 北京：中国旅游出版社，2014.

[11] 文史知识编辑部编. 中国历史百题 [M]. 北京：中华书局，1992.

[12] 苏旅. 实用导游文化鉴赏 [M]. 北京：中国旅游出版社，2007.

[13] 潘公凯. 中国绘画史 [M]. 上海：上海古籍出版社，2004.

[14] 王力. 中国古代文化常识图典 [M]. 北京：中国言实出版社，2002.

[15] 中国大百科全书·民族卷 [M]. 北京：中国大百科全书出版社，1992.

[16] 叶大兵，乌丙安主编. 中国风俗辞典 [M]. 上海：上海辞书出版社，1990.

[17] 陶犁. 民族民俗风情赏析 [M]. 北京：旅游教育出版社，2006.

[18] 中国民俗网 http://www.chinesefolklore.com/mainpage.htm.

[19] 中国民族博物馆网站 http://www.cnmuseum.com.

[20] 国家民族事务委员会文化宣传司中国社会科学院文化研究室. 中国少数民族文化发展报告 2012 [M]. 北京：社会科学文献出版社，2013.

[21] 铁木尔·达瓦买提. 中国少数民族文化大辞典 [M]. 北京：民族出版社，1998.

[22] 国家民族事务委员会文化宣传司. 中国少数民族 [M]. 北京：中央民族大学出版

社，2010.
[23] 中国民族博物馆．中国少数民族图典［M］．北京：中国画报出版社，2005.
[24] 刘德斌，杨军．多姿多彩中国少数民族［M］．北京：世界知识出版社，2013.
[25] 本书编写组．中国民俗游［M］．北京：中国藏学出版社，2004.
[26] 云中天．永远的风景——中国民俗文化［M］．北京：百花洲文艺出版社，2006.
[27] 刘兴全．中国西南少数民族文化要略［M］．成都：四川人民出版社，2011.
[28] 龚莉．民族风情［M］．北京：中国大百科全书出版社，2013.
[29] 甘枝茂，马耀峰．旅游资源开发［M］．天津：南开大学出版社，2000.
[30] 赵朴初．佛教常识答问［M］．北京：北京出版社，2003.
[31] 杨曾文．中国佛教基础知识［M］．北京：宗教文化出版社，2005.
[32] 张德宝，徐有武绘图，业露华撰文．中国佛教图像解说［M］．上海：上海书店，1995.
[33] 文史知识编辑部．佛教与中国文化［M］．北京：中华书局，1988.
[34] 陈莲笙．道教常识答问［M］．上海：上海辞书出版社，2012.
[35] 王卡．中国道教基础知识［M］．北京：宗教文化出版社，2005.
[36] 努尔曼·马贤．伊斯兰教常识答问［M］．上海：上海辞书出版社，2009.
[37] 秦惠彬．中国伊斯兰教基础知识［M］．北京：宗教文化出版社，2005.
[38] 卓新平．中国基督教基础知识［M］．北京：宗教文化出版社，2005.
[39] 任延黎．中国天主教基础知识［M］．北京：宗教文化出版社，2005.
[40]［英］玛丽·帕特·费舍尔．亲历宗教（东方卷，西方卷）［M］．上海：东方出版社，2006.
[41] 马书田．华夏诸神［M］．北京：北京燕山出版社，1999.
[42] 王其钧．中国建筑图解词典［M］．北京：机械工业出版社，2006.
[43] 柳正恒．中国世界自然与文化遗产旅游（宫殿、坛庙、陵墓、长城）［M］．长沙：湖南地图出版社，2002.
[44] 林可．中国世界自然与文化遗产旅游（古城、古村、古典园林）［M］．长沙：湖南地图出版社，2002.
[45] 王其钧．中国古典园林图解词典［M］．北京：机械工业出版社，2006.
[46] 王其钧，丁山．图解中国园林［M］．北京：中国电力出版社，2007.
[47] 吕明伟．中国园林［M］．北京：当代中国出版社，2008.
[48] 林兰英，王仁娟．古典园林［M］．长沙：湖南科学技术出版社，2009.
[49] 吴澎．中国饮食文化［M］．北京：化学工业出版社，2009.
[50] 胡自山．中国饮食文化［M］．北京：时事出版社，2006.
[51] 李志伟．中国风物特产与饮食［M］．北京：旅游教育出版社，2012.
[52] 李志伟，雷晶．风物特产博览［M］．北京：旅游教育出版社，2005.
[53] 邵秦．中国名物特产集粹［M］．北京：商务印书馆，1996.
[54] 国家旅游局．导游知识专题［M］．北京：中国旅游出版社，2004.

第四版修订补记

本教材第四版根据文化和旅游部发布的《2019 年全国导游资格考试大纲》进行修订。主要修订内容有以下六方面：

第一，本教材在每章前增加了“本章导读”栏目，包括【本章概述】和【学习要求】两部分。前者是对本章主要内容的概述；后者是根据新大纲提炼的学习要点，分为了解、熟悉、掌握三个层次，便于读者有重点、有目的学习。

第二，本教材根据新大纲，对各章的排序进行了调整，同时对第一章、第八章和第十一章的章名进行了修改。

第三，本教材第一章增加了一节“中华人民共和国成立 70 周年辉煌成就选录”；第二章增加了两节，一是“旅游热点概述”，主要包括厕所革命、全域旅游、旅游扶贫和文旅融合发展趋势等内容；二是“旅游新业态简介”，主要包括智慧旅游、在线旅游（OTA）、乡村旅游、红色旅游、研学旅游、康养旅游等。

第四，本教材将原教材“中国民族民俗”与“中国四大宗教”整合成新的一章，理由是新大纲中删除了具体少数民族的介绍，只保留了少数民族基本概况和汉族简介，同时增加了“中国的民族政策和宗教政策”的相关内容。

第五，本教材根据新大纲要求，将原教材第七章中的具体少数民族介绍调整到《地方导游基础知识》相关省、市、自治区中加以介绍；将原教材第十二章中有关中国港澳台地区的内容也一并移入《地方导游基础知识》中。

第六，本教材对原教材中出现的个别交叉重复的知识点、知识性错误以及错别字进行了删减与改正。特此补记。

《全国导游基础知识》专家编写组

2019 年 7 月

项目统筹：谯　洁
责任编辑：谯　洁
责任印制：冯冬青
封面设计：中文天地

图书在版编目（CIP）数据

全国导游基础知识 / 全国导游资格考试统编教材专家编写组编. -- 4版. -- 北京：中国旅游出版社，2019.7（2019.12重印）

全国导游资格考试统编教材

ISBN 978-7-5032-6258-6

Ⅰ. ①全…　Ⅱ. ①全…　Ⅲ. ①导游—资格考试—教材
Ⅳ. ①F590.633

中国版本图书馆CIP数据核字（2019）第083013号

书　　名：全国导游基础知识

作　　者：全国导游资格考试统编教材专家编写组编
出版发行：中国旅游出版社
（北京建国门内大街甲9号　邮编：100005）
http://www.cttp.net.cn　E-mail:cttp@mct.gov.cn
营销中心电话：010-85166536
排　　版：北京中文天地文化艺术有限公司
印　　刷：北京工商事务印刷有限公司
版　　次：2019年7月第4版　2019年12月第7次印刷
开　　本：720毫米 × 970毫米　1/16
印　　张：21.5
字　　数：340千
定　　价：34.00元
I S B N　978-7-5032-6258-6